Rayografía

Rayografía

Cómo once tipos en calzones explican un barrio, una ciudad y un país

NICOLÁS CASARIEGO

DEBATE

Papel certificado por el Forest Stewardship Council®

MIXTO
Papel | Apoyando la silvicultura responsable
FSC® C117695

Penguin Random House Grupo Editorial

Primera edición: septiembre de 2023

Printed in Spain – Impreso en España

ISBN: 978-84-19642-13-4
Depósito legal: B-12055-2023

Compuesto en La Nueva Edimac, S. L.
Impreso en Black Print CPI Ibérica
Sant Andreu de la Barca (Barcelona)

C 6 4 2 1 3 4

ÍNDICE

A mi hijo Marcos y a mi madre, los dueños de las camisetas

PREFACIO

El fútbol es un inmenso retrete. A mis cincuenta y dos años no se me ocurre una definición mejor del juego más popular, extendido y visto del mundo. A estas alturas de mi vida soy incapaz de separar mi idea de lo que es el balompié de la mierda.

En el fútbol hay y ha habido siempre mal olor por todos lados. En los jugadores estrella egocéntricos y endiosados que viven en un mundo paralelo donde reina el derroche. En los entrenadores con complejo de Napoleón y querencia a utilizar un vocabulario castrense. En los presidentes de los clubes siniestros y populistas. En las instituciones nacionales e internacionales, hipócritas y avariciosas, enfermas de corrupción. En los árbitros inseguros y sadomasoquistas, con una necesidad alarmante de llamar la atención. En los periodistas deportivos manipuladores, endogámicos y torturadores del lenguaje. En las voraces televisiones, ansiosas por ofrecer más y más partidos en horarios imposibles para las familias y que acabarán por hundir la calidad del juego. En los ultras violentos y secuestradores de la afición y de los equipos. Y, en fin, en los aficionados convencionales, que somos sobre todo clientes borreguiles de un producto comercial enlatado de la sociedad de consumo.

Yo soy futbolero desde pequeño, desde que tengo uso de razón, aunque la afirmación incluya la paradoja de este libro. A mi nivel, colaboro en el estercolero como el que más. A veces el fútbol ha sacado lo peor de mí y delante de mis amigos, de mi familia y de otra pobre gente desconocida que ha tenido que soportarme. Delante de Marcos, mi hijo, que me ha visto perder los papeles mientras me observaba con una sonrisa en los labios entre divertida e incrédula. He insultado, gritado, me he colado en estadios, he pegado puñetazos a la pared y, en una ocasión que todavía me avergüenza, he sacado los cuernos a unas hinchas de un equipo rival en pleno éxtasis por una remontada in extremis de mi equipo. Me he comportado de un modo patético con diferentes edades, no sólo de adolescente o de joven. Sereno y borracho, de día y de noche, en mi país y en el extranjero. Y sigo haciendo de las mías, aunque ahora, menos mal, sepa controlarme mucho mejor. En una calificación del 1 al 10 de mal comportamiento, estaría en un 4, más o menos.

Al gran váter del balompié nos acercamos para aliviarnos. Llegamos cargados y salimos con la sensación de habernos liberado de parte de nuestros demonios. Lo triste es que por mucho que piense en lo bueno que de mí ha sacado el fútbol, en la otra cara de la moneda, no se me ocurre nada. En serio. Nada. Hay, claro, cosas que han sido buenas *para mí*, como divertirme, emocionarme, alegrarme, viajar, conocer gente de orígenes y nacionalidades diversos o partirme de risa cuando leo en un diario deportivo, como ahora mismo mientras escribo, que Paul Pogba, un conocido centrocampista francés de origen guineano y de planta imponente, contrató supuestamente a un brujo para que se lesionara Kylian Mbappé, rutilante astro mundial de origen camerunés y compañero suyo en la selección francesa.

Cosas buenas para mí ha habido muchas, pero algo bueno *para los demás*, algo que aspire a sacar lo mejor de mí, ninguna. Este libro es al menos un ejercicio de poner a trabajar mis neuronas en lugar de aparcarlas. Surge de una feliz idea que tuve mientras bebía un tinto de verano y fumaba sentado a solas en la terraza del bar Iberia de la glorieta de Ruiz Jiménez, en agosto, después de haber estado escribiendo durante horas y sin aire acondicionado en medio del estío más caluroso que ha padecido Madrid en el último medio siglo.

Acalorado, bebía y fumaba, agotado mentalmente por varias razones en las que no me voy a extender y que podrían ser parecidas a las tuyas si conoces esa sensación. Pensé en que estaba a principios de agosto y me esperaba un verano gris y una vuelta complicada, y traté de apartar de mi mente los malos augurios. Pensé en mi equipo, el Real Madrid, y sonreí: aquel año había ganado la Champions, la Liga y la Supercopa españolas de un modo brillante, y recordar eso me relajó, porque una excelente temporada de tu equipo es un utilísimo y eficiente calmante momentáneo para lelos como yo, al que acudes una y otra vez mientras dura la fiesta de los buenos resultados. Es tan útil como, para atreverte a hacer cualquier cosa, recordar que lo único cierto en tu vida es que te vas a morir.

El efecto del calmante se esfumó y pensé en que cada año que pasaba iba menos a ver al Real Madrid en vivo, al Santiago Bernabéu. En lo caro y absurdo que es el fútbol. En lo pesados que me parecían últimamente los comentaristas de televisión con sus transiciones en lugar de repliegues o contraataques y con sus bloques bajos y medios y con sus controles orientados y con su cháchara para vender los partidos y a los jugadores de la Premier inglesa como si fueran aún mejores de lo que son.

Pedí otro tinto de verano y me encendí otro cigarrillo sabiendo que aquello me estaba matando. Di una calada y... ¡zas!, la idea se formó en mi mente, de golpe. Según llegó ya estaba envuelta en papel de regalo y llevaba puesto un lacito de seda. Aquello podría ser un modo diferente de sentarme una vez más en el retrete del balompié, ese lugar del que he tratado de apartarme en ocasiones, siempre sin éxito, como el adicto que soy. Un modo, digamos, más fresco, sano e interesante, un intento de recuperar parte de la inocencia perdida. No os esperéis una idea realmente genial. Lo fue para mí, para mi hermano Juan, para nuestro amigo Bernardo y para mi hijo. Con eso me sobra.

Este libro es la crónica de la aventura que esa idea propició durante diez meses, lo que duró la temporada. No hace falta que sepas de fútbol para seguirla porque, ya sabes, una idea tan tópica como cierta es que el deporte rey es, además del opio del pueblo e insoportable para quienes no lo siguen, fiel reflejo de la sociedad en la que vivimos. Hablar de fútbol es hablar de todo un poco, desde la crisis económica hasta la familia, la sempiterna sostenibilidad, lo injusta que es la vida o tu cuñada, forofa de un equipo rival y que, por increíble que parezca, te cae muy bien.

Vamos allá.

EL ABONO

Sábado, 20 y domingo, 21 de agosto de 2022

Salí de casa a las ocho y media de la mañana del sábado 20 de agosto de 2022. Iba confiado en que mi misión era sencilla y que volvería en un rato, como si me hubiera propuesto comprar una lubina en el mercado y hubiera ido con tiempo de sobra. El problema fue que no iba a comprar una lubina, sino a hacerme socio y abonado del Rayo Vallecano. Algo que, como veremos, no tiene nada que ver con comprar pescado ni con casi ninguna otra cosa. Aquella había sido mi idea feliz y había estado esperando ser capaz de transmitiros por qué fue una idea feliz.

Había estado esperando unas semanas para poder ponerla en práctica. El Rayo Vallecano había sido el último club de la Primera División en lanzar su campaña de abonos; de hecho, se lo habían tomado con tanta calma que la Liga ya había comenzado hacía una semana. Lo de vender los abonos online, algo que ya hacían incluso clubes de Primera Federación, la tercera categoría del fútbol español, no parecía entrar en los planes de los vallecanos.

El cielo estaba azul, todavía no hacía calor y me subí al metro en la estación de Bilbao, ilusionado como un niño, repasando las razones que me habían llevado allí. El Rayo es un equipo popular e histórico del barrio de Vallecas, un suburbio obrero del sureste de Madrid con mucho carácter. El equipo, pese a estar en una gran urbe, representa fundamentalmente a una comunidad muy determinada y está orgulloso de ello. A diferencia de mi club, el flamante Real Madrid, cuyo primer mandamiento es ganar, el del Rayo es sobrevivir, y lo hace en la misma ciudad que sus vecinos merengues y atléticos, dos colosos. Hay vida más allá de los grandes. En lugar de obtener títulos sin parar, su objetivo es mantenerse en Primera División cuantas más temporadas, mejor. En sus noventa y nueve años de historia ha jugado veinte en

Primera, su único título es de Segunda División y sólo ha jugado en Europa en una ocasión, en la extinta Copa de la UEFA, y fue como premio a su buen comportamiento en el campo. El apelativo que recibe, «matagigantes», expresa a las claras que el disfrute es máximo cuando se vence a alguno de los clubes grandes. La perspectiva de la competición era otra, nueva para mí.

Si convertirse en abonado del Real Madrid es una quimera porque no hay abonos libres y su precio en reventa es inasumible, al menos en mi caso, el Rayo es el equipo de la élite del fútbol español más barato de ver; en la temporada 2022/23 se pagaban 210 euros por un abono en el fondo, y 390 en tribuna, precios a los que se aplican reducciones para jóvenes y otras. Además, el Estadio de Vallecas es pequeño y eso significa que se ve bien el fútbol desde casi cualquier localidad y puedes oír a los jugadores y los golpeos de balón. No está lejos de donde vivo, en el centro: en media hora en metro por la línea 1 me planto allí. Cuando sales, no te diriges a cualquier calle, sino a la del Payaso Fofó, en homenaje a uno de los célebres y televisivos «Payasos de la Tele», un vallecano que llegó a actuar con Buster Keaton y Cantinflas. En lo estrictamente deportivo, la Franja —llamado así por la franja roja que cruza en diagonal su camiseta blanca— es un equipo que, entrenado por Andoni Iraola, juega bonito, intenso, vertical y alegre. Sin miedo.

Por si fuera poco, mi idea había sido secundada por dos futboleros como mi hermano Juan y su amigo Bernardo, lo que completaba el plan. Juan es uno de mis cinco hermanos; tengo, también, dos hermanas y una familia numerosa cuyos integrantes irán asomándose por estas páginas. Salí del vagón en la estación de Portazgo, cuyo nombre, en letras grandes colgadas de una pared, lucía los colores blanco y rojo del Rayo. Subí las escaleras y salí a la calle: allí estaba el estadio, delante de mí, con su vetusta estructura de hormigón y su aspecto de no querer llamar la atención. Mi nuevo estadio, pensé. ¿Me haría algún día aficionado del Rayo de verdad o sólo iba a ser un turista, alguien de paso? Eché un vistazo alrededor y pronto me di cuenta de que mi genial idea de abonarme la habían tenido más de mil personas que, como yo, ese año no veraneaban fuera de la ciudad.

Las taquillas abrían a las diez de la mañana y en la zona más cercana a la entrada había familias y grupos de amigos sentados en sillas de playa plegables, con neveras portátiles, desperdicios alrededor y pinta de llevar allí horas. Vaya exageración, pensé. Comencé a rodear el estadio en busca del final de la cola, en dirección a la calle del Teniente Muñoz Díaz y comprobé que ya se extendía a lo largo de tres cuartos de su perímetro. Todavía confiado en que aquello era pan comido, me coloqué detrás del último, un chico lampiño y delgado que bebía un Nestea a sorbitos. Consulté la hora y la carga de mi móvil. Las nueve de la mañana y tenía un 90 por ciento de batería. Qué maravilla.

* * *

Cinco horas y media después di un mordisco a un sándwich e inmediatamente se confirmó lo que me temía: el mixto no era una de las especialidades de aquel bar, situado al otro lado de la avenida de la Albufera, frente al estadio. Eran las dos y media de la tarde y ni en mi predicción más pesimista hubiera pensado que estaría aún lejos de conseguir los abonos. Tenía la paradójica sensación de que desde mi llegada no había pasado nada y a la vez habían pasado muchas cosas. La fila avanzaba a tirones, a paso de tortuga reumática, hacía un calor de mil demonios y la única buena noticia era que Bernardo estaba también en Madrid y, solidario, se había acercado a hacerme compañía.

Bernardo pertenecía al grupo de fieles amigos de mi hermano Juan conocidos en casa como «los del fútbol». La mayoría había coincidido en el colegio de los agustinos de Madrid. Para todos ellos el fútbol era parte indisoluble de su ser. Los había aficionados del Real Madrid, del Atlético de Madrid y uno, para poner la guinda, del Athletic de Bilbao. Mi hermano conoció al corazón del grupo, entre los que estaba Bernardo, en una liga promovida por empresarios de discotecas. Benditos años ochenta. Después jugó con ellos y con mi hermano Antón en el San Fermín, el equipo de otro barrio histórico del sur de Madrid, ahora perteneciente al distrito de Usera. Eran los primeros años de recién estrenada democracia, de libertad y de la Movida madrileña, pero también de la crisis económica, del paro y de las drogas duras.

San Fermín era un barrio conflictivo y las categorías en las que competían eran duras: recibían más patadas que Maradona, pero sin ser dioses del balón. Jugaban en tierra en campos que ahora son de césped artificial. Se trataba de un fútbol semiprofesional: recibían primas por las victorias que les permitían a algunos sobrevivir y a otros, los universitarios, cubrir sus gastos personales. Allí tonterías, las justas y pasión por la pizarra y la táctica, tampoco. Una de las arengas preferidas de un entrenador muy recordado era decirles, justo antes de saltar al campo: «¡Chicos, salimos como los tigres, con los huevos pegados al culo!». Bernardo, que jugaba de central o de lateral, acabó un partido con la nariz rota porque sus compañeros y amigos se la miraron —la sigue teniendo hoy completamente desviada— y le dijeron que no tenía nada; la gran aportación de un compañero fue, tras el partido, visitar a un hermano suyo veterinario en lugar de ir a las urgencias de un hospital.

Ir a verlos jugar, cuando tenía la suerte de que alguien me llevara, era una aventura para mí. Su uniforme, camiseta roja, pantalón negro y medias a rayas rojas y negras, me encantaba. Los aficionados eran broncos en general y simpáticos cuando se enteraban de que era el hermano pequeño de un extremo y de un central. En una ocasión mi hermano Juan llegó tras el partido con su camiseta roja llena de mocos: un defensa rival se había sonado en su camiseta para amedrentarle. Aquel color verde intenso y el espesor de las secreciones me convencieron de que ese tipo jugó con gripe, como poco. En otra ocasión, jugando en un pueblo bajo la lluvia, a Juan, al ir a sacar de banda, un juguetón espectador le metió por entre las piernas su paraguas y tiro de él para que el mango le golpeara los testículos; no fue expulsado del estadio. La vez más mítica, la más impresionante para mis ojos de once años, fue aquella en la que, de pronto, un hincha se lio a jamonazos con otro espectador. El jamón era el de una rifa para recaudar fondos, el agresor era un delincuente hermano de un jugador del San Fermín y el agredido, un aficionado del equipo rival que debió gritar algo fuera de lugar. Ahora entenderéis por qué, cada vez que me anunciaban que me llevaban a un partido, las manos me sudaban de nervios y emoción.

Bernardo, mi compañero ese día, era uno de aquellos míticos jugadores a los que sólo las lesiones retiraron de los campos. Su aspecto actual no recordaba a su pasado de jugador duro y expeditivo, salvo porque a sus sesenta años se mantiene en perfecta forma. Es abogado. Una de sus virtudes es que suele estar disponible para los planes que surjan porque es soltero y sin hijos, y casi todo le parece bien. De hecho, siendo abonado del Atlético de Madrid, allí estaba, en busca del doblete. El toque que lo convierte definitivamente en una persona muy interesante es que sigue saliendo muy a menudo de noche, algo digno de respeto y elogio por su ánimo y resistencia, pero excepcional por haberse conservado sano física y mentalmente. Lo dice alguien que tuvo un bar de copas, La Guillotina, y conoce el medio.

Mientras comía, Bernardo guardaba el sitio en la cola. A esas alturas, yo estaba de mal humor. Aquella situación me recordaba a mi servicio militar, una época absurda y sombría de mi vida. En la cola había la misma falta de información, suponía la misma pérdida de tiempo y se regía por la misma arbitrariedad y dejación de los organizadores del asunto. Nadie sabía cuántos abonos iba a vender el club, ni si llegaríamos a obtenerlos. Entre los aficionados cundían el desánimo y la rabia y nuestro alimento eran los rumores. Ya se sabe, alimento de desgraciados, el de los rumores. Se comentaba que sólo había tres taquilleras, que no había límite del número de abonos que podía comprar cada uno —lo que facilitaba la reventa—, que cada aficionado se demoraba una hora para elegir su asiento y que en cualquier momento se iba a llegar al cupo límite en venta. Me apresté a comerme la otra mitad de mi triste sándwich, hecho con el mismo amor con el que cocinaban por entonces en la base militar de Colmenar Viejo, donde serví, cuando apareció Óscar, un hondureño.

—¿Te importa si me siento?

—Adelante, siéntate —le dije.

Moreno y compacto, de unos treinta años, Óscar era el sufridor que estaba en la cola justo detrás de Bernardo y de mí y ya nos conocíamos. De hecho, durante la jornada ya había intercambiado unas palabras con al menos una veintena de personas. No había experimentado tal furor social desde la noche que probé el éxtasis en una discoteca londinense, a principios de los años noventa. El fútbol tiene eso. Con algunos había comentado el despropósito y con otros había charlado sobre el Rayo, para irme ambientando. La mayoría de los aficionados era del barrio o de los alrededores. No resultaba raro que en ocasiones se reconocieran y se saludaran, algo que, en una ciudad del tamaño de Madrid, no ocurre en otras zonas. Alternaban comentarios jocosos de resignación cristiana con insultos variados al presidente del club, Raúl Martín Presa, a quien, además de incapaz, tildaban de fascista. Óscar se pidió un bocata de calamares y charlamos sobre Honduras y sobre su hija de ocho años, con la que proyectaba ir al fútbol. Yo todavía ignoraba que iba a ser mi primer colega del Rayo. Estábamos rodeados de aficionados, bastantes con las camisetas del equipo puestas, supongo que como homenaje el día que iban a abonarse. A lo mejor, pensándolo bien, iban siempre vestidos con ella, quién sabe. De pronto se plantó delante de nosotros un rayista de mediana edad y generosa barriga, borracho como una cuba. Lata de cerveza en mano, nos abordó sin contemplaciones.

—¿Veis esa cola? —nos preguntó, señalando hacia el estadio. Me abstuve de contestar porque supuse que la pregunta era retórica, y acerté—. Pues ninguno de todos esos idiotas va a conseguir el abono.

Nos miró entre divertido y desafiante, tambaleándose antes de continuar:

—Yo me he venido a las dos de la mañana y me lo acabo de sacar ahora mismo. ¡No te jode! Esos gilipollas de ahí —señaló la fila— no se lo van a sacar ni de coña.

Se rio con el estilo de una hiena feliz y preferí no decirle que uno de esos gilipollas, técnicamente, pese a no estar en ese momento en la cola, era yo; otro más era el que estaba sentado a la mesa. Por suerte me callé: volver a casa sin el abono y con un ojo morado no entraba en mis planes para aquel sábado de agosto. El nuevo socio, visto que no le dábamos bola, se fue a seguir con su cogorza a otra parte y Óscar y yo continuamos hablando de su país como si hubiéramos oído llover, ignorando la información recibida. Nada peor que alguien te deje claro que estás haciendo el bobo cuando tú ya sospechas que estás haciendo el bobo. Al fin y al cabo, sólo es un borracho, me dije, para engañarme. Pagué la comida, regresé a la fila junto a Bernardo, que aprovechó entonces para irse a hacer unas gestiones. Busqué una sombra —bien escaso a esa hora— y me senté en el suelo, sin importarme demasiado la suciedad. Las piernas ya me dolían bastante.

* * *

Eran las cinco de la tarde y Bernardo se había quedado de guardia en la cola para que yo pudiera pasar un rato por casa.

—Vaya pinta tienes —me dijo mi hermano Antón, socarrón—. Pareces Tintín.

No le faltaba razón. Vestía al estilo del célebre personaje de Hergé: una camiseta blanca, pantalones cortos beige, calcetines marrones y botas de cuero de ante que algunos graciosos llaman «pisamierdas». Mi hermano me había hecho el favor de acercarme una silla plegable, útil tan indispensable como la tarjeta de crédito para sacarse un abono del Rayo. La silla era una menorquina de madera y tela azul cobalto, nada que ver con las sillas de playa y los taburetes plegables de Decathlon que usaba el resto del personal; en combinación con mi atuendo, tenía todas las papeletas para ser el friki de Vallecas. A Antón le preocupaba mucho que le devolviera la silla en las mismas condiciones en las que me la había prestado.

—Devuélvela, eh. Y cuídala.

Uno sigue siendo un niño para sus hermanos mayores, aunque haya sobrepasado los cincuenta. Es agotador, pero no hay nada que hacer. Antón es diseñador gráfico y editor. Fue un central técnico, contundente, serio y enérgico, ganador de duelos y con una capacidad de salto, pese a su poca altura, increíble. Sus condiciones físicas y coordinación le permitían destacar en cualquier deporte. Su juego podía recordar, si hablamos de grandes jugadores, al de los argentinos Daniel Passarella o Roberto Ayala. Jugó, como tantos deportistas aficionados, hasta que madrugar dejó de entrar en sus planes de fin de semana.

Tras una refrescante ducha, volví a tomar el metro y regresé con Bernardo. Ya estábamos en la fachada de la calle del Payaso Fofó, donde se encontraban las taquillas. Todavía nos quedaba un trecho y por delante de nosotros había más de cien personas.

—Sin novedades —anunció mi amigo a modo de saludo, lacónico. Luego, al ver la silla, sonrió.

—Eres un profesional.

Eran las seis de la tarde y ya había pasado hacía tiempo ese momento clave en el que sabes que es absurdo seguir haciendo una cola como esa, pero llevas tanto invertido que abandonar tampoco es una opción. Nos habían informado de que la taquilla cerraba a las nueve de la noche y confiábamos en que, si no llegábamos a ellas, nos darían un ticket para respetar nuestra posición en la fila el día siguiente. Pero hacia las siete y media de la tarde, la llegada de seis furgonetas antidisturbios de la Policía Nacional no auguró nada bueno. Al verlas, se elevó un murmullo entre la gente y se escucharon algunos gritos e insultos. Todavía, pensé, esto se tuerce aún más y me vuelvo a casa con el ojo morado. Los policías se dirigieron hacia las taquillas sin responder a las preguntas de los aficionados para saber qué hacían allí. Tras unos minutos Bernardo y yo nos dimos cuenta de que se había formado una segunda cola que discurría en sentido contrario a la nuestra, frente a nosotros. El desconcierto de la gente era total. Por suerte, como dicta la experiencia, una segunda fila nueva suele ser mejor que la primera antigua. No tardamos en plegar la silla y situarnos en ella.

Según nos comentaron otros penitentes iban a cerrar en breve las taquillas y habían sacado afuera a los que estaban ya en el corredor de acceso. Aquellos eran quienes habían creado la segunda fila. Mientras rumiábamos nuestro descontento, llegaron unos policías con vallas y las colocaron delimitando la acera, en paralelo a la fachada, y nos dejaron encerrados en el espacio entre las vallas y la pared del estadio. Me entró complejo de oveja.

—¡Señores! —comenzó un policía enorme con ese tono del que anuncia y no negocia—. Las taquillas han cerrado por hoy. Los que quieran pernoctar, pueden hacerlo. Los que no, *irse*.

Pernoctar. Vocabulario militar. Hubo tímidas protestas y exclamaciones de asombro. También algún intento de diálogo para hacerle entender al policía que lo más justo era que fueran inmediatamente a detener al presidente del Rayo y a su directiva, en lugar de habilitar un cercado para nosotros. Algunos infelices seguían exigiendo tickets para no perder el sitio al día siguiente, todavía creyendo que alguien nos iba a tratar como a seres humanos. La policía seguía órdenes y se limitó a oír nuestras quejas con paciencia mientras unían mediante cinta aislante cada valla con la siguiente.

—Que nadie salga, ni entre, ni abra las vallas —comentó el policía más cercano—. Que luego tenemos problemas con quién estaba y quién no.

—¿Y si tengo ganas de mear? —le preguntó un graciosillo, con toda la razón.

Cumplidas las órdenes, los policías abandonaron el lugar satisfechos de que no se hubiera producido ningún altercado grave. No me dio pena verlos marchar, aunque en su favor he de decir que fueron las únicas personas que se habían dirigido a nosotros en toda la jornada. Los ánimos estaban por los suelos. Parte de los aficionados habían abandonado la zona, pero otros muchos se habían quedado, todavía indecisos.

—Bueno, ¿qué hacemos? —le pregunté a Bernardo, sin ganas de asumir la responsabilidad.

Mi amigo miró alrededor y suspiró.

—Mañana va a ser igual: seguro que no habilitan más taquillas. Yo me voy a casa.

—Ya —concedí, comprendiendo que su decisión era la razonable—. Pero no sabes lo que me molesta irme con las manos vacías.

Bernardo se encogió de hombros, se despidió y desapareció calle abajo. Agotado, desplegué la silla y me senté a reflexionar. Tras más de diez horas en Vallecas, era el momento de analizar los pros y los contras de quedarme o abandonar.

Encendí un cigarrillo y comencé por los pros. Con suerte, todavía podía conseguir los abonos. Pese a todo, me había divertido y el ambiente me gustaba. Al fin y al cabo, hacer algo que se salga de la norma y de la rutina siempre es beneficioso e instructivo. Más aún, si cabe, tras la pandemia de la COVID. El premio de la resistencia, además, era un plan para todo el año, no algo puntual. Pasé a los contras. Tienes ya cincuenta y un años y a veces sigues actuando como un crío, la vas a palmar de un infarto en cualquier momento y a ver quién es el valiente que le explica a tu hijo por qué moriste. Casi no puedes tenerte en pie; por el dolor que estás sintiendo ahora mismo, estás seguro de que tienes otro cálculo de riñón en su camino de salida y no llevas analgésicos; juraste hace años que jamás volverías a hacer una cola en tu vida salvo en hospitales; si te quedas es por orgullo y sabes perfectamente que el orgullo es un sentimiento dañino, y a evitar. En realidad, no puedes ya más del omnipresente fútbol, los del Rayo te están tomando el pelo y tratándote como basura, vas a dormir en la calle del Payaso Fofó pero aquí el único payaso eres tú y tu idea que te parecía tan buena no es más que un mal chiste. Di una calada profunda, me levanté, tiré la colilla al suelo, plegué la silla y miré a mi alrededor. Estaba más claro que el agua. Necesitaba aliados para establecer turnos y pasar allí la noche.

* * *

Una furgoneta blanca y roja, pintada con los colores del Rayo, entró en la calle vacía. Aparcó junto al estadio y dos operarios distribuyeron agua, refrescos y alimentos entre los esforzados y heroicos aficionados del club, quienes, felices y agradecidos por la iniciativa, les aplaudieron. De pronto, de la furgoneta salió un dragón enorme.

Me desperté del sueño y noté el dolor de espalda, la sequedad de la boca, el cansancio. La noche era fresca, si llamamos fresco a los 32 °C de temperatura. Apenas había un ruido; los que hablaban a gritos y cantaban hacía unas horas ya estarían durmiendo la mona. Miré el móvil: las cuatro de la mañana. Mi compañero de turno, el chico sentado a un par de metros, se había dormido con la cabeza caída hacia un lado. Daba grima verlo. ¿Se rompería el cuello? No, no había peligro, era muy joven, estaba en la flor de la vida. ¿Cómo se llamaba? Llevaba ya tres horas con él y era muy simpático, pero... Aquel era un buen momento para orinar. Me levanté de la silla y zigzagueé entre tipos dormidos o al menos callados en dirección hacia la salida, donde terminaban las vallas.

Me alejé unos metros y en medio de la calle, bajo la luz de las farolas, sentí cierta sensación de amplitud, de libertad, además del placer de estirar las piernas entumecidas. Fui más allá, hasta un árbol, y oriné sobre la tierra del alcorque. No, no suelo mear en la calle, costumbre asquerosa que fue muy española hasta que por las multas se fue perdiendo. Regresé a mi puesto y traté de volver a dormirme.

No tenía muy claro quiénes integrábamos el grupo que habíamos reunido para turnarnos de noche, pero confiaba en los demás. Al tomar la decisión de quedarme, abordé a un joven de unos veinticinco años con gafas, una barba rala y una gorra gris que podría parecerse a las de los chulapos madrileños, sin serlo. Se llamaba Jesús, fue muy amable y al rato formaba parte de un grupo de WhatsApp que se denominaba «Isinho es Dios» en honor a Isi Palazón, uno de los mejores jugadores del Rayo, cuyo diminutivo, por su calidad, habían brasileñizado. El nombre del grupo me encantó. Nos distribuimos los turnos y el mío fue de una de la mañana a siete, el más largo, aunque no me importó. De hecho fue mucho más relajado y llevadero que el día. Cuando me relevaron y volví a casa pude dormir al menos cuatro horas.

Al día siguiente, a la hora de comer, como si fuera Bill Murray en *Atrapado en el tiempo*, estaba casi en el mismo lugar y en parecida situación a la del día anterior. Bernardo había vuelto, seguían pasando cosas y, a la vez, no pasaba nada. La odisea había salido en los medios y algunos jugadores del Rayo se habían solidarizado en las redes sociales con sus fans. Óscar Trejo, el capitán argentino del equipo, había publicado un tuit en el que decía: «Solo queda agradecer que a pesar que las cosas no las ponen fácil, ustedes siempre responden. Agradecerles en nombre del equipo». Un punto para Trejo, pese a la gramática. Por allí pululaba todavía una pareja de reportero y cámara de alguna cadena en busca de que se produjera alguna noticia fresca, ya fuera un infarto o una pelea de borrachos. Por otro lado, ya ponía cara —que no nombre, me cuesta horrores retenerlos— a casi todos los integrantes del grupo de WhatsApp. Había dos parejas de hermanos —Jesús y su hermano Pedro, con quienes había compartido turno, y dos uruguayos— y otros que quizá iban por libre. Óscar, el hondureño, estaba con nosotros. Todos menos yo y un tipo calvo con barba de unos cuarenta años eran jóvenes o muy jóvenes. La mayoría muy rayistas, como era de esperar.

A esa hora del domingo, otra vez bajo el sol inclemente de la meseta, por fin ocurrió algo *de verdad*. Alguien del club salió a informar. Se trataba de un hombre poderoso en su físico, calvo, con una barba larga canosa y aspecto de conducir una Harley Davidson en la Ruta 66. Entonces no sabía quién era, pero ahora sí. Poco probable que haya conducido una Harley en su vida. Era Jesús Fraile, exgerente, director financiero, apoderado y consejero del Rayo Vallecano en la época en la que dirigía el club Teresa Rivero, primera mujer en presidir un club de fútbol en nuestro país, en 1994. Hoy, casi veinte años después, hay dos mujeres presidentas de clubes profesionales, Victoria Pavón del Leganés y Amaia Gorostiza del Eibar. Rivero era también la célebre viuda del polémico empresario y político José María Ruiz-Mateos, alias Supermán, el fundador de Rumasa, el conglomerado empresarial y bancario del logo de la abeja. Estuvo en la cárcel tras la expropiación del grupo por parte del Gobierno socialista en 1983, cuando también pasó de ser supernumerario del Opus Dei a enemigo de la Obra al considerar que había sido traicionado; murió en 2015, con ochenta y cuatro años de edad, condenado otra vez por estafa, en esta ocasión por Nueva Rumasa, su segundo proyecto, desarrollado junto a sus hijos. Fraile y Rivero, por su parte, fueron condenados en 2018 por delitos contra Hacienda, él por administración desleal y desfalco. Abandonó sus cargos con la llegada de Raúl Martín Presa, el empresario que compró la gran mayoría de las acciones a los Ruiz-Mateos en 2011 y preside desde entonces el Rayo y su fundación. Fraile seguía inhabilitado. Ignoro si en ese momento estaba contratado por el club, pero era quien se ocupaba aquel día de las taquillas. Fraile las había visto ya de todos los colores y aguantó con estoicismo las críticas de los aficionados. Su gesto de salir a explicar la situación y tratar de encontrar una solución no me cabía duda que había sido una iniciativa propia y estimable. Fraile nos informó educadamente de que aquel día iban a entregar 200 abonos más. La idea era ir dando papelitos numerados desde el inicio de la cola hasta llegar a esa cifra.

—Los que no tengan papelito, tendrán que esperar a mañana.

—¡Llegamos, llegamos! —La voz se corrió como la pólvora en mi heterogéneo grupo: ya no había demasiada gente delante.

Fraile fue repartiendo los preciados papeles y, efectivamente, llegamos. A mí me tocaron los números 51 y 52, a Bernardo el 53. Todavía tuvimos que esperar un par de horas a cruzar el umbral de la puerta por la que se accedía al patio en el que se encontraban las taquillas, pero aquel fue un momento mágico. Lo hice junto a Bernardo y con la silla a cuestas y los chicos, con guasa y entre risas, corearon mi nombre.

—¡Niiiiiico, Niiiiiico…! ¡Esa nocheeeee!

Inolvidable. Para un futbolista no valdrán nada, pero para un seguidor esos breves aplausos significan mucho. Una hora después Bernardo y yo éramos dueños de los tres abonos y los fotografiamos sobre una repisa del despacho de las taquillas para enviar la captura a los amigos y familiares que habían seguido el sainete con interés creciente. Eran las cinco y media de la tarde y Bernardo, vaya aguante, se iba al Metropolitano a ver a su Atleti jugar contra el Villarreal. Por desgracia para él, fue a verlo perder.

Regresé a casa y al entrar sentí el alivio de las grandes ocasiones, de esos días en los que tu apartamento o donde vivas te parece el mejor lugar del mundo, la guarida de tus sueños. Caí rendido sobre la cama y pensé, que, por increíble que pareciera, haber sido maltratado por los responsables del Rayo Vallecano había sido el primer paso para convertirme en aficionado suyo. Según explicaron desde el club, que no se pudieran comprar los abonos online se debía a que habilitar ese canal de venta hubiera sido un agravio para las personas mayores, poco duchas en navegar por la red. Era preferible, supongo, que palmaran en la fila, bajo el sol. Fuera como fuese, me habían ganado para la causa. El funcionamiento del cerebro es algo inexplicable. ¿Les suenan las ganas crecientes que tenías de joven de entrar en una discoteca después de que un portero malcarado y sádicamente arbitrario te hubiera rechazado un par de veces y cómo volvías a intentarlo, como si fueras una polilla dándote de golpes una y otra vez contra la bombilla? ¿O haber renovado tu voto de confianza en sucesivas elecciones a un partido que no cumplió ni una de sus promesas en la primera ocasión ni jamás tuvo la intención de hacerlo? Pues eso.

El abono que guardaba en mi cartera, el número 15.885, con mi nombre y asiento impresos, se había convertido de inmediato en una de mis propiedades más preciadas. Cerré los ojos. La aventura de aquella temporada había comenzado 32 horas antes. Ahora quedaban diez meses. Lo mejor.

EL PRIMER PARTIDO EN VALLECAS

Rayo Vallecano 0 - Mallorca 2
Sábado, 27 de agosto de 2022

Muriqi 13', Kang In Lee 64'

El césped de grama brillaba con ese maravilloso verde que tienes grabado en el cerebro para siempre. El campo, de 100 x 65 metros de superficie, era el más pequeño de la Primera División, y apenas había distancia con respecto a la grada. Eso era característico en los estadios de los equipos humildes, que quieren presionar a los rivales que son superiores mediante las estrecheces de espacios y una mayor intimidación del público. Cabían poco más de 15.000 espectadores y había una buena entrada, lo normal en un primer partido de la temporada en casa. Muchos de los aficionados vestían camisetas del Rayo de diferentes años y equipaciones y en una esquina, en alto y frente a mí, en la peor ubicación posible, como es costumbre, se encontraba la mancha roja de la afición visitante, la del Mallorca. A mi izquierda estaba el fondo de los Bukaneros, los seguidores más animosos, fieles y radicales del Rayo, y a mi derecha, un muro, algo excepcional. En la tapia había una frase escrita: «Siempre en nuestro recuerdo»; podría referirse a cualquier cosa o a cualquiera, pero resulta que era en memoria de las víctimas de la COVID. Desde las terrazas de los pisos altos de los dos edificios de viviendas de ladrillo situados detrás del muro se podía ver el partido gratis: en uno de aquellos palcos pirata había una familia y en el otro un señor en bata, no sé si tras brutal siesta, dado que eran las siete de la tarde.

—Es como volver a los ochenta, ¿verdad? —comentó Bernardo.

Mi hijo Marcos, Bernardo y yo acabábamos de tomar posesión de nuestros asientos y ninguno de los tres habíamos hablado antes porque estábamos haciéndonos con el estadio. Bernardo tenía razón, aquello era un feliz viaje en el tiempo. El ambiente era cercano, nada pretencioso. Ayudaba que el edificio no era precisamente moderno:

se había acabado de construir en 1976 y, por supuesto, no cumplía ni media normativa actual de edificación. Pertenecía a la Comunidad de Madrid y, con tal de que la fiesta del fútbol continúe, todo el mundo se hacía el loco y miraba hacia otro lado. Llegar a las localidades era un ejercicio de habilidad para lograr no hacerte un esguince de tobillo o no golpearte la cabeza contra alguna viga o algún contrafuerte. Yo suspendí el ejercicio y me di contra una viga. Me había salido un pequeño chichón, pero lo asumí con deportividad, acostumbrado a comerme los vidrios de las puertas correderas en viviendas y oficinas. El marcador era otro detalle que tener en cuenta. La estética y definición de la imagen me recordaron al mítico ordenador ZX Spectrum de 1982, pero la pantalla debía de estar estropeada y el color de fondo, en lugar del rojo —tendría sentido un marcador en blanco y fondo en rojo, con los colores del club—, era rosa. No era por amor a lo retro, sino puro ahorro. Mi asiento de plástico, por descolorido, también era rosa. Aquel estadio era un chollo, allí me sentía joven. Quizá lo único que me hacía percibir la época en la que estaba era la ausencia de olor a puro, ese aroma para algunos nauseabundo pero que yo he asociado siempre al fútbol en vivo.

Abajo distinguí entre los jugadores del equipo local que realizaban ejercicios de calentamiento al colombiano Radamel Falcao, el Tigre, uno de esos delanteros veteranos que ya es una leyenda años antes de haberse retirado. Veía sin dificultad las facciones de su rostro, sus expresiones. No es que nuestras entradas fueran buenas, es que eran magníficas. Paseé la mirada por la plantilla rival y me detuve en un armario con barba y patas. Mi hijo también lo estaba observando.

—Vedat Muriqi, el albanokosovar.

Era un nueve clásico goleador, un gran cabeceador y el fichaje más caro del Mallorca en su historia: había pagado 7 millones de euros por él al Lazio italiano. Superviviente de la guerra de los Balcanes y con aspecto fiero, en realidad era un pedazo de pan. Tanto como para confesar en una entrevista que durante los partidos fingía estar siempre enfadado para intimidar a los defensores. Media hora después Muriqi celebraba con rabia el 0-1, primer gol de la temporada en el Estadio de Vallecas. El otro jugador más destacado del equipo visitante, el escurridizo centrocampista coreano Kang In Lee, estableció en la segunda parte el marcador definitivo: 0-2. De los pocos que se alegraron fueron cinco coreanos que se sentaban justo detrás de mí. Fueron prudentes y sólo exteriorizaron su alegría con sonrisas nerviosas.

Mientras salíamos del estadio, muy fastidiados por la derrota, recibimos la primera lección al oír los comentarios de los seguidores veteranos. Se lo tomaban con calma, tampoco era una tragedia. De hecho, la Franja no ganaba de local nada menos que desde el 18 de diciembre de 2021, hacía cerca de un año, en un partido contra el Alavés. Además, con 4 puntos obtenidos en tres partidos, no era para alarmarse. En las jornadas primera y segunda, en su ronda catalana, habían obtenido un empate frente al todopoderoso Barcelona y una victoria en el campo del Espanyol.

Nos despedimos a la salida y cada uno se fue por su lado. En el grupo de WhatsApp de «Isinho es Dios» el uruguayo Nahuel colgó una foto en la que aparecía sujetando la camiseta que le había regalado Muriqi. Mientras volvía a casa me di cuenta de que me dolía algo la garganta. Durante el partido, entre el ruido de la afición, las intervenciones del *speaker* y la música rockera durante el descanso, lo más normal es que tengas que gritar para que tus acompañantes te oigan. No había coreado el cántico recurrente del minuto 13 contra el presidente: «¡Presa vete ya, Presa vete ya, Pre-sa ve-te-yaaaaa», aunque estuve tentado por el asunto de los abonos. También, sí, lo reconozco, había protestado más de una vez decisiones del árbitro. Bueno, varias veces. Cuatro o así.

COLLEJAS NAPOLITANAS

Rayo Vallecano 2 - Valencia 1
Sábado, 10 de septiembre de 2022

Isi 5', Nico González (pp) 52'

Diakhabi 93'

La espera entre partido y partido se me estaba haciendo eterna. Vale que había visto en televisión la derrota del Rayo in extremis contra el Osasuna por 2-1 y mi vida va más allá del balompié, pero tenía ganas de volver a Vallecas. Por suerte el juego más seguido del planeta, durante los entreactos, suele regalarnos noticias que no sólo te distraen, sino que te dejan perplejo.

Se había producido una reunión para negociar el fichaje de RDT (apelativo supermolón del delantero madrileño Raúl de Tomás, jugador del Espanyol) por parte del Rayo Vallecano. Fue en las oficinas de la sede española de ICM Stellar Sports, su agencia de representación. Se trata de una empresa londinense fundada por Jonathan Barnett y que lleva la carrera de jugadores como el galés Gareth Bale, el francés Eduardo Camavinga o el español Saúl Ñíguez —ex del Rayo—, entre otros muchos; según la revista de finanzas *Forbes* es actualmente la agencia deportiva número uno del mundo. En realidad, ya habían negociado previamente por el mismo asunto, pero el club vallecano no había llegado a tiempo de inscribir el contrato antes de que cerrara la ventana del mercado de verano. Ahora ambas partes lo renegociaban con vistas a que el jugador pudiera ser inscrito durante la ventana de invierno para debutar, como pronto, en enero de 2023. RDT sería un fichaje bomba y el reencuentro con un jugador que había llegado por primera vez a la Franja cedido por el Real Madrid en el verano de 2017 para colaborar con 24 goles y 4 asistencias en el ascenso a Primera. Una temporada más tarde había fichado por el Benfica lisboeta, luego por el Espanyol, y ahora se podía producir el regreso a Vallecas.

A la reunión, nocturna, acudieron Martín Presa y su abogado, por parte del club, y el propio RDT, su padre, su preparador físico y varios representantes, por la del jugador. Hasta aquí todo normal. Lo que es menos normal es que Martín Presa por su lado y el agente Iván García Alonso por el suyo pusieran esa misma madrugada sendas denuncias por agresión acusándose recíprocamente de haber recibido un cabezazo del otro. Independientemente de quién haya sido el agresor y quién la víctima, la alucinante noticia es indicativa del nivel de macarrismo instaurado en el fútbol, donde puede ocurrir que se negocie el fichaje de un jugador a cabezazos. Cabe considerar que, si pegas un cabezazo, es probable que lo hayas hecho antes. No es normal que el primer cabezazo de tu vida lo des negociando el fichaje de Raúl de Tomás. Huele a recurso aprendido de joven y perfeccionado con la experiencia. Supongo que la policía, si investiga el asunto, estará buscando cabezazos en el historial del presidente del Rayo y en el del susodicho agente, preguntando en sus bares, discotecas y gimnasios favoritos, qué se yo. En una entrevista del periodista Paco González en el programa *Tiempo de juego* de la cadena Cope, Presa reconoció que, en determinado momento, al oír cosas que no le gustaban ni le parecieron honestas, alzó la voz. Todo se precipitó y, según declaró, pese a «portar gafas», recibió el golpe. Declaró con dramatismo: «Estoy defendiendo los intereses del Rayo hasta con la cara». Con un apósito pegado al puente de la nariz, calificó el presunto ataque —que definió «con frente a rostro»— de cobarde y criminal, y al agresor de ser «un mierda». Lamentó que no le hubiera retado para haber podido batirse de un modo honorable.

Si alucinante es la reyerta, lo es más que un par de días después el Rayo Vallecano anunciara el fichaje de Raúl de Tomas. Bueno, quizá no aparques un negocio que mueve 8 millones de euros más 3 en variables por un simple cabezazo. Eso sí, al aficionado rayista la poco honorable disputa le da exactamente igual: lo importante es que veremos en breve a RDT meter goles en el Estadio de Vallecas.

* * *

Pensar durante la semana en golpes me llevó durante el partido contra el Valencia a poner especial atención en observar a Gennaro Gattuso, el nuevo entrenador del equipo che, leyenda como jugador de la selección italiana y del Milán. ¿Y por qué quería vigilar su comportamiento en la banda durante el partido? Porque Gattuso es un tipo muy físico que tiene por costumbre mostrar su cariño mediante golpes, eso sí, más leves que un cabezazo. Ya lo dijo él, hablando con nostalgia sobre su relación con otro grandísimo centrocampista italiano —más fino que él—, Andrea Pirlo: «Le he pegado más tortazos que Bud Spencer a Terence Hill».

Lo que me interesa del asunto es que no es un comportamiento exclusivo de Gattuso, sino una práctica habitual en el mundo del fútbol. Un jugador mete un gol y sus compañeros lo celebran dándole empujones y collejas. Otro falla en un rondo de un entrenamiento y el castigo es forrarle a pescozones. Y se mueren todos de risa, como lo harían haciendo novatadas en los colegios mayores. Vivimos por suerte en una sociedad en la que los golpes no se permiten porque el cariño o su reverso, el rechazo, no se deben expresar a leches. Tampoco se educa a golpes, aunque hace no tanto era lo normal. La percepción ya no es la misma. Lo que ocurre es que el fútbol es un mundo que lleva un retraso considerable en todos los avances sociales que se producen. Se perciben síntomas del atraso, unos leves y otros graves, por todas partes. Es como si hubieran incorporado la tecnología y la mercadotecnia al negocio, pero se les hubieran olvidado los derechos fundamentales. Los organismos deportivos principales, la RFEF y LaLiga en España y la UEFA y la FIFA con carácter global, realizan campañas para concienciar al público sobre la violencia, la homofobia y el racismo, pero, quizá por ser organizaciones cuyo proceder suele ser cuando menos dudoso, no calan lo suficiente. Por decirlo de otro modo, se amparan en una corrección política con la que presuntamente defienden valores de los que suelen carecer. ¿Qué vas a pensar de instituciones que organizan la Supercopa de España en Arabia Saudí y el Mundial 2022 en Qatar, dos países con pena de muerte, perseguidores de la homosexualidad y cuyas ciudadanas carecen de derechos básicos, por ejemplo?

Bien es sabido que en el universo fútbol no hay homosexuales. Su ausencia no sólo alcanza a sus protagonistas, los jugadores, sino también a todos aquellos profesionales que viven de él. ¿Habéis visto a algún periodista deportivo gay? ¿A algún agente? ¿O recogepelotas? Nada. No hay «maricones». Faltaría más, no vayan a contaminar el deporte rey masculino, tan viril. Los jugadores profesionales que han salido del armario se cuentan con los dedos de la mano y no son ni de lejos conocidos para el público aficionado en general. Recientemente lo hicieron Josh Cavallo, australiano, y Jake Daniels, inglés. ¿Os suena dónde juegan? ¿En qué posición? No habríamos oído hablar de ellos si no fuera por la valentía y excepcionalidad de su acto. El fútbol femenino, por suerte, va por delante: valga el ejemplo de la campeona mundial estadounidense Megan Rapinoe, que se ha convertido en estrella mediática, aparte de por su desempeño deportivo, por haberse declarado abiertamente lesbiana. De nuestra liga lo hizo la defensa central del Barcelona y de la selección española Mapi León, campeona de la Liga de Campeones Femenina en 2021.

En el fútbol masculino español no había salido por entonces nadie del armario. El Rayo en su historia reciente apoyó el movimiento por los derechos de los homosexuales. Durante la temporada 2015/16 lució una segunda equipación negra con una banda con los colores del arcoíris en la camiseta, símbolo del orgullo gay creado como bandera por Gilbert Baker en 1978. La prensa calificó el diseño de «revolucionario». Valiente, pero no suicida, el club presentó en un vídeo oficial las camisetas como homenaje a los héroes anónimos de luchas con contenido social. De un modo ciertamente rebuscado para no decir lo que realmente comunicaban, cada color representaba según ellos a un colectivo de luchadores en un batiburrillo poco coherente: el rojo a los que luchaban contra el sida, naranja a los que ayudan a la integración de los discapacitados, el amarillo a los que no pierden la esperanza, el verde a los que luchan por la protección del medioambiente, el azul a los que lo hacen contra el maltrato infantil y el morado contra la violencia de género; luego, de refilón, todos los colores juntos representaban a los que luchan contra la discriminación por su orientación sexual. Al fin y al cabo, lo importante es que esa camiseta, que llevan numerosos aficionados en el Estadio de Vallecas, muestra a las claras su mensaje. El Cádiz CF es el club español que ha luchado contra la homofobia de un modo consistente, a través de su Fundación y desde hace un decenio.

También en lo referente al racismo al fútbol le cuesta horrores ponerse al día, con el matiz de que, si un jugador negro mete goles para tu equipo, es menos negro que si los enchufa para el equipo rival. Y si no, que se lo digan a Vinícius Jr., el delantero del Real Madrid, y a tantos otros.

* * *

Volviendo a Gattuso, en el programa de fútbol *El Chiringuito* de la cadena televisiva Mega, el más popular en nuestro país y donde prima la polémica sobre el análisis, emitieron unas imágenes del primer entrenamiento del italiano en la ciudad deportiva de Paterna. En determinado momento le soltó un empellón a un jugador para regocijo de los comentaristas: aquello confirmaba que el calabrés era un verdadero cachondo y lo iban a pasar en grande con él. No lo dudo, pero ¿le ha preguntado alguien qué le pareció aquello al jugador agredido? No he conocido en mi vida a nadie que le haya gustado recibir una simpática colleja o un simpático empellón, ni a nadie que no se haya sentido, aunque no lo haya expresado, algo humillado. Y si viene del jefe, peor.

Traté de fijarme en Gattuso durante el partido por curiosidad, porque hasta esa semana nunca había reflexionado sobre el asunto de los golpes cariñosos y quería observarlo en vivo. El míster estuvo activo en la «zona técnica», el espacio asignado para él fuera del banquillo, pero no destacó en comparación a otros entrenadores por su histrionismo. Lo cierto es que, si hubiera querido detenerme en cómo interactuaba con los jugadores, los momentos mejores para ello eran la pausa de hidratación con motivo del calor, cuando se reunía el equipo al completo, y los cambios de los jugadores, cuando el que entra recibe últimas instrucciones y al que sale se le reconforta o agradece su esfuerzo. Por desgracia, en lo que a mi objetivo se refiere, el encuentro me atrapó de tal modo desde el comienzo que olvidé observar al italiano. Isi, «Isinho», marcó a pase de Trejo a los cinco minutos y el partido fue muy emocionante. El Rayo se jugaba volver a ganar tras no haberlo hecho en su estadio desde hacía 266 días y se enfrentaba a un equipo superior sobre el papel. Logró la victoria por 2-1 y los aficionados se fueron del estadio felices. La Franja llevaba 7 puntos en cinco partidos y se encontraba en el puesto noveno, en una zona confortable de clasificación.

Gattuso, quien hacía gracia a la hinchada rayista (le gritaron en varias ocasiones: «¡Gattuso! ¡Hazte del Rayo!»), declaró en la rueda de prensa posterior que los locales habían merecido ganar por tres o cuatro goles y que él, como entrenador, se había equivocado en todo. Gennaro da collejas, pero también es elegante y autocrítico en la derrota.

EN BUS CON LA PEÑA

Athletic de Bilbao 3 - Rayo Vallecano 2
Sábado, 17 de septiembre de 2022

Trejo 4', Falcao 79'

Iñaki Williams 13', Sancet 27', Nico Williams 32'

Eran las diez de la mañana y estábamos ya cerca de Bilbao. Por la ventana del autobús veía una sucesión de colinas verdes salpicadas de caseríos y edificios de viviendas. Llevaba una hora despierto y me entretenía escuchando el diálogo de dos chavales rayistas sentados al otro lado del pasillo:

—¡Eh, despierta, que llegamos!

—Joder, qué sueño... Bilbao tiene playa, ¿no?

—Qué va.

—Entonces, ¿qué tiene?

—Es igual. Lo que importa es que tenemos diez horitas de previa para emborracharnos a gusto.

Me había apuntado a un viaje organizado por la Federación de Peñas de la Franja del que me había enterado gracias al WhatsApp de mis compañeros de abono, mi primera fuente de información sobre actividades rayistas. Hasta entonces nunca había hecho algo así. Los 82 euros que costaba incluían el traslado en autobús y la entrada al nuevo San Mamés. Los horarios eran para campeones: salida desde el Estadio de Vallecas a las cinco de la madrugada del sábado y regreso tras el partido, pasadas las doce de la noche para llegar a Madrid a las cinco y pico de la mañana del domingo. Veinticuatro horas de carretera, turismo y pasión futbolera. Para mi sorpresa, en el autobús no había sólo jóvenes. Entre los que soltaban los mejores chascarrillos había señoras y señores mayores y se palpaba en el ambiente que eran asiduos a estos viajes. No puedo resistirme a añadir el comentario de otro seguidor nada más salir de Madrid:

—Yo, si no me tomo dos magdalenas, no salgo de casa.

Me acompañaba mi hijo Marcos. O, mejor dicho, la mitad de él. La otra mitad se había quedado tirada en la discoteca de tecno Fabrik. Llegó de milagro a la salida, sin dormir, y ahora roncaba a mi lado como un bendito. Marcos es un buen aliado para muchos planes, pero para este en particular era perfecto. Tiene don de gentes y a sus diecinueve años ya era un buen viajero, de los que sabe buscarse la vida y sacar partido a todo. Además, es como Leonard Zelig, aquel personaje de Woody Allen. A Leonard, según hablaba con un provecto judío, le crecía la misma barba y los mismos tirabuzones de su interlocutor: era el hombre camaleón.

La relación de mi hijo con el fútbol es curiosa. Mis intentos de inculcarle el virus nunca funcionaron y llegué a verlo como una ventaja para él. Más tiempo para otras aficiones, menos sufrimiento estéril. Eso sí, siempre que Marcos veía una camiseta de un equipo de fútbol, fuera el que fuese, me pedía que se la comprara. Finalmente se aficionó con quince años, cuando vivió un año en una aislada granja de Missouri, en Estados Unidos. Sospecho que el aburrimiento y la morriña le empujaron a ver partidos de la liga española y una cosa llevó a la otra. Se hizo del Madrid, para mi alivio, y hasta hoy. Ahora lo agradezco, porque es otro punto de encuentro entre nosotros. En una ocasión, cuando tenía diez años, estábamos dando un agradable paseo primaveral cuando me fijé en que había mucho aficionado del Atlético de Madrid por las calles y caí en que estarían celebrando la recién obtenida Copa del Rey. Pensé que a Marcos le divertiría ver el ambiente y nos dirigimos a Neptuno, donde todo eran banderas, camisetas y bufandas blanquirrojas, cantos y alegría. Mi hijo me agarraba con fuerza la mano, impresionado. Un anciano colchonero que podría haber aparecido en un anuncio de los de los rojiblancos se dirigió a él y se pusieron a conversar. Le hablaba de la final contra el Real Madrid y Marcos escuchaba con atención. En determinado momento le preguntó quién era su jugador favorito del Atleti y le respondió:

—Miranda.

El anciano se sorprendió. ¿João Miranda, el defensa brasileño? Vale que había metido el gol de la victoria en la prórroga, pero… Si le hubiera dicho Diego Costa o Radamel Falcao, delanteros, habría sido más normal en un niño. Lo miró casi con respeto, como si Marcos tuviera ya criterio propio a su edad y no hubiera pillado el nombre al vuelo para soltarlo porque era el único que sabía. Cuando nos fuimos, le pregunté por qué no le había contado la verdad. Respondió sin dudar:

—Porque era muy simpático y pensaba que yo era del Atleti.

Sí, señor, un camaleón. Esta vez, por prudencia, Marcos llevaba en el autobús la camiseta del Rayo bien guardada en la mochila. Era de la segunda equipación —roja con la franja blanca— y se la había regalado esa misma semana. Pensaba sacarla sólo si el ambiente entre las aficiones en Bilbao era relajado. Me sentía protegido: en su compañía iba a ser difícil tener algún problema.

El autobús se detuvo a mitad de camino en una estación de servicio en Aranda de Duero. Aprovechamos para abordar a un tipo con aspecto amable para preguntarle por la relación del Rayo con otras aficiones. Llevaba unas gafas redondas tras las que brillaban unos ojos guasones y lucía barba y unas extrañas coletas que le daban el aspecto de uno de los galos de los cómics de Astérix.

Del cuello colgaba una bufanda y la bandera la llevaba anudada a la cintura a modo de falda. Su plan en Bilbao, nada más llegar, era ir a un bar especializado en cerveza que ya conocía de otras ocasiones.

—¿Sabéis que ya ha empezado la Oktoberfest? —nos informó, muy animado.

Llevaba en la mochila un cuaderno con pegatinas de marcas de cerveza, para añadir durante la jornada alguna más. Le llamaremos, pues, Birratórix.

Birratórix nos dijo que nos habíamos apuntado a uno de los mejores viajes. De los actuales equipos de Primera División, el Rayo se lleva bien con el Bilbao, la Real Sociedad y el Osasuna. En el sur con el Cádiz y en el panorama internacional, al otro lado del Atlántico, con el River Plate. Mal, nos dijo, se llevan con madridistas y atléticos.

—Con los del Bilbao hay buen rollo, ya veréis —nos tranquilizó.

* * *

Hacía un día espléndido, soleado, y la ciudad entera vivía el partido. Veías camisetas del Athletic por el paseo de la ribera del Nervión, por el Casco Viejo y en el Museo Guggenheim. Desde la hora de comer, en las calles Ledesma y Poza, muy animadas, los colores del equipo vasco estaban por todas partes.

La previa del partido estaba siendo larga e intensa, pero cualquier aficionado sabe que las previas se disfrutan en ocasiones más que el propio partido, sobre todo si luego tu equipo pierde. Había pasado todo el día en compañía de Txema, el colega del grupo «Isinho es Dios» más veterano después de mí, que llegó en el otro autobús fletado por la Federación de Peñas. Hasta entonces apenas había cruzado con él un par de frases en la cola para obtener el abono. Alto y corpulento, vestía una camiseta rayista negra con la franja roja, recuerdo de una San Silvestre Vallecana. Mientras desayunábamos me impresionó cuando vi que la palabra que había elegido para estampar en la parte de atrás, en lugar de su nombre, era «LUJURIA». La jornada prometía. Fuera de bromas, Txema resultó ser un buen compañero de viaje y un conversador estimulante. Era segoviano, funcionario de Correos y trabajaba descargando camiones en la terminal de Barajas. Seguía al Rayo desde hacía años, cuando estaba en Segunda B, y formaba parte de un grupo de amigos muy activos. Supe más tarde que la palabra impresa en su camiseta no provenía de un interés, digamos, meramente personal por el placer sexual intenso, sino que era un homenaje a la banda Lujuria, de heavy metal segoviano o, mejor dicho, de «erotic heavy metal», al menos según la entrada de Wikipedia. El líder del grupo, Óscar Sancho, es también docente, y Txema admiraba su capacidad para, aparte de defender causas como la obrera o la lucha contra el maltrato, animar a aprender Historia con música a quienes acercarse a los libros no les es fácil. En una de sus letras, rescata, por ejemplo, la historia de los comuneros castellanos. En Lujuria, además de sexo, hay política e historia.

Por la tarde mi hijo había desaparecido con un amigo del instituto que estudiaba la carrera en Bilbao y a cambio se había incorporado Toñín, amigo de la familia, futbolero y residente en Vizcaya. Íbamos de bar en bar desde la comida, notaba los kilómetros en las piernas y el alcohol en el cerebro. Por mucho que me hubiera propuesto llegar en perfecto estado al estadio e intercalaba vasos de agua y cafés entre cerveza y cerveza, estaba algo achispado.

Me encontraba en la última parada del recorrido, con el estadio a la vista y a apenas 50 metros de distancia, en el café bar Bodega, junto a la avenida Sabino Arana. Eran cerca de las ocho y ya había aficionados aprovisionándose de bocadillos de tortilla y trasegando litros y litros de cerveza. Había estado charlando con dos irlandeses seguidores del Liverpool, portadores de camisetas del Athletic y muy interesados en que un aficionado del Real Madrid asistiera con una peña rayista a un partido contra el Bilbao. Hablando se entiende la gente; mis explicaciones les satisficieron y me invitaron a una cerveza. Difícil no beber cuando se trata de fútbol, ¿verdad? Si hubieran sabido lo que ocurrió después, los simpáticos irlandeses se habrían extrañado aún más. Conocí a un grupo de andaluces entre los que se encontraba un matrimonio de malagueños, María y José, y nos caímos muy bien. Tenían algo más de cuarenta años. También estrenaban camisetas del Athletic, aunque ambos eran seguidores del Málaga; además, ella era también del Real Madrid y él, del Barcelona. En sus vacaciones viajaban en una furgoneta *camper* e iban a conocer estadios de fútbol; los británicos denominan *groundhoppers* a los viajeros coleccionistas de estadios de todo tipo e importancia. Nada de esto me resultó excepcional: en España hay una gran pasión por el fútbol y es normal ser aficionado a la vez de un equipo pequeño y de uno grande, a diferencia de Inglaterra, donde casi siempre se es de un único club. Lo extraordinario vino después. José llevaba sobre la camiseta recién comprada una sudadera gris y negra en cuyos detalles no me había fijado. De pronto se señaló el pecho: allí estaba el escudo del Málaga C. F.

—Esta chaqueta —me dijo, serio— es de la temporada 2012/2013, la única vez en la que el Málaga jugó la Champions League. Con Pellegrini, Isco, Cazorla… ¿Te acuerdas?

—Sí, llegaron a cuartos, ¿no?

—Correcto. Esta chaqueta para mí es mítica, la he llevado por todos sitios.

Empezó a quitársela y supe lo que iba a pasar, aunque no diera crédito.

—Te la regalo.

Me quedé de piedra.

—No, nooo, no hace falta, José...

Por cómo me miraba me di cuenta de que no bromeaba. Insistí una y otra vez para hacerle desistir de la idea, pero él y su mujer estaban decididos. Llegó un punto en el que consideré que aceptarla era lo correcto y me la puse.

—Eso sí, tienes que llevarla, ¿eh? Que no se quede en el armario…

Era lo más emocionante que me había pasado en mi vida con un aficionado de otro equipo. Intercambiamos teléfonos y quedamos en que, si pasaban por Madrid, me avisaran para llevarles al Rayo. Cuando mi hijo llegó, le echó el ojo a la sudadera. Sólo era cuestión de tiempo que me la pidiera.

Dimos una vuelta completa al estadio bilbaíno. El nuevo edificio se levanta casi sobre la huella del antiguo, la mítica «Catedral». Está situado en el extremo del ensanche y sobre la ría. El proyecto es de César Azcárate (IDOM) y se inauguró en 2013. A simple vista, lo que más destaca es la fachada, donde se ha utilizado un material termoplástico semitransparente y ligero; las láminas, en este caso, recuerdan a banderines con la parte de abajo girada. El efecto es un juego muy dinámico de claroscuros entre las láminas y los huecos. Los días de partido la iluminación y la proyección de imágenes lo convierten en un edificio espectacular. Txema no podía evitar compararlo con el del Rayo y se fijó en un detalle que nos hizo reír: con la cantidad de taquillas que había, allí nadie debía de hacer mucha cola.

* * *

El campo estaba prácticamente lleno. La afición del Rayo, según repite el *speaker* en cada partido cuando juega en casa, «es posiblemente la mejor del mundo». En San Mamés estaba otra afición, la del Athletic, que posiblemente también lo sea. No convivíamos porque nosotros, los visitantes, estábamos en la grada lateral alta, encerrados en un cubículo con paredes de metacrilato para nuestra protección y rodeados de vigilantes y ertzaintzas que no nos quitaron el ojo durante todo el partido. Difícil no tener complejo de oveja. O de lobo, mejor dicho, porque allí los peligrosos éramos nosotros. Este detalle, que por ser habitual y asumido ya ni percibimos, da una idea de que el fútbol es un entretenimiento que puede ser peligroso. Nada que ver con ir al teatro, a un concierto multitudinario, a un festival de música o a ver cualquier otro espectáculo deportivo si exceptuamos los de lucha. Aun así, España es uno de los países más seguros para acudir a los campos.

En el fútbol los problemas sociales, políticos, educativos y culturales están muy presentes, por mucho que los jugadores, algunos periodistas especializados y muchos aficionados se limiten a comentar estrictamente lo que ocurre sobre el césped. Dándole la vuelta a esta idea, la complejidad de este deporte es precisamente la razón de que opten por analizarlo de esa manera tan incompleta. Prefieren no bajar al barro. Mojarse implicaría para los futbolistas poder enemistarse con el club y con las aficiones, para la mayoría de los periodistas, que les leyeran, escucharan o vieran menos, y para los seguidores, la posibilidad de romper el vínculo que se establece con los demás por compartir un simple entretenimiento. Prima la prudencia, la visión puramente práctica, el interés o la cobardía, según se mire. Además, el corazón, el meollo de la cuestión, es para cualquiera el juego en sí, el balón rodando sobre el verde.

Las relaciones entre aficiones vienen marcadas por rivalidad deportiva, por diferencias sociales y políticas, por sucesos que tengan que ver con la génesis de los clubes y por los valores que se van construyendo a lo largo de su historia, blanqueada una y otra vez para que coincida con dichos valores. Pero en la mayoría de las ocasiones los que marcan las relaciones son los ultras, esos a los que en los medios se les suele describir como «la plaga del fútbol» y que han propiciado y propician tragedias sin fin por todo el mundo. En Europa llegaron tal como los conocemos en los años sesenta del pasado siglo y de Italia: los primeros *tifosi* organizados fueron los Granata del Torino y los Ultras Tito Cucchiaroni de la Sampdoria. Su sombra gravita incluso sobre los estadios de los equipos que, como el Barcelona y el Real Madrid, los han expulsado y sustituido por gradas de animación, versión de apoyo domesticada introducida por LaLiga mediante una normativa en 2016. «Grada de animación» es un eufemismo que esconde el objetivo de la ley: controlar a los hinchas. Acceden a tu identidad al entrar en el estadio mediante «tecnología biométrica» —identificación mediante un rasgo distintivo biológico individual como la huella o la pupila—; no puedes prestar tu abono a otro aficionado ni vender tu entrada; permites que te registren cuando lo deseen —aparte de las fuerzas de seguridad del Estado— los guardias privados contratados por el club. Entregas derechos a cambio de disponer de entradas a precios reducidos y sujetas a condiciones especiales, entre ellas, la obligación de una asistencia mínima durante la temporada o aceptar un proceso complicado si un día no vas y deseas cedérsela a otra persona. En suma, si animas en manada y sin parar, ver fútbol es más barato. Leí el contrato que debes firmar para entrar en una de esas gradas y se me encogió el corazón. ¿A quién le apetece hacerse miembro de una grada que podría haber aparecido en la novela distópica *1984*, de George Orwell? La lucha contra los ultras sirve para que los demás pierdan derechos en aras de la «seguridad». El eterno dilema, seguridad contra derechos individuales. ¿Recordáis lo agradables que eran los aeropuertos antes de la paranoia terrorista?

A los problemas sociales que generan los hooligans se une que —pese a que dan mala imagen, crean problemas a los clubes y aspiran a gozar de poder en ellos— son útiles. Son los seguidores más organizados y más fieles, los que presentan unos tifos más coloridos, ruidosos y espectaculares —que lucen tan bien en las retransmisiones televisivas—, los que animan a las duras y a las maduras y los que siguen al equipo en sus desplazamientos. Su esfuerzo y dedicación es innegable. En los estadios ellos inician parte de los cánticos, que el resto de la hinchada puede corear, o no; con su aliento, la «positividad», que se propaga a través de grupos, se contagia. Si ves y oyes animar, es más fácil que tú también lo hagas. No es exagerado decir que ayudan a ganar partidos. Los jugadores, en parte por temor y en parte por conveniencia, suelen relacionarse con ellos; muchos clubes, por las mismas razones, son ambiguos: públicamente se enfrentan a estos radicales, pero no es raro que se reúnan y lleguen a dialogar hasta sobre aspectos deportivos del equipo, que les permitan el acceso a los jugadores —ahora tan protegidos— y que les faciliten entradas, entre otras cosas. Al fin y al cabo, los clubes disponen de unos tipos que son sus clientes, trabajan gratis para su empresa y son autónomos. Si luego están metidos en negocios ilegales como la extorsión, la seguridad ilícita, el terrorismo callejero o el narcotráfico, que se ocupe la policía. La situación ha ido mejorando con los años a trompicones, siempre como consecuencia de sucesos como el de la muerte del ultra coruñés Jimmy el 30 de noviembre de 2014. Murió en una batalla entre radicales del Deportivo de la Coruña —Riazor Blues— y del Atlético de Madrid —Frente Atlético— al ser apaleado y arrojado al río Manzanares por algún ultra de estos últimos. Se publicó en los medios que miembros de los Bukaneros participaron en la reyerta; el grupo lo negó en un comunicado. Pese a que supuso una conmoción, la causa del homicidio de Jimmy se archivó sin haberse encontrado a los culpables. El Frente Atlético continúa tan presente como siempre, ahora en el Metropolitano.

Los radicales del Rayo son los Bukaneros, colectivo nacido a principios de los años noventa y cuyo nombre homenajea a la batalla naval tradicional en el barrio durante las fiestas del Carmen; se realiza en julio, cuando hace mucho calor, y a falta de puerto y barcos consiste en echarse agua. El símbolo de los Bukaneros incluye una calavera. Son antisistema, anarquistas y republicanos. Se postulan contra el racismo, la represión y el fútbol negocio. Se encuentran inmersos en una contradicción muy actual: por mucho que se consideren fuera del sistema, apoyan al equipo de una empresa, son sus clientes y su existencia alimenta el negocio que aborrecen. Hoy en día es muy complicado ser coherente. Entre sus 300 miembros hay algunos activamente violentos y otros que no lo son.

Se definen como ultras. De hecho, su página web resulta transparente en relación con otras de radicales. Dejan claro quiénes son y su historia. También venden camisetas, zapatillas de andar por casa y librillos de papel de fumar. No esconden, por ejemplo, que expulsaron al grupo de ultras que dominaba el fondo hace años, las Brigadas Franjirrojas, de carácter fascista. Como es lógico no publicitan, por poner un ejemplo, que uno de sus miembros destacados, Iñaki J. J., alias el Pirrakas, quemó la cara en 2008 a un integrante del grupo de extrema derecha Alianza Nacional. Tampoco que ha formado parte del grupo parapolicial encargado de la seguridad de Pablo Iglesias en su chalet de Galapagar y en mítines de campaña en Vallecas durante las elecciones a la Asamblea de Madrid de 2021. Este modo de actuar recuerda al de los hooligans de un país que sufre problemas muy graves con el balompié: Argentina. Uno de los negocios clásicos de las llamadas «barras bravas», conectados con clubes y fiscales, es el de facilitar servicios de seguridad a políticos, sindicalistas e incluso jugadores. Ariel Pugliese, alias el Gusano, uno de los líderes de los ultras del club de fútbol Nueva Chicago, trabajó de guardaespaldas de Lionel Messi durante las eliminatorias del Mundial Sudáfrica 2010, contratado por la propia Asociación del Fútbol Argentino (AFA).

Respecto a sucesos controvertidos como la detención y condena del bukanero Alfonso Fernández Ortega, «Alfon», por llevar una mochila con explosivos caseros durante la huelga general convocada del 14 de noviembre de 2012, proclaman su inocencia. Según ellos, todo fue un montaje del Estado y de la policía. Siendo menor, con diecisiete años, Alfon ya tenía antecedentes por un caso de agresión sexual, robo con violencia y falta de lesiones. Sus víctimas fueron unas mujeres jóvenes, en Cádiz. En otra ocasión fue detenido con 230 gramos de anfetaminas. Para los Bukaneros es un héroe.

Los Bukaneros despiertan simpatías entre muchos rayistas, y rechazo en otros. En ocasiones su defensa del barrio y su carácter de izquierdas se alinea con la postura de numerosos habitantes del Vallecas. Además, promueven a su manera acciones de tipo social, matiz que los diferencia de otros grupos ultra. Los hooligans retratados por Bill Buford en su crónica *Entre los vándalos* (1990) no se caracterizaban por realizar campaña alguna de tipo solidario. Eso sí, la especialidad de los Bukaneros es la presión política. Por ejemplo, cuando se opusieron a que el jugador del Betis Roman Zozulya se incorporara a la plantilla en 2016. Zozulya apareció en una fotografía con un retrato de Stepán Bandera (1909-1959), controvertido nacionalista ucraniano primero aliado de los nazis y luego enfrentado a ellos durante la Segunda Guerra Mundial. Zozulya era nacionalista y estaba en contra del control de la región ucraniana del Dombás por parte de separatistas prorrusos, y negó su relación con grupos de extrema derecha. La campaña organizada por los Bukaneros y las peñas bajo el lema «Zozulya not Welcome» acabó forzando al club a no ficharlo. Cuando en 2019 se enfrentaron Rayo Vallecano y Albacete, el equipo donde el delantero ucraniano jugaba, los cánticos e insultos de los ultras, acusándole de nazi, provocaron que aquel partido de Segunda División se suspendiera. Fue la primera suspensión motivada por insultos en las ligas nacionales. Anteriormente, en septiembre de 2012, se produjo el aplazamiento de un derbi frente al Real Madrid por la avería de los focos de un lateral del estadio antes de que comenzara el encuentro. Era el día del club y los abonados debían pagar 25 euros suplementarios para acceder a sus localidades. Según el club y la policía fue un sabotaje —había cables cortados—, y las sospechas recayeron sobre Bukaneros. Algunos aficionados y periodistas aseguraron que todo se debió a una tormenta y que durante el aguacero vieron el chispazo que antecedió al apagón. Bukaneros negó su participación en los hechos. El partido, previsto para un domingo, se jugó el lunes.

Es en el ámbito del activismo político de los Bukaneros donde se enmarcan varias de sus relaciones con otras aficiones. En realidad, son relaciones *con ultras* de otras aficiones. Están hermanados con Herri Norte del Athletic de Bilbao, la donostiarra The Real Sociedad

Firm e Indar Gorri, del Osasuna. Antisistemas de barrio amigados con abertzales. En el caso de la amistad con el Cádiz, que, inocentemente, podríamos pensar que se debe sencillamente a que el conjunto gaditano cae bien a todo el mundo, las razones son también políticas. Bukaneros y Brigadas Amarillas, ambos de extrema izquierda, hicieron migas en los noventa y de ahí el buen rollo, que comparten también seguidores «normales». Los ultras marcan la línea a seguir. Sospecho que a los aficionados «normales» les gustaría tener buen rollo con casi todas las aficiones. La hermandad con el River Plate proviene, en cambio, de que el origen del uniforme definitivo de la Franja se inspiró en el del conjunto bonaerense.

Foto general y detalles, lo macro y lo micro, nos ayudan a posicionarnos. Estaba con mi hijo en aquella jaula de la grada lateral alta y animamos sin parar al Rayo. Sabía que estábamos entre forofos, pero tampoco me fijé en los Bukaneros hasta la segunda parte. Pegados al muro inferior de metacrilato, al menos un par de ellos organizaban los cánticos, vueltos hacia nosotros, sin ver ni una jugada del partido. Que vayas al fútbol a no ver el fútbol ya indica algo raro, antinatural. Curiosamente, quienes tampoco ven el partido en los estadios son los integrantes de la seguridad que deben situarse de espaldas al césped, vigilando a los aficionados. Es su trabajo, cobran por ello y seguramente les encantaría disfrutar del encuentro, si pudieran. Más cerca de Marcos y de mí, un bukanero vigilaba y se encargaba de transmitir las «órdenes» a nuestra zona. Varias veces percibí que se me quedaba mirando y hacía gestos ostensibles, instándome a que cantara más y diera más palmas. Empezó a mosquearme. Del mismo modo que a mí me gusta bailar cuando me da la gana de bailar, me gusta cantar cuando me da la gana de cantar. Y cantar me gusta mucho menos que bailar. En respuesta a sus gestos, a partir de entonces seguí el partido callado.

En determinado momento pensé que quizá estaba paranoico y al tipo no le importaba nada lo que yo hiciera. Es posible. Lo cierto es que me sentía observado y tiempo después, investigando para el libro, leí algo que Birratórix había olvidado contarme. Entre los ultras enemigos de los Bukaneros se encuentra el Frente Bokerón, grupo radical de derechas del Málaga, y yo llevaba la chaqueta con el escudo del equipo andaluz bien visible. Según el modo de entender el fútbol y la vida de algunos, yo era un fascista. Una anécdota podría haberse convertido en el germen de un desagradable enfrentamiento.

En el fútbol siempre hay quienes se consideran los puros, los de verdad. Los dueños. Es algo que siempre me ha repateado. Nadie es dueño de un club, ni tampoco del barrio donde juega, por mucho que este haya forjado y forje buena parte de su carácter. Nadie es dueño de nada. Yo no soy dueño ni de mis calcetines, que me quita mi hijo. El público que acude al Estadio de Vallecas no es uniforme, por suerte. Allí acude quien le dé la gana y tenga una entrada. Hay altos y bajos, listos y tontos, extranjeros y españoles, gordos y flacos, hombres y mujeres, fieles y traidores, homosexuales y heterosexuales, ancianos y niños, de izquierdas y de derechas, blancos y mestizos, trabajadores y parados, buena y mala gente, del barrio y de fuera. Si quieres cantar, canta. Si no queréis cantar, no cantéis.

* * *

El de Bilbao fue un partido excelente de dos equipos cuyos entrenadores, Iraola y Valverde, apostaban por un fútbol de presión y de ataque. Hubo de todo, cinco goles legales y dos anulados, grandes jugadas, un ritmo vivo y diversión en las gradas. Era tal el lío a mi alrededor, con las banderas que al ondear me tapaban la visión, los saltos de los chicos que me rodeaban y los cánticos y gritos que me aturdían, que me enteré de la mitad. Comparado con ver un partido en televisión, sentado en un sillón, aquello era el infierno, con sus ventajas e inconvenientes. No me había visto inmerso en un ambiente como ese desde principios de los años ochenta, cuando, siendo preadolescente, un amigo del colegio, José, me invitó a varios partidos al fondo de los Ultra Sur. Yo no sabía ni que los ultras existían. Tampoco había visto una bengala en mi vida ni había dado una calada a un porro. Me parecieron unos tipos de cuidado, pero me abstuve de confesarlo porque fingía que todo aquello me parecía de lo más normal. Ahora es más seguro: entonces, cuando se producía una ocasión del Real Madrid en la portería en la que estábamos, la marea te llevaba contra la valla y podías acabar encima o debajo de alguien, sin respiración. Que haya tanto adolescente entre los grupos ultras no nos debe extrañar. La última vía que madura en nuestro cerebro —se mieliniza— y por lo tanto puede ser utilizada, es una vía inhibitoria sobre las emociones, y el proceso puede durar hasta los veinte años de edad. Su impulsividad combina a la perfección con el modo de vida ultra, que les permite desinhibirse y perder el control en grupo. Como la edad cura ciertas cosas, resulta poco común ver ultras viejos.

En San Mamés, cuando a Sergio Camello le anularon el gol que hubiera sido en ese momento el 3-2, creí que había sido legal. Al rato miré el marcador y seguía 3-1. Estaba convencido de que el encargado del casillero se había dormido. Indignado, me dirigí a mi hijo a gritos, porque si no no había manera de que me oyera.

—¡Que no lo cambian! ¡Es increíble! ¡Todavía pone 3-1!

Marcos me dirigió esa mirada, acompañada de una leve sonrisa, que en él significa: «Papá, estás fatal».

—Lo han anulado hace un rato por fuera de juego.

Confundido, me rehíce inmediatamente de la mala noticia y me uní al cántico rayista, naturalmente consecuencia del gol anulado: «¡Es-ta liga es una pu-ta mier-da!».

Seis horas después, ya de vuelta en Madrid, tras 400 kilómetros de carretera, me metí en la cama y cerré los ojos. La primera imagen que me vino a la mente fue la del gol de Falcao, un remate imposible con el pie, en escorzo y cayéndose, tras adelantarse al central Iñigo Martínez. La imagen se desvaneció y me dormí. Tardé dos días en recuperarme de una experiencia alucinante que prescribo a cualquiera, futbolero o no, que quiera conocer de primera mano algunas de las luces y las sombras de un juego capaz de saltarse cualquier frontera.

UN ESTADIO, UN BARRIO

Era martes por la mañana y había quedado a las once con el periodista vallecano Antonio Luquero para dar un paseo y que me contara historias de Vallecas y del Rayo. Antonio es el fundador y responsable de *Vallecasweb*, el diario digital independiente de noticias locales más completo, un filón sobre la vida y las actividades que se desarrollan en el barrio. Decidí ir antes de la cita y aprovechar para ver el exterior del estadio con calma, en un día cualquiera, sin partido.

En el metro apenas había un puñado de gente, la mayoría inmigrantes. Supongo que los vagones estarían más llenos en el sentido contrario, de Vallecas al centro, por la gente que se desplaza allí por trabajo. La zona del estadio y cercana a la parada de Portazgo estaba muy tranquila, con escasos viandantes y pocos coches circulando. Nada que ver con el alto ritmo a esas horas del núcleo urbano de la capital. De los bares cercanos al estadio de la avenida de la Albufera sólo estaba abierto uno, la cafetería cervecería Líder. Las tiendas de la zona, todavía cerradas, eran una de alimentación latina con «delicias y sabores catrachos, de centro y Suramérica», una agencia de viajes, una administración de lotería, un estanco, un local de reparación de móviles y otro de decomisos. Tomé un café en el Líder y en el baño encontré una referencia a la Franja entre las muchas pegatinas que cubrían la pared y el depósito de agua sobre el váter: en un adhesivo negro, bajo una calavera blanca, se leía: «Presa carapolla. Seremos tu peor pesadilla».

Fui al estadio y lo rodeé. Comencé el recorrido por la puerta 0, por la que se ingresa al único fondo, la situada junto a las antiguas oficinas de la fundación y la tienda oficial, en una esquina de la fachada que da a la avenida de la Albufera. El número de la puerta no es un simple número, es un símbolo y es diferente a todos los demás:

en blanco sobre negro, el guarismo sirve de marco a un emblema de los Bukaneros. Esa puerta no pertenece ni a la Comunidad de Madrid ni al club: pertenece al grupo ultra. El fondo tiene nombre y leyenda: «Wilfred Agbonavbare. Siempre en nuestro recuerdo eterno, Willy».

El portero nigeriano, natural de Lagos, es un icono en la historia del Rayo. A un lado de la puerta, en el muro, hay un grafiti con su rostro sobre el escudo del club. Willy defendió la portería en este estadio durante seis temporadas, en los años noventa. Tras su retirada del fútbol trabajó de mensajero y cargando maletas en el aeropuerto de Barajas. Un cáncer se llevó a su mujer y otro a él, en 2015, con cuarenta y ocho años de edad. Es símbolo de la lucha contra el racismo por los insultos que recibió en su día por parte de los Ultras Sur madridistas en el estadio Santiago Bernabéu y porque peñas y asociaciones vallecanas, además de haberle ayudado por su situación económica precaria, lo recuerdan como tal. Un centro deportivo municipal de Entrevías —también Vallecas— lleva asimismo su nombre.

Avancé por la Albufera. Las otras puertas de acceso eran rojas y sus tiradores, grises y en forma de rayo, las recorrían de arriba abajo. Doblé por Teniente Muñoz Díaz y allí estaba el primer tramo del famoso muro que carecía de graderío al otro lado. Por encima asomaba la cubierta de la grada lateral. Más abajo había bloques de viviendas de ladrillo, entre ellos aquel desde cuyos pisos altos se domina el césped. El muro del estadio era de chapa y en un bajo había una sede de Cáritas.

Doblé por Arroyo del Olivar, donde se interponían entre la calle y la grada de preferencia del estadio el edificio de la sede de las federaciones madrileñas de Patinaje y de Gimnasia, en una esquina, y el del Centro Deportivo Municipal Ángel Nieto, en la otra. Entre ellos, un muro pintado con el lema del Rayo: «Valentía, Coraje y Nobleza», y un mensaje para el presidente: «Presa dimisión». La entrada al recinto al que da nombre el célebre motociclista de los 12 + 1 títulos mundiales está ya a la vuelta, en Payaso Fofó. Nieto, zamorano, llegó a Vallecas de bebé y se formó como mecánico en el taller de Tomás Díaz Valdés, periodista del motor, de camino al triunfo. Entré en el centro a curiosear. Había una decena de ancianos sentados en las sillas del hall, esperando con la mirada perdida a ellos sabrían qué. Se me debe de notar tanto cuando curioseo que en diez segundos ya tenía a la vigilante delante de mí y mirándome con el ceño fruncido:

—Buenos días, ¿busca algo?

Me enteré de que había piscina, cancha de baloncesto, pista de squash y actividades de musculación, y me fui. Payaso Fofó es la calle más interesante que rodea al estadio, donde pasa casi todo. Allí están las taquillas, allí aparca el autobús del equipo visitante y allí dejan sus vehículos los jugadores del Rayo antes de hacerse unos selfis con aficionados y entrar por la austera puerta de vestuarios, rodeada de coloridos escudos, pintados con más pasión que pericia. Hay, también, como en cada metro del recorrido alrededor del recinto, lugar para la crisis, la dejadez y la melancolía: todavía se mantiene el toldo rojo en forma de bóveda de la entrada a la cafetería restaurante Cota, cerrada en 2016. Los actos y reuniones de aficionados y peñistas se hacían allí: fue durante años el centro neurálgico del rayismo. Jesús Diego Cota, que fue su dueño junto a un socio, canterano y lateral derecho durante diez temporadas, es una de las leyendas del club y un aglutinador del espíritu rayista. Un par de años después del cierre abrió sus puertas el restaurante La Franja con un espíritu moderno y una gran pantalla de televisión, impulsado por la directiva de Presa. No cuajó. Duró hasta la pandemia, que se llevó por delante tantos negocios. Al lado, en la verja del acceso a las taquillas hay otra pintada con una simple acusación: «Testaferro», dedicada al presidente, de quien algunos sospechan —sin prueba alguna— que es un títere de los antiguos dueños, los Ruiz-Mateos. La fractura entre afición y presidente está presente allá donde vayas y es uno de los lastres más obvios para el desarrollo y crecimiento del club.

Muy cerca de la entrada a la zona de taquillas se encuentra la de las antiguas oficinas: las nuevas se encuentran en la ciudad deportiva, ubicada en Villa de Vallecas, a unos cuatro kilómetros de distancia. El que nadie se haya preocupado de quitar los carteles de las antiguas oficinas llevó en una ocasión a un cómico malentendido. En 2014, ya con Presa de presidente, el Rayo negoció con la web china *Qbao* un acuerdo de patrocinio publicitario por el cual la Franja llevó impresa su marca sobre las camisetas. *Qbao* fue un *marketplace* y un chiringuito financiero que cerró en 2018 con la detención de su presidente, Zhang Xiaolei, por fraude; fueron también patrocinadores de la Real Sociedad. Cuando comenzaron las negociaciones entre el club vallecano y los asiáticos, se citaron en las oficinas del club. Como ahí seguían los carteles antiguos, los representantes chinos fueron a la puerta de Payaso Fofó en lugar de ir a la ciudad deportiva, donde les esperaban Presa y sus ayudantes. Cada parte se temía, con creciente nerviosismo, un ofensivo plantón, hasta que el entuerto se resolvió y pudieron por fin reunirse. La confusión no fue motivo suficiente como para que el club actualizara la información en el estadio, que continuaba siendo errónea más de ocho años después.

La mayoría de los locales comerciales o de oficinas de los bajos del edificio que tiene detrás el graderío del fondo están sin utilizar, tapiados, y sólo sirven para mostrar pintadas. Hay, por ejemplo, un homenaje de los ultras de los Bukaneros a los ultras gallegos de Riazor Blues. Más allá estaba el último lugar curioso, la entrada a las federaciones de Tenis de Mesa, Ajedrez y Boxeo, dependientes de la Comunidad de Madrid, y al gimnasio Boxeo Rayo, con más de veinte años de antigüedad. Vallecas es cuna de boxeadores y hay varias escuelas repartidas por su geografía. Poli Díaz —el Potro de Vallecas—, Gabriel Campillo —Chico Guapo— y Javier Castillejo —el Lince de Parla—, ocho veces campeón del mundo y seis veces campeón de Europa, entrenaron aquí. Pepe Durán, campeón del mundo de peso superwelter y vallecano de adopción, ejerció en este lugar como entrenador. El local estaba vacío salvo por su responsable, que se acercó al verme. Era un tipo amable y, como debe ser, con la nariz rota y aplastada.

—¿Dais clases de boxeo? —le pregunté—. Tengo un hijo que podría estar interesado.

Impartían también clases de artes marciales y defensa personal femenina. Me proporcionó una hoja impresa con la información y salí. Eran cerca de las once de la mañana, la hora a la que había quedado con Luquero y me acerqué a la tienda oficial, lugar de la cita. ¿Cuál era la imagen del estadio que me había quedado aquella mañana? La de un mastodonte, un honorable elefante viejo, cascarrabias, plagado de cicatrices y herido en mil batallas, la de un paquidermo que no iba a tardar en morir y que, cuando lo haga y sólo quede su esqueleto, lo va a echar de menos todo el barrio y quienes hemos tenido la suerte de frecuentarlo.

—¿Nicolás?

Me di la vuelta y me encontré con un hombre algo mayor que yo, fibroso y moreno, también bajo. Sus ojos despiertos me miraron fijamente cuando nos dimos la mano. Llevaba una gorra gris, vestía abrigo y pantalones azules, zapatos marrones de cuero y una pequeña mochila colgaba a su espalda. Rezumaba energía y determinación. Supe de inmediato que no me esperaba un paseo mañanero, relajado y al solete por Vallecas, sino una excursión exigente, probablemente agotadora. Tenía que haber desayunado un par de Redbulls. Le propuse tomar un café «para irnos conociendo», una suerte de armisticio antes de que comenzara el ajetreo.

—No, mejor empezamos —me dijo, inquieto—. Tengo dos horas, hasta la una de la tarde.

—Perfecto —acepté.

—Me considero vallecanista —afirmó, de entrada—, ni barrionalista, ni ninguna otra cosa. Llamar a Vallecas «barrio» lo considero un insulto. Y «extrarradio», otro.

—Pues mi libro, si lo lees, te va a poner de los nervios —le informé—. ¿Y «periferia»?, ¿«suburbio»? Los uso mucho. ¿También los consideras insultos? —bromeé.

Antonio me echó un vistazo rápido y sonrió. ¡Estaba salvado! Tenía sentido del humor y sabía encajar.

—Puedes grabar, si quieres. Sabes que Vallecas fue antes un pueblo independiente de Madrid y eso es lo que me gustaría que volviera a ocurrir. ¡Sígueme!

Obedecí. En menos de un minuto habían quedado establecidos los términos de la caminata, y me pareció bien: él iba a llevar la batuta —yo sólo debía dejarme llevar— y se había cogido el mejor personaje, el del luchador rebelde. A mí me había dejado el peor, el del representante del centro de Madrid y del *establishment*. Un capullo, vamos. Lo peor es que quizá tuviera razón. Se detuvo junto a un mojón de granito situado frente a la puerta 11:

—Este mojón es histórico y a nadie le importa. Mira cómo está, medio pintado —se lamentó—... Marca el kilómetro 5 de la antigua carretera N-III. La avenida de la Albufera fue un camino en su origen y ha sido la arteria principal de Vallecas de siempre. Para allá —señaló a un lado— Pueblo de Vallecas, que los pijos llaman «Villa», y más allá Valencia y el mar. Y desde aquí y en la otra dirección, Puente de Vallecas y Madrid. Para que te hagas una idea de la extensión, el barrio tiene doce paradas de metro y luego terrenos baldíos. Pueblo, con sus agricultores y ganaderos, sus huertas y pastos, se fue quedando atrás. Puente se llenó de artesanos, de industria, de cerámicas y yesos, de obreros y funcionarios, y creció con el desarrollismo y la emigración interior: estaba más cerca de la capital, a la que servía, y sus vecinos miraban a Madrid. El metro de 1923 no iba más allá. Puede que los de Puente no fueran nunca a Pueblo, que ni lo pisaran. Ahora, si hablamos de distritos, Puente tiene el doble de habitantes que Pueblo. Los vallecanos de verdad, los originales, son los de Pueblo, o al menos así lo sienten todavía algunos.

—¿Y tú?

—Yo soy vallecano. ¡Hala, vámonos!

Soy alérgico de entrada a los guías y me importa poco si soy o no injusto. La última vez que contraté uno —obligado— fue en la visita a la Alhambra de Granada junto a Marcos y me pasé el resto de la tarde tratando de limpiar mi cerebro de buenismo, tópicos y anécdotas pueriles. Antonio iba a ser un guía excelente, estaba claro. Su siguiente parada fue en la esquina de la Albufera con Payaso Fofó.

—¿Conoces la historia de este estadio?

—No —respondí, aunque sabía algo. El primer estadio ubicado allí se construyó en 1929, en su origen para que jugara el Racing de Madrid, equipo desaparecido cuya epopeya se narra en *El último gol apache* (Debate, 2023), de José Manuel Ruiz Blas. Tras el Racing de Madrid jugó allí el Athletic de Madrid, precursor del Atlético de Madrid. Al acabar la Guerra Civil, que conoció duros combates en el cercano frente y bombardeos en Vallecas, el estadio sirvió a los vencedores franquistas: durante unas semanas, fue triste campo de prisioneros republicanos. El final del Racing lo aprovechó el Rayo, cuyo estadio era más modesto, para mudarse a la avenida de la Albufera. Pasaron los años y el recinto se fue deteriorando hasta la irrupción de Pedro Roiz Cossío como presidente del Rayo Vallecano a finales de los años sesenta del siglo pasado. Cossío era pariente de un alcalde vallecano de principios de siglo, su familia tenía negocios de almacenes y un primo suyo dirigió también el club.

—Payaso Fofó se llamaba antes calle de los Monegros —explicó Antonio—. Roiz era cántabro y falangista y gracias a sus contactos con el Gobierno franquista logró que el estadio fuera declarado en ruina. Se demolió, se levantó el nuevo y el equipo se exilió durante unos años a Vallehermoso. Y hubo un problema añadido. En 1967 había un proyecto para hacer la calle de los Monegros más ancha y conectar Entrevías con la nueva autovía de Valencia, algo que luego no se realizó. Aquello obligó a retranquear el nuevo estadio y esa es la razón de que perdiera un fondo. ¿Por qué al Atlético le permitieron levantar una grada sobre la M-30 en el Vicente Calderón y a nosotros nos dejaron sin fondo?

—A saber —comenté.

—Presa amenazó a la Comunidad de Madrid mientras negociaba la remodelación del estadio con llevarse el equipo a Castellón... Quiere largarse de aquí.

—Dudo mucho que se lo plantee realmente —opiné—. Aquello sería una fanfarronada poco acertada. Supongo que a los rayistas la mera verbalización de la idea no les ha hecho demasiada gracia.

—Ruiz-Mateos quiso hacer aquí un centro comercial y pisos de lujo. El problema es que el terreno no era suyo. Lo cedió una familia rica de aquí, los Ayuso, para dotación deportiva. ¡Sigamos!

Recorrimos la Albufera en dirección a Madrid. Antonio me fue mostrando ejemplos de arquitectura *art decó* y neomudéjar «sin proteger ni catalogar». Había también cines y salones de bodas, banquetes y comuniones cerrados, como Sol y Aire, Romance u Oma, lugares en los que se reunían las peñas del Rayo. La sede del club también se había movido por diferentes lugares de la zona. La fachada de un edificio lucía una placa de azulejos deteriorados que rezaba: «Calle Alfonso XIII». Era un vestigio de uno de los nombres que había tenido antes la avenida: carretera de Castellón, carretera de Valencia, avenida de la República, avenida del Generalísimo...

—¡Es sangrante! El 22 de diciembre de 1950 el pequeño se comió al grande: Vallecas, con 72 kilómetros cuadrados de superficie, pasó a formar parte de Madrid, con 67 y se quedó sin ayuntamiento. Para empezar, perdimos los nombres de las calles que coincidían con las madrileñas. A alguien se le ocurrió sustituirlos por nombres de sierras y montes. ¿Entiendes por qué no quiero pertenecer a la capital?

—Bueno, Antonio —le dije—, a lo mejor a otros nos gusta que Vallecas forme parte de Madrid...

—¿Y esto? —Antonio señaló la desigual acera y un alcorque maltrecho en la avenida de la Albufera—. ¡Esto es nuestra Gran Vía! ¿Dónde está el dinero de los impuestos? Somos cerca de 350.000 habitantes, como Bilbao. Si manejáramos nosotros el dinero, esto no ocurriría.

Al final de la Albufera —principio, según la numeración— se levantaba el único ejemplo de arquitectura modernista del barrio, de un discípulo de Gaudí. Abandonado durante años y en parte cubierto con una lona verde, lo había comprado una inmobiliaria, quizá para hacer pisos de lujo. Antonio me comentó que desde las asociaciones vecinales e incluso desde la propia Junta Municipal intentaron que lo comprara el Ayuntamiento para dotación cultural, pero la idea no caló entre los ediles de diferentes formaciones políticas.

—Mira qué maravilla de balcones, mira la carpintería de madera —me señalaba, ilusionado—... Puede que sea una mierda en comparación con otros ejemplos del modernismo, pero es nuestra mierda... Costaba 4,5 millones de euros.

Antonio caminaba rápido y yo correteaba tras él hasta que se detenía en algún lugar. Casi no daba abasto para tomar apuntes y fotografiar lo que me señalaba. Me di cuenta, con alivio, de que la batería de mi móvil iba a morir pronto, lo que me proporcionaría la excusa perfecta para limitarme a pasear y escuchar. Él también utilizaba la cámara de su móvil y, a su modo, aprovechaba la mañana. Fotografió el solar vacío donde antes hubo un edificio neomudéjar que demolieron pese a las protestas vecinales y la ferretería Numancia, local en alquiler por cierre. El declive del pequeño comercio tradicional también llegaba a Vallecas.

—Era una ferretería histórica, Nicolás. Una mala noticia.

Abandonamos la Albufera y callejeamos. Entramos en la conocida —entre los vecinos— como «plaza Vieja» o «del Mercado», oficialmente llamada plaza de Puerto Rubio. Es donde se inicia la tradicional batalla naval veraniega. Allí se encuentra una placa en honor del colegio Centro Cultural Gredos, laico y privado, uno de los centros donde estudió Antonio.

—El fundador, don Julio, sabía que yo quería ser periodista. El día que comunicaban las notas del examen de selectividad yo llegué nerviosísimo y me crucé con él. Me dio un abrazo y me dijo: «¡Luquero, vas a ser periodista!». Cosas del cariño.

Iban a colgar la placa justo debajo de un cartel con la prohibición de jugar a la pelota en la plaza.

—¿Cómo se va a homenajear a un centro educativo con una placa junto a una prohibición? Logré que la subieran y que se llevaran la prohibición más allá.

En el colegio Gredos, Luquero asistió a charlas de los escritores Antonio Buero Vallejo y Félix Grande. Su familia materna proviene de Toledo y la paterna, de Valladolid. Su madre trabajó de peluquera y su padre, de chófer. Su primera casa estaba en Entrevías, en un edificio de dos plantas en cuyo patio había una fuente. El baño era compartido con otros vecinos. Sus abuelos vivían en un piso cercano a la avenida de la Albufera y Antonio, cuando los visitaba, llegaba con las suelas de los zapatos llenas de barro, dado que el camino estaba sin urbanizar.

—Mi abuela me esperaba con un palo —me contó— para quitar la arena arcillosa antes de que se secara y fuera casi imposible.

Los padres de Luquero tuvieron claro que sus hijos debían estudiar; María Ángeles, su hermana pequeña, lo hizo para administrativa. Entre los profesores que tuvo en varios colegios Antonio recuerda a José Elá, proveniente de Guinea Ecuatorial, que fue colonia española desde finales del siglo XVIII hasta su independencia, en 1968. Elá formaba parte de una pequeña comunidad guineana que residía en Nueva Numancia en la época en la que en España apenas había inmigración y menos aún de raza negra. Impartía varias asignaturas y una vez llevó a sus alumnos al centro, a la Fundación Juan March, a ver una exposición del pintor austriaco Oskar Kokoschka; Antonio alucinó con las puertas automáticas de la sala de exposiciones. Quiso ser desde niño periodista, leía el suplemento sobre Vallecas del diario *Pueblo* con diez años, y acabó por graduarse en Ciencias de la Información en la Universidad Complutense. Trabajó un cuarto de siglo en un grupo editorial de revistas de motor y más de un decenio en Tele K, la televisión local del barrio, en la sección deportiva. Hace diez años fundó *Vallecasweb* y acude a los plenos del Ayuntamiento y a cualquier sitio donde pueda defender a su comunidad.

La siguiente parada reivindicativa del paseo fue en el estanco La Presilla de la calle de Antonio Calas. En el transcurso de un atraco, en 1980, murió su dueña, Pilar de Andrés. Un año después el dramaturgo, guionista y actor José Luis Alonso de Santos estrenó *La estanquera de Vallecas*, una obra de teatro inspirada en el suceso. En 1987 se adaptó al cine con éxito, bajo la dirección de Eloy de la Iglesia. Fue uno de los ejemplos del género del «cine quinqui», protagonizado por jóvenes delincuentes de finales de los años setenta y los ochenta del siglo pasado y explotado fundamentalmente por el propio De la Iglesia y por José Antonio de la Loma.

—Este es otro sitio lamentable —afirmó Luquero—. La película, muy graciosa, pero alimentó la leyenda negra de Vallecas, la fama de que no es más que un sitio peligroso. ¿Qué pasa, que en otros barrios no hay delincuencia? Hay gente que todavía viene con miedo a Vallecas.

—Ya —concedí—. Para que la fama cambie se necesita que la gente lo conozca, no hay otra. De todos modos, se admira su espíritu rebelde, ¿no crees?

—Los telediarios son un compendio de sucesos. Cada vez que sale Vallecas es un horror. Por eso yo, en mi diario sólo doy noticias locales y sin sucesos. Muestro cómo se vive aquí, las cosas que se hacen...

El colofón que me había preparado Antonio, la traca final, se encontraba en la Colonia Las Erillas. Se trata de una urbanización privada y el periodista, con esa viveza que aprenden los de su profesión al ejercerla, aprovechó que salía una vecina por la puerta de entrada para que nos coláramos. Allí estuvo el estadio El Rodival, el primero del Rayo Vallecano. Mi móvil había muerto y Luquero me fotografió en el jardín de la colonia, en una zona de tierra. Es una foto que necesitaría una leyenda para comprenderse: «Nicolás Casariego sobre lo que fue el campo de fútbol El Rodival, del Rayo Vallecano». O algo así.

Cerca, en la calle del Puerto Monasterio —antigua calle de Nuestra Señora del Carmen— número 4, se encuentra todavía en pie la casa donde se fundó el club, el 29 de mayo de 1924: queda muy poco para que se cumpla el centenario. Era el hogar de Prudencia Priego, viuda de Julián Huerta y por entonces una mujer de cincuenta y cuatro años. Allí paraba un grupo de jóvenes y adultos que conformaron la Agrupación Deportiva El Rayo. El primer presidente fue Julián, hijo mayor de Prudencia, y guardia civil. Otros hijos, Juan y Modesto, por entonces adolescentes, fueron el primer capitán del equipo y uno de los integrantes de la sección infantil, respectivamente. José Ezequiel, el cuarto, sería también presidente, en los años cuarenta. Prudencia se encargaba de guardar el material del equipo —incluidas las porterías y las alambradas para delimitar el campo— y de lavar los uniformes. Inicialmente jugaban de blanco con medias negras con vueltas blancas, y el primer trofeo que obtuvo la Agrupación fue el de la Verbena de Entrevías. Los aficionados han colocado un par de mosaicos de azulejos en una pared de la mítica casa en recuerdo de la génesis del Rayo. Uno de los descendientes de Huerta, Julián, es en la actualidad socio minoritario del club.

Cuando ya dábamos el paseo por terminado, a Antonio se le iluminó el rostro y gritó:

—¡Toñi!

El periodista saludó a una mujer menuda y pulcra, de aspecto amable. Llevaba una media melena castaña, vestía un abrigo beige y sujetaba una bolsa de la compra.

—Mira, Nicolás: aquí tienes a Antonia Sanjuán Santos, una pariente de Prudencia.

Nos presentamos y me dijo, con orgullo:

—Soy la socia número 51 y estoy abonada desde 1968... ¡Pero preferiría el número más alto y ser más joven!

—Bueno, tener el número más alto no implica ser joven, más bien ser el último en llegar. Yo tengo el 15.886 y no soy mucho menor que usted.

Por la zona donde se sienta Toñi, en el lateral de Arroyo del Olivar, lo hacen Juan y Nahuel, mis compañeros uruguayos del abono. El padre de Toñi, Rafael Sanjuán González, vecino de Puente, nació en 1924, unos meses antes de la fundación del Rayo. Fue su abonado número 1 entre 2004 y 2019, el año de su fallecimiento. Cuando Rafael Sanjuán murió, Presa envió al tanatorio una corona de flores y los Bukaneros, unos representantes y otra corona. Los ultras presentaron después un tifo que incluía el rostro de Rafael en un encuentro. En vida había recibido una camiseta con su nombre impreso a la espalda —ofrecida por la Peña Rayista 2004 y el club— y la preciada insignia de oro y brillantes, reservada a quienes ostentaban los primeros cinco números de socio y que le entregó Teresa Rivero. Como fue un hombre discreto, nunca llevó puesto ningún símbolo del club, salvo la insignia que podía comprarse cualquier aficionado, prendida en la solapa de su chaqueta en las pocas ocasiones en que la vestía. Según le decía a Toñi, su única hija, él llevaba el Rayo en el corazón. Rafael fue también un socialista histórico del barrio y recibió un diploma de la Agrupación de Puente por su «compromiso vital en la defensa de los valores del socialismo de Vallecas». No acudía al palco del estadio porque lo consideraba un privilegio y la única vez que lo hizo fue por acompañar al entonces presidente del Gobierno, Felipe González.

—Y usted, Toñi... ¿va al campo con bufanda o camiseta? —le pregunté. Tengo cierta obsesión con el asunto de las camisetas.

—No, me da cosa, no sé... Tengo, eso sí, una guardada. Me la regalaron una vez en mi cumpleaños, que es en Nochebuena, mis compañeras del trabajo. Lleva el escudo de la Agrupación Deportiva, el antiguo —señaló.

Toñi fue por primera vez al viejo estadio de Vallecas en brazos de su padre y el 3 de octubre de 1968 recibió su primer abono. A su madre, Antonia Santos Mira, de una familia proveniente de Baeza, Jaén, no le gustaba el fútbol y solía esperarles a la salida de los partidos, en la calle de la Sierra de Cadí, conocida en el barrio como la calle «de los Soportales». Antonia sólo pisó el Estadio de Vallecas para acudir a un mitin de Enrique Tierno Galván, el histórico jurista, político socialista y alcalde de Madrid.

Acudían también al campo los tíos de Toñi, los hermanos de Rafael. Los Sanjuán estuvieron muy unidos, fueron todos apasionados rayistas y algunos, directivos del club. Compartieron, además, el trabajo. La familia había sido dueña de una lechería cerca del antiguo cine Excelsior, donde ahora se encuentra una boca del metro de Nueva Numancia. Rafael fue funcionario de Renfe y defensor de los derechos de los trabajadores hasta la Guerra Civil, que lo trastocó todo: en la posguerra sufrieron la represión franquista. Después, los Sanjuán montaron una marroquinería, con el taller en la calle de Rogelio Folgueras. Apenas habían ido unos años al colegio pero eran curiosos e inteligentes. Aprendieron a leer y escribir, devoraban los periódicos y lo que cayera en sus manos y eran hombres informados y articulados en su discurso. El pequeño, mi tocayo Nicolás, enciclopedia viviente del barrio y del Rayo, preparaba los patrones. Antonio pegaba las pieles y se las pasaba a Rafael, que usó primero una máquina de coser a pedal y después una eléctrica. Fernando, el mayor, que también poseía un negocio de piensos, llevaba la gestión y las cuentas. Supo de números porque le ayudó el político socialista y maestro Amós Acero, alcalde de Vallecas fusilado en 1941. Los Sanjuán fabricaban bolsos —vendieron a los almacenes Galerías Preciados— y hacían los grandes sacos de cuero donde se guardaba el material del Rayo. Antonia, cuando se libraba de sus tareas de ama de casa y de llevar y traer a Toñi del colegio, ayudaba con la máquina o preparando los forros de los bolsos.

A diferencia de su familia, Toñi pudo completar sus estudios de bachillerato e ingresó en la universidad para estudiar la carrera de Filosofía y Letras. Completó tres cursos y luego opositó a funcionaria. Trabajó de administrativa durante más de cuarenta años en el Ministerio de Educación y Cultura hasta que se jubiló.

—Mis tíos y mi padre eran muy rayistas, mucho —me decía Toñi, pensativa—. Veraneábamos en Cullera, en Valencia, e íbamos a la playa. Por la tarde mi padre esperaba a que se fueran a casa todos los bañistas y entonces dibujaba con sumo cuidado el escudo del Rayo sobre la arena, en la orilla del mar. Lo hacía todos los días. Luego, me decía: «Ahora que lo borre el agua».

—¿Y recuerda algún partido en especial?

—No sé, tengo mala memoria... Déjeme ver... —Toñi rebuscó durante unos segundos entre cientos de partidos—. La primera temporada en Primera División fue increíble. Recuerdo el partido que ganamos contra el Atlético de Madrid. Nevó la víspera. Luis Aragonés, el entrenador de los colchoneros, quería retrasar el encuentro. Cuando se enteró mi tío Fernando, que creo era por entonces el gerente del club, llamó a nuestra casa a las siete de la mañana. ¡Estaba el campo vendido, el retraso era un desastre! Le pidió a mi padre que fuera a despertar a Vitoriano, el dueño de la espartería de la calle del Monte Perdido con Martínez de la Riva. Cogieron los escobones más grandes que tenía y los empleados del Rayo limpiaron la nieve y la amontonaron en un fondo. El árbitro fue a reconocer el campo y dio su visto bueno. Se jugó con el campo a rebosar y ganamos 2-0.

Aquella victoria del domingo, 15 de enero de 1978 colocó al Rayo por primera vez 3° en la clasificación de la Liga, puesto que pudo mantener durante cuatro jornadas más. El defensa extremeño Tanco metió un golazo de falta al filo del descanso y el centrocampista palentino Landáburu finiquitó al Atlético en una jugada en la que avanzó a trompicones antes de rematar, ya cerca del final. Hablamos de la temporada 1977/78, la más mítica de la Franja, la que les otorgó el sobrenombre de «Matagigantes» y la primera en su historia en Primera División. En el fortín de Vallecas un equipo sin apenas experiencia en la élite fue capaz de derrotar al Atlético, Real Madrid, Barcelona, Athletic, Sevilla y Valencia, entre otros. Casi nada. Acabó la temporada en un meritorio décimo puesto.

—¿Puedo sacarme una foto con usted, Toñi?

—Pero bueno, mire cómo voy... —me dijo, azorada—. Está bien.

Nos juntamos y Antonio nos hizo la foto. Conocer a Toñi me acercó más al barrio y al Rayo que muchas otras experiencias posteriores. Las buenas personas producen sus efectos. De ahí Antonio y yo fuimos al bar La Frasca a tomar algo y a discutir un poco y reírnos, que siempre viene bien. Antonio me decía que Madrid no mira a Vallecas y yo le respondía que Nueva York tampoco mira a Madrid, que es cuestión de escalas. Como ocurre en su propio barrio, donde Puente no mira a Pueblo. Que le cuenten a equipos históricos como el Club Deportivo Colonia Moscardó o el Real Club Deportivo Carabanchel, de barrios cercanos a Vallecas, cuál es el club grande que se lleva a sus aficionados y cuál el pequeño que sobrevive a duras penas. No acabamos a la una de la tarde, como estaba previsto, sino a las cuatro, cuando nos despedimos junto a una de las bocas de metro de Portazgo. Nos habíamos saltado la comida.

Fui al despacho y comencé a ordenar toda la información que había recogido. El paseo había consistido en una frenética recuperación de la historia del barrio y del Rayo Vallecano, en la lucha de Antonio contra la desidia y el olvido. Luquero es un cronista y notario de Vallecas y representa como individuo parte de lo que es ese lugar como comunidad. Viene a ser el asociacionismo encarnado en una sola persona. Su discurso aunaba cariño, lucha, solidaridad, desparpajo e inteligencia. Me enseñó varias de las placas y monolitos que se han colocado recientemente en honor de varias personalidades relacionadas con Puente: Ángel Nieto, el padre Llanos, los Villota... Quién sabe, quizá algún día a alguien se le ocurra proponer una con su nombre.

EL CHUTE

Rayo Vallecano 2 - Elche 1
Lunes, 3 de octubre de 2022

Lucas Boyé 31'

Sergio Camello 39', Unai López 94'

—¿Qué tal? —preguntó Bernardo.

—Se ve impresionante.

No había visitante al Estadio de Vallecas a quien no le admirara la calidad de las entradas ni disfrutara del plan. Bernardo y yo nos sentíamos tan orgullosos como los dueños de un palacio que muestran a un invitado sus 200 cuartos de baño. El autor de la frase admirativa fue mi hermano Martín. Es escritor y guionista como yo y, por entonces, era concejal independiente por Ciudadanos de los distritos de Vicálvaro y San Blas-Canillejas en el Ayuntamiento de Madrid. Estaba siempre ocupado y se pasó los siguientes diez minutos sin abrir la boca, ajeno a todo, mirando fijamente la pantalla de su móvil y enviando mensajes de WhatsApp. Bernardo y yo no pudimos hacerle una interesantísima introducción sobre Iraola y sus chicos, aunque seguro que conocía el juego del Rayo porque tanto él como su mujer e hijos son futboleros.

Martín, en la era preinternet, fue un delantero con olfato y oportunista, tipo Paolo Rossi, y ferviente admirador de la Naranja Mecánica —apelativo de la selección holandesa de los años setenta— y de Johan Cruyff, a quien vio jugar en Vallecas en su despedida con el Barcelona en 1978, y en California con Los Angeles Aztecs un año más tarde. Jugó en varios equipos de aficionados con familia y amigos, y su partido más glorioso no fue en «fútbol 11», sino en fútbol sala. En un torneo empataron con la poderosa selección catalana, que hubo de acudir a los penaltis para eliminarlos. Aquella fue una derrota dulce y demostró una vez más la máxima de que en el balompié no hay enemigo pequeño. En relación con la escritura, Martín fue uno de los 24 narradores que publicaron un relato en la antología

Cuentos de fútbol, publicada en 1998 por la editorial Alfaguara y prologada por Jorge Valdano. Aquel libro fue la prueba de que el fútbol había dejado de ser despreciado por la intelectualidad, algo que fue habitual desde los años sesenta del pasado siglo y hasta hace poco. El aficionado era un sujeto histórico alienado y manipulado, una marioneta en manos de las fuerzas del mal. Ahora no sólo se publican algunos libros relacionados con el asunto en muchas de las principales editoriales, sino que las hay especializadas o con colecciones dedicadas al tema, como Libros del KO y Córner. También existen revistas donde el fútbol se observa precisamente desde un prisma intelectual, como *Panenka* o *Líbero*. Tras los diez minutos de móvil y mensajes de trabajo, mi hermano se metió de lleno en el plan y ya no se desconectó hasta que llegó a su casa: así ocurre con la Franja.

* * *

Eran ya casi las nueve de la noche y, como en cada jornada, el estadio se llenaba en el último minuto: el aforo, el fácil acceso y la cercanía de los bares lo permitían. El *speaker* anunció un minuto de silencio y los jugadores y los árbitros se pusieron firmes, con las manos cruzadas a la espalda. Con estupor, oí que los altavoces escupían una música atronadora de violines. Pensé que ya ni siquiera los minutos de silencio eran en silencio. Ahora te destrozaban los oídos con música, quizá para tapar, si se producía, algún grito. Antes estabas rodeado de miles de personas de pie y quietas, como tú, y se oía el viento o el ruido de una ambulancia lejana, sonidos que subrayaban la quietud en un lugar habitualmente ruidoso como es el de las gradas. Aquello le confería una solemnidad emocionante y única al homenaje. Dejaba espacio a cada uno para que rellenase aquello en su mente como quisiera, con sus muertos o con el plan que le esperaba después del partido. El tiempo se detenía hasta que el árbitro pitaba, el público aplaudía y se iniciaba el partido, es decir, la vuelta a la vida, que continúa sin los que se fueron. Era uno de los ritos que me gustaban del fútbol.

El minuto de silencio era por las 125 víctimas que habían muerto aplastadas o asfixiadas en el estadio Kanjuruhan, en Java Oriental, Indonesia. Fue tras el final del partido entre el Arema FC y el Persebey, que acabó con la victoria visitante por 2-3, primera derrota de los locales en dos décadas. Los hinchas del Arema FC —del visitante no había, prohibido por ley para prevenir altercados— invadieron el campo y se produjeron enfrentamientos con la policía, que usó gases lacrimógenos. Al tratar de huir y no poder abrir las puertas de salida, hubo avalanchas y de ahí la tragedia. Otra más en estadios, a añadir a las del Nacional de Lima, la del Luzhniki, la del Heysel o la del Hillsborough.

Leí la pancarta desplegada por los Bukaneros en su fondo: «No son muertes, son asesinatos». Se cumplió el minuto de silencio, la música cesó y comenzó el partido. El Elche era el colista de la clasificación con tan sólo 2 puntos de 21 posibles. Era pues un partido de «la otra Liga» entre un equipo anfitrión que no podía perder puntos ante otro más débil y un visitante que llegaba canino, haciendo méritos para tirar la temporada a las primeras de cambio. Su camiseta blanca con una franja verde y ancha horizontal siempre me ha gustado. Cuando hablo de camisetas que me gustan, son siempre las clásicas. No me refiero a una camiseta blanca con un brochazo sucio verde de artista barato, del estilo de las actuales. Camisetas como las del Atlético de Madrid, con la distorsión psicotrópica de las franjas rojas verticales, me hacen plantearme seriamente retirarme a un convento de clausura.

El Rayo salió a morder, pero los minutos fueron pasando sin premio y lo que mordió fue hueso. Lucas Boyé, la figura de los ilicitanos, un delantero argentino potente y con recursos, marcó de cabeza a la salida de un córner. Dimitrievski, el guardameta, se tragó el centro y ya era la segunda vez en la temporada que cantaba en una jugada similar, con estruendo. Camello no tardó en empatar asistido de tacón por Trejo, estrenándose como goleador rayista, pero el partido no dejó nunca de ser antipático. El Elche perdió tiempo desde el inicio, siguió perdiendo tiempo cuando marcaron y continuó haciéndolo cuando el Rayo empató. Debían encontrarse en un estado tal de depresión que un puntito les sabía a gloria. El árbitro, Figueroa Vázquez, consintió además las numerosas faltas que hicieron para interrumpir el juego hasta que de pronto se desató y comenzó a sacar tarjetas como un poseso.

Ver a un equipo perder tiempo es exasperante. Hay gente que disfruta cuando lo hace su propio equipo, pero yo ni eso, no soy tan perverso. Lo curioso es que me repatea pese a que sepa que va a ocurrir una y otra vez, soy incapaz de acostumbrarme. Naturalmente, no soy el único. El público de todos los estadios, cuando un portero perezoso tarda demasiado en sacar de fondo y justo cuando se dispone a golpear la pelota, grita: «¡Eeeeeeeeeeh, cabrón!».

Quizá lo que se lleva la palma es el modo que tienen los futbolistas de fingir dolor cuando les hacen falta, aprovechan un choque fortuito con otro jugador o sufren imaginarios calambres. Caen fulminados al suelo, se retuercen, lloriquean, gritan… Los niños pequeños son más comedidos en sus rabietas. Esas payasadas demuestran, para gran parte de los aficionados y de los comentaristas, veteranía y simpática pillería. En eso los jugadores dan mucha vergüenza ajena. Son actores, pero no de la fina escuela de un Robert De Niro, sino de la más gruesa, la del vodevil o la pantomima. Este aspecto de su *performance*, entre otras cosas, hace que me sea imposible catalogar a un jugador de los tramposos como «héroe», haga lo que haga con el balón.

En ocasiones, cuando les veo dar vueltas sobre sí mismos en el césped, poseídos como si les estuvieran dando descargas eléctricas en los testículos, me parecen seres frágiles, animalillos adorables y llenos de defectos, ternerillos mimados. Me irritan, me dan ganas de retorcerles el pescuezo, pero me inspiran pena. Comprendo que su miedo a la lesión es tan grande —y comprensible— que disfrutan sobreactuando cuando saben perfectamente que no han sufrido daño alguno y la pausa les beneficia. Encima nadie va a castigar su denigrante y antideportivo comportamiento: es el sistema el que ampara y premia la farsa. Su actuación es una suerte de parodia chusca de la verdadera y terrible lesión, su gran pavor, su muerte deportiva. Cuando se lesionan, no se mueven. Así, además de asistir a las lesiones reales, gracias a ellos somos espectadores de su representación en un juego en el que se mezclan realidad y ficción. Visto que los árbitros no parecen dispuestos a combatir la pérdida de tiempo, ahora la directriz es añadir minutos y minutos a los partidos, haciéndolos interminables, en lugar de establecer un tiempo de juego efectivo y dejarse ya de sandeces.

* * *

El Rayo había embotellado al Elche, pero llegó el minuto 94, el tiempo añadido se había cumplido y aquello no tenía remedio. El árbitro estaba a punto de pitar el final. La entrada de Falcao tampoco había servido para romper el empate. Los franjiverdes iban a regresar a Alicante con su rácano punto. Había espectadores que ya se habían ido para sacar el coche con calma o evitar aglomeraciones en el metro.

Tras el enésimo ataque, el centrocampista Raúl Guti, con el número 8 a la espalda y uno de los jugadores visitantes que había destacado, iba a sacar el balón de la zona cercana a su área, en el lado izquierdo del ataque de la Franja, pero Salvi Sánchez le rebañó la pelota. El balón llegó a otro refresco rayista, Pozo, que lo cambió de banda para que el lateral derecho Balliu lo metiera de cabeza a la olla, como se suele decir. Francisco Fernández, central argentino veterano y fichado aquel verano, se había hartado de sacar balones. Esta vez cometió un error: despejó, en lugar de a córner o a un lado, hacia el centro, al borde del área. Y de pronto, ocurrió. Un gol de tu equipo en el último suspiro, una joya para cualquier aficionado.

* * *

Los goles en vivo es más fácil que lleven aparejada una historia personal, en comparación con aquellos que ves en televisión, por mucho que estés con amigos o familia y puedan dejar algún recuerdo además del lance en sí. Si pienso en goles vistos en el estadio, he visto de muchos tipos, de muchos equipos y en varias competiciones. Justos e injustos, feos y bellos, con el hombro y con el culo, intrascendentes e importantes, en Liga de Campeones y en la Serie A italiana, encajados por el gran Bayern de Múnich bávaro y por el Anderlecht flamenco, en una final de un Mundial y en Preferente... He visto también goles definitivos, bellos y en el último suspiro, como el que estaba a punto de ver en Vallecas, que son los más emocionantes. Pero del que os voy a hablar ahora fue un gol que recuerdo a menudo y cuando lo hago siempre me hace sonreír. Fue el 11 de enero de 1987, en el Santiago Bernabéu. El Madrid de la Quinta del Buitre se enfrentó al Betis de Poli Rincón, ex del equipo merengue y actualmente comentarista de radio. Fui al campo, como tantas veces, con mi hermano Juan y con Rusty, un estadounidense rubio y sonriente, amante del fútbol y novio de una prima nuestra.

Vimos el partido de pie, con entradas baratas, en un lateral. Lo de que fuera de pie tiene importancia, porque debo aclarar que, pese a que ya tenía dieciséis años de edad y conducía moto, iba a discotecas, bebía alcohol, jugaba al póquer y ligaba de vez en cuando, no llegaba ni de lejos a 1,60 metros de altura. Y eso que desde los catorce me inyectaban en el trasero una sustancia para ayudar al crecimiento que he preferido siempre no investigar en qué consistía para seguir soñando con llegar vivo a los noventa años. Confío en que fuera un carísimo placebo, un timo inocuo. La solución mágica me la inyectaba un doctor muy reputado al que me llevaba mi madre y que no tardó ni diez segundos en decepcionarme. Fue el tiempo que se demoró, desde que entramos en su amplio despacho con muebles de caoba, estanterías con libros de medicina y títulos internacionales enmarcados y colgados de las paredes, en levantarse de detrás de su escritorio a saludar. Entonces me mostró que, si era posible que yo fuera a tener problemas de altura, los suyos eran definitivos. Era todavía más bajo que yo. Un minidoctor calvo, sonriente y con bigote me estrechó la mano con inusitada energía. Comenzó diciéndome que no me veía bajo y me aseguró que gracias a su ayuda iba a medir 1,80 metros. Sólo se equivocó por diez centímetros.

Butragueño era mi ídolo. Jamás tuve otro y no sólo en el fútbol, tampoco en la literatura, el cine u otro deporte. La infancia y la adolescencia, que muchos prolongan o prolongamos hasta la vejez, es proclive a ver héroes donde sólo hay seres humanos, más aún si nuestros mayores, los gobiernos y los medios de comunicación viven obsesionados con fabricarlos y los mortales parecemos necesitarlos. Yo, con quince años, grité en la noche del 16 de junio de 1986, tras el partido del Mundial de México 86 en el que Butragueño metió cuatro goles a la maravillosa Dinamarca de Laudrup, aquello de «Oa, oa, oa, el Buitre a la Moncloa», y eso que todavía no podía votar.

Me parece ridículo que por entonces me dedicara a grabar todos sus goles en una cinta VHS. Muy nervioso, esperaba a que llegara el momento en el que emitían el resumen en *Estudio Estadio*, el programa de televisión que ahora es una opción y antes era una obligación. Aquella era todavía la época en la que no veías lo que te daba la gana cuando te daba la gana y grabar era un esfuerzo. Me ponía junto al televisor y el reproductor de vídeo, en el que ya había introducido mi cinta, de pie, preparado para pulsar el *Rec* en el momento en el que se iniciaba la jugada del gol, mientras mis hermanos me pedían que me apartara y les dejara ver. No sé dónde está la cinta, pero en algún lugar de mi cerebro tengo todavía grabados todos los goles del Buitre. Lo considero un gran jugador, sí, me sigue asombrando cómo paraba y bajaba los brazos hipnotizando a la defensa en situación de gol; sí, era un exponente del fútbol imaginativo de barrio tan alejado del actual de los automatismos y las estadísticas; sí, era elegante y un caballero sobre el césped; sí, pero... ¿grabar todos sus goles?

En fin. En el Bernabéu pronto llegó el 1-0 del Madrid y hubiera sido un encuentro relajado si no fuera porque delante de mí tenía un pesado. Un pesado es algo que no es raro que te toque cerca en el estadio y que hace que ir al campo pueda llegar a ser un tormento. Hay pesados de tantos tipos como goles. El pesado en cuestión vestía un abrigo clásico verde oliva, era cuarentón, muy grande y gordo. Digo gordo y no obeso porque la historia es de los años ochenta y del mismo modo que a mí por entonces me llamaban enano sin problema, yo a los gordos los llamaba gordos. Son cosas que me cuesta explicarle a mi hijo. El gigante del abrigo loden, además, fumaba unos puros nauseabundos y no me dejaba casi ver, obligándome continuamente a moverme tras él de un lado al otro para encontrar el ángulo óptimo de visión. Pero había algo todavía peor: era un odiador del Buitre. El 7 del Madrid fue idolatrado, pero también muy discutido: no dejaba indiferente a nadie. En cuanto el delantero madrileño cogía la pelota, el señor bramaba:

—¡Buitreeee! ¡Maricóóóóóóóóóóón! ¡La vas a perdeeeeeer!

O trataba de ser creativo:

—¡Buitreeeee! ¡Esas alas, que se te caeeeen! ¡Imbéééééécil!

Os juro que le insultó todas y cada una de las veces en las que contactó con el balón. Yo me estaba poniendo enfermo.

—¿Le has oído? —mascullaba entre dientes a mi hermano Juan—. ¿Oyes al gordo?

Mi hermano es un santo, me ha invitado numerosísimas veces al fútbol y siempre me ha aguantado.

—Tranquilo, Nico. Y baja la voz.

—Que la baje él, no te jode. ¡Que la baje él!

Minuto 34. Míchel le pasa el balón a Butragueño, quien, al borde del área bética, lo controla colocándose de cara a la portería. Está frente a tres defensas. Podría tirar, pero no lo hace.

—¡Tiraaaaaaaa! —grita mi amigo, incansable—. ¡Tira ya, gilipollaaaaas!

En lugar de disparar, el Buitre para el balón por unas décimas de segundo y el Bernabéu se queda quieto como él. Se crea un silencio expectante, como si el aire se cargara de pronto de electricidad. El delantero se gira sobre sí mismo sorprendiendo al defensa más cercano, que casi se cae de bruces del baile que le hace, y coloca el balón pegado al palo derecho. Gol. 2-0. El estadio explota.

—¡¡¡Gooooooooooooool!!! ¡¡¡Gooooooooooooool!!!

Los gritos no son míos, del absurdo fan del jugador, sino del odiador. Juro que, si hubiera seguido insultándole, en cierto modo le hubiera respetado y no hubiera ocurrido nada. Pero le aplaudió. Fue la gota que colmó el vaso. Estallé en medio del bullicio de la celebración.

—¡Tú! ¿Cómo te atreves a aplaudir, eh? ¡¿Cómo te atreves, cabrón?!

El hombre me miró estupefacto. Casi se traga el puro. ¿Qué hacía ese demonio enano insultándole y echando espumarajos por la boca? ¿Quién era? Antes de que el gigante pudiera reaccionar, unas manos me agarraron del cuello del abrigo por detrás, volé y cuando volví a poner los pies en el suelo estaba a unos metros del señor del puro. Juan había tomado cartas en el asunto.

—Tienes que calmarte —me dijo, sin poder evitar sonreír—. Un día te van a matar.

Aquel día el Buitre me dio trabajo extra de grabación porque metió un doblete.

* * *

En Vallecas, Fernández cabeceó hacia el borde del área y Unai López, el centrocampista vasco, enganchó una volea excepcional que botó antes de colarse junto al palo izquierdo de la portería defendida por Edgar Badía. 2-1 y 3 puntos más para la Franja. Vallecas estalló de jubiló y el árbitro pitó el final del partido. Cuando digo que Vallecas estalló de júbilo, no exagero. Maite Martín, del diario deportivo *As*, tituló su crónica: «Un misil de Unai desató la locura».

El fútbol es pasión y sentimiento. Pasión, la que se vive durante los encuentros, concentrada en un periodo de algo más de 90 minutos, renovado cada ciertos días durante diez meses al año, lo que dura la temporada. Se experimenta en las gradas, pero también, de un modo algo menos intenso, frente a una pantalla. Sentimiento, el que se tiene por tus colores, ese amor por nuestro equipo incondicional y prolongado en el tiempo —por lo común, casi toda tu vida— y que forma parte de nuestra identidad personal y de grupo. No hay deporte que produzca más emociones que el fútbol. Su corazón, el acontecimiento que genera las más intensas, lo que nos engancha a cientos o miles de millones de aficionados por todo el mundo, es el gol. Un gol como el de Unai López. Engancha porque es un bien escaso, pero que ocurre entre dos y tres veces por partido —ni poco ni mucho—, y lo compartes con otros seres humanos. ¿Qué nos ocurre, desde el punto de vista de la neurociencia, con un gol como el de aquel 2-1, marcado en el último y definitivo y suspiro? ¿Cómo se comporta nuestro cerebro, por qué «nos volvemos locos»?

Desde la perspectiva de la neurología, las emociones se componen fundamentalmente de una sensación corporal característica y la experiencia consciente de dicha sensación. Provienen, para ayudar al homo sapiens, tanto del cerebro primitivo, el reptiliano (lucha o huida), como del evolucionado (amor y odio). Las emociones provocan un comportamiento que refleja la lectura personal de un evento o situación. Según el premiado neurocientífico Eric Kandel: «Las emociones colorean nuestra experiencia y nuestras acciones». Lo que ocurre en nuestra cabeza con un gol es de una complejidad extrema y se sabe mucho menos de lo que se ignora. Mi hermano Pablo, que me ilustró sobre el tema, me mostró un esquema que representaba sólo y de modo básico la amígdala cerebral, esa almendra responsable, entre otras cosas, de reacciones emocionales básicas y muy antiguas como el miedo o la ira, y sus interconexiones con otras zonas del cerebro. Sirve para hacerse una idea del reto al que se han enfrentado y enfrentan los investigadores. Hasta finales del siglo XIX, la concepción predominante situaba el origen del procesamiento emocional en la experiencia consciente de los sucesos emotivos, lo que secundariamente daba lugar a la expresión periférica correspondiente, a las reacciones físicas: pulso, sudoración, taquicardia, etc. Pero entonces los psicólogos James y Lange dirigieron la atención a estos últimos signos, planteando la posibilidad inversa: explotamos de alegría por un gol porque gritamos y saltamos, y no al revés. Las teorías actuales son una mezcla de las dos anteriores. Primero hay un procesamiento inconsciente del estímulo, el gol de nuestro equipo, en este caso beneficioso, y esta valoración modula la respuesta periférica. Sobre este procesamiento inconsciente se realizará entonces una valoración consciente y explícita que se corresponde con el «sentimiento» de euforia: la celebración. António Damásio considera que la belleza del funcionamiento de las emociones a lo largo de la evolución consiste en que permite que los seres vivos reaccionemos con inteligencia sin tener que pensar de manera inteligente. Sé que para muchos combinar inteligencia y pasión futbolera en un mismo concepto resulta sorprendente e incluso desafiante, pero no lo digo yo, sino un eminente neurocientífico. Volverse loco con el gol de Unai es también reflejo de la impresionante evolución humana, no sólo proviene del componente reptiliano de nuestro cerebro, ese que nos ayuda a sobrevivir como especie y que nos coloca en situaciones comprometidas en otros ámbitos de nuestra existencia.

Cuando Balliu cabeceó a la olla y Fernández rechazó el balón hacia el borde del área ilicitana, donde había un jugador del Rayo, mi memoria inconsciente —y la de todos los aficionados que estábamos en las gradas y llevábamos tiempo viendo fútbol— reconoció la situación y moduló la reacción física inconsciente. Sabíamos, sin pensar, que aquello implicaba cierto peligro para el rival, una oportunidad real para nuestro equipo. Lo que notamos en nuestro cuerpo por los estados emocionales depende de la participación conjunta de varios sistemas que actúan bajo el gobierno de estructuras subcorticales: el endocrinológico, que nos proporciona un chute de hormonas; el autonómico, que produce la sudoración y la taquicardia, y el muscular, que regula la expresión facial y postural. Nos pusimos alerta y nos echamos algo hacia delante y abrimos la boca. Algunos se pusieron de pie, accionados por un resorte. La orquesta de nuestro cerebro se había puesto a tocar, nuestras neuronas habían iniciado su frenético baile. Cuando vimos que el balón caía llovido sobre el pie de Unai, se incorporó más información de nuestra memoria innata y ya éramos conscientes de que un remate de volea desde la frontal del área, aunque fuera muy difícil, era posible que acabara en gol. Todos habíamos visto tantos así, todos comprendíamos perfectamente la situación. Si había en el estadio alguien que apenas había visto fútbol, no estaría ni de lejos tan alerta ni sus expectativas serían tan grandes como las de los demás. Cuando chutó el centrocampista y el balón salió a toda pastilla hacia la portería, podríamos tener la sensación de que el universo se había detenido durante el vuelo de la pelota, pero, lejos de ello, nuestra mente se estaba preparando para el acontecimiento. Estábamos ya prestos a explotar y lo deseábamos con cada célula de nuestro cuerpo. El balón traspasó la línea de gol y golpeó con violencia las mallas.

Se confirmaba todo lo que anticipábamos y sabíamos sin haberlo pensado, a lo que se añadía lo que conocíamos y ya pensábamos. Los sentimientos, vehiculados por estructuras límbicas y prefrontales, tomaron a su vez partido en la regulación del estado emocional. Era gol, el premio gordo. Habíamos ganado, los otros habían perdido. Lo innato y lo consciente habían iniciado un diálogo con sus respectivos instrumentos, se retroalimentaban el uno al otro para regalarnos una explosión de alegría extrema. La parte motora entró en juego con violencia. Gritamos. Estábamos rodeados de aliados, no hacía falta inhibirnos, no había peligro alguno, podíamos dar rienda suelta a nuestra excitación, liberarla. Imitamos inconscientemente la reacción de los demás, de todo el graderío, aquella emoción que, al ser compartida, aumentaba de intensidad por el «efecto tribu». Lo reptiliano seguía alimentando la experiencia, y nos readaptábamos continuamente al entorno. Contagiábamos a los otros. Si hubiéramos visto el gol en casa y solos o en unas gradas vacías, el efecto hubiera sido muchísimo menos intenso. Cada uno de nosotros estaba comunicando cómo se debía reaccionar ante el evento, cómo había que celebrarlo. Cuando nos pusimos a saltar, además de gritar, la música que tocaba nuestra orquesta de conexiones cerebrales era celestial y a la vez mucho más compleja que en el inicio de la secuencia. Mis vivencias no eran las mismas que las de Martín, que las de Bernardo o las de los otros espectadores. En mi caso tampoco era rayista, pero desde el inicio de mi aventura, mis simpatías por el Rayo habían crecido. Mi reacción, por otro lado, no pudo ser tan intensa como la de los hinchas vallecanos. No me volví tan loco como ellos.

Primero me abracé a Bernardo y casi le tiro las gafas al suelo. Luego a mi hermano Martín, que estaba con los ojos llorosos, experimentando el «efecto Rayo», consistente en empezar a emocionarte nada más llegar. Estaba tan exultante que no me bastaba con mi amigo y mi hermano. Quería más. Me giré y allí estaba celebrándolo el hombre que se sienta a mi derecha. Tiene más o menos mi edad, es callado, tranquilo y con sentido del humor. Suele llevar camiseta y bufanda del Rayo y va con sus dos hijas, una joven y la otra adolescente. De vez en cuando comentábamos alguna jugada y sus observaciones me parecían siempre cabales y acertadas. Todavía no nos habíamos presentado ni sabía que se llamaba Jesús. Ya llegaría el momento. No me lo pensé dos veces, me abalancé sobre él y le pegué un abrazo de los que duelen. En manada, nos permitimos dejarnos llevar. Cuando nos separamos, Jesús y yo nos quedamos mirándonos un poco avergonzados, había entrado en juego la modulación de nuestros actos, lo consciente nos pedía echar el freno. Desinhibirse con el gol de la victoria en el último minuto con un desconocido está bien, pero tampoco hay que pasarse. Pasamos por encima del incómodo momento uniéndonos al cántico feliz de toda la hinchada, regresando a la tribu y volviendo a perder nuestra individualidad:

—¡Palmas arriba! ¡Bufandas al viento! —gritó el *speaker*.

—¡Lo-lo-lo-loooo, lo-lo-lo-loooooo…! —cantaba Vallecas, con un mar de bufandas blanquirrojas ondeando en las gradas.

La secuencia de alegría continuaba con el añadido de otros elementos, con la celebración de los jugadores, con el colorido de las bufandas y de las banderas, con la voz del *speaker*, con los cánticos, con las expresiones de felicidad de los rostros que nos rodeaban, con la confirmación del final del encuentro… Aun así, la intensidad se fue reduciendo gradualmente. En su punto culminante, nada más marcar el Rayo el gol, pudo durar unos diez segundos, a lo sumo. El gol es un generador brutal y recurrente de emociones de altísima intensidad. No seremos tan idiotas los aficionados al fútbol si hemos elegido este deporte tan efectivo para proporcionarnos esas emociones. En nuestras sociedades existen otros supermercados potentes a los que acudimos para experimentar sensaciones semejantes, como el amor, la música, las redes sociales, practicar deporte de riesgo, el sexo o las drogas, pero ser futbolero no te impide acercarte también a alguno de estos otros dispensadores. Pues eso. Pasión. Fútbol. No es tan absurdo como pueda parecer.

Una vez que acabó el Rayo-Elche, abandonamos el estadio tan excitados como cansados. A veces pienso que los espectadores acabamos tan destrozados como los propios futbolistas. Está la previa, se habla y se grita mucho, se analiza incansablemente y en los goles se libera una gran tensión acumulada. Mientras salíamos del estadio, pensé en alguna sensación que se hubiera parecido en mi vida a la que acababa de experimentar… Quizá la sensación más parecida a un chute de alegría momentánea así fue aquella vez en la que estaba oyendo *Carrusel Deportivo*, el célebre programa de deportes de la Cadena SER, solo en mi cuarto, hace unos treinta y cinco años. Cada domingo, durante tantas temporadas, Pedro, Juan, Antón, Martín y yo nos encerrábamos en uno de los dormitorios, con la radio puesta y un paquete de pipas. En algún sitio de la habitación, posiblemente sobre un escritorio, descansaban los boletos sellados de la quiniela, esperando que ocurriera el milagro de que nuestros pronósticos de los nueve partidos de Primera División y los cinco de Segunda de aquella jornada se hicieran realidad.

Siguen existiendo las quinielas, pero las recaudaciones y los premios son de risa en comparación con las de antaño, cuando el Estado tenía el monopolio de las apuestas deportivas y había apostantes que se hacían millonarios. Ahora puedes apostar desde tu móvil y a cualquier hora a casi cualquier evento deportivo, algo que supongo estará aumentando exponencialmente el número de ludópatas. Las casas de apuestas presenciales, con sus siniestras vidrieras tintadas que impiden ver sus deprimentes interiores, han crecido como setas. Hay una, por ejemplo, muy cerca del Estadio de Vallecas. Aparecieron a la chita callando, sin hacer ruido, como todo negocio carente de conciencia. Una vez que las leyes estaban ya bien amarradas, las empresas de apuestas por internet más potentes se dieron a conocer sin reparo alguno, con desfachatez. Figuras intachables del deporte y los medios protagonizaban sus anuncios, las casas patrocinaban equipos de fútbol… Al menos en la temporada 2020/21 se prohibió a los clubes españoles llevar publicidad de casas de apuestas en las camisetas. Hay muchos jóvenes que apenas ven un partido completo en su vida ni lo verán, pero son adictos a jugarse su dinero. Que yo sepa, no hay un debate abierto sobre el asunto ni en el Congreso de los Diputados —donde, por otra parte, se aprobó se aprobó la ley 13/2011 de regulación del juego, bajo el Gobierno del socialista José Luis Rodríguez Zapatero— ni en la sociedad en general. En la Comunidad de Madrid, gobernada desde hace casi tres decenios por el Partido Popular, se enfrentan a la plaga con ingenuidad: en una actualización de la regulación comunitaria de 2019 se estipuló, entre otras cosas, que no puede haber locales de apuestas a menos de 100 metros de un colegio. Deben de pensar que los adolescentes todavía no han aprendido a caminar.

En mi infancia y adolescencia la gente perdía sumas limitadas de dinero en las quinielas y era un modo de añadirle un poco de picante a las jornadas. Aquel día debía de tener unos catorce años y no recuerdo por qué me había quedado solo. Era habitual que entráramos y saliéramos del cuarto a cada rato. Ya cerca del final de los partidos, metieron cuatro goles casi a la vez cambiando el signo de los resultados. Si no me equivocaba, habíamos pasado de tener diez aciertos a catorce. Si todo acababa así, habíamos dado en el clavo.

—¡Finaaaaaal en el Bernabéuuuuuu!… —anunciaba uno de los comentaristas.

—Finaaaaaaaal en el Sánchez-Pizjuáán!…

Uno a uno, en apenas cinco larguísimos minutos, se cerraron todos los partidos. Mientras repasaba la quiniela, tachando los aciertos, me temblaba el bolígrafo.

—Madrid-Zaragoza… 1. Athletic-Barcelona… X. Real Sociedad-Betis… 1…

Llegué al último encuentro de la lista. Lo taché. Todo cuadraba. Éramos ricos. Me volví loco. Salí de la habitación con los brazos en alto, gritando por el pasillo:

—¡Catoooooorce, catoooooorce!

Llegué al salón y mis hermanos levantaron la vista de los libros que estaban leyendo con una mezcla de curiosidad e irritación.

—A ver —dijo Antón, con una falta de entusiasmo que todavía hoy me impresiona—. Trae los boletos.

Fue un fiasco. Utilizábamos un sistema de desarrollo de apuestas, es decir, cubrías resultados múltiples mediante muchas apuestas simples diferentes, siguiendo unas pautas que te permitían tener más probabilidades de acertar sin invertir demasiado dinero. Resultó que al final teníamos ocho boletos de trece aciertos y muchos de doce. Ni uno de catorce. Por desgracia, además, fue una jornada con pocas sorpresas y los premios no nos dieron ni para salir a cenar. Al menos ya sé lo que se siente cuando te crees que has ganado la quiniela, la lotería primitiva o el euromillón. También sé lo que es una decepción inmensa. Creo que el que peor se lo tomó fui yo, y mis hermanos todavía se ríen de la anécdota y de mi aparición gritando de alegría.

* * *

—¡Qué gol! —exclamó Martín, mientras nos acercábamos a la estación de metro de Portazgo—. ¡Qué pepinazo! ¿Os imagináis meter ese gol?

Era una pregunta retórica. Todos los aficionados nos hemos imaginado hacer goles así. Todavía lo hago en ocasiones para relajarme antes de dormir tras una dura jornada. Imagino goles y carreras de fútbol larguísimas que se desarrollan en varios países y son alucinantes; comparadas a las de Di Stefano, Pelé, Maradona, Messi o Cristiano, las suyas son de risa. Me sirve para dormir porque son historias muy simples e infantiles.

Estábamos ya cerca del metro, e ignoraba si íbamos a prolongar el plan o no.

—¿Qué hacéis? —pregunté.

—Yo a casa —dijo Bernardo.

—Y yo —dijo Martín.

Oí las respuestas con una mezcla de frustración y de alivio. Si no hubiera sido lunes ni fueran más de las once de la noche y no llegáramos a sumar más de 170 años entre los tres, esa noche habríamos quemado Vallecas. Cuando miré las noticias, antes de apagar la luz para dormir, leí que esa misma madrugada habían destituido a Francisco, el entrenador del Elche. Al final, el misil de Unai había roto la red y le había alcanzado a él.

INÉS Y EL BARÇA

Rayo Vallecano 0 - Getafe 0
Viernes, 14 de octubre de 2022

El Rayo venía de perder 3-1 con el Almería en un partido que había tirado en la primera parte. Su tercera equipación, con camiseta negra con la franja amarilla, combinaba el color de la noche con el más temido por los supersticiosos toreros. Fue un presagio de lo que se le venía encima a la Franja. Diego López, reciente fichaje y veterano portero que fue jugador del Real Madrid y del Espanyol, entre otros equipos, fue titular por primera vez. Sustituyó a Dimitrievski, que había fallado ya en dos salidas en falso que le habían costado a la Franja dos goles y no parecía muy en forma. López no debutó con buen pie y nunca mejor dicho: quizá solidarizándose con su compañero bajo los palos, nada más empezar le entregó la bola al extremo Embarba, lo arrolló y se salvó de la expulsión porque Robertone recogió el rechace y marcó el 1-0 a puerta vacía. Al regalo inicial se añadirían otros dos goles de los andaluces en el primer tiempo. La reacción final en el segundo, con un postrero gol del central Alejandro Catena, sólo sirvió para subrayar el despropósito anterior.

A las seis y media de la tarde del viernes, Juan y Bernardo me dijeron que no podían ir al partido contra el Getafe, que empezaba a las nueve. Pensé, qué bien, puedo invitar a un par de personas. Había tantas a las que les apetecía el plan que creí que me iban a quitar las entradas de las manos. Pero unas quince llamadas después ya era menos optimista. Era viernes y todo el mundo tenía plan o hijos a los que no podían dejar solos. Salí al balcón de mi apartamento, me fumé un cigarrillo y cambié de táctica. En lugar de llamar a amigos o familiares a los que les gustaba el fútbol, iba a intentarlo con gente a la que no le gustaba o que yo ignoraba si le interesaba o no. Ir al campo con alguien así de raro puede ser más divertido incluso que hacerlo con aficionados: te aportan un punto de vista diferente. Inmediatamente pensé en Inés, una amiga analista estratégica de empresas. La llamé.

—Hola, Inés, soy Nico... ¿Te apetece ver un partido Rayo Vallecano - Getafe en un rato? Soy socio del Rayo y tengo entradas.

—¡Un derbi! —exclamó, con una ilusión inesperada. ¿Sería futbolera?—. Me apunto, por supuesto. El otro día me perdí en coche justo por Vallecas.

—Perfecto. Nos vemos entonces a las siete y media en Tribunal.

Cuando colgué ignoraba que iba a asistir a un partido soporífero y a uno de los planes más sorprendentes de la temporada.

* * *

Estábamos en El Chispín, que se había convertido en mi bar de referencia para las previas. Me lo había enseñado Jesús, uno de mis colegas de abono. Está muy cerca del estadio, en la calle del Crucero de Baleares, una trasera de la avenida de la Albufera, al lado del mercado de Numancia, donde se reúnen los Bukaneros y otros aficionados antes de los partidos. Tiene terraza, una barra no muy grande y tres mesas en el interior. Ofrece bocadillos, pinchos morunos y un menú amplio y que me encanta, porque va desde las tapas de tocino hasta las macrobióticas, con una mezcla insospechada de contundencia y ligereza que ya les gustaría en Nueva York. Al llegar nos habíamos pedido dos cervezas y un pincho de tortilla hecho con pasta de calabaza y garbanzos en lugar de huevo, y le había contado a Inés mi aventura del abono. Ahora estábamos callados. Hay gente, no tanta, con la que compartir un silencio en un bar no es una situación incómoda. Ella aprovechó para observar cada detalle del local. Miraba con interés a los hinchas del Rayo que entraban a pedir cervezas, el calendario con motivos republicanos, el cartel de «No pasarán» de la pared junto al baño y las bufandas rayistas colgadas de la situada frente a la barra. De pronto me miró fijamente y cantó:

—*Tooooot el camp!* —Y dio las famosas tres palmadas del himno culé—. *Eeeeees un clam!* —Clap, clap, clap—. Yo soy del Barça, merengue.

Se me erizó el vello de la nuca, como si estuviera en presencia de uno de los demonios que dice combatir el padre Fortea, exorcista al que conocí en el proceso de investigación para escribir el guion de la película *Intruders*. Fui capaz de sonreír y disimulé el golpe pidiendo otras dos cervezas a la camarera mientras repetía en mi mente el mantra que uso mientras hablo con aficionados del eterno rival: «No puede ser que 350 millones de personas sean malas, no puede ser que 350 millones de personas...». Ya bajo control, le alcancé la caña.

—¿Y te gusta el fútbol?

—Yo entro en el Camp Nou y me emociono... El sentimiento de identidad y tal, supongo. Me gusta cuando suena el himno y salen los jugadores, el ambiente, la gente. Eso es lo que más me divierte. También los goles. Y el Gamper, con buen tiempo. No entiendo mucho y lo que hago es mirar a la gente y pensar en mis cosas.

—¿Y lo pasas bien?

—Sí, bastante. Los hombres con el fútbol enloquecéis.

—Yo no, no te creas —mentí. Nadie que tenga dos dedos de frente no miente de vez en cuando y más aún si se encuentra en una situación como aquella en la que me encontraba yo.

—Os ponéis como locos, gritáis, insultáis...

—Ya, hay gente tremenda.

—En los torneos infantiles de golf los padres y los abuelos mueven la bola para acercarla al hoyo, hacen trampas. Lo veía todos los días.

—No nos damos cuenta de lo que transmitimos a las siguientes generaciones. Yo con mi hijo soy muy cuidadoso en ese tipo de cosas. ¿Vamos para allá?

* * *

—¡Oooooooh...! ¡Me encanta! Es como el Miniestadi —comentó al llegar a nuestros asientos.

En el Miniestadi juega el filial del Barça, con una capacidad similar. Esta vez la mancha de la grada visitante mostraba el azul de las camisetas de los hinchas del Getafe. Una vez más, el estadio estaba casi lleno. Inés se puso de pie.

—¡Mira, ya salen los jugadores! ¡Ahora el himno! —exclamó, contenta.

Me puse también de pie y aplaudimos. Al rato empezó el encuentro. Un aficionado medio que acude al teatro o al cine, al salir comenta si le ha gustado o no y, como mucho, elabora una crítica argumentada sobre la obra o la película que ha visto. No se sale de su papel de espectador. Los aficionados al fútbol no somos así. Somos mucho más osados. Además de ver el partido y comentarlo, nos convertimos en los presidentes de los clubes, en los directores deportivos, en los entrenadores, nos ponemos en la piel de los futbolistas, jugamos a ser agentes de los jugadores y también periodistas deportivos. Tocamos todos los palos del negocio sin dificultad ni rubor alguno. Videojuegos como *Football Manager* no han inventado absolutamente nada, sólo han proporcionado a los hinchas un modo más ordenado de actuar cuando se disfrazan de managers de un club. En esta ocasión mi papel iba a ser el de comentarista. En el campo uno puede enseñar aspectos del juego de un modo mucho más entretenido y completo que viéndolo por televisión.

—Mira, Inés. Fíjate en el lado izquierdo del Rayo, la banda izquierda. Es muy buena y fundamental por su estilo de juego veloz y vertical. ¿Ves al que está más atrás, muy pequeño? Es el lateral izquierdo, Fran García. Los laterales suben y bajan constantemente para atacar y defender, son de los que hacen más esprints. Fran es una bestia, no para de correr arriba y abajo.

—Ya, pobre, acabará agotado. Le veo, le veo, parece un niño.

—Es muy joven y un jugador valiente, siempre va hacia delante. Pues su compañero de banda, el extremo, el que juega arriba, es también bajito y también se apellida García. Es Álvaro. ¡Mira! Ahora tiene el balón y va a intentar regatear al defensa para centrar. Nada, no le ha salido, es difícil. Muchas veces se desmarcará para nada, no le verán o los del Getafe cortarán la pelota antes y se frustrará. Otras veces Catena, el central, le dará un pase medido. También tiene que defender al lateral rival... Tiene que hacer muchas cosas diferentes.

—Ya. Su vida es más sacrificada de lo que se cree la gente. Tienen una carrera corta, son vulnerables...

La primera parte fue sosa. El Getafe de Quique Sánchez Flores logró que no ocurriera nada relevante y me entretuve comentándole algunos aspectos del juego a Inés. Eso sí, siempre con cuidado de no dar la brasa, algo que solemos hacer los futboleros. Aprovechamos el descanso para ir a comprar unos refrescos. Cerca de la entrada a nuestra zona de asientos había un minúsculo puesto con una camarera y dos neveras, otra vuelta a los años ochenta. Nos pusimos a la cola. Tenía la mosca detrás de la oreja desde hace rato. Inés no era aficionada al fútbol pero era culé, se sabía el himno y había ido al Camp Nou, al Miniestadi y al Gamper.

—Una cosa, ¿cómo es que has ido tanto al fútbol?

—He ido cientos de veces. Mi hijo estuvo en las categorías inferiores del Barcelona. Muy sacrificado, Nico.

—Anda. ¿Y sigue jugando?

—Nos vinimos a vivir a Madrid y el cambio de ciudad fue duro para él. Un día coincidí con Mourinho y me habló del Canillas, un club que colaboraba con el Real Madrid. Algún hijo de Zidane también jugó allí. ¿Sabes?, el otro día vi a Zidane volviendo a casa en el coche y llevaba una mochila no en la espalda, sino delante, y pensé: ¡mira qué bien, ha tenido un nieto! Pero no, al final era un perro de esos pequeños. Sus hijos estudiaron en el Liceo. Él tenía que entrar en coche por una puerta especial. Muy difícil ser hijo de Zidane o uno de estos, ¿no crees?

—Sí, desde luego.

—Pues bien, pensé que si Mourinho y Zidane tenían a sus hijos en el Canillas, ese sería un buen sitio para el mío. Le cogieron y allí ha jugado.

—¿Y de qué juega?

—Centrocampista. A ver... ¿De qué juega Busquets?

—Mediocentro defensivo.

—Eso. Antes de lo de mi hijo pensaba que los futbolistas eran completamente idiotas. Ahora los veo en el campo y veo a un niño que se sacrifica, aunque esté feliz, y a su familia que se sacrifica, y las lesiones y los entrenos y la tensión por saber si les convocan y por saber si son titulares... Los respeto mucho. Tienen mucho mérito.

—Sí, encima a la élite llegan muy pocos.

—Es duro, muy duro... ¿Te has fijado en que entre los deportistas profesionales no hay huérfanos?

La pregunta me sorprendió.

—No, la verdad.

—No hay huérfanos porque necesitan unos padres que les lleven a todos los partidos, que les ayuden a recuperarse cuando se lesionan, que les apoyen cuando están bajos... Para los niños el deporte es casi lo único que les importa, su obsesión. También para muchos padres y eso es horrible, he visto cómo se comportan durante los partidos... ¿Sabes quién es el único que yo sepa que llegó y es técnicamente huérfano?

—Ni idea.

—Julio Alberto, que jugó en el Atleti y en el Barça. Sus padres le metieron en un orfanato con doce años o algo así. Sufrió abusos. Pobre.

—Sí, luego tuvo problemas con las drogas. Él y su amigo Marcos jugaron algunos partidos en una liga de aficionados contra mis hermanos y sus amigos, con un equipo formado por exjugadores del Atlético de Madrid.

—Ja, ja, pues a mí esos dos me invitaban a copas. Iban al Up&-Down de Barcelona y al Atlántida de Sitges. Los Alonso cántabros... ¡Tres generaciones, admirable! Marquitos, el abuelo, del Madrid... Ahora el nieto está en el Barça. Jugó en el Chelsea y en el Bolton. ¿No estuvo el padre de entrenador del Rayo?

Era curioso la cantidad de datos e información que manejaba Inés en relación con el balompié sin tener demasiado interés en el juego en sí. Llegó nuestro turno y pedimos un par de cocacolas. El segundo tiempo había empezado. Oímos el clamor de una ocasión del Rayo y el señor que estaba detrás de nosotros correteó y se asomó al campo para ver qué había pasado. Su mujer se echó a reír:

—Pero, hombre, ¡si en el campo no ves la repetición!

Ya con los refrescos, regresamos a nuestras localidades. El partido seguía 0-0.

—Yo soy mitómana. ¡No lo puedo evitar! En fin, es humano. Sobre todo con escritores y músicos. En los viajes visito las casas, las tumbas, antes iba a los hoteles donde se alojaban... Desde pequeña estaba enamorada de Mick Jagger. Es muy listo. ¿Sabes que estudió en la London School of Economics? He visto a los Rolling en muchos conciertos. Yo lo que quería era conocerle. Pues bien, un día estaba alojada en el hotel Carlyle de Nueva York y esa tarde iba a ver tocar a Woody Allen. Me meto en el ascensor y de pronto... ¡Mick Jagger! Estaban también el botones y dos guardaespaldas. Mi corazón pam-pam-pam-pam...

—¿Y qué hiciste?

—A ver... Yo luego soy muy tímida, me quedo helada, sin habla, es terrible. Si luego estoy con el que sea un tiempo, en una cena, una fiesta, qué sé yo, vale, charlo con él, pero de buenas a primeras, nada. ¿A ti no te pasa? ¿Tú no te cortas mucho?

—No, la verdad. Puede ser porque no soy mitómano, no sé.

—Luego a veces con otros, nada. El otro día vi a Sting y no me emocioné mucho. Bueno, pues Jagger me sonrió brevemente y yo pensé: idiota, di algo… Pero me atreví a tocarle el brazo.

—¿A tocarle el brazo?

—Sí, tiene cuerpazo, fibroso. Al salir me hice la despistada y ¡zas!, se lo toqué.

Yo no estaba atendiendo nada al partido, algo novedoso para mí. Si alguien no te deja ver un partido, te molesta, pero en este caso me daba absolutamente igual. De pronto un clamor interrumpió nuestra conversación. El árbitro había pitado penalti a favor del Rayo. Ella se dio cuenta, no yo.

—¡Penalti! —exclamó Inés, sonriente—. ¡A ver si lo meten!

Nos pusimos en pie. Todo el estadio estaba en pie.

—Lo tira ese que te gusta mucho, Trejo, ¿no?

Trejo lo lanzó… y lo falló. Un murmullo de decepción recorrió las gradas. Nos sentamos y volvimos a lo nuestro. Visto de otra manera, esta vez la interrupción molesta había sido la del penalti.

—¿Por qué le tocaste? —pregunté.

—No sé, me dio por ahí. El tacto es uno de los cinco sentidos, ¿no? A ver, no le metí mano… Los cuerpos de los deportistas son alucinantes, puro titanio. Trabajé en las Olimpiadas de Barcelona 92. Aunque lo que más he conocido son futbolistas.

—¿Y eso?

—Bueno, es que algunos del Espanyol llevaban a sus hijos al Liceo Francés, donde estudió el mío. Kameni, por ejemplo. Y luego coincidía con los del Barça en los entrenos, fiestas infantiles y fiestas de adultos… Los hijos de los del Barça iban al St Peters…

—Curioso lo tuyo de conocer jugadores casi sin querer. Muchos aficionados matarían por hacerlo.

—Como hablo idiomas, me acababa haciendo amiga de las mujeres de los brasileños, de los de habla francesa… Tantos partidos, campeonatos en el extranjero… La de Alex Song, la de Silvinho… Muy simpáticas. Alex Song mantenía a catorce hermanos o así. Ellas iban cada noche con bolsos de Hermès diferentes, de leopardo, de serpiente…

—Mucho Hermès en el fútbol de élite —dije.

—¿Sabes, Nico? Los futbolistas se creen dioses. Normal. Es humano. Messi tenía su propio vestuario. ¡Como un altar! Son muy endogámicos y sus mujeres están todo el tiempo vigilantes para que no se les acerquen otras mujeres. Son resistentes, pero también muy frágiles. Los ves muy chulitos, pero en realidad... Como los músicos, que te preguntan todo el tiempo cómo han estado, si crees que a la gente le ha gustado el concierto... Los escritores sois iguales, he conocido a muchos, os exponéis tanto en lo que escribís...

—Sí, puede ser.

A Inés se le iluminó la cara.

—Pero lo mejor, lo contento que estaba mi hijo. Salía en los partidos de Champions de la mano de Busquets, de Piqué, de Messi, de Alves... La presentación de Neymar fue emocionante, mucho. Nunca imaginé que iba a ser madre de un futbolista. —Se sentó y me miró de frente con sus ojos azules—. Ahora ya entiendes por qué soy del Barça, merengue...

* * *

El partido entre rayistas y azulones acabó 0-0 y, por lo que leí en las crónicas periodísticas y por lo que vi en el resumen, no me perdí gran cosa. Inés y yo nos fuimos a picar algo a la Cruz Blanca, cervecería restaurante célebre por su cocido madrileño, situada a unos diez minutos a pie del estadio. En las terrazas de las avenidas, aficionados y vecinos estiraban la noche tomándose unas cervezas y aprovechando que, pese a ser ya mediados de octubre, no hacía frío. Nos sentamos a una mesa y pedimos un vino, una ración de croquetas y una ensalada de ventresca. Eran las once y media de la noche y teníamos hambre. Cuando nos sirvieron, nos abalanzamos sobre la comida.

—Entiendo que te guste el Rayo —dijo Inés—. Me ha gustado el ambiente, muy normal, con niños, tranquilo...

—Sí, está muy bien.

—¡Chin-chin!

Levantamos las copas y brindamos. Al llegar a casa pensé en que los seguidores, por mucho que nos emocionáramos tanto y llegáramos a llorar, solíamos ver el fútbol de un modo terriblemente frío y cruel en lo que respecta a sus protagonistas, los futbolistas. Sólo nos importa que jueguen bien y que ayuden a ganar a nuestros equipos. Lo demás nos da exactamente igual. No son personas, sino ejecutores de nuestros deseos, unos deseos, por otro lado, pueriles. Para colmo, les exigimos una fidelidad absurda a nuestros colores, tratándose ellos de profesionales. Les obligamos a mentir constantemente con respecto a sus sentimientos por miedo a que, si confiesan que no aman con fervor a nuestro club, les consideremos unos peseteros y despierten nuestra ira. A nuestros favoritos les otorgamos la vitola de héroes y odiamos que muestren las mismas debilidades que observamos en nuestros vecinos o en nuestras parejas. Negamos lo evidente y sólo vemos lo que deseamos ver. Alimentamos la gran farsa. Inés veía el fútbol —y la vida en general, me atrevería a decir— desde otro prisma. El suyo era un punto de vista humano.

EL ZARPAZO

Atlético de Madrid 1 - Rayo Vallecano 1
Martes, 18 de octubre de 2022

Morata 19'

Falcao 91' (p)

Aunque no lo parezca, el fútbol me puede saturar. La concentración de partidos, en este caso motivada por la celebración del cada vez más próximo Mundial de Qatar, empezaba a cansarme. Decidí no posponer el plan de una cena con Marisa —mi expareja— y nuestro hijo para celebrar su entrada en la universidad, aunque coincidiese con el Atlético de Madrid - Rayo. Pero el destino había decidido que todavía no había llegado el momento de perderme un partido aquella temporada. Bernardo me llamó la tarde de aquel martes: quedaba libre uno de los abonos «de los del fútbol» y me invitaban al partido en el Metropolitano. Un plan irrechazable.

Unas horas más tarde Bernardo, Antonio y yo estábamos en San Blas-Canillejas, sentados en una mesa de la terraza del café bar Bahía, al que eran asiduos. Cuando se acercó la camarera a tomar la comanda, pidieron lo de siempre y lo de siempre era un par de whiskies. De tapas, nada. Si vas de invitado, mejor dejarte llevar por la corriente, así que me pedí mi primer ron del año. Llevo a rajatabla no abortar jamás una posible jarana, pues nunca sabes si va a ser la última.

Antonio es, del grupo de Juan, el que había llegado más lejos en el fútbol. De familia atlética y canterano colchonero, con veinticuatro años jugaba de extremo izquierdo con el Atlético Madrileño, en Segunda División. Con él jugaba Tomás Reñones, destacado lateral derecho y capitán que llegó a ser alcalde en funciones en la Marbella del empresario y político Jesús Gil. Tomás estuvo en prisión por el caso Malaya y ahora es *team manager* —coordinador de equipos— del club, todavía controlado mayoritariamente por la familia Gil. Antonio y sus compañeros tuvieron enfrente al Castilla de la Quinta del Buitre, al Bilbao Athletic de los hermanos Salinas y al Barcelona

Athletic de Calderé en un breve periodo que fue el más glorioso de los filiales de los grandes. Conocía a Antonio desde pequeño y fue él quien me enseñó que las pachangas se juegan como las finales de los mundiales. Jugando yo de portero, algo a lo que no estaba acostumbrado, remató en el área chica de cabeza con tanta potencia que me dobló las manos, abriéndome una muñeca y marcando gol.

Mientras bebíamos, aproveché para preguntarle sobre esa época. Antonio es honesto, serio y directo, y me habló con cierto pudor de su pasado de futbolista. También con respeto hacia quienes habían sido sus compañeros y rivales, entre ellos los madridistas.

—Nos insultábamos un poco, lo normal. Todo bien.

Le hice la típica pregunta de cuál era el gol preferido que había marcado y tardó en responder.

—Bueno, te digo uno. Aunque luego puede ser que fuera malísimo. Ya sabes, en el césped se ve un partido, en la grada, otro diferente, y en la tele, otro más.

Me contó el 0-1 y a la postre gol definitivo que le marcó al Granada el 13 de mayo de 1984 en el antiguo Los Cármenes. En el primer tiempo, Antonio recibió una de las entradas más duras de su carrera a cargo del central uruguayo Carlos Caruena. Entraron los masajistas alarmados y él, tirado en el suelo y con la espinillera rota en dos, no sabía ni dónde estaba. La venganza se sirve fría. En el segundo tiempo Antonio acompañó un contraataque llevado por el volante paraguayo Gabriel González, el Loco, que ganaría después la Copa Libertadores con el Olimpia de su país. Era un dos para uno. El Loco aguantó y, una vez fijado el defensa, le dio el balón a Antonio, que llegaba por la derecha y la puso de rosquita al palo largo, desde el vértice del área. Al modo de Asensio, me lo describió. El 0-1 certificó la permanencia del Madrileño aquel año en Segunda División.

De lo más interesante de la carrera futbolística de Antonio es que fue capaz de graduarse en Ciencias Económicas y Empresariales mientras jugaba. Manuel Sanchís y Butragueño, rivales sobre el césped, estudiaron lo mismo, y Miguel Pardeza, otro componente de la Quinta del Buitre, cuatro cursos de Derecho y Filología Hispánica. Un compañero suyo del Madrileño de entonces, Manuel Trigueros —padre del actual jugador del Villarreal—, cursó asimismo estudios superiores. Estos casos son rarezas. Pocos jugadores van más allá del bachillerato. De los antiguos, fueron universitarios Santiago Bernabéu,

Pirri y Gárate, por ejemplo. El brasileño Sócrates, el Doctor, fue además activista político de izquierdas. Dennis Bergkamp, el fino delantero holandés con fobia a los aviones, es ingeniero mecánico. Luís Figo, el portugués que obtuvo el Balón de Oro, acabó el bachillerato tras retirarse y estudió negocios en el Instituto de Empresa. Algo relativamente desconocido es que uno de los equipos donde coincidieron más futbolistas universitarios fue el Matagigantes vallecano. Nada más y nada menos que ocho: Anero, Alcázar, Francisco, Landáburu, Salazar, Angelín, Rial y Nieto. Quién sabe si tener esa capacidad para el esfuerzo —compaginar fútbol y estudios— y esa ambición de progresar y esa perspectiva para darse cuenta de la importancia en el futuro de la formación fue parte de lo que les hizo grandes sobre el césped. Fue un equipo con piernas y cabeza. El todavía precario nivel cultural del universo del fútbol empieza por sus protagonistas, muy exigidos desde niños, sin tiempo ni estímulo para los estudios, con dinero desde muy jóvenes, a veces mal aconsejados y que se gradúan tan sólo en la universidad de la vida. Su falta de preparación —aunque se haya mejorado en ese aspecto— dificulta aún más su adaptación a la vida «normal» tras la retirada y explica en parte tantas ruinas y tragedias.

Antonio se retiró en el mejor momento de su carrera. En el Madrileño le ofrecían entrenar con el primer equipo y Luis Aragonés, siempre moderno como entrenador, quería probarle de carrilero. Tenía otras ofertas, pero no lo vio claro. Prefirió presentarse a unas muy exigentes oposiciones a inspector de Hacienda y seguir jugando como aficionado, con sus amigos.

—No me arrepiento, Nico —me dijo. Luego se echó a reír—. No me arrepiento porque me ha ido bien. Si no…

Es un alto funcionario de Hacienda y está casado con una jueza. Cuando coincido con ellos en una cena, me porto especialmente bien.

Nos trajeron la segunda copa y charlamos sobre periodistas y libros. Les recomendé que leyeran *Adiós al fútbol*, del poeta romano Valerio Magrelli. Lo forman tantos textos cortos como minutos tiene un partido y es una delicada y lúcida visión de un aficionado y su relación con el balompié.

* * *

El nuevo Metropolitano toma el nombre de un estadio antiguo del Atlético y ha sustituido desde el año 2017 al mítico Vicente Calderón de la ribera del Manzanares. Una operación inmobiliaria sacó a los colchoneros de Arganzuela. Cruz y Ortiz Arquitectos, autores del proyecto de la construcción del Estadio de Atletismo de la Peineta, fueron quienes realizaron la remodelación. Se añadió otro anillo al antiguo graderío, se mantuvo el hormigón como material principal y se cubrió con una cubierta ligera. Cuando entramos por unas rampas que los propios arquitectos definen como monumentales, me sentí como un paleto que llega del pueblo a la ciudad, acostumbrado a los espacios reducidos de Vallecas. Las entradas eran buenas, aunque había mucha distancia hasta el campo.

—Oye, Bernardo, ¿con quién vas hoy?

Bernardo se rio.

—Con el Atleti, por supuesto. Aunque me lo paso mejor en Vallecas que aquí.

Falcao salió de titular frente a su exequipo. El Atlético comenzó enchufado y la Franja, de salida, me decepcionó. No me esperaba que fuera a achicarse en el Metropolitano. Los del Cholo Simeone parecían más altos, más fuertes y más guapos. Morata, ese ariete español con una carrera internacional más que respetable pero que enoja a casi todo el mundo, marcó a pase del renacido Griezmann. Bernardo y Antonio saltaron de sus asientos, encantados. Yo me esperaba lo peor y la mejor noticia fue que el primer tiempo acabó 1-0. A mi alrededor se respiraba confianza entre los aficionados rojiblancos y yo, por mi parte, respiré aire con un olor a fritanga que echaba para atrás.

—Pero qué mal huele —le comenté a Antonio—. Esto en Vallecas no pasa.

Sospecho que era una pareja que estaba en la fila de detrás, devorando sendos bocadillos de calamares. Delante de mí una mujer morena, treintañera y con camiseta del Atleti escribía mensajes de WhatsApp a una amiga que estaba también en el estadio. Los leí porque me ponía la pantalla del móvil casi en mi cara y no pude soportar la tentación. La conversación fue como sigue:

—Dónde estas?

—Filas delante de ti.

—Delant como?

—Arriba dgo.

—Arrba como?

—Mas encima que tu.

—Donde?

—Cerca del anuncio.

—Anuncio dq?

—El rojo.

—No te veo.

—No me vs?

—No.

—Yo tampoco te veo.

—Mira la luz (se pone de pie y enciende la linterna y hace movimientos de concierto, agitando la mano en amplios arcos. Se sienta).

—Me ves?

—No.

—Pero dnde ests tu?

—Pos donde te dicho.

—No m entero.

Así durante diez minutos. Me entraron unas ganas enormes de intervenir y decirle que podían hablar y así quizá se entendieran, pero eso hubiera sido reconocer que estaba leyendo la conversación, algo que supongo será delito. Una pitada del público me liberó de aquel enganche tóxico con la pantalla de la atlética. El árbitro, plantado en el centro del campo con una postura erguida, de viril impaciencia, miraba hacia la salida del túnel de vestuarios. Los futbolistas rojiblancos también estaban atentos a la salida del túnel mientras daban saltitos para no enfriarse. Los 60.000 espectadores —exceptuando a la del móvil y a su amiga— miraban hacia el mismo lugar con creciente indignación. Y los jugadores del Rayo, ¿dónde estaban? Nunca había visto nada igual en un partido y me pregunto si aquello fue una argucia de Iraola para cambiar el signo del enfrentamiento, aunque una treta así no le pegue nada. El retraso fue de tres minutos, el árbitro lo consignó en el acta y puede costarle al Rayo, según lo estipulado en el artículo 89 del reglamento, una multa de 3.000 euros. Conociendo cómo se las gasta el club, dudo mucho que jamás se pague.

Los futbolistas vallecanos salieron bajo una sonora pitada, pero la intensidad colchonera se había difuminado. Nada más comenzar la segunda parte, el Rayo cogió el balón y ya no se lo dejó al Atlético salvo en breves periodos. Fueron cayendo las oportunidades del lado visitante: cabezazo desviado del senegalés Pathé Ciss, disparo lamiendo el poste del recién incorporado Camello, pifia de Falcao en boca de gol... Les estaban bailando y yo no me podía creer que no hubieran empatado. Ahora sí estaba orgulloso de los vallecanos: habían instalado el miedo en el Metropolitano. En mi cabeza se repetía una y otra vez el cántico que ya se me había pegado como una canción del verano y que no podía exteriorizar por respeto a mis amigos.

—¡Mí-ra-los, mí-ra-los, mí-ra-los có-mo se a-cojo-nan, mí-ra-los, mí-ra-los...!

Si eres un grande, juegas en casa y un equipo pequeño te sale respondón, aumenta el nerviosismo en público y jugadores. En cada falta señalada a los locales, los hinchas saltaban de sus asientos.

—¡Cabrón, ¿qué pitas?!

Era la frustración por el mal juego de su equipo. Los ultras del Frente Atlético, ellos sí, seguían a lo suyo, inalterables, con sus tambores y sus cánticos.

—Alé, alé, alé, alé...

Antonio estaba nervioso:

—¡No los soporto! Ya están con la adormidera esa: alé, alé, alé... Estoy seguro de que el Atleti juega tan mal porque se duermen oyéndolos...

—Magrelli —le comenté— los define como la humanidad plural por antonomasia, devastada por la agresividad y por un sentimiento patológico de pertenencia. Dice que no le repugna el ultra individual, sino el grupo. Un ultra puede ser un buen tipo, su grupo no puede ser bueno.

No sé si Antonio estaba en ese momento para asimilar la perorata de Magrelli y me sentí inoportuno y bastante pedante.

—No hay quien los aguante —zanjó él.

Los partidos, si los vas perdiendo, no los empata ni quien lo merece ni quien tiene más posesión, sino el que marca los goles que necesite marcar para empatar. Llegamos a los últimos minutos y aquello parecía que iba a acabar con victoria local. Pero en el fútbol actual hay algo que puede cambiar un partido en cualquier instante y no me refiero a una acción magistral de un futbolista. Me refiero a una combinación letal: unas manos en el área y la sala VOR (Video Operations Room), donde un equipo de árbitros, el VAR (Video Assistant Referee), revisa las jugadas que le da la gana revisar para luego, si decide avisar al árbitro principal —el de campo—, éste vea las imágenes que les ha dado la gana a los de la sala enseñarle, y rearbitre. Mi frase parece un trabalenguas, pero es un modo que considero adecuado para describir un sistema tan ineficaz como sospechoso. El VAR, que llegó para iluminar las jugadas dudosas mediante la tecnología, es una herramienta oscura que demuestra que, desde la prehistoria, quienes pueden han hecho lo que les da la real gana y seguirán haciéndolo. En el minuto 90 el VAR avisó a Iglesias Villanueva por unas manos del central Jiménez en el área atlética y todos sabíamos que iba a pitar penalti. Mira que me alegré, pero estoy harto de las manos, del poder suplementario que otorgan a los colegiados y de la oportunidad que les proporcionan de hacer más posturitas. Propongo aquí que les amputen las zarpas a todos los futbolistas menos a los porteros, porque no se me ocurre otra manera de acabar de una vez por todas con este martirio.

Mientras seguía el murmullo de rabia e inquietud en el estadio, Falcao, quién si no él, colocó el balón en el punto de penalti. Hizo paradiña, engañó al portero y lo metió por la izquierda. 1-1. Zarpazo del Tigre. Otro servicio al Rayo como aquel que realizó, en la temporada 2011/12, cuando vestía precisamente la camiseta del Atlético, al marcar un gol al Villarreal en una última jornada trepidante que, unido al de Tamudo en Vallecas al Granada —el Tamudazo vallecano—, permitió mantenerse a la Franja en Primera. El colombiano no lo festejó. Yo no quise celebrarlo a lo grande porque suponía que Bernardo y Antonio estarían muy decepcionados. Lo hice «para abajo», es decir, concentrando mi tensión en lugar de liberándola, bajando la cabeza y cerrando los puños cerca de mi cuerpo. Celebrar así un gol debe de ser malo para todo, desde el cerebro hasta la espalda, pero no había otra, a veces toca reprimirse. Tratar de evitar sentir una emoción generalmente reduce el comportamiento expresivo, pero no tiene impacto en la experiencia subjetiva, que puede, incluso, vivirse de forma más intensa. Aunque la supresión a menudo se promociona en la literatura popular —«controla tu ira»—, la investigación indica que a menudo es contraproducente, aumentando la magnitud del estado emocional que uno pretendía regular. Aquella noche fui uno de los pocos que salimos felices del Metropolitano.

LA CAMISETA

Rayo Vallecano 5 - Cádiz 1
Sábado, 22 de octubre de 2022

Isi 43' (p), Álvaro García, 46', Lejeune, 62',
Sergio Camello 78', Lejeune 88'

Balliu (pp) 81'

Eran pasadas las doce de la mañana del sábado y hacía un día soleado. Estaba rodeado de personas vestidas con camisetas amarillas y de cada diez palabras que decían, una era «pisha». Eran los aficionados del Cádiz que llenaban el bar restaurante El Sitio, situado en una esquina de la calle del Arroyo del Olivar, cerca del Estadio de Vallecas. Con aire aburrido, varios policías nacionales vigilaban desde una distancia prudencial. Había camisetas de Mágico González y de Akapo, y plumas, blusas y zapatillas amarillas. Las mesas de la terraza estaban cubiertas de botellines de cerveza vacíos y sin retirar; los camareros bastante tenían con atender la barra interior. Como las aficiones del Rayo y del Cádiz están hermanadas, había ido un par de horas antes del partido a hacer amigos. Kichi, el alcalde de la Tacita de Plata, ganador de las últimas elecciones con la coalición de izquierdas Adelante Cádiz, había publicado un tuit celebrando el encuentro: «Mañana juega el Cádiz C. F. un partido muy bonito en Vallecas, donde se reencuentran otra vez en primera dos aficiones hermanas, unidas por valores de diversidad y la lucha contra el racismo. Con el orgullo del antifascismo y con sangre gaditana en vena vallecana. Vamos, Cádiz».

Abordar a la gente no es mi especialidad y me pasé media hora con una cerveza en la mano, quieto bajo la copa de un plátano, observando a los grupos de hinchas que me rodeaban como si fuera un ornitólogo que estudiara las costumbres de los canarios andaluces. Estaba la familia de padres cuarentones con sus tres hijos comiéndose unos helados y poniéndose perdidos. El grupo mixto de treintañeros guapos y sonrientes que podían protagonizar algún anuncio aspiracional. Los peñistas veteranos de piel curtida, sentados a una mesa alta, que hablaban a gritos y a los que no comprendía una palabra de lo que decían. Avisté a un par de cadistas que consideré candidatos perfectos para una charla. Ambos con barba y pendientes en la oreja, de unos cuarenta años, se reían a menudo y uno de ellos llevaba puesta una bufanda mixta, de los dos equipos a la vez. Cuando ya iba a hacer el movimiento se me adelantó un rayista también con ganas de conversación, otro solitario como yo.

Mientras rumiaba mi falta de reflejos pasó por delante el autobús amarillo del Cádiz y se produjo una algarabía de brindis, cánticos y gritos. Pasaba el tiempo, no llegaban ni mi hijo ni mis amigos y me estaba agotando mi propia falta de decisión. Para eso me podía haber quedado una hora más en la cama. Mi víctima fue un verso libre que iba de un lado a otro con un mini de cerveza a cuestas. Tenía pelo cano, perfil romano y una generosa barriga. Lo abordé después de que le revolviera el pelo a un niño.

—¡Schulooooooooooooo!

—¡Hola, qué tal! Vaya partido nos espera, ¿eh?

Me miró preguntándose quién sería aquel tipejo y por qué se dirigía a él, pero reaccionó con amabilidad e iniciamos una conversación algo ortopédica. Era peñista y viajaba tras el equipo por toda la península, siempre y cuando hubiera dinero en la cuenta para ello. La subida del precio de su abono en el Fondo Norte le había dolido.

—Me apetece ir a Cádiz a ver la vuelta —le dije.

—Pero si este año el Rayo ya ha jugado en Cádiz. Llegas tarde.

—No, hombre, el de hoy es la ida, la vuelta es en primavera.

Me miró con desconfianza y se fue a preguntarle a otro peñista, que me dio la razón. Para ser un forofo, el hombre andaba algo despistado.

—Pues tenías razón, pisha. Cuando bajes tienes que ir a la plaza de La Laguna, allí se juntan los de las Brigadas Amarillas. Mucho ambiente.

Tomé nota y nos separamos. Me di cuenta de algo que me preocupó. Alrededor de un estadio y en día de partido alguien que va solo y vestido de civil, sin portar símbolos exteriores de ningún equipo, es un ser equívoco. Si encima andas haciéndote el encontradizo, puedes resultar sospechoso y hay bastantes posibilidades de que seas un pesado, si no algo aún más turbio. Si quería triunfar en las previas, necesitaba una camiseta del Rayo. El problema es que no quería comprarme ninguna hasta ser un verdadero seguidor suyo.

Al rato llegaron mi hijo, Txema y Bernardo, y charlamos rodeados de hinchas. Bernardo contó que el presidente histórico del Cádiz, Manuel Irigoyen, fue constructor, pero antes banderillero.

—Suyo fue el fichaje de Mágico González —comentó.

—El salvadoreño es uno de mis jugadores favoritos. Dicen que se dormía en los descansos —dije.

De pronto un señor muy mayor y muy bajito a quien ayudaba un chico joven nos pidió paso.

—Le dejamos pasar si es del Rayo —bromeó Txema.

Entonces el señor comenzó a hacer aspavientos, indignado.

—¡¿Que si soy del Rayo?! ¡Yo fui su presidente durante años!

Llevaba una insignia antigua de la Franja prendida de la solapa de su chaqueta gris. Me presenté y le pregunté su nombre, pero como me suele pasar, lo olvidé al instante. El chico y el expresidente pasaron por fin y entonces Bernardo se fijó en otro detalle:

—¡Van con Felines!

Les acompañaba otro señor bajito que era Félix Bardera Sierra, una de las leyendas del Rayo de los años sesenta y setenta del pasado siglo, donde jugó catorce temporadas, y entrenador de la Franja, entre otros equipos. Fue votado recientemente en una encuesta de la web *Unión Rayo*, con una muestra de 11.000 aficionados, como el mejor jugador de la historia del club. Jugó de extremo izquierdo e interior y aunaba desborde, visión de juego, lucha y gol. Fue un «one club man», es decir, que jugó toda su carrera en el mismo equipo. En su caso y en el de otros muchos no era cuestión sólo de fidelidad a los colores. Existía entonces el derecho de retención: no había manera para un jugador de romper un contrato y, cada vez que terminaba uno, el club tenía derecho a renovar el acuerdo unilateralmente sólo con aumentar el importe de la ficha un 10 por ciento. Felines tuvo la mala suerte de que aquella norma estuvo vigente todos los años en los que él desarrolló su carrera. Un fichaje por el Atlético de Madrid se truncó por esta razón y otro por el Málaga porque su presidente, Antonio Rodríguez López, constructor y hotelero en Torremolinos, fue asesinado cuando se iba a producir el traspaso. Lo mataron con estiletes, quizá en relación con un chantaje. Felines vivió una época en la que se recibía más cariño que dinero y en la que en Vallecas iban al fútbol los niños de los colegios en lugar de los ultras. Por entonces el fútbol era extremadamente brusco, y se quedó más de un año sin jugar por varias entradas por detrás que le fracturaron la pierna. Ya veterano y un año antes de retirarse con treinta y cuatro años, Felines metió el mítico gol de cabeza al Getafe que ayudó a certificar el primer ascenso a Primera División del club, en la temporada 1977/78. Sus últimos partidos los jugó mientras el club forjaba su fama de Matagigantes con victorias sobre los grandes. Su figura está indisolublemente unida a la de otra leyenda, Potele, delantero rápido, hábil y técnico y compañero de Felines en aquel Rayo memorable. Potele es el apodo de José González de la Vieja, «gato vallecano», hijo de carnicero y que, como su amigo Felines, no acabó veraneando en yates, como tantos jugadores actuales, sino regentando una administración de lotería en el barrio. He tirado de demagogia, pero nos entendemos.

El chico y los dos señores se perdieron en dirección al estadio, llevando a cuestas parte de la historia del Rayo y también de la posguerra. Ese periodo de penurias en el que no era nada extraño para un adulto medir 1,63 metros, o menos.

* * *

Fue el día de los bajitos. Álvaro García, el extremo izquierdo, con su 1,67 de altura, fue el jugador más destacado en la goleada de aquella tarde soleada de noviembre. Natural de Utrera, había jugado antes en el Cádiz. Provocó el penalti que Isi convirtió en el 1-0 y supuso la expulsión por roja directa de Iza, y metió el 2-0 con el que el Rayo comenzó a escaparse en el marcador.

Fue un festival de la Franja, que jugó encima la última media hora contra nueve jugadores por una segunda expulsión. El partido acabó 5-1 y fue una de las mayores goleadas de siempre; curiosamente, el Cádiz ha sido la víctima más repetida de los vallecanos, cosa que espero, si se sigue produciendo, no acabe con la buena relación entre las hinchadas. Cuando la manipulación de una relación entre dos clubes es a favor de la concordia, se vive, al menos, con menos recelo. La fiesta del campo se trasladó a la grada, pero lo reseñable fue que no sólo disfrutaron los vallecanos, sino también, aunque menos, los cadistas. No voy a ser yo quien descubra la idiosincrasia alegre de los gaditanos, transmitida a un club único como lo es el andaluz. Pude observar en Vallecas la confluencia de dos tipos de humor entre el público: uno, el local, alegre e inocente, cercano para una gran urbe que tira más de ironía; otro, el visitante, rebosante de guasa, con tanta que tienen de sobra para repartir a los contrarios y a ellos mismos. El Cádiz sufrió un arbitraje rígido y discutible. Como protesta, sus hinchas tiraron no de insultos, sino de burla. En cada falta pitada a favor del Rayo, gritaban:

—¡Queremos o-tra tar-jeta, o-tra tar-jeeeeee-ta!...

Le pedían a Muñoz Ruiz que los castigara con más tarjetas, con más penaltis, con más córneres en contra... Celebraron, además, todos los goles del Rayo a partir del tercero y cuando el albanés Balliu metió en propia puerta el gol de la honra, el 4-1, cantaron:

—¡Sí se puede, sí se puede!...

Nos hicieron reír a todos. El que no me hizo reír fue el primer pesado de la temporada. Era el quinto partido al que asistía a Vallecas: tarde o temprano tenía que llegar. El sujeto era, como podíais imaginaros, bajito. Ocupaba el asiento de mi misma fila situado en el extremo izquierdo, pegado a un murete. Entre mi localidad y la suya había unas seis personas. Llevaba un sombrero cubo de estilo hip-hop, una camiseta negra estampada y pantalones militares cortos. Era fuerte, moreno y de nariz chata. Tenía algún pendiente y tatuajes en cuello y brazos. A su lado se sentaba su pareja, que llevaba la melena negra larga y lucía una nariz aguileña. Tendrían unos treinta y tantos. Nada más empezar el partido oí un ruido metálico continuo y muy molesto, clac-clac-clac, que llamó mi atención. Tardé un rato en descubrir el origen: el pesado, de pie, usaba su mechero para golpear la valla de metal que separaba nuestro sector del de abajo. El tipo, además, daba saltos y no paraba de insultar y gritar.

Tenía a todos los espectadores de alrededor tan hartos como acochinados y llamaba tanto la atención que acabaron por presentarse un par de tipos de seguridad, pero lo único que lograron es excitarle aún más. Lo peor llegó cuando se dirigieron a su novia. No le gustó:

—¡Hijo de puta, a mi mujer no le hablas!

El tipo estaba fuera de sí. Su mujer, orgullosa de su macho, también se puso a insultarlos. Llegaron más empleados, pero no se atrevieron con él. Él, ufano de su victoria, se pavoneaba mirando desafiante a todos lados, y se calmó un rato. En el segundo tiempo se reactivó. En una jugada en la que, muy cerca de nuestra banda, un jugador del Cádiz hizo una falta a uno del Rayo y se produjo una mínima fricción, el matón se convirtió en personaje de comedia:

—¡¡Tranquilos!! —gritó a los jugadores—. ¡¡Calma, *man*, calma!!

* * *

Ya fuera del campo, Bernardo me hizo una confidencia sobre mi hijo:

—¿Has visto cómo celebraba los goles? Este se está haciendo del Rayo de verdad.

Miré a Marcos: iba feliz vestido con su camiseta roja de la Franja y pensé que el tiempo nos proporcionaría la respuesta. De regreso a casa hice una parada en Sol y me dirigí hacia la calle Mayor. Entré en Fútbol Factory y pedí una camiseta de la primera equipación del Rayo y de talla mediana. Me la probé y me quedaba ajustadísima. Se lo dije al dependiente que me atendió.

—Sí, yo también alucino —comentó—. Han hecho las camisetas tan pequeñas que mucha gente viene y no puede comprarlas.

¿No es especial el Rayo? Habían fabricado camisetas para bajitos. Incluso la L me venía justa. Umbro, el fabricante, había calculado que la altura de la afición del Rayo era la de la época de la posguerra y en el club nadie se había preocupado de probarlas antes de dar el visto bueno.

—¿Has ido a su tienda, la del estadio? —me preguntó el dependiente mientras me cobraba—. Es la más cutre del universo.

Encima, en ocasiones estaba cerrada en día de partido. El uniforme del Rayo, en sus orígenes, fue blanco. En 1948 el club vallecano firmó un acuerdo con el Atlético de Madrid por el cual recibiría jugadores en calidad de cesión. Los colchoneros pidieron que los vallecanos les hicieran un guiño y añadieran un toque rojo al blanco de su equipación. Lo hicieron inspirándose en la camiseta del River Plate argentino, ya por entonces mítico. El acuerdo de la cesión de futbolistas se rompió un año después, pero el Rayo ya fue la Franja a partir de entonces.

La camiseta actual me gustó, si exceptuamos la ya inevitable publicidad, en este caso de DIGI, proveedor de telefonía móvil e internet. Tampoco me gusta tener que llevar publicidad de LaLiga en una manga, pero es lo que hay. El escudo de la camiseta queda, claro, sobre el corazón. Es casi triangular, con el borde dorado, y el interior está dividido en dos por un rayo. A un lado hay otro escudo de menor tamaño, el de la ciudad de Vallecas, coronado y rodeado de una rama de laurel; en el interior, de color rojo, hay un cepillo y una horquilla cruzados en aspa. En el lado izquierdo del escudo principal se leen en vertical las letras «RVM», acrónimo de Rayo Vallecano de Madrid. Fueron los Ruiz-Mateos quienes cambiaron en 1994 el nombre del club, que antes se llamaba Agrupación Deportiva Rayo Vallecano. Los cambios de los escudos, que los clubes, cuando los acometen, denominan «modernizaciones», crean siempre debate. En el caso del del Rayo muchos aficionados se opusieron y siguen luciendo el antiguo escudo en bufandas y banderas. El Atlético, tras consultar a los socios, decidió recuperar su antiguo escudo en una operación que no sólo alegrará a la mayoría de sus seguidores, sino que será muy rentable. En ese debate interminable, yo me postulo a favor de los tradicionalistas. Como Toñi Sanjuán, por cierto.

* * *

Un rato después llegué al portal de la casa de la calle Fuencarral donde vive mi madre, entré y tomé el ascensor. Yo soy antiguo en lo que se refiere a llevar símbolos de un club. Si me compro algo del Rayo es porque soy del Rayo. La solución que había encontrado para mantener mi norma y poder usar una camiseta fue regalársela a mi madre para que pudiera pedírsela prestada a mi conveniencia. Es hora de presentaros a mi madre, Carmen. Cumplió noventa años en julio de aquel año y lo celebramos en familia y con champán. Es una mujer independiente, solitaria, inteligente, culta, creativa, esteta, caprichosa y dueña de un fuerte carácter que le permite decir «no» sin enfangarse en dar explicaciones ante cualquier propuesta que no la convenza. En relación con el deporte, asumimos que no le interesaba absolutamente nada, salvo para practicarlo: de adolescente fue campeona de natación de Guipúzcoa y le encantaba nadar desde Ondarreta hasta la isla de Santa Clara y vuelta. De mayor dedicó su tiempo, aparte de a nosotros, a la lectura, el cine, los tintes naturales, sus delicados bordados y tapices y a una franquicia de Gastón y Daniela, una tienda de telas y tapicerías, hasta que la traspasó.

Carmen sólo vio un partido de los miles que jugaron sus hijos. Quede claro que su pasotismo me parece hasta sano. En 1980 fue a ver a Antón y a Juan a San Fermín a un partido importante: se jugaban el ascenso de categoría. La acompañábamos los demás hermanos y mi hermana Sira. Vio el partido de pie, pegada a la barra de la valla, en silencio, hasta que un jugador del equipo rival le hizo una entrada muy fea por detrás a mi hermano Juan. No le había visto venir y tras el golpe se quedó tirado sobre la tierra, doliéndose, aunque sin dar volteretas. El árbitro —por entonces vestían de negro—, no castigó la acción, ni siquiera pitó falta. Aquello le pareció a Carmen una injusticia inaceptable. Lo que siguió ha quedado en la historia familiar:

—¡¡¡Árbitro!!! —le gritó mi madre al colegiado—. ¡¡¡Ha sido falta!!! ¡¡¡Cucaracha!!!

Los hermanos nos volvimos hacia ella alucinados. Nunca habíamos visto a nuestros padres insultar a nadie. Los espectadores estaban muertos de risa porque en aquel campo se oía todo.

En descargo de mi madre, he de añadir ciertas puntualizaciones. Fue un partido tenso y muy bronco. Por entonces se insultaba muchísimo más que ahora, cuando cada vez hay un mayor convencimiento de que cualquier tipo de insulto debe ser absolutamente erradicado de todos los estadios del mundo. Aquella situación fue, en sí misma, un experimento sociológico. ¿Cuál es la reacción que muestra una madre que no ha ido jamás al fútbol ni ha visto partido alguno si agreden violentamente a su hijo y la acción no tiene consecuencias disciplinarias? Mi madre no disponía de memoria inconsciente sobre violencia sin castigo en el ámbito del fútbol, pero sí sobre lo que es atizarle a alguien y que no pase nada, ya sea en un juego o donde sea. De hecho, si sus hijos nos pegábamos entre nosotros, la juez era ella. Ella era el colegiado en el ámbito familiar. Nada más producirse la patada, ante la violencia ejercida sobre Juan, se habían encendido todas sus alarmas y su cerebro primitivo, entre huir o luchar, eligió luchar, proteger la especie. Inmediatamente se cocinó la ira, que, en cuanto incorporó la sensación de injusticia, pasó rápidamente del agresor al árbitro, que había mirado a otro lado. El público que la rodeaba, también embargado por la misma emoción, comenzó a vociferar e insultarle, y ella, sin darse cuenta, se vio impelida a actuar del mismo modo, a validar dicha respuesta, a incorporarse a la manada. Su cerebro, a toda pastilla, buscó un insulto. Pero, en su caso, no disponía de experiencia ni tampoco quería copiar las expresiones tan groseras que le llegaban, expresiones que en su vida diaria rechazaba por completo: prefirió ayudarse de su alta capacidad lingüística y entonces eligió el término más adecuado para aquella situación y para su nuevo enemigo, el árbitro. Eligió «cucaracha». No pudo inhibirse educadamente, como lo había hecho durante toda su vida, explotó y gritó fuera de sí. El árbitro, eso seguro, recibió el mensaje. Aquella no sería la imagen de una madre ejemplar ni su actuación debería ponerse de modelo en las escuelas. Si lo hiciera hoy mismo, estaría bien que la expulsaran del estadio. Pero fue sin duda una madre reptiliana y evolucionada, una homo sapiens que había reaccionado con inmensa inteligencia sin apenas pensar, y que pudo ayudar a lograr lo que al fin y al cabo se proponía: proteger a su hijo Juan, a su progenie, durante el resto de un partido de fútbol.

La segunda ocasión en la que mi madre acudió a un evento deportivo fue en 1983, cuando yo tenía doce años. Me había apuntado junto a varios compañeros de mi curso a correr la maratón de Madrid. Toda la preparación consistió en que los profesores de Educación Física nos dejaron libres las dos horas diarias de gimnasia. Yo solía ir corriendo hasta la casa de mis padres, saludaba a quien estuviera y regresaba al colegio. Aquel sería un recorrido de unos ocho kilómetros. Los profesores tampoco nos dieron ninguna indicación sobre la táctica a seguir, ningún consejo. Eran otros tiempos. El día de la carrera me llevó Carmen. Varios compañeros comenzamos a correr juntos, pero en determinado momento ellos aceleraron el ritmo y a mí me pareció demasiado, preferí reservarme. Hice, pues, casi toda la carrera solo. La lluvia endureció la maratón, pero nada comparado con la aportación de mi madre. Iba apareciendo cada cierto número de kilómetros entre el público y siempre repetía lo mismo:

—¡Hijooooooo! ¡Abandonaaaaaa! ¡Déjalo yaaaaaaa!

Yo no daba crédito. Las dos primeras veces le contesté:

—¡Mamá, déjame, por favor!

Aquella mañana fuimos un gran dúo cómico. A partir de la tercera vez que apareció, me hice el loco. Negué a mi madre. Oía sus gritos pero no apartaba la vista del asfalto. Para el resto de los participantes la parte del recorrido más difícil fue la de carretera, fuera del centro de la ciudad, en la que no había público ni se recibían sus ánimos. Para mí la carretera fue un verdadero alivio. Por lo que recuerdo, lo complicado empezaba a partir del kilómetro 30. Estaba ya justo de fuerzas y mentalmente quedaba un mundo. Las últimas apariciones de Carmen casi me hacen abandonar.

—¡Hijoooooo! ¡No sigaaaaaaaas! ¡Que no pasa nadaaaaa!

Tuve la suerte de que hacia el kilómetro 35 un corredor veterano me dijo que hiciera el favor de quitarme el chándal. Era de algodón grueso, estaba empapado y pesaba un quintal. Cuando me desembaracé de la sudadera y del pantalón largo, me sentí ligero como un pájaro. Acabé en cuatro horas y tres minutos y mi madre me recibió con un abrazo. Volvimos a casa y pasé un día entero en la cama. Mi hermano Pedro escribió un precioso poema sobre mi carrera. Ese año fue el último año que permitieron correr la maratón a menores de edad, al considerar que el esfuerzo podía dañar el corazón.

Mi madre, como tanta gente, despreciaba el fútbol y sus hijos le parecíamos bobos por dedicarle tanto tiempo. Se ponía tan pesada con el tema que en 1995 se nos ocurrió llevarla a ver un partido al Bernabéu para que al menos comprendiera el alcance del espectáculo. Fue el homenaje a Emilio Butragueño, partido amistoso entre el Real Madrid y el Bayern de Múnich. Al acabar, nos dijo:

—Ahora lo entiendo.

No volvió a meterse con el balompié. Pasaron los años y mi madre se casó por segunda vez y se fue a vivir con Álvaro al País Vasco. Veintidós años después, doblemente viuda, regresó a Madrid. Viéndola a diario, descubrimos muchas cosas de ella, aparte de que había comenzado a escribir poesía. Resulta que hacía trampas en todos los hobbies que practicaba sola. En los crucigramas no tardaba mucho en mirar las soluciones, en los solitarios se ocupaba de que siempre le salieran y en los puzles, cuando llevaba un rato sin poder colocar una pieza, forzaba una en el lugar que fuera, ayudándola a encajar con un buen puñetazo.

—Esta se resiste —decía.

La otra sorpresa que nos esperaba es que ahora le encantaba el fútbol y era de la Real Sociedad y del Real Madrid. Más sorprendente aún era que, habiendo empezado a ver fútbol con setenta y pico años, sus comentarios eran muy atinados. Me di cuenta en el primer partido que vi con ella, uno de la selección española. El portero español salió a por uvas en una jugada y mi madre comentó:

—¿Adónde vas?

Nos metieron gol y la miré como quien mira a una persona que apenas conoce. El siguiente comentario confirmó lo que apuntaba el primero. Estábamos viendo un partido de la Liga de Campeones del Real Madrid, el juego fluía y el balón corría entre los blancos a toda velocidad. Mi madre rompió el silencio:

—La están tocando bien.

Su jugador favorito es Luka Modrić. Cuando hay partido y lo ponemos, siempre pregunta:

—¿Juega Modrić?

Si le respondemos afirmativamente, dice:

—Bien.

En noviembre, cuando el Real Madrid jugó en la Liga de Campeones en el Bernabéu contra el Celtic de Glasgow, cuando era ya el minuto 80 e iba 5-0, dijo:

—Los últimos diez minutos voy con el Celtic.

Eso sí, Carmen no estaba al día de nada relacionado con el fútbol ni con su historia, se limitaba a ver algunos partidos, casi todos de los madridistas. Por eso, cuando se apuntó a participar en la Superporra Mundial 2018 —el de la Rusia de Putin—, que organizan unos tipos estupendos cada cuatro años y en la que participan cientos de personas, había gran curiosidad sobre sus apuestas. Cuando vimos su plantilla de Excel completada, comprendimos que, a falta de conocimientos sobre las selecciones, había acudido al corazón. Islandia, Costa Rica, Panamá, Japón y Marruecos, los equipos débiles, tenían para ella tantas posibilidades de progresar en el campeonato como Brasil, Francia, Alemania o Argentina. Quedó la última de todos los participantes y se llevó una inmensa alegría cuando supo que, por tal honor, le correspondía un magnífico queso que los organizadores, gente con sentido del humor, le enviaron. Cuando bromeábamos con ella sobre aquello, nos decía:

—Soy la única de la familia que ha ganado algo.

En octubre yo llevaba más de un mes trabajándome a mi madre en relación con el Rayo Vallecano. Le contaba la historia del club, los partidos que veía, etcétera. Mi objetivo era convencerla para que el tercer partido que viera en su vida en un estadio fuera en Vallecas. Me iba a costar porque, con noventa años, sólo salía de casa para comprar flores, ir a la peluquería o al cine. Aquella tarde entré en su piso y la saludé. Estaba en el salón, sentada en su sofá color mostaza, viendo una serie de un asesino en serie. Las series y películas de asesinatos son sus favoritas.

—¡Hola, hijo!

—Te he traído un regalo.

Se le iluminó la cara. Le encantan los regalos. Sacó la camiseta y sonrió:

—¡Anda, del Rayo!

Se la puso y le quedaba perfecta. Le hice una foto y la envié a mis amigos y al chat familiar junto al texto: «Cada vez somos más». Después le conté cómo se había desarrollado la jornada futbolera. Lo que le hizo reír fue mi teoría, acuñada aquella misma tarde, sobre la relación entre el Rayo Vallecano y los jugadores de baja estatura. Considero que hay una predilección por acoger futbolistas bajos que se relaciona con la historia del club y con la del barrio. En Vallecas los habitantes, dada su condición humilde, son más bajos que en otras zonas de la capital y ven con cariño a los deportistas que se parecen a ellos. No es casualidad que, en un deporte donde ahora prima lo físico y la altura, jueguen los dos García, Isi y Unai López, jugadores que no llegan a 1,70 y tendrían difícil encaje en otros equipos, sobre todo a la vez. La leyenda rayista más votada por la afición, Felines, mide 1,65. Las otras leyendas más votadas fueron Potele y el centrocampista Miguel Ángel Sánchez, «Míchel», jugador de club y exitoso entrenador de la Franja, actualmente en el Girona. Pues bien, Potele mide 1,59 y Míchel, 1,74, una altura reducida si tenemos en cuenta que su carrera se desarrolló en los años noventa del pasado siglo y en el primer decenio del actual. La media de altura de las leyendas rayistas es impactante.

—Puede ser, entonces —dijo mi madre—, que a ti te guste el Rayo porque eres bajito.

—Y a ti también. Tú eres como Potele y yo estoy entre Felines y Míchel.

Mi madre se puso a leer. Me levanté y me fui a servirme una cocacola. Las afinidades que uno encuentra con respecto a los clubes, pensé, requieren una mente abierta y cierta capacidad de observación. O mucha imaginación, quién sabe.

MERENGUE

Rayo Vallecano 3 - Real Madrid 2
Lunes, 7 de noviembre de 2022

Comesaña 4', Álvaro García 43',
Trejo 66' (p)

Modrić 36' (p), Eder Militao 40'

Había llegado el primer partido de la temporada entre la Franja y el Real Madrid e iba a ser el más especial para mí. Mi equipo es el Madrid. Punto. Eso sí, en tres meses se había producido un cambio con respecto al Rayo. Le había tenido simpatía desde siempre, pero ahora me consideraba simpatizante, que no es lo mismo. Vivía sus partidos, me ponía nervioso en el campo y viéndolo por la televisión, saltaba con los goles y llegaba, incluso, a emocionarme en determinados momentos. Se podría decir que una escala de menor a mayor de implicación de alguien con un club iría del siguiente modo: observador cariñoso, simpatizante, aficionado, hincha y forofo o tifoso, con la connotación peyorativa que tiene esta última palabra, de origen italiano y reminiscencias de enfermedad contagiosa. A los ultras o hooligans los dejo aparte porque están fuera de la obsesión por el juego: ellos están siempre a otros asuntos, aunque no lo parezca. Con respecto al Madrid, he basculado según la época de mi vida entre hincha y forofo. Ahora había estrenado mi escala rayista y quién sabe si podría subir algún peldaño más. ¿Te jugarías todo tu dinero a que es imposible amar a dos personas o a dos clubes a la vez? Yo no. ¿Puedes sufrir una conversión con más de cincuenta años, abandonar tu anterior club y abrazar otro? Hemos visto tantos ejemplos de conversión religiosa, incluso minutos antes de morir, que no sé por qué no podrías hacerte del Rayo Vallecano en lugar de católico o musulmán y pedir que te entierren con su camiseta en lugar de con un crucifijo o envuelto en un sudario. Todo lo que se te ocurra que puede pasar pasa en algún lugar y te podría pasar incluso a ti.

Quería conocer el palco del Rayo y a su presidente, y conseguí una invitación. Llegué sólo 25 minutos antes del inicio del partido porque no había previsto que cortarían el tráfico también a los peatones en la calle del Payaso Fofó, por donde está la puerta a la que me dirigía. En los otros encuentros no había ocurrido. Tuve que dar una vuelta al estadio entre miles de aficionados con el mismo problema de acceso. Ahora estaba ya en el interior de la puerta 0, junto al mostrador donde distribuían las entradas a los invitados.

—Acompáñeme —me dijo el azafato, joven y alto. Vestía traje azul con camisa blanca y sujetaba una tarjeta plegada de cartón en la mano.

Subimos dos plantas por unas escaleras enmoquetadas en rojo. En las paredes había vitrinas empotradas de madera que contenían banderines de clubes y cientos de copas y trofeos de todas las formas, materiales y tamaños imaginables. Supuse que serían de torneos de verano del primer equipo y variados de las divisiones inferiores. Había también un par de esculturas de don Quijote y Sancho Panza. Desembarcamos en un descansillo, cogimos un túnel corto y salimos al palco. El azafato giró a la izquierda y me señaló un asiento de la última fila.

—La suya es la tercera. Ahora, si lo desea, puede tomar algo en el bar.

—Gracias.

Me entregó la tarjeta, que incluía un plano con la posición de mi localidad marcada, y se fue. Eché un vistazo al palco. Su forma era intrincada. Había dos filas delanteras que lo recorrían en todo su frente, con varios televisores en la primera. El túnel de acceso rompía en dos sectores gemelos el resto de la zona. En el mío había tres filas de tres asientos además de las primeras, y la última era de diez. Los espacios eran tan reducidos que, para moverte, había que mirar bien dónde colocabas el pie para no hacerte un esguince. Toqué las butacas: eran mullidas, de alguna tela plástica de color oscuro. Miré hacia el campo: se veía bien, pero no había gran diferencia con respecto a mi abono. Como era de suponer, las gradas estaban repletas y había un gran ambiente para recibir al Real Madrid.

Fui al bar. La mayoría de los invitados vestía traje de chaqueta. Me hice un hueco en la barra, pedí una cocacola y observé al resto de los privilegiados que, como yo, iban a ver el partido desde el palco. No se llama «palco de autoridades» por capricho. Hay autoridades políticas y de los clubes, exjugadores, familiares de futbolistas e invitados varios. Avistar a quienes detentan poder o fama es muy fácil: suele haber personas rodeándoles en círculo, otras esperando a poder saludarles y más aún observándoles desde la distancia. Es una galaxia con estrellas que ejercen más o menos atracción. Si nadie te mira ni se acerca a saludarte o a hablar contigo es que eres un tipo, digamos, normal. Por el Madrid estaban Roberto Carlos, embajador del club, y Emilio Butragueño, director de Relaciones Institucionales. No vi a Florentino Pérez, recién operado de un nódulo benigno en el pulmón, pero sí a Raúl Martín Presa, el polémico presidente rayista. Su madre, una mujer con media melena castaña y aspecto de matrona, estaba sentada en una de las pocas sillas de la sala, en animada conversación con varias personas, de pie frente a ella. De los políticos, el principal era José Luis Martínez-Almeida, el alcalde madrileño del PP, seguidor confeso y militante del Atlético. Pese a ser menudo, concentraba la mayor cantidad de atracción: era la incontestable estrella de la reunión. Había además consejeros, concejales y otros representantes de las instituciones.

La habitación era de reducido tamaño para su uso y cualquier movimiento implicaba un empujón y unas disculpas. En la barra, de mármol y atendida por dos camareros, servían refrescos, cervezas y vino. La prohibición de no beber alcohol en los estadios se reduce al graderío. A un lado, en el hueco bajo unas escaleras, en una pieza de hormigón reconvertida en mesa, había unos trofeos que presidía otra escultura de los omnipresentes Quijote y Sancho. En la pared de enfrente colgaba un grabado a color de una Virgen con el Niño, regalado a Teresa Rivero. En esa pared, más allá, había dos espadas gemelas enmarcadas sobre terciopelo rojo conmemorativas de un trofeo de fútbol. A mi derecha, junto a la barra, lucía una camiseta enmarcada con el número 14 de la selección española: pertenecía a Luis Cembranos, centrocampista que jugó cinco temporadas y media en el Rayo, cuatro de ellas en Primera División. La camiseta era la que usó en el único partido en el que intervino con la selección, un amistoso frente a Polonia. A su lado colgaba una camiseta también enmarcada con el número 12 de la selección nacional sub-21 con una dedicatoria de Felines.

Una vez más, entre el ambiente y la decoración, resultaba dudoso que estuviéramos realmente en noviembre de 2022. Varias personas con quienes hablé describieron el bar como «cutre» en comparación con los de los otros tres clubes madrileños de Primera, los dos grandes y el Getafe. Un adjetivo peyorativo muy ligado a varios ámbitos al club vallecano. Por el contrario, ¿acaso no reflejaba así con fidelidad su carácter modesto, nada pretencioso? Mostrar en las instalaciones ese carácter resultaba, además, una coartada perfecta para la propiedad, que así no necesitaba invertir en modernizar nada. La tradición suele salir más barata.

Acabé el refresco y aproveché para ir al baño de caballeros. Para encajarlo habían aprovechado el hueco de una crujía bajo la grada y el espacio, delirante, recordaba al aseo de un barco o quizá de un submarino. Ayudaba el enmoquetado verde militar de las paredes, que quizá trataba de recordar al césped. Sobre la encimera del lavabo reposaban dos rollos de papel de váter a medio usar, para que cualquiera se pudiera servir. Una toalla «de casa» verde claro colgaba de una argolla. Pedí más tarde una foto del baño de mujeres, por curiosidad, y la única diferencia reseñable era que no había rollos de papel de váter a la vista. Por fin abandoné la zona del bar y me dirigí a mi asiento; quería saber quiénes se sentarían cerca de mí. A mi derecha, más allá de dos educados señores, había varias figuras del Rayo que incluían a aquel presidente que saludé el día del Cádiz y del que no retuve el nombre. A mi izquierda, el extremo de las cinco filas lo ocupaba una constelación de directivos del Madrid, trajeados de oscuro; destacaba con un toque de color en su chaqueta la única mujer de la cúpula, Catalina Miñarro Brugarolas, abogada del Estado, vicepresidenta de Mapfre y consejera de ACS. Emilio Butragueño se sentaba delante de mí, en diagonal. Mi relación con Butragueño —monodireccional, todo hay que decirlo—, iniciada con doce años y en cierto modo en barbecho durante decenios, estaba destinada a continuar. Abajo, en el césped, el árbitro hizo sonar su silbato. La pelota echó a rodar y el público rugió. En el fondo, las cartulinas de plástico dibujaban sobre fondo rojo la fecha en blanco del nacimiento del club vallecano, 1924.

* * *

La pregunta que me había hecho durante la semana era cómo iba a sentirme durante el encuentro. Tenía claro que prefería que venciese el Madrid. El Rayo venía de ganar a domicilio al Sevilla de Sampaoli por 0-1, con gol de Álvaro García, y se encontraba en una zona templada de la clasificación, con 18 puntos, en el puesto 9º. El Madrid, por su parte, era líder con un solo punto de ventaja sobre el Barcelona y, pese a no haberse jugado más que doce partidos de la temporada, ya era claro que la Liga era cosa de dos. Cada punto iba a contar. En una situación más complicada para el Rayo podría haber preferido un empate e incluso una victoria suya, pero en esta no. Ahora bien, lo anterior no respondía a la pregunta de cómo iba a vivir un gol de la Franja.

Lo que prefieras, en el fútbol y en la vida, no suele tener tanta importancia. Hubo una especie de justicia poética en el hecho de que la Franja hiciera desaparecer sobre el campo al Real Madrid, como si un juguetón dios griego estuviera diciéndome: «Concéntrate este año sólo en el Rayito, Nico, déjate llevar». El Rayo ganó con merecimiento. Ocurrió lo necesario para que venciera: gran juego por su parte y pésimo por el de los merengues. Todos hicieron lo que debían hacer y alguno, como el mediocentro Santi Comesaña, jugó su mejor partido. Fran García, precisamente cedido por el Madrid, los machacó. Por el lado blanco vimos uno de los peores partidos de Luka Modrić en toda su carrera, la segunda vez en su vida que perdió más balones, dieciocho. Intensidad frente a desidia. Me di cuenta, además, de un modo muy simple, cómo saber cuál es tu equipo: es aquel a cuyos jugadores prestas más atención en todas y cada una de las jugadas. Si en todos los anteriores partidos habían sido los del Rayo, en este fueron los blancos. El primer gol del Rayo no lo sentí, el segundo y el tercero me dolieron. Había pasado de vivir el Estadio de Vallecas como mi santuario en todos los demás encuentros a convertirme en un invasor, en un bárbaro vikingo.

Tuve suerte de vivir aquel partido en el palco. Me sentí como el pequeño pez payaso protagonista de *Buscando a Nemo* cuando se encuentra atrapado en una pecera y no libre, en el mar. En el palco, por educación, no debes celebrar los goles ni por supuesto gritar o maldecir amargamente los fallos de los tuyos y los aciertos de los contrincantes. Eres un ser castrado. Un pececillo aleteando en el agua trasparente y bien oxigenada de una fría y silenciosa pecera, apartado del mundo y de la vida, que se desarrolla fuera, en las gradas. Incluso el sonido ambiente parece llegar de otra manera, amortiguado. Me vino bien, digo, porque atemperar mi actitud me sirvió para vivir el partido con una neutralidad aparente. Me lo tomé tan en serio que no hice gesto alguno en ninguno de los cinco goles, independientemente de quién los marcara. Tampoco salté de mi asiento cuando, delante de mí, Balliu le propinó una colleja a Vinícius que no fue siquiera castigada con tarjeta ni revisada por el VAR. Ni cuando el árbitro mandó repetir el penalti lanzado por Trejo y atajado por Courtois. Asistí maravillado pero con calma al milagro de la resurrección de Carvajal, que se levantó y corrió tan pancho después de haber caído fulminado por un rayo imaginario, fenómeno paranormal e inexplicable que supongo acerca al lateral madrileño a la futura santidad. Comenté las jugadas con las personas que se sentaban a mi lado con una ecuanimidad inimaginable en un hincha en caliente, durante el fragor de la contienda. Los sucesivos cabreos que sentí fueron estallidos amables, silenciosos e inocuos, como los de una pompa de jabón. Un partido tan trepidante lo vi narcotizado, como si me hubiera atiborrado de Valium.

La excepcionalidad de mi ubicación me permitió algo interesante: observar a los demás invitados y sus reacciones independientemente de que el balón estuviera o no en juego. Me perdí parte del partido y no lo vi con la continuidad adecuada, pero valió la pena. Pude confirmar que a Martín Presa no le afectaban los cánticos de «Presa, vete ya», o al menos no pareció que los comentara con Almeida, sentado a su lado, mientras sonaban. Tampoco el alcalde pareció resentirse por el infame «carapolla» que le cantaron los Bukaneros. A mi derecha, los cuatro representantes del Rayo Vallecano sonreían mucho y daban botes sobre sus asientos, mientras que a mi izquierda los directivos blancos reprimían su enfado con profesionalidad, salvo en el caso de uno de ellos cuyos estallidos de rabia eran más de tifoso que de representante de un club. Observé a muchas personas, pero seguro que sabéis en quién puse mi mayor atención.

* * *

Mi opinión de Butragueño a 7 de noviembre de 2022 era la que sigue. Exídolo, uno de mis jugadores favoritos y que más alegrías me había dado… y demasiado tibio como portavoz del Real Madrid. Consideraba que debía, en las polémicas arbitrales y de todo tipo, ser más contundente en sus declaraciones en defensa del club. Había bajado al ídolo de su pedestal hacía muchos años y, ahora que era mortal como yo, me podía permitir hasta ser injusto con él. Quizá esa fuera una de las razones que me llevaron, inconscientemente, a observarle en varios tramos del encuentro.

Butragueño es conocido por la frialdad que mostraba como jugador y la que muestra como personaje público y portavoz. Ignoramos, naturalmente, cómo es la leyenda blanca en la intimidad. Visto desde fuera, impone. Sentado erguido, con el cuello del abrigo azul oscuro subido y sus dos ojos claros brillando como gemas, comenzó a ver el partido inexpresivo como una esfinge. En el temprano gol de Comesaña, en el minuto 5, no movió una ceja. Me tenía francamente impresionado. Los primeros signos de vida llegaron cuando el juego en ocasiones brusco de la Franja de la primera media hora y la ausencia de tarjetas que lo castigaran hicieron que se revolviera en su asiento, molesto, y comentara con el directivo que se sentaba a su derecha, un anciano de pelo blanco. Se tapaba la boca con la mano al hablar para que nadie pudiera leer sus labios, algo común ya que la sobreexposición a la que se ven sometidos los protagonistas del mundo del fútbol es brutal: siempre hay una cámara tras ellos, en un remedo de Orwell. Ni siquiera el vestuario, ese santuario antaño inviolable, ha quedado a resguardo de la intromisión de las cámaras. Su único refugio, prácticamente, es su hogar. Fuera los escruta el ojo de Dios, vigilando a todas horas que no pequen. Visto así, dada la presión que sufren en tantos ámbitos de su vida, el comportamiento de los futbolistas es muchas veces admirable.

Las continuas pérdidas de balón del Real Madrid tampoco le gustaron. No celebró el 1-1 ni el 1-2 de los blancos ni con una sonrisa, y el inmediato 2-2 le produjo la misma irritación que a cualquier aficionado medio madridista. Acabado el primer tiempo, mi conclusión fue obvia: el Buitre es un ser humano y le afecta más, como a cualquier ser humano, lo negativo que lo positivo. Si el primer tiempo fue malo para los intereses del club blanco, el segundo fue todavía peor. En el penalti por mano de Carvajal que supuso el 3-2, como en otras jugadas polémicas, se inclinaba a un lado para poder ver una de las pantallas de la primera fila del palco. El rictus de enfado en su rostro se convirtió en perenne y ya apenas comentaba nada con el directivo de su derecha. Prefería, supongo, morderse la lengua. No era para menos, con el juego desplegado por los blancos, de negro y amarillo aquella noche. En el fallo de Rodrygo que mandó a las nubes una oportunidad clara, se echó hacia atrás, incrédulo.

El detalle con el que me ganó y demostró su carácter ocurrió en el tiempo de descuento. Valverde disparó y esta vez, para variar, su golpeo fue defectuoso: el balón tomó altura y voló no sólo sobre la portería sino también sobre el muro del fondo del estadio... voló... voló... y se coló por el balcón y por la puerta de una de las viviendas cuyas familias veían los partidos gratis. El público rio la carambola, convertida después en una anécdota que recorrió las redes y que tuvo su continuidad en entrevistas a los hijos de los dueños de la casa. Eran unos iraquíes de visita en Madrid que no quisieron vender el ya famoso balón y prefirieron quedárselo de recuerdo. Por lo que fuera, nada más colarse la pelota, miré a Butragueño. Impasible, él miraba al césped, esperando impaciente a que el juego se reanudara. Su compañero, el directivo de pelo blanco, divertido, riéndose, le contó lo que había ocurrido y el Buitre ni siquiera le miró. Sus ojos estaban fijos en el campo. El Madrid estaba perdiendo en Vallecas el encuentro y el liderato, quedaba poco tiempo y no estaba para chorradas. En la tragedia, para el hincha no cabe el humor. Estaba tan concentrado en el juego como si él mismo estuviera allí abajo, jugando, con el 7 a la espalda. Así me gusta, Buitre, pensé, en los detalles se conoce a las personas. No hubo más y el encuentro acabó con la derrota merengue. Se levantó, se acercó a las principales autoridades, felicitó al presidente del Rayo y abandonó el palco.

* * *

Volvamos al otro escenario, al bar, una hora antes. En el descanso se palpaba la excitación al haber presenciado un primer tiempo movido y con cuatro goles. Los camareros sirvieron bebidas y dejaron sobre la barra platos con sándwiches de Rodilla. Un tentempié funcional sobre el que se abalanzaron los invitados: a las diez de la noche el hambre ya apretaba. Había tanto trajín que la madre del presidente del Rayo hubo de acercarse hasta la entrada lateral de la barra para encontrar un hueco desde donde poder pedir algo. Me recordó a mi época en el bar La Guillotina: cuando había lío, te servías tú mismo, privilegio de los dueños.

Al final del partido el ambiente era diferente. Había invitados que habían abandonado el estadio de inmediato, algo normal si tenemos en cuenta el horario demencial del choque, a mayor gloria de las televisiones: un lunes a las nueve de la noche. Quedaban los más animados y las autoridades propiamente dichas. Desde un punto de vista protocolario el final del ágape lo marcaba el alcalde: cuando él se fuera, aquello se vaciaría. Tenía interés en charlar con Martín Presa para poder disponer de una impresión propia aparte de la de sus entrevistas y comunicados y la de sus enemigos en prensa o redes. Con él las medias tintas no existen: alguien me dijo que era «brillante» y otro que «un completo psicópata». Me lo presentaron, pero, más que breve, fue un encuentro relámpago: alguien se lo llevó nada más saludarnos y me quedé con las ganas.

Butragueño charlaba en un pequeño grupo. Al darme cuenta de que era una charla «estable», es decir, de las que duran un poco y no son un visto y no visto, me uní. Hablaban del Rayo y el Buitre destacó su gran partido, su intensidad y ambición. Comentó, también, la rareza del mal partido de Modrić y la importancia de la ausencia del alemán Toni Kroos, fundamental en la salida del balón ante equipos presionantes y también en marcar el tempo del encuentro. Butragueño, pese a hablar con desconocidos, atendía a cada intervención y emitía opiniones con libertad, propiciando que fuera una conversación interesante.

De pronto, como por ensalmo, los demás participantes en el reducido coloquio desaparecieron y me quedé a solas con él. Se hizo un breve silencio. Por mi cabeza pasó que esa misma mañana él había estado en el sorteo de los octavos de final de la Liga de Campeones, en Suiza. Al Madrid le había tocado en suerte uno de los peores rivales posibles: el Liverpool, el equipo con mejores resultados en Europa en los últimos años tras el propio Madrid.

—Vaya día, ¿no? —le dije—. Por la mañana el Liverpool y por la noche el Rayo.

—Desde luego —confirmó, apoyando sus palabras con su célebre mueca.

Seguimos hablando del Rayo y de su juego alegre, de ataque, y de que era uno de los equipos de la Liga más divertidos de ver. Le conté que me había sacado el abono y que para ello había pasado la noche en la calle del Payaso Fofó y al principio no daba crédito.

—¿En serio?

Seguimos charlando y al rato nos separamos, yo debía irme y él tendría gente a la que atender. En mi experiencia la gran mayoría de los personajes públicos mejoran en el cara a cara la imagen previa que pudieras tener sobre ellos. Con el Buitre también ocurrió, pero en su caso sospecho que me ganó para otros veinticinco años, ya no como ídolo, sino por su modo de comportarse.

Bajé las escaleras y al llegar a la puerta me di cuenta de que el alcalde estaba justo delante de mí, solo, a punto de salir. En cuanto puso un pie en el callejón de las taquillas, por donde discurría una riada de aficionados felices, un hincha rayista se detuvo al reconocerlo y comenzó a insultarlo a gritos.

—¡¡¡Alcalde, hijo de puta! ¡Eres un hijo de puta, vete de aquí, hijo de puta!!!

Me quedé clavado donde estaba. El tipo, que llevaba una bufanda y era calvo y de mediana edad, profirió los insultos, que no paraban, con una violencia que le transformaba el rostro. El alcalde no le hizo ni caso, y eso que el exaltado estaba a no más de tres metros de él. Entonces me fijé en un guardaespaldas joven, que no intervino aunque estaba preparado, y en su rostro tenso. Todo fue rápido e ignoro cuánto duró la escena, que se me hizo muy larga. El aficionado desapareció en la riada y el alcalde y su seguridad se marcharon. Mientras asimilaba el incidente, como si estuviera en medio de un extraño sueño, me encontré frente a mí, quieto y solo, al menudo expresidente del Rayo que últimamente aparecía en mi vida una y otra vez. Me dirigí a él.

—Buenas noches —le dije—. El otro día le saludé y me contó que había sido presidente del Rayo, pero olvidé su nombre. ¿Cómo se llama usted?

—Manolo Gallardo —me dijo, dándome la mano—. Lo que pasa es que yo fui presidente con Ruiz-Mateos y era apoderado y…

Alguien se lo llevó en ese momento, sin dejar que acabara la frase.

—¡Enhorabuena por la victoria! —felicité a su espalda.

—¡Gracias!

Me quedé unos segundos allí solo bajo la luz del aplique exterior de la puerta pensando en que aquella noche había terminado de un modo surrealista. Las apariciones y desapariciones de Manolo Gallardo eran dignas de *Alicia en el país de las maravillas*. ¿Me lo encontraría más veces durante la temporada? Di un par de pasos al frente y me incorporé a la masa que fluía en dirección a la calle.

* * *

Eran las doce y media. Sentado a mi escritorio transcribí mis notas del móvil y mis impresiones al ordenador. Sobre el suceso del exaltado, que tenía todavía muy presente, escribí: «Las veces que he presenciado violencia física: el tipo pequeño que en una discusión de discoteca le pega por sorpresa un cabezazo al tipo enorme, que se desploma, y el enano, con el otro sangrando, tirado en el suelo, le pega patadas. Otras peleas. La vez que me llevé un buen porrazo de un policía porque andaba por allí y escapé saltando por encima de los coches aparcados. De violencia verbal otras tantas, también muy desagradables. La sensación amarga que te deja la violencia en vivo, menos mal que somos sensibles a ella, nos afecta mucho más que vista en vídeo o televisión. Escribí: «¿Y si estaba equivocado y la tibieza de Butragueño no es tal, sino una mesura estudiada y muy necesaria en un universo tan inflamable como el del fútbol? ¿O si vivimos en la selva, dar ejemplo no es el cometido de un portavoz de un club y hay que sobrevivir?».

Seguí escribiendo hasta que un bostezo profundo me hizo comprender que ya era suficiente por aquella jornada. Antes de acostarme vi el resumen del partido, algo que no debí hacer porque sólo sirvió para cabrearme porque la colleja a Vinícius no les había parecido a los de LaLiga y Mediapro suficientemente interesante como para incluirla entre las imágenes seleccionadas. Ya metido en la cama, no podía conciliar el sueño. Tenía que pensar en algo agradable para relajarme y lograr dormir. La derrota del Madrid tenía su lado positivo: el Rayo se había colocado cerca de Europa. Por ahí iba bien encaminado. Con paciencia y numerosos detalles, me imaginé la temporada 2023/24 del Rayo Vallecano, la del centenario, en la Europa League. Antes de llegar al manteo de los jugadores a Iraola tras haber ganado la final al Liverpool de Klopp, me dormí. Creo que me quedé en las semifinales con el Inter de Milán.

EL VIEJO OESTE

Mollerussa 1 - Rayo Vallecano 3
Domingo, 13 de noviembre de 2022

Bebé 22', Diego Méndez 50',
Sergio Camello 77'

Nicolás Magno 32'

Marroquíes, senegaleses, guineanos, nigerianos, rumanos, chinos, búlgaros, ucranianos, colombianos, portugueses, argelinos... Al llegar al casco histórico de Lleida, tras bajarme del AVE, me había sorprendido la cantidad de inmigrantes que veía en aquella mañana de sábado. Sentado en la terraza de una cafetería de la plaza de Sant Joan, frente a la iglesia neogótica de finales del siglo XIX, buceé en internet mientras desayunaba. Las diferentes noticias en prensa coincidían en que la inmigración había aumentado considerablemente durante los últimos años.

Tenía media hora hasta la salida de mi autobús con destino a Mollerussa y aproveché para comprarme un cepillo de dientes en una farmacia. Llevo años prometiéndome un premio si no olvido nada cuando salgo de viaje y esos mismos años sin premio. Un rato después llegué a la estación, un edificio triste y gris. Entré por un pasillo con parte del suelo levantado, entre lonas y con los comercios y oficinas cerrados. Llegué al vestíbulo de las dársenas, con algunos autocares aparcados, viajeros esperando en actitud resignada y ninguna pantalla con información. Había un cartel en la pared con los números de los puntos de salida y los destinos a los que correspondían, y me acerqué. Mollerussa, dársena 7. Fui allí, pero el letrero con el recorrido no incluía parada en Mollerussa. Me estaba poniendo nervioso.

Vi a un conductor que bajaba de un autobús que acababa de llegar.

—Buenos días, ¿sabe usted dónde para el bus para Mollerussa?

—Ni idea —me respondió, con desgana.

Me dio la espalda y miré el reloj. Tenía menos de cinco minutos para encontrarlo. Me resigné a esperar a que llegara algún autocar y, cuando aparcó uno, me asomé por las puertas en cuanto abrieron.

—Buenos días... ¿A Mollerussa?

—No puede entrar con la maleta —me dijo con aspereza el conductor, un tipo de mediana edad y con gafas.

Si la simpatía o al menos la cordialidad escasea en los aeropuertos y en las estaciones de tren, en las de autobús, a las que acuden los viajeros con menos presupuesto, el trato suele ser pésimo. Sin dinero no hay sonrisas.

—Muy bien, pero el maletero está cerrado —le dije.

—Ábralo.

—¿Me lo puede abrir usted, si no le importa? No sé abrir maleteros de autobús.

Suspiró, bajó con parsimonia y abrió el maletero. Metí mi equipaje y subí al autocar. El inicio del viaje estaba siendo algo accidentado, pero mantenía mi ilusión indemne. Había llegado el parón en la Liga por el Mundial de selecciones de Qatar, el primero en la historia en jugarse en invierno. El último partido del Rayo Vallecano había sido un soso 0-0 en casa contra el Celta y se encontraba en una posición envidiable en la tabla: 8º, a tan sólo 2 puntos de puestos de la Champions. La Liga paraba hasta finales de año, pero no así la Copa del Rey: el domingo por la mañana iba a ver el partido entre el Joventut Mollerussa y el Rayo Vallecano, correspondiente a la primera ronda. El sistema, por el que se enfrentan a partido único y como locales equipos de divisiones inferiores con los de Primera División, da emoción a los encuentros; en ocasiones, se producen verdaderas debacles para los clubes de la élite: los pequeños, representantes del «otro» fútbol, se rebelan y los eliminan. Aquí el Rayo pasaba de ser el equipo humilde al archimillonario en un vuelco muy educativo: el Mollerussa, de la Primera Catalana, estaba cinco divisiones por debajo, un verdadero abismo. El club leridano, fundado en 1930, llegó a militar durante una temporada, la 1988/89, en Segunda División. Mollerussa es la ciudad española con menos habitantes que ha tenido equipo en la División de Plata. Aquel año sería un espejismo y el Mollerussa regresó pronto a las categorías humildes. La historia de un Mollerussa ganando la Copa del Rey todavía no ha llegado. Podemos leer algo semejante en la novela *Cómo llegamos a la final de Wembley*, del escritor inglés J. L. Carr. Para el Rayo la Copa era especial porque la temporada anterior había alcanzado las semifinales igualando su mejor actuación de siempre.

La ciudad de Mollerussa tiene algo más de 14.000 habitantes y su estadio dispone de capacidad para unos 4.000 espectadores, casi un tercio de los mollerusenses, cual anfiteatro en la Grecia antigua. Antes de salir de viaje había leído en la edición digital del *Diari de Segre* que la venta de entradas iba viento en popa. Me esperaba, presumía, una fiesta para el club y para la ciudad. Venía armado con la camiseta del Rayo de mi madre y confiaba en que fuera la llave para conectar con los futboleros locales.

Llegué a mi destino cerca de las dos de la tarde y me dirigí a una peluquería en la que había reservado aquella misma mañana. ¿Acaso hay mejor sitio que una peluquería para enterarse de cómo respira un pueblo y de sus cotilleos?

* * *

—¿Hay ambiente por el partido? —pregunté.

—No sé.

Una mujer rubia de treinta y tantos años me estaba cortando el pelo. La peluquería era amplia y la luz del sol entraba a raudales por las ventanas. Aparte de mí, no había más clientes. La respuesta me dejó algo desconcertado. Podía ser que no le interesara lo más mínimo el fútbol, pero lo extraño era que no hubiera hablado con nadie del tema. El partido debía de ser uno de los eventos más importantes del año en la ciudad, si no el que más.

—He leído que la venta de entradas va muy bien. ¿Viene gente de los pueblos de alrededor a verlo?

—Puede ser, no sé.

—Yo vengo de Madrid, me hace mucha ilusión el plan.

Tchac, tchac, tchac, siguió dando tijeretazos en silencio, sin comentar nada. Había otras dos mujeres de mediana edad en el local, una rubia y otra morena, quizá las dueñas, quizá hermanas, que tampoco intervenían en la conversación ni hablaban entre ellas. No había estado en una peluquería tan silenciosa en mi vida. Intenté cambiar de tercio, planchado por sus silencios y sus lacónicas respuestas.

—Y por aquí... ¿qué hace la gente? ¿Cómo se divierte?

Tchac, tchac, tchac, tchac... ¿Me habría oído? Busqué en el espejo su rostro: parecía pensativa.

—Depende.

Una retirada a tiempo es una victoria, así que la dejé en paz. Pagué 20 euros, un precio que me sorprendió para una ciudad como aquella, cogí la maleta y me encaminé hacia un restaurante que me habían recomendado. Esperaba un ambiente casero, pero era más bien frío y anodino. Había varias mesas ocupadas, entre ellas una con seis mossos d'esquadra, dos de ellos mujeres. La dueña me recibió sin saludarme siquiera y me señaló con cara de ajo una mesa. El camarero, un veinteañero con perilla, me alcanzó el menú.

—¿Tenéis alguna especialidad de por aquí?

—¿Cómo de aquí?

—Bueno, de aquí, algún plato típico de la zona…

—Es que yo no sé lo que es de aquí o de allí. Yo como siempre por aquí.

No bromeaba. Aquel chico no debía de salir demasiado de Mollerussa. Su respuesta, aparte de una especie de trabalenguas, era filosófica sin pretenderlo. En la época de la globalización gastronómica, ¿qué es de aquí y qué de allí? ¿No es ya casi todo de acá y de acullá? Pedí el menú del día. Ya habría tiempo de probar algo «de allí» en otra ocasión. Mientras esperaba la comida, me dirigí a uno de los mossos. Había leído en el *Diari de Segre*, mi periódico de referencia aquel fin de semana, que llegábamos de Madrid entre 150 y 170 radicales de los Bukaneros. Yo era, pues, un ultra.

—Hola, he venido al partido de fútbol de mañana…

Los seis de la mesa dejaron los cubiertos sobre el plato y me miraron.

—¿Hay algún dispositivo especial de seguridad para nosotros, los del Rayo?

Me habló el más joven:

—Entráis por otra puerta.

Fin de la conversación. Sincronizados, apartaron su mirada de mí y volvieron a su almuerzo. Estaba empezando a tener un acusado complejo de pelmazo. El menú me costó 23,50 euros; Mollerussa, concluí, debía de ser una localidad próspera, aunque no lo pareciera a simple vista. Pagué y me fui. Ya sólo me quedaba arrastrarme hasta el hotel, situado en la misma plaza que la estación de Renfe y un restaurante italiano. Era un edificio racionalista años sesenta de tres plantas, con la cafetería en planta baja, y unos altos plátanos que le daban un toque de verdor. Había, sentados a las mesas de la terraza, hombres y mujeres ataviados con sombreros de cowboy, camisas y vaqueros bordados y botas a juego. Me ajusté las gafas por si acaso se trataba de un sueño, pero los vaqueros seguían allí. Al registrarme la recepcionista me preguntó si iba al evento de country del Teatro L'Amistat y le dije que no. Nada que ver, yo era uno de los radicales de Madrid. Subí a la habitación y me desplomé sobre la cama. Necesitaba un respiro.

* * *

Me asomé a la tercera acequia del Segre y me pareció poca cosa. Increíble lo que puede hacer el riego de un pequeño canal por una comarca. Me dirigí al otro lado de la ciudad, dividida por la antigua carretera nacional, y me encaminé al estadio municipal. Estaba anocheciendo. Unos niños jugaban en un parque y sus chillidos animaban aquella tarde otoñal. En el campo de futbito había un partido de inmigrantes y me asomé por la valla metálica que lo separaba del campo de fútbol. Las gradas y la cubierta, en una de las bandas, eran de hormigón. Habían construido para la ocasión unas suplementarias y portátiles en los fondos. Eran cerca de las siete de la tarde y ya era hora de ir al centro a hacer amigos. Hacía fresco y llevaba la cazadora abrochada y, bajo ella, la camiseta del Rayo. Había poco tráfico de coches o personas y de algún modo se me metió en la cabeza la idea de que Mollerussa era una ciudad del Oeste y que yo era el clásico forastero del que se sospecha que es un maleante en busca de problemas.

Llegué a la plaça Major y había tan poca gente que pensé que era pronto y que sus habitantes estarían eligiendo si saldrían esa noche con la primera o la segunda equipación del Mollerussa puesta. De las tres cafeterías de la plaza con terraza, sólo una estaba abierta. Había un grupo de locales, la mayoría mayores, y tres chicas adolescentes. Aquel sábado allí era como un lunes madrileño en la época de la borrasca Filomena y la COVID. ¿Dónde se metía la gente? ¿Habría, además del festival country, una *rave* brutal en algún pueblo cercano? ¿Se esperaba aquella noche un ataque zombi? Visto el plan, rebajé mis pretensiones de cerveza a cocacola y no bajé a agua porque necesitaba la cafeína para no dormirme. Las adolescentes se fueron y llegaron tres bukaneros. Se preveía una noche loca. Eran pasadas las ocho y decidí dar un paseo por el centro. Las tiendas estaban cerradas y deambulé por calles vacías como un vagabundo inexperto. Había localizado un pequeño bar cerca de la plaza en el que servían tostas, longanizas y otras tapas apetecibles. Quizá, incluso, caracoles de la zona. Me acerqué: había luz en el interior, estaban a punto de abrir. Dos mujeres charlaban y fumaban fuera, pasé a su lado e hice ademán de entrar en el local.

—*Està tancat.*

Me explicaron que había muerto un familiar del dueño y les di el pésame. Aquello me decidió a plegar velas. Darse contra una pared un par de veces vale, pero más ya no tiene gracia. Caminé de regreso al hotel y cené una pasta en la franquicia italiana de la plaza. Al llegar a mi habitación, como un Superman muy humano, me quité mi inoperante disfraz con la camiseta del Rayo y me puse el pijama. Por ahora, Mollerussa 1 - Nico 0.

* * *

—Aquí la gente sale a hacer las compras por la mañana y luego se queda en casa. Aquí se trabaja y ya está.

Estaba charlando en recepción con el gerente del hotel, un tipo simpático de unos cuarenta años.

—No es como Madrid —continuó—, allí la gente va de tapas, sale a la calle... Aquí no. Hubo una época, en los noventa, que tuvimos nuestra movida madrileña. *Habían* muchos pubs y dos discotecas, el Big Ben y el Musicland. Venía gente de todos lados, de Lleida y más allá. Eran las discos más grandes de Europa. Ahora no hay nada. No me extraña lo que te pasó ayer, esto es muy cerrado.

Era la mañana del partido y caminé hacia el bar donde me habían informado los de la Federación de Peñas del Rayo Vallecano que me entregarían mis dos entradas. Iba a ver el encuentro con mi amigo Miguel, futbolero y editor de este libro, que venía desde Barcelona. Era la segunda vez que Miguel y yo coincidíamos como espectadores en un estadio. La primera fue el 9 de junio de 2007, en La Romareda, en Zaragoza. Aquella jornada fue la del «Tamudazo», aquel gol que le permitió al Real Madrid obtener el título de Liga, y vimos uno de los partidos más emocionantes de mi vida. Además, salimos al día siguiente en la portada del diario *As*, celebrando el resultado con los jugadores blancos, fotografía que cuelga de una pared frente a mi escritorio.

Pero aquella mañana no íbamos a ver al Madrid, sino al Rayo. ¿Dónde estaban los 4.000 aficionados ilerdenses? En el bar donde recogí las entradas, no, ni tampoco por las calles. Si buscaba ambiente en mi primer partido de Copa, sólo lo iba a encontrar en el propio estadio y entre los aficionados rayistas que se habían desplazado. Por su atuendo, buena parte eran bukaneros. Había tipos de todas las edades —la mayoría jóvenes—, algunas mujeres y un niño, y proliferaban las bufandas, banderas con el escudo antiguo y camisetas negras y de la Franja. Reunidos en grupos, bebían cerveza y charlaban. Sólo distinguí una mesa de la terraza ocupada por locales, un par de parejas vestidas con ropa chillona deportiva. Pedí una cocacola y me situé fuera. Algunas personas disponen de un sexto sentido para distinguir a simple vista a quienes no pertenecen a la tribu, a los solitarios. Un señor mayor llegó, echó un vistazo a aquellos extraños clientes y se me acercó.

—*Què passa aqui?*

—Son los aficionados del Rayo que han venido al partido.

El señor hizo una mueca entre la sorpresa y el fastidio.

—*A quina hora comença?*

—A las doce.

Miró su reloj —eran las once y media—, masculló una despedida y se fue por donde había venido. Supuse que había preguntado la hora para saber cuándo se vaciaba *su* bar y podía regresar tranquilo. Obtenida la información que buscaba, no había más que hablar. A estas alturas de mi viaje estaba admirado del ahorro de saliva de los mollerusenses. Oí un megáfono y los redobles de un tambor: los Bukaneros se ponían en marcha. Cerca de mí pasaron varios con los bártulos del tifo empaquetados.

—¡Gente, nos vamos!

En un instante los casi 150 rayistas formaban, con el desorden de un ejército de Pancho Villa, en la calzada de la calle. El del megáfono, un hombre bajo y fuerte, se puso a la cabeza junto a otros de los organizadores.

—¡Venga, que nos oigan en Mollerussa, que ha llegado Vallecas!

Comenzó un cántico y el grupo inició su procesión hacia el estadio. No iban a ver un partido, iban en una misión. El bar había quedado vacío de clientes por completo a excepción de los lugareños de la mesa y de mí. Detrás quedaban algunos desperdicios sobre la acera e innumerables cascos vacíos de cerveza de vidrio marrón, los vestigios que unos hipotéticos arqueólogos del futuro acabarían por clasificar como característicos de las previas del fútbol español a principios del siglo XXI. El dueño salió afuera y mantuvo una breve charla llena de ironía con sus parroquianos.

—*¡Ja se'n va anar la marabunta!* —dijo un hombre, riendo.

—*Si, ho sento* —se disculpó el dueño—. *Ara em queda arreplegar tot això.*

—*Bé, però la caixa estarà plena…*

—*No creguis, no creguis…*

Por lo que parecía, los Bukaneros le habían hecho una faena al hostelero consumiendo litros y litros de cerveza aquella mañana de domingo. Miguel apareció por la calle y, al verme, me saludó como merecía aquella ocasión:

—¡A las armas!

—¡A las armas! —respondí—. Vamos, queda ya poco para que empiece.

Nos apresuramos en dirección al estadio. Íbamos unos metros por detrás de la hinchada visitante, vigilada a cierta distancia por antidisturbios de los Mossos d'Esquadra. Qué placer les debe de proporcionar a los ultras la atención de la policía y de quienes los ven pasar, ser vigilados, ser diferentes, ser mirados, dar miedo. Al llegar al campo entramos por la puerta designada para nosotros y nos registraron. En el fútbol, cuando vas de visitante, te tratan como a un delincuente. El resultado es que, asumido el papel, te entran ganas de delinquir, aunque sólo sea un poquito. La barra del bar portátil dividía nuestra zona de la de los aficionados locales, asegurándose así de que no hubiera contacto alguno entre las hinchadas. Cuando Miguel y yo llegamos a la grada portátil del fondo, ya estaba llena y los Bukaneros habían dispuesto sobre los asientos corridos banderas de plástico para su uso posterior. Todo el público estaba de pie y de todos modos esa era la única manera de ver algo porque enfrente teníamos una valla alta de tela metálica con espectadores pegados a ella y de la que colgaba una pancarta. Miguel y yo nos colocamos en un extremo de la primera fila, delante de cuatro veinteañeras rayistas sonrientes que nos saludaron. Yo, que no soy bukanero, le entregué la banderita que estaba sobre mi asiento al ultra más cercano.

—Gracias, no uso.

El sol bañaba unas gradas casi completas en las que destacaba el color azul de las camisetas del Mollerussa. A nuestra izquierda, en el lateral alto de la grada principal, se ubicaban los ruidosos ultras leridanos, denominados Ultras13. Cuando descubrí su existencia buceando en la red me llevé una sorpresa: ¿un equipo en Primera Catalana con ultras? ¿Habrá ultras en todos los equipos federados?

Sobre el césped ya se desplegaban las dos formaciones. En el Rayo el único jugador habitual como titular era el delantero Camello; para los demás aquella era una oportunidad de hacer méritos para serlo o para darse a conocer, como era el caso de dos canteranos, Pablo Muñoz y Diego Méndez, jugadores del Rayo B. Los ilerdenses eran, hasta que fueran mostrando sus aptitudes, un animoso magma en lo que a mí respectaba.

Antes de que comenzara a rodar el balón, mientras sonaba el himno del equipo local, Miguel y yo asistimos a las órdenes del del megáfono sobre cómo se iba a desarrollar el tifo. Las banderitas iban a usarse en exclusiva hasta el minuto 24, luego entraban las bufandas y se podían usar otros símbolos. Pensaba que aquello no iba con nosotros, pero me equivocaba. Para mi sorpresa, Miguel, a la orden de coger banderitas, se agachó y tomó una. El partido dio comienzo.

—¡¡BANDERAS ARRIBA!!

150 brazos se elevaron al cielo. Sonó el tambor. Desde ese instante y durante 45 minutos más el añadido, sin interrupción, Miguel no dejó de levantar y bajar los brazos, cantar, saltar, sentarse y ponerse de pie y ser reñido, como los demás, por falta de brío. A los cinco minutos ya empezaba a sospechar que su carácter animoso tendría un coste. Es más joven que yo, pero no tanto.

—Nico —me dijo, riéndose mientras ondeaba la banderita—, creo que no voy a poder conducir.

Entre tanto follón tuvimos la fortuna de ver el gol de falta del caboverdiano Bebé, un veterano con un golpeo de balón excepcional, y el empate de cabeza del central ilerdense Nico Magno. Tablas al descanso se podía considerar una sorpresa y esa era precisamente la gracia de la competición, en la que el público local y la atención mediática daban alas a los humildes. El día anterior habían caído Cádiz y Almería. Al del megáfono el resultado no le gustó nada:

—¡Me cago en la hostia! ¡Esto es la Copa! ¡Como sigáis animando así, no ganamos! ¡Depende de nosotros, joder!

Mientras continuaba la regañina a sus díscolos feligreses, Miguel y yo fuimos al bar a tomar algo.

—¿Cómo estás? —le pregunté—. Cada vez lo haces mejor, en serio.

—¿Qué puntuación me pondrías?

—De 1 a 10… Un 5. Eres animoso pero no subes bien los brazos y no te sabes bien la letra de los cánticos.

—Ya.

—Pero no te preocupes, es tu debut. En unos meses, si te mudas a Madrid y acudes a todos los partidos en el fondo, estarás a la altura de un bukanero medio.

—¿Has oído al del megáfono? Decía que dependía de ellos que el Rayo ganara.

—Creo que eso en psicología se llama «complejo de Dios». Los jugadores no cuentan, pobrecitos, no sirven para nada. Qué sería de los equipos sin los ultras, descenderían todos.

—El del megáfono descansa a ratos y otro le sustituye, pero a mí nadie —se quejó Miguel, pensativo—. Estoy por decirle algo que probablemente ignore: podría ganarse la vida perfectamente como profesor de aeróbic.

—¿Te fijaste en los cánticos?

—Sí, hay variedad, eso está bien. Pero son autorreferenciales, los protagonistas son ellos mismos. *Se gustan a ellos mismos.*

—Sí, casi nunca tiene relación con el juego o con algún jugador. Podrías colocarles delante de un muro y su letanía no cambiaría demasiado. ¿Vas a seguir en la segunda parte?

—Qué remedio. No me gusta dejar las cosas a medias.

Volvimos a nuestra posición y Miguel retomó su trabajo. El Rayo se puso pronto por delante por medio de Méndez, el mediocentro, uno de los canteranos debutantes, lo que nos alegró. Debe de dar un inmenso gusto jugar tu primer partido oficial con el equipo en el que aspiras a jugar y encima marcar. Me lo contó Miguel, porque yo me perdí el gol por ir al urinario portátil. En la grada visitante todo seguía igual. Visto de lejos, aquello podía parecer una fiesta, pero no lo era. Visto de lejos, aquello podía parecer una reunión de amiguetes futboleros, pero no lo era. Teníamos el megáfono y el tambor, y vigilantes por sectores para que nadie se saliera del guion. Era una organización militar. Desfilar y animar, en aquel contexto, era exactamente lo mismo. Las broncas, también.

—¡¡Os veo y estáis viendo el partido!! ¡¡A qué coño habéis venido!! ¡¡Ah, claro, que el Mollerussa-Rayo es un partido de puta madre!!... ¡¡Esas manos arriba!!

Miguel y yo nos miramos, sin dar crédito. ¡Les afeaba ver el partido! Un espectáculo, sea o no un juego, te proporciona goce al verlo y más placer aún, si hay calidad y cierta complejidad en él, al comprenderlo y disfrutar de su desarrollo y de sus detalles. Privar a un espectador del placer a causa del cual existe el acontecimiento es un sinsentido. ¿A qué vas entonces al estadio sino a ver partidos? ¿A que los gane gracias a ti —otro sinsentido— un equipo que no sabes ni cómo juega? ¿Y te llamas aficionado, tú que anulas el goce? En su megalomanía el tipo del megáfono llegó al extremo de hacer notar públicamente que yo no estaba animando:

—¡¡Ese de la esquina!! ¡El de la esquina! ¡Que no animas nada, a ver si espabilas!

En fin. Me quedó claro que no iba a volver a ver un partido entre hooligans.

* * *

Hacia el minuto 60, visto que el encuentro seguía abierto con el 1-2, Iraola sacó «los buenos». Con Isi, Trejo, Álvaro García y Comesaña, el control ya era casi total y Camello hizo el 1-3 definitivo. El Rayo había pasado el trago y el Mollerussa había divertido a su público y demostrado su pundonor. Los jugadores se acercaron a nuestro fondo para cantar con los ultras *La vida pirata*, costumbre que se repite al final de los encuentros en Vallecas. Es la canción estrella de los Bukaneros, y en su origen fue una tonadilla infantil. Algunos consideran su letra machista: «La vida pirata, la vida mejor, / sin trabajar, / sin estudiar, / con la botella de ron / soy capitán / del Santa Inés / en cada puerto tengo una mujer, / la rubia es, fenomenal, / y la morena tampoco está mal, / las inglesas con su seriedad, / y las francesas que todo lo dan, / si alguna vez, / me he de casar, / con la del Rayo una y nada más»... Ya sólo quedaba esperar a que saliese toda la parroquia local para que los policías nos permitieran abandonar el estadio. Una curiosidad: si decías que eras de Barcelona, los mossos te dejaban salir antes.

La ciudad a las dos de la tarde del domingo continuaba adormecida. La mayoría de los bares y restaurantes estaban cerrados y Miguel y yo tardamos un buen rato en encontrar uno donde nos sirvieran de comer. Aparte de nosotros sólo había otro cliente. Acodado en la barra, bebía una cerveza. Era un señor mayor de pelo blanco, enjuto y con la piel curtida de la gente de campo. Llevaba una camiseta del Mollerussa y en cuanto nos sentamos a una mesa, probablemente al fijarse en que yo llevaba puesta la camiseta de la Franja, se dirigió a nosotros:

—¿Qué os ha parecido el partido?

—Ha estado muy bien, ¿no? —le respondí—. El Mollerussa ha competido, ha sido muy entretenido.

—¿Os ha gustado? ¡A mí también!

A la charla se unió el dueño, que nos informó de que cocinaba su parienta y me aconsejó que probara la cazuela de tros.

—Cocina muy bien, ya verás.

Era un plato de cuchara contundente y riquísimo. La receta varía, pero suele llevar longaniza, tocino, conejo, tomate, cebolla, ajo, almendras, avellanas, espinacas y caracoles. Mojar el pan en la salsa es muy aconsejable. Al irnos le pedimos al dueño que felicitara a su señora de nuestra parte.

—*Merci*.

En el último momento de aquel viaje, cuando ya no lo esperaba, la suerte me había regalado lo que buscaba: una conversación simpática con un aficionado local y probar algún plato especial de la planicie de Urgel.

* * *

—Metí un gol y di dos asistencias.

El que habla es Tomás, el hijo mayor de Miguel y María. En mi breve visita a Barcelona pude conocer a sus hijos y reencontrarme con algunos amigos. Tomás tiene once años y una de las veces que fue a Madrid le preguntó a su padre por qué todos los taxistas, cuyos vehículos son blancos y tienen una franja roja, eran hinchas del Rayo Vallecano. Es tan futbolero y ha memorizado tantos datos que me recordó a mí de pequeño. Miguel le tiene prohibido que le haga más de cinco preguntas de fútbol al día. Antes de cenar ocupó su tiempo en hacer su propia lista de 26 jugadores de la selección española para el Mundial de Qatar y os aseguro que la de Luis Enrique, el entrenador de la Roja, no fue mucho mejor. Su hermano pequeño, Ignacio, tiene cinco años, es menos serio y dispone de la misma amplitud de vocabulario. Mientras Tomás y yo charlábamos en el salón, él se encontraba en la cocina, dibujando.

—Tomás, cuando vuelva a Barcelona con más tiempo tenemos que hablar tranquilamente de fútbol. Os puedo invitar a los dos a tomar un café en alguna terraza.

—Sí, gracias.

De pronto llegó hasta mí la voz del pequeño.

—Nico, nosotros no somos adultos y no podemos tomar café.

—¿Y qué os gusta?

—Zumo de melocotón.

—Pues eso tomaremos.

La mañana del lunes me despedí de Miguel y regresé a Madrid en tren. Convinimos en que nuestro segundo encuentro de fútbol en vivo, pese a ser muy diferente, había estado a la altura del primero. Durante el viaje me llamó mi agente literaria y le conté el fin de semana. Reía con mis impresiones de Mollerussa y me pasó a Aida, una de las personas, todas mujeres, que trabajan en su agencia. Aida es de Linyola, una pequeña localidad cercana a Mollerussa; su nombre, de origen romano, proviene del cultivo de lino. Aida era la persona adecuada para resolver ciertas dudas. En su familia son cuatro hermanas y dos hermanos, y ella es la pequeña. Me contó que, cuando era joven, lo normal es que la gente quisiera salir de la comarca e irse a estudiar a una universidad, preferentemente en Barcelona. Aida se mudó allí en los años 2000 a estudiar Filología clásica y Lingüística; cambió de novio, se casó, tuvo un hijo y encontró trabajo en la agencia. Lo de emigrar ha cambiado. Ahora se ha recuperado la vida payesa y el gusto por quedarse a vivir en los pueblos. Estudiar ya no es el objetivo: muchos prefieren trabajar en el negocio familiar, ya sea la tierra o con animales. Si buscan empleo en servicios o en la industria, tampoco se van lejos. Allí, de España vaciada, nada. La mayoría de los sobrinos de Aida han elegido esa vida: miran hacia dentro, no hacia fuera. ¿Y la diversión? La vida de campo tiene sus horarios, sus obligaciones, sus estaciones. Un café rápido después de comer, un vermut los domingos a mediodía, y fuera.

—Bueno, ahora entiendo mejor todo. Sois un hueso duro de roer.

—¿Y te miraban raro cuando entrabas en los sitios, como diciendo: «¿Quién es este? ¿Qué hace aquí?».

—Exacto.

—Apenas hay turismo y el de fuera no interesa, porque se va pronto y no tiene cotilleos ni información interesante. Las señoras mayores a veces te sueltan nada más conocerte, cuando no les suenas: *«Escolta, ¿tu ets foraster, oi?»*. Y si respondes afirmativamente, pues ni caso. Sólo se abren si te quedas a vivir.

—Entonces no me ha ido tan mal. Conseguí hablar con un aficionado local y comer algo de ahí justo antes de irme, el domingo a mediodía.

—Ja, ja, ¡en el tiempo de descuento!

—No sé, tenía la sensación de estar en el Oeste.

—¿En el Oeste de los vaqueros?

—Sí. Yo era el forastero.

—Ja, ja, puede ser. No van a caballo pero usan el coche para todo.

Mollerussa ha quedado destacado en mi carnet de viajes con el asterisco de lugar singular, en compañía de otros situados en sus antípodas geográficas, culturales y emocionales. Cuando llegué a casa me encontré con Marcos y me preguntó por el viaje. No se fiaba demasiado de lo que le conté, no se creía que la única muestra de curiosidad con respecto a mi persona había sido la pregunta de si formaba parte del grupo de country. Pensaba que había gato encerrado y que quien había encerrado al gato era yo.

—¿Seguro, papá? No sé, me extraña… A lo mejor hiciste algo raro, no sé…

Bendita desconfianza de los hijos hacia los padres. A saber qué imaginaba que había hecho en Mollerussa. Al ir a deshacer la maleta pensé que sería muy interesante que lo visitara él. Entonces se iba a ver si era un camaleón de verdad.

LO FEMENINO YA NO ES LO QUE ERA

Estábamos a 11 de diciembre, y Marruecos ya había eliminado a España en el Mundial de Qatar. Había llegado de viaje a Madrid la noche antes, tras haber pasado una semana durante el puente de diciembre en la casa de Jarandilla de la Vera, acompañado de mi madre y de mi hermana Sira. Una semana de escritura, cocina, encuentros del Mundial, partidas de continental en las que nos jugábamos quién fregaba y una lluvia persistente que pasó de ser una buena noticia a una pesadez. No volví del campo fresco como una lechuga, sino agotado, porque escribir cansa. El sonido del despertador me pareció una intromisión inaceptable, pero me había hecho la promesa de ir a conocer la ciudad deportiva del Rayo Vallecano y asistir a un encuentro de su equipo femenino. Al abrir la ventana me encontré con un día plomizo, más centroeuropeo que madrileño. Intenté sin éxito que Marcos me acompañara y salí de casa bien abrigado, con un paraguas plegable y una joya en el bolsillo: el libro *El fútbol. Mitos, ritos y símbolos* (1980) del escritor y sociólogo alicantino Vicente Verdú, fallecido en 2018. El autor analiza el fútbol desde un punto de vista simbólico y me hizo, además de reflexionar, reír en muchas ocasiones.

Iba con dos horas de antelación porque ya me había topado con la eficacia del club en dificultar la asistencia del abonado o de cualquier curioso a los encuentros del Rayo. En la web oficial no se informaba ni siquiera de dónde se jugaba. Supe de la celebración del partido contra el Oviedo Femenino a las 13.00 horas del domingo por otros medios. En la pestaña dedicada al equipo tan sólo aparecía la plantilla y el cuerpo técnico, limitado este al entrenador. Ningún detalle sobre ninguna jugadora aparte del dorsal y la posición en el campo. La única con foto y enlace a algún dato sobre ella —supongo que por ser canterana y llevar años en el equipo— era Iris Ponciano, española de veintisiete años, delantera ambidiestra con el número 7 a la espalda. El resto, tristes y anónimas siluetas grises con perfil masculino, la demarcación debajo y el número encima. Me recordaba a una página de desaparecidos de alguna dictadura. La pregunta era: ¿quién va a ver un partido de Segunda División femenina aparte de familiares y profesionales si no se lo pones fácil y no le informas bien del equipo y de su trayectoria para que te intereses e impliques?

Tenía por delante diecisiete paradas de metro hasta Congosto y me entretuve repasando la historia del Rayo Femenino en páginas web como *Unión Rayo*, *Relevo* o *Futboleras*. Nació en el año 2000, con Teresa Rivero como presidenta, al firmarse un convenio con un equipo aficionado y autogestionado, el CD Buen Retiro. Sus jugadoras se habían formado en la escuela del barrio de La Chopera, pionera en el balompié femenino madrileño. Años después, ya en Primera División, ganaron su primer título, la Copa de la Reina (2008), a la que acompañarían tres Ligas consecutivas en lo que es su época dorada. Jugaron canteranas como Natalia Pablos, Sheila García y Alicia Gómez, y jugadoras también emblemáticas como Jenni Hermoso, Adriana Martín o Sonia Bermúdez. La sección era un orgullo para Vallecas. De equipo de barrio a la gloria y después al barro: cuando ya había comenzado en nuestro país el impulso del fútbol profesional femenino, la Franja se encontraba en su peor momento. Había descendido a la Segunda División, se criticaba la dejadez de Presa en la gestión de la sección y se había producido el asunto turbio de una filtración a los medios de comunicación de una grabación ilegal en la que el actual entrenador, Carlos Santiso, bromeaba con su equipo de trabajo sobre violaciones en grupo.

Muchos pensarán que el fútbol femenino no es antiguo, pero lo es. La escocesa Florence Caroline Douglas nació en 1855. Conocida como Florence Dixie, fundó y se convirtió en la presidenta del British Ladies Football Club, formado por mujeres de clase media. Douglas fue todo un personaje: aristócrata, escritora, exploradora, corresponsal de guerra y feminista. Tuvo una hermana y cuatro hermanos. Fue educada como su mellizo James, sin diferencias a causa de su género, lo que explica en parte su trayectoria vital. Su familia estuvo muy relacionada con el deporte: su hermano Francis falleció en el descenso tras completar la mítica primera ascensión al Cervino, en los Alpes suizos; su hermano John, noveno marqués de Queensberry, dio nombre a las reglas del boxeo moderno.

En lo que Florence perseveró toda su vida fue en su feminismo con el British Ladies Football Club. Douglas pretendía incorporar mujeres al balompié, pero también ganar dinero y crear una liga profesional. En general la prensa se puso en su contra y las ridiculizaron. Completaron numerosos partidos de exhibición y a su debut acudieron unos 10.000 espectadores. Las entrenaba un mediocampista del Tottenham Hotspur, jugaban en tierra y vestían blusas voluminosas y falda dividida o pantalones holgados. La aventura del fútbol femenino moriría en el Reino Unido con su prohibición en 1921 al alegar la Asociación de Fútbol Inglesa que era un deporte demasiado rudo como para que lo practicasen las damas. El veto no se levantó hasta 1967. En España la RFEF (Real Federación Española de Fútbol) no reconoció el balompié femenino hasta 1983.

A diferencia de la plácida andadura del equipo masculino aquella temporada, iba a ver un partido femenino muy del Rayo como club, con el agua al cuello. Las rayistas estaban a 4 puntos de puestos de salvación, con 8 puntos en once jornadas. El Oviedo Moderno —ese era entonces su nombre oficial—, por su parte, marcaba la posición de la permanencia con 13 puntos. Duelo de alta tensión.

Salí a la superficie en la plaza de Congosto. El suelo estaba húmedo, los colores, apagados por la falta de luz, y el frío se metía en los huesos. En Villa la referencia para saber dónde se encuentra el casco histórico y orientarse en el distrito es la torre de la iglesia de San Pedro ad Vincula, un añadido de Ventura Rodríguez al proyecto atribuido en origen a Juan de Herrera. Quedaba más allá de mi destino, la ciudad deportiva. Pasé junto a viviendas de ladrillo con ropa tendida en los balcones, vi un grafiti del Pato Donald en un muro y rodeé unos campos de baloncesto y de futbito. Crucé un parque con arbolillos ralos y entré en la calle del complejo, donde se levantaban chalés pareados en la otra acera. Oí los gritos lejanos de unos niños que jugaban un partido, el silbato de un árbitro, y al ver el autobús del Oviedo aparcado, recuperé el ánimo. ¿De qué me quejaba, si me esperaba un planazo?

En la puerta de la ciudad deportiva se agolpaban grupos de niñas y de niños de diferentes equipos, uniformados y en perpetuo movimiento. En virtud del convenio de cesión con la Comunidad de Madrid y el Ayuntamiento, dueños de los terrenos, la Fundación Rayo Vallecano, manejada por el club, gestiona y explota la ciudad deportiva, inaugurada en 2010. A cambio de ese derecho abona un canon en especie que incluye la organización de eventos sociales, un trofeo femenino, campus y una escuela pública de fútbol. Allí, aparte de entrenar el primer equipo masculino del Rayo, juegan el femenino, el filial y los equipos de la cantera. La expansión de Vallecas en el Ensanche, que ha incorporado a unos 50.000 habitantes en los últimos quince años, ha revitalizado la cantera. El tipo de ciudad proyectada, de grandes avenidas, manzana cerrada, centro comercial y enorme parque, es discutible y te obliga a relacionarte casi exclusivamente con los vecinos de tu edificio a menos que cojas el coche, pero ha atraído a familias con hijos pequeños. Cuando crezcan los niños, ese tipo de barrio, inhóspito y carente de comercios y zonas comunes de proximidad, no funcionará tan bien para sus vecinos, pero sus niños son buena parte de los que acuden a la ciudad deportiva a jugar al fútbol. Fui a la taquilla, enseñé mi abono y la taquillera me alcanzó una entrada. Unos minutos después entré en la cafetería y pedí un sándwich mixto y un café. La clientela era una mezcla de familiares de jugadoras, técnicos y algún anciano solitario. En una pizarra se ofrecían bocadillos, la hamburguesa del Rayo y otras delicias. Fui a pagar a la barra y saqué mi tarjeta de débito.

—No se puede pagar con tarjeta —me informó el camarero, un hombre delgado—. Se nos estropeó el cacharro hace tiempo.

Comprendí que la avería de un datáfono era un problema casi irresoluble y que se necesitarían meses, si no años, para solventarlo. Si eso es lo que quieres, claro. Hoy en día es habitual no llevar efectivo y me temí lo peor. Ninguna moneda en los bolsillos. Saqué el contenido de la billetera sobre la barra y entre recibos, lotería y vete a saber qué más cosas apareció mi salvador, un billete de 10 euros. Pagué y me devolvieron un billete de 5 y unas monedas. Adiós a la hamburguesa del Rayo Vallecano.

* * *

Quedaba apenas un cuarto de hora para que comenzara el encuentro y me encaminé al campo cuatro, de césped artificial. Mi siguiente sorpresa tomó la forma de un guardia de seguridad que me pidió la entrada y el abono.

—Este no vale, caballero —me dijo, señalando mi abono—. Se necesita el femenino o comprar una entrada de 4 euros.

—No me dijeron nada en la ventanilla.

—Lo siento, sé que es una guarrada.

¿Tendrían datáfono en la taquilla o me iba a quedar sin poder tomarme luego ni un café? Además, por culpa de la gestión iba a perderme el inicio del encuentro.

—Mire, hace mucho frío, la taquilla está muy lejos y usted mismo ha dicho que esto es una guarrada...

El guardia, que daba saltitos y palmadas para combatir el frío, me miró con compasión.

—Venga, pase y a la siguiente que le den la entrada que corresponda.

Una vez más en el Rayo habían logrado que ir a ver un partido fuera tan trabajoso como emocionante. Sobre el césped entrenaban ambos equipos y junto a un córner se hallaba aparcada una ambulancia. Las jugadoras del Oviedo estaban chutando a puerta y, al rodear el campo y pasar tras la portería, un balón me llegó a los pies. Se lo devolví con rapidez a una chica rubia con coleta y me quedé muy satisfecho del toque preciso. Así son las satisfacciones de la madurez. Dos técnicos asturianos buscaban un balón que se había quedado preso junto a la valla pegada al terraplén y el balón también me llegó. Como se suele decir, tengo un imán. Se lo pasé a uno de ellos, un tipo con barba.

—¡Gracias!

—De nada. ¿Cómo os va? ¿Habéis estado en Primera alguna vez?

—Sí, hace años —me dijo, sombrío, antes de regresar al trabajo.

Su acento asturiano era inconfundible. La elección de ver ese partido en particular no había sido casual. El fútbol lo abarca todo y, aparte de brindarte la oportunidad de relacionarte con vivos de todo pelaje, te trae a menudo de vuelta a tus muertos. Mi padre, Pedro, nació en Oviedo y se vino a Madrid para estudiar la carrera. Fue arquitecto y pintor y un hombre extraordinario, noble, inteligente, culto, simpático y cariñoso. Siempre que me acuerdo de él, sonrío. No cabe mejor homenaje para un ser humano. De vez en cuando nos hablaba a los hijos de los partidos a los que iba de niño con su padre, mi abuelo Paco, en el estadio de Buenavista, y de aquella delantera eléctrica con Emilín, Herrerita y Lángara. Como nos reíamos de los diminutivos de los nombres para chincharle, nos decía:

—Reíos, reíos... Eran los mejores del mundo.

Mi padre no fue muy futbolero. Aunque de joven fue socio del Oviedo, de mayor regaló la equipación del club asturiano a mis hermanos y veía partidos con nosotros. Añadió al Real Madrid a sus simpatías y en sus últimos años, él, un hombre sereno y cabal, se ponía nerviosísimo. El último partido que vimos juntos, ya muy enfermo, pocos meses antes de su muerte, fue el de los cuartos de final del Mundial de Corea del Sur y Japón 2002 contra los coreanos, que ya habían robado a los italianos. Después nos tocó a nosotros. El arbitraje del egipcio Gamal Mahmoud Ahmed Al-Ghandour, acompañado de sus asistentes el ugandés Ali Tomusange y el trinitense Michael Ragoonath, fue vergonzoso. Una más de las tropelías de la FIFA, tan proclive a manipular los campeonatos. Era muy difícil que mi padre se enfadara, pero lo lograron. Yo tuve que darme nada más acabar el encuentro un largo paseo junto al mar para calmarme. Por supuesto, el partido era lo de menos. Lo que me dolía era la enfermedad de mi padre, que consideraba tan injusta como aquel arbitraje, como si hubiera justicia en las enfermedades o en tantas otras cosas que marcan nuestra existencia. Curiosamente, ese día murió mi pasión por la selección española, que no renació ni con las victorias en grandes campeonatos. Algo se quebró, quién sabe si para siempre.

Fui hasta la grada de color rojo y elegí una fila en alto, cerca de una plataforma cuadrada donde dos tipos estaban colocando las cámaras en sendos trípodes para grabar el partido. Los asientos estaban empapados y me apliqué en secar uno a base de pasar las manos 100 veces. Casi se me cayeron de frío. Había poco público, unas 40 personas, y eran todos veteranos en esas lides. Algunos llevaban mantas sobre las rodillas, termos, paraguas desplegados, aplicaciones en los móviles donde consultaban cada poco los resultados de partidos de los que no se televisan y, punto clave, todos habían traído kleenex para secar los asientos.

El Rayo llevaba su uniforme habitual, el Oviedo vestía de azul oscuro y el trío arbitral iba de amarillo chillón. Entre las jugadoras, sólo reconocí a Iris Ponciano porque era la única de la que había visto una fotografía. El primer encuentro que veía en vivo de fútbol femenino comenzó y el Rayo disparó a portería nada más empezar.

Si en el Estadio de Vallecas podía oír en ocasiones gritar a los jugadores y a los entrenadores, aquí casi podía oírlas respirar.

—¡La espalda, la espalda! —avisaba Pereyra, la portera ovetense.

—¡Activas, activas! —pedían desde ambos banquillos.

Las jugadoras eran técnicas, sacaban el balón jugado, combinaban bien y corrían rápido. El encuentro era entretenido y me hizo olvidar el frío. Me fijé sobre todo en las rayistas de mi banda, su izquierda. Laura Teruel, la número 11, era una lateral corpulenta y aplicada que subía bastante y Marinela Szymanowski, la 17, menuda y fibrosa, jugaba de extremo y se dejaba caer por ambas bandas. Teruel era reposada y Szymanowski, por el contrario, muy competitiva y gesticulante. No paraba de tirar desmarques, de pedir el balón y de hacer aspavientos si no le llegaba. Bonaerense, la delantera había superado una grave lesión y era hermana de Alexander, también profesional y que logró ya en su madurez como futbolista triunfar como extremo goleador en el Leganés.

Sacar el balón jugado desde atrás se ha convertido en el primer mandamiento del fútbol actual y, dado que la mayoría de los equipos presionan arriba, es frecuente que sirva para que el contrario marque gol aunque no haya gozado antes de una sola oportunidad. Así ocurrió mediado el primer tiempo tras una pérdida del Rayo. Hubo un rebote y Yarima Font, la delantera ovetense, se adelantó a la central y marcó por bajo. 0-1.

—¡Eh, chicas, no se regala nada, nada de nada! —gritaba la espectadora más vociferante de la grada. Era la única que llevaba al cuello una bufanda rayista.

El gol asturiano despertó al Rayo, que acabó por apretar a las de azul. Sherifatu Sumaila, delantera rayista ghanesa, era fuerte y sabía ganarse el sitio en el área. Así lo hizo en el minuto 41 y tras su remate por bajo el balón se le escapó a la portera y besó llorando la red. 1-1. Yo sólo vi el final de la jugada —ese segundo que se le haría interminable a la guardameta visitante— porque estaba tomando notas en el móvil, algo que no aconsejo a nadie; siempre acabo perdiéndome algo y me repatea.

Los últimos minutos del primer tiempo fueron intensos. Szymanowski, una delicia para el espectador por su hiperactividad, cortó un contraataque y se llevó una tarjeta amarilla. Dentro de un partido que se desarrolló con una estimable deportividad, hubo protestas por un fuera de juego pitado al Rayo y entonces descubrí que las jugadoras se dirigían a la colegiado con el apelativo de «arbi», comiéndose la última sílaba. Supongo que sería para hacer más dulces sus quejas.

Llegó el descanso y salí pitando hacia el bar para pedir un café, mi triste almuerzo dominical. En cuanto me lo sirvieron, rodeé la taza con los dedos de las manos para calentarlas. Lo bebí a sorbos cortos, prolongando el placer, y metí antena en una conversación que mantenían tres hombres de mediana edad y profesionales del fútbol. Uno de ellos buscaba una portera, pero los representantes sólo le ofrecían mediocentros. La quería que parara, no que sólo fuera muy buena con los pies.

—Tanto toque y tanta tontería. Y luego Guardiola, en el City, el lateral para arriba y a presionar...

—Es que todo depende de los centrales que tengas —añadió uno de sus amigos—. Lo de salir de atrás se está llevando demasiado lejos.

Me dieron ganas de intervenir. Iba a decirles que en el partido que estaba viendo aquello había costado ya un gol. Pagué y al salir decidí que iba a ver la segunda parte de pie, porque sentado en la grada no iba a aguantar el frío. Me coloqué en la rampa de acceso al campo de la banda opuesta a la de la grada, entre los banquillos. Había familiares de las asturianas y un par de treintañeros rayistas altos y con barba que pegaban unas voces destacables. Serían novios o hermanos de una jugadora. Como veis me paso la vida elucubrando.

—¡Cómo lo consientes todo! —gritaba a la árbitro uno de ellos, que consideraba merecedora de tarjeta una falta del Oviedo.

En la segunda parte, además del juego en general, me fijé en la linier que recorría mi banda, Davinia Dorta Figueroa, canaria como sus compañeras, y en la 6 del Rayo. Simona Botero, la central por la izquierda, era natural de Medellín, Colombia. Llevaba coleta, era morena de cabello y piel, alta y fibrosa. Destacaba por su buena colocación, lo bien que sacaba la pelota y su valentía a la hora de subir. La linier, morena y delgada, llamó mi atención en una jugada en la que hubo un fuera de juego discutible que recordaba al famoso no pitado a Kylian Mbappé en la final de la Liga de Naciones de 2021 frente a nuestra selección. Los jóvenes fanáticos rayistas la tomaron con ella:

—¡Que no te enteras! ¿Es que no sabes que después del España-Francia cambió la norma?

Escuché lo que les decía la árbitro asistente a sus compañeras por el pinganillo:

—¡Madre mía...! Y ahora me dan la charla con el reglamento...

En otro fuera de juego, esta vez pitado al Oviedo, la delantera con el número 19, Alejandra, se acercó a ella en un parón del juego y discutieron la jugada con respeto y tranquilidad, como si estuvieran en un salón parisino literario del siglo XVIII.

—Es interpretación, lo sé, lo sé —aceptaba la 19, comprensiva.

Había oportunidades, pero los disparos iban mal dirigidos o sin potencia.

—¡Vamos, Rayo, mete goool, mete goool...! —cantaba la incansable aficionada de la bufanda.

Una entrada de una centrocampista de la Franja lesionó a Laura Riquelme, delantera ovetense. La pareja de enfermeros de la ambulancia, que hasta entonces se mantenía dentro del vehículo con el motor encendido para aprovechar la calefacción, recogió a Riquelme con la camilla. Salió aplaudida y cubriéndose la cara con las manos. A poco de cumplirse el tiempo reglamentario, en una jugada embarullada en el área ovetense, Simona Botero remató con la portera a media salida y una defensa lo desvió a la red. 2-1. Los gritos de alegría de la exigua parroquia rayista y de las propias jugadoras contrastaron con el enfado asturiano: alguien golpeó la chapa de las paredes del banquillo por dentro, que vibró con un fuerte sonido metálico.

En los últimos minutos, con el acoso carballón, hubo sustos y nervios. Junto al banquillo ovetense, Riquelme, en una silla de ruedas, recibió un abrigo y una botella de agua de manos de una compañera. Con el tobillo fuertemente vendado, se limpiaba las lágrimas mientras veía cómo se consumaba la derrota de su equipo. Tras el pitido final, las jugadoras rayistas celebraron con rabia el triunfo sobre el campo y las ovetenses rumiaron su descontento mientras lo abandonaban, cabizbajas. Junto a mí se reunieron los padres del equipo visitante desplazados a Madrid para ver el partido. Con el día que hacía, la derrota y el viaje de vuelta que les esperaba, era imposible no sentir lástima por ellos.

—Era roja total, le mete los tacos de lleno —se quejaba un padre.

Una jugadora se acercó a ellos.

—Me ducho y voy con vosotros.

—Vale, hija —le respondió una mujer bajita.

Quedaba ya poco por rascar. Eran cerca de las cuatro de la tarde, hacía cada vez más frío, apenas había luz y, como había olvidado coger el cargador de mi móvil, la batería estaba a punto de morir. Sobre el césped peloteaban unos chavales de unos dieciocho años y, antes de marcharme, pregunté a un señor quiénes eran.

—Los juveniles.

—Están en División de Honor, ¿no?

—Sí, van cuartos o quintos.

Salí corriendo hacia la cafetería. Tenía tiempo de tomarme un café antes del comienzo del partido. Rayito en vena.

* * *

Volví a posicionarme entre los dos banquillos, en la rampa. Había más o menos la misma cantidad de público que en el primer partido. Los visitantes de la Unión Deportiva La Cruz Villanovense llevaban camiseta verde, pantalones negros y medias blancas y verdes. Provenían de Villanueva de la Serena, ciudad de la provincia de Badajoz pegada a Don Benito. A mi lado un renacuajo moreno y con gafas de culo de vaso, a quien había visto pelotear antes del encuentro con un futbolista del Villanovense, no paraba de moverse, nervioso. A su lado, un hombre con barba, alto y corpulento, embutido en el chándal oficial del club, parecía un gigante. Resultó ser directivo de los extremeños y su jefe de expedición. Era un club de formación que, con directiva independiente, actuaba de filial del Villanovense, que jugaba en Segunda RFEF. Le pregunté qué tal iban y me dijo que este año estaban en la parte baja de la tabla.

—El año pasado quedamos quintos y se llevaron a todos los jugadores. A Murcia, Girona, Betis... Aquí no verás ni a uno del año pasado. El entrenador también es nuevo, el anterior se fue al Villanovense. ¡Y en infantiles ganamos!

—Enhorabuena —le dije.

—El problema que tenemos es que en Villanueva de la Serena no hay universidad y se nos van a Cáceres y a Badajoz, o adonde sea.

—¿Y la mayoría de vuestros jugadores son extremeños o hay de todos sitios?

—¡Tenemos un piso con diez chavales de fuera!

Aquellos jugadores de menos de diecinueve años estaban en la antesala del fútbol profesional y se comportaban como sus mayores desde hace años, con el sueño de llegar a Primera División como zanahoria. Se notaba en su calidad, pero también en la pasión con la que jugaban y en las expresiones reconcentradas de sus rostros todavía en transformación. Nada más comenzar el encuentro Mario Otero y Manuel Verdejo, «Cubi», entrenadores del equipo local y del visitante, respectivamente, el uno rubio y el otro moreno, ambos con abrigos oscuros, empezaron a dar órdenes y casi no pararon durante los 90 minutos. El Rayo dominó claramente el primer cuarto de hora, pero no obtuvo el premio del gol. A partir de entonces La Cruz le salió respondón. Lanzaban contraataques certeros con balones largos del portero a Dom, el 9, delantero rubio y compacto, el que jugaba antes del partido con el niño. El Rayo tocaba y tocaba, pero no había manera.

—¡Cargar área, meterles en bloque bajo!… —ordenaba Otero—. Dos centros, dos ocasiones… Tanto pase posicional y como España, joder…

A cada oportunidad fallada, fuera de quien fuese, el jefe de la expedición extremeña se movía de un lado al otro, tenso. El encuentro me estaba encantando. El partido se fue al descanso con empate a cero y los 22 protagonistas salieron del campo en silencio, con la mirada baja, repasando en su mente lo hecho por cada uno.

Gasté las últimas monedas que me quedaban en otro café. Mi móvil había muerto y ya no iba a poder tomar notas. El bar estaba animado, seguían sirviendo bocatas y vi al exgerente Fraile sentado a una mesa charlando con unos rayistas. De vuelta al campo cuatro, al pasar junto al guardia de seguridad se repitió la misma lacónica conversación que se había producido cada vez que nos encontrábamos.

—Vaya frío, ¿eh? —decía yo.

—Sí, vaya —reafirmaba él.

Habían encendido los focos, pero apenas iluminaban. Fundar una rutina no requiere muchas repeticiones; sin darme cuenta, volví exactamente al mismo lugar desde el que había visto la segunda parte de las mujeres y la primera de los chicos. Cuando ves a equipos que no conoces y no dispones de las referencias que te facilitan los comentaristas si se emite en televisión, la prensa deportiva u otros medios, te puedes fijar en determinados jugadores por razones diversas. La obvia, que destaque su juego sobremanera sobre el de sus compañeros o rivales —en aciertos o en errores—, con el matiz de que llaman más la atención los jugadores de ataque que, por ejemplo, un mediocentro. Es fácil asimismo que los ojos se te vayan hacia el portero porque viste diferente, no para de gritar y es el tipo solitario, el raro, y le observas y te preguntas en qué estará pensando cuando es su equipo el que ataca. Tu posición en la grada también es determinante, aunque veas con el cambio de campo de los jugadores a ambas bandas de cada equipo; sencillamente, tiendes a mirar más a quienes están más cerca. Las características físicas y de carácter de los futbolistas cuentan y a mayor diferencia de uno con el resto, más le miras. También es importante tu estado personal, el resultado y la intensidad y el minuto del encuentro; no veo un partido igual si estoy fresco o cansado, si un equipo gana o pierde, si estamos al inicio o al final, ni si es una fase mortecina del juego o hay más emoción. Verlo solo, sin que nadie te despiste o te aporte su análisis o detalles interesantes no tiene nada que ver con ir acompañado: solo te permites divagar más a menudo y te pierdes en algún jugador. Aquella tarde, en el caso del número 5 del Rayo, Marco de las Sías, se conjugaron varias razones para seguirle con detalle. Jugó de central por la derecha, por la banda en la que me encontraba yo; alto y fibroso, se manejaba con brío, ganaba duelos, era resolutivo, trataba bien el balón y se incorporaba sin miedo al ataque. Una característica física suya que no tiene nada que ver con sus cualidades futbolísticas, pero sí con la genética y el carácter, llamaba la atención: era pelirrojo y tenía una melena rizada y larga; si llevas un pelo así, sabes que destaca y eso no te importa. Me pareció un líder natural. En una jugada chocó con Álvaro, el talentoso delantero rival, y el árbitro no pitó nada. Álvaro quedó en el suelo doliéndose y Cubi, su entrenador, salió en su defensa:

—¡Árbitro, para el juego, es la rodilla!

El colegiado le hizo caso y, con el juego detenido, Marco pasó cerca de Cubi. Este le debió de recriminar algo —no lo oí— y el defensa le respondió con cierta calma, como de pasada:

—¿Qué quieres, es fútbol o qué...? ¿Quieres que bailemos?

Intervino su entrenador, Mario Otero, para cortar cualquier rifirrafe:

—¡Marco, al banquillo nada!

Cuando parecía que todo había acabado, el juego ya reanudado, Marco le dijo a Cubi:

—A mí no me dirijas la palabra, ¿eh?

Cubi, elegante, ni le respondió. Ambos entrenadores eran verdaderos formadores y trataron al rival y a sus propios jugadores con respeto y mano izquierda.

El Rayo flirteó con el gol y acabó llegando en el minuto 60, en una jugada en la que «cargaron el área», como pedía Otero. Como no supe en directo quién había marcado, le pregunté a un espectador muy joven y extranjero que animaba por su nombre a los futbolistas.

—Ha sido Joan —me informó.

Los vallecanos se pusieron como locos y lo celebraron junto al córner. Hubo tensión tras el 1-0, algunas tarjetas amarillas más y sustituciones, pero el tiempo se acabó y tres de los jugadores visitantes se dejaron caer al suelo, extenuados y frustrados por la derrota. Dos, con ese toque en ocasiones teatral y exagerado típico de la adolescencia, golpearon la chapa de su banquillo por fuera y blasfemaron según se dirigían a los vestuarios. El delegado rayista se dejó oír, defendiendo las instalaciones de su club. En un par de minutos el campo se vació. El Juvenil A del Rayo se colocaba 4º en su grupo, posición que, de mantenerla, le permitiría jugar la Copa, campeonato nacional de prestigio.

* * *

Mi jornada de falso jubilado llegaba a su fin. En uno de los campos jugaban chicos de unos catorce años y en otro entrenaban niños pequeños. Era ya de noche y me recordó a aquellos entrenamientos invernales de baloncesto de mi infancia y adolescencia, con las manos heladas, cuando parecía que el balón era de piedra y quedarse quieto era una temeridad. Aquella experiencia inolvidable, en el caso del fútbol y según el informe de 2021 del Consejo Superior de Deportes, la compartían casi un millón de personas en España, la cifra de federados. Si sumamos aficionados, da la sensación de que no hay nadie que no juegue en un equipo de fútbol.

Dadas mis dificultades innatas para orientarme, tuve la suerte de que precisamente el chico que me facilitó el nombre del goleador se dirigiera como yo a la estación de metro y le seguí. Hablaba por teléfono en francés y me quedé con las ganas de saber su origen y su interés en aquel partido. Al llegar a casa busqué información en la red sobre algunos de los protagonistas de aquella tarde de diciembre. Como era de esperar, era escasa. Marco de las Sías aparecía en una web como «Marco de las Islas», y las demás entradas de la búsqueda se referían a Marco Asensio, jugador del Real Madrid y tocayo suyo que era de las islas por ser mallorquín. La magia de la red.

DE DAKAR A QATAR

Ignoro la cantidad de gente que asistió a los partidos del Mundial de Qatar y también cuántos lo vieron por televisión. Sospecho que no lo sabremos nunca. Son cifras sujetas a intereses variados, siempre manipuladas y que se acercarán a la realidad cuando alguien se aventure a lanzar una estimación, tanto como las del número de católicos que hay en España o de personas que usan el móvil más de tres horas al día en Arizona. Lo que sí sé es que yo lo vi, pagué 19,99 euros para disponer de la aplicación Gol TV y participé en una porra multitudinaria que estuve muy lejos de ganar. Me perdí, por estar hablando por teléfono, el momento icónico en el que el emir qatarí Tamim bin Hamad Al Thani le puso la capa negra de superhéroe o manto *bisht* de los beduinos a Leo Messi, el gran triunfador, justo antes de que este levantara como capitán de la selección argentina la copa de campeones.

Tengo claro que ha sido un Mundial escandaloso desde la designación de la sede hasta su propio desarrollo, que abunda en la mierda del fútbol y que, siendo el evento global quizá más importante del deporte, hoy en día se nos exige un posicionamiento personal con respecto a un acontecimiento así de relevante y polémico. Lo interesante es que la decisión de verlo o no como espectador se ha medido en términos morales, de culpa, como se mide casi todo y se ha hecho casi siempre en las sociedades o culturas como la nuestra, donde resulta imposible actuar bien. La responsabilidad recae, finalmente, sobre el individuo, y gobiernos y demás instituciones se lavan las manos. Un Mundial con autoridades en los palcos, himnos y banderas nacionales en las gradas, donde caben el patriotismo y el nacionalismo, y por el contrario se prohíbe el debate sobre derechos fundamentales de los ciudadanos, pisoteados en su sede qatarí. El suizo Gianni Infantino, presidente de la FIFA, envió una carta a las federaciones de los países participantes en la que les rogaba que evitaran «las batallas ideológicas o políticas» durante el desarrollo del campeonato.

En mi caso verlo no ha disminuido mi capacidad crítica, me ha permitido discutir y reflexionar sobre el asunto y no me ha quitado ni un minuto de sueño. Pero este libro no trata sobre el Mundial de Qatar y la culpa, sino sobre el Rayo Vallecano.

El recorrido del Rayo en el Mundial fue el del equipo pequeño que es alejado de la gran conversación pero capaz de generar, al menos, susurros. Hubo, antes de la aparición de la lista definitiva de Luis Enrique, un runrún sobre la posibilidad de que llamara a Isi Palazón, futbolista al que había calificado de «muy bueno». No habiendo estado antes seleccionado no parecía probable que fuera, pero ilusión nos hizo a muchos.

Tan sólo cuatro jugadores del Rayo Vallecano habían sido seleccionados antes para jugar un Mundial. El delantero mexicano Hugo Sánchez, estrella del Atlético y el Real Madrid, jugó después en la Franja la temporada 1993/94. Hugo acudió a tres campeonatos del mundo y durante el último —Estados Unidos 94— tampoco vestía la elástica franjirroja, ya que había fichado en verano por otro equipo. Al Mundial estadounidense también fue Wilfred Agbonavbare, el icono nigeriano tan presente en la memoria de los aficionados del Rayo, aunque no llegó a debutar. Quien sí lo hizo —en el de Argentina 78— fue Antonio Guzmán, por entonces jugador rayista. El de Torrejón de Ardoz fue un centrocampista de corte defensivo, luchador y correoso. Llamó la atención del entonces seleccionador Ladislao Kubala y del Atlético de Madrid, que lo fichó aquel verano. Con veinticuatro años saltó al campo en el segundo tiempo del recordado 0-0 contra Brasil en el que el bético Julio Cardeñosa falló un gol cantado. No jugó más y España cayó en la fase de grupos.

El cuarto de la lista sigue defendiendo los colores vallecanos y no es otro que Radamel Falcao. Tuvo una sola aparición, en el Mundial de Rusia 2018, donde marcó un gol a Polonia. Hubiera sido un lujo verle en Qatar, pero la tricolor se quedó fuera.

Isinho finalmente no fue convocado. No viajó, pues, ningún español del Rayo. Tampoco acudieron casi todos los extranjeros por la misma razón que el murciano o por no haberse clasificado sus selecciones. Que no fuera Óscar Trejo —y me da igual que Argentina se coronara campeona sin él— me molestó y me molesta. Ya es uno de los diez futbolistas en la historia que más veces ha jugado con la Franja. Hubo, a cambio de esas decepciones, una alegría inesperada: el mediocentro Pathé Ismaël Ciss, número 21 del Rayo Vallecano, fue convocado por Senegal. Tenía, pues, marcados en rojo los partidos de la selección subsahariana, que debutaba el día 21 de noviembre frente a los Países Bajos. Me fijé en él, para mal, en el debut del Rayo en Vallecas frente al Mallorca, cuando sólo conocía un puñado de jugadores de la plantilla. Por aquel mes de septiembre del año anterior inventé un truco para aprenderme nombres de la plantilla: «¿Isi Lejeune Camello Bebé en el Pozo hundiendo el Morro tras haberse atiborrado de Pathé? ¿Qué pasaría, entonces?».

En el encuentro contra el Mallorca un pase erróneo de Ciss en horizontal propició el contraataque bermellón y el gol de Muriqi, el 0-1.

—¿Quién es ese, el del pase? —pregunté, irritado.

—Pathé Ciss —me informó mi hijo.

—Pues vaya paquete.

—No es malo, papá.

—Ya veremos.

Los aficionados somos crueles y sería hipócrita negarlo. Si los jugadores oyeran nuestros comentarios en caliente nos odiarían absolutamente todos, incluidos nuestros favoritos y «protegidos», ya que en sus horas bajas tampoco tenemos piedad:

—Está viejo, qué se le va a hacer, que se retire ya de una vez —puedes decir de todo un Balón de Oro sólo porque se le ve en baja forma y acaba de fallar un gol.

O:

—¡Está gordo, no puede con el culo! —sobre un jugador que no ha ganado un esprint, mientras te acaricias la voluminosa panza y alcanzas el bol de las patatas fritas.

Ciss era un centrocampista con un gran poderío físico y una altura —1,86 metros— que le hacía parecer, en Vallecas, una torre. Algo limitado técnicamente, era buen recuperador y aseado en la entrega de balón. Podía marcar, además, un par de goles al año. Comenzó la temporada de titular y luego había sido suplente, pero llevaba camino de superar los minutos que había jugado en la anterior campaña, su primera en el Rayo. Iraola lo mantenía en las rotaciones y confiaba en su aportación al equipo. El Mundial era una oportunidad para saber más de él.

* * *

Senegal es una república presidencialista que toma el nombre de uno de sus ríos principales. Limita al norte con Mauritania, al este con Malí, al sur con las dos Guineas y al oeste con el océano Atlántico. En su interior, rodeado y más bien al sur, se encuentra el pequeño país de Gambia. La primera noticia escrita de la tierra donde nacería Pathé Ciss 550 años después llegó a través de un navegante y explorador portugués, Dinis Dias. Este cartografió el punto más occidental de África, el cabo Verde, situado en un promontorio rocoso al que dio el mismo nombre que a la península donde se encontraba. El desarrollo comercial, que incluiría la exportación de goma arábiga y la trata de esclavos, no se produjo en aquella península, sino en la pequeña isla de Gorea, situada frente a sus costas. De allí, entre los siglos XVI y XIX, partieron miles de esclavos hacia las Américas. En paralelo, las principales tribus africanas del área se islamizaron a través de la penetración de morabitos y cofradías y no de guerras, como en otros lugares. La estratégica isla cambió en muchas ocasiones de manos entre portugueses, holandeses y franceses, pero fueron estos últimos los que acabarían dominando Senegal. A mediados del siglo XIX la abolición de la esclavitud y una serie de epidemias de fiebre amarilla aceleraron la decadencia de Gorea. En 1857 se fundó Dakar y poco después se iniciaron las obras del faro y de un puerto que se convirtió en el de mayor tráfico del África Occidental; el producto más rentable, cultivado a gran escala en la cuenca del río Senegal, pasó a ser el maní, la *Arachis hypogaea* que nos proporciona unas semillas tan sabrosas. Su producción dividió el país entre un área más moderna y otra más atrasada. Un siglo más tarde, en 1960, como parte del proceso internacional de descolonización, Senegal se independizó de Francia.

En la medina de Dakar, la capital del país, cuyo nombre significa «tamarindo», es donde nació Ciss. En Senegal, de clima tropical, musulmán y donde funciona la poligamia y un sistema de castas, conviven varias etnias: wólof, fulani, serer, mandingo, jola y soninke, cada una con su lengua, a las que se añade el uso del francés. La agricultura sigue siendo importante, pero también la minería, la pesca, el refinado del petróleo y el turismo. Si viajásemos allí, veríamos enormes baobabs, esos árboles milenarios y prehistóricos que lo aguantan casi todo, símbolo nacional y que popularizó en Occidente Antoine de Saint-Exupéry en *El Principito*. También aves como el gran cálao de Abisinia o el azulito de Senegal, y mamíferos como antílopes caballo, hipopótamos, gacelas y mandriles.

Hay deforestación y desertización. La corrupción es sistémica. Senegal ocupa el puesto 193 entre los países del mundo con respecto a su renta per cápita. Es un país muy pobre. Por eso, el sueño de gente como Pathé Ciss es salir de allí y triunfar.

* * *

Que Ciss se convirtiera en futbolista profesional no es una sorpresa. Su padre, Ibrahim, es entrenador desde hace más de veinte años en la academia Diambars, promovida, entre otros, por Patrick Vieira. Este, natural de Dakar y nacido de padres caboverdianos, se nacionalizó francés y triunfó tanto en clubes europeos como con la selección. Fue un excelente mediocentro defensivo, como Idrissa Gueye, que se formó en Diambars. Otro éxito de la academia fue Saliou, el hermano mayor de Pathé, lateral izquierdo que desarrolló su carrera en Francia y jugó en numerosas ocasiones con la selección de su país.

Pathé comenzó en la academia de delantero y acabó como mediocentro. Salir al extranjero se le resistía. En el año 2017 vivía en Saly, a unos 80 kilómetros de Dakar, área turística de la Petite Côte con playas y palmeras. Seguía jugando en el Diambars FC, el club asociado a la academia, que disputa la liga de la Primera División senegalesa. Un día, por fin, le llegó una oferta europea: el presidente del club le propuso fichar por el CF União Madeira portugués, un equipo modesto. De ahí pasó al FC Famalicão, que competía en la Segunda División lusa y luego a la misma categoría, pero ya en España, al Fuenlabrada. A Ciss le quedaba subir todavía un peldaño más en el fútbol de élite y lo logró cuando fichó por el Rayo Vallecano, la temporada 2021/22. Debutó en Sevilla y la noche anterior no durmió: ahora jugaba con futbolistas que antes veía por televisión y asistía a leyendas como Falcao para que marcara. Su carrera había despegado, como la de su hermano tiempo atrás. En ese periplo de cuatro años su valor de mercado, según la web *Transfermarkt*, pasó de 50.000 euros al actual de 4 millones. Eso nos da una idea de que triunfar en el fútbol, en términos económicos, no se parece a triunfar en casi ninguna otra profesión.

Ciss es uno de los 70.000 senegaleses que viven en España. Más de la mitad están inscritos en la Seguridad Social y unos 14.000 han obtenido la doble nacionalidad, con un éxito en la adaptación superior al de otras comunidades de extranjeros. España ha pasado en unos decenios de ser un país en el que, cuando hablabas con alguien de otras etnias, preguntabas: ¿«De dónde es usted?», a otro en el que matizas la pregunta porque quizá sea español: «¿De dónde procede su familia?». La emigración senegalesa más común ha tenido poco que ver con el caso del mediocentro vallecano. Desde los años setenta y ochenta del siglo pasado llegaron senegaleses con orígenes y destinos diferentes. Campesinos pular, mandinga y soninke del sur del país limítrofe con Gambia se establecieron en Cataluña para trabajar en el sector agrícola. Los wólof —la etnia más numerosa—, los *móodu-móodu* o recién llegados, se instalaban en la costa mediterránea y en las capitales de provincia. Se dedicaban al comercio y a la venta ambulante. Muchos pertenecen a la hermandad islámica y sufí mouride y son discípulos del jeque Amadou Bamba M'Backé (1853-1927), que controló la producción del cacahuete en época de la colonia francesa. Touba es su ciudad santa y allí, con sus aportaciones, han construido el mejor hospital del país. Dispersos por varios continentes, pertenecen a una red que vende en París, Madrid o Alicante productos comprados en barrios chinos como el neoyorquino o en Hong Kong.

Ciss tiene muy presente la importancia de la suerte, componente que suelen olvidar a su conveniencia los deterministas y muchos triunfadores.

* * *

El 18 de noviembre me senté a las cinco de la tarde junto a mi madre en su salón para ver el debut de Senegal frente a los Países Bajos. Por desgracia, Pathé Ciss se quedó en el banquillo, lo cual no me pareció extraño. Vigentes campeones de la Copa de África, los llamados Leones de la Teranga —«hospitalidad», en lengua wólof— tenían un buen equipo y eran la esperanza —lejana— de los numerosos aficionados que sueñan o soñamos con una victoria africana en un Mundial. Una victoria difícil ya que su máxima estrella, Sadio Mané, el magnífico delantero fichado ese año por el Bayern de Múnich tras su paso por el Liverpool, se había lesionado y no se recuperó a tiempo. No valieron siquiera los esfuerzos de Fatma Samoura, secretaria general de la FIFA, quien declaró al canal de televisión Europe 1: «Vamos a utilizar brujos. Ignoro si son eficaces, pero de todos modos vamos a usarlos. Esperemos que haya un milagro. Tiene que estar en el Mundial». A falta de Mané, había jugadores contrastados y en equipos potentes.

El encuentro fue aburrido y nos entretuvimos con detalles ajenos al juego.

—La camiseta senegalesa es preciosa —dijo mi madre, rompiendo el silencio.

Era blanca, con los colores de la bandera en los ribetes de cuello y mangas y en un estampado tricolor en el pecho cuya forma recuerda a la perspectiva de una esquina y se denomina «chevrón» en heráldica; el escudo iba a la izquierda y una estrella en el centro. Los números eran verdes. La bandera senegalesa utiliza los colores verde, amarillo y rojo en bandas verticales y muestra en el centro una estrella verde de cinco puntas que simboliza el islam. Son los colores panafricanos de Etiopía, que también usan en sus banderas malienses y guineanos.

—Sí, es muy bonita —concedí—. Si llegan a cuartos nos la compramos.

El partido acabó con la soporífera victoria de los Países Bajos por 2-0 y una semana después vi solo y mientras comía el encuentro de Senegal frente a Qatar, la anfitriona. Ambas selecciones necesitaban ganar para seguir con posibilidades de clasificarse para la siguiente ronda. No esperaba ver jugar a Ciss, pero, con 2-0 a favor de Senegal y en un partido de errores groseros, llegó el minuto 64. Aliou Cissé, el seleccionador de intensa mirada, leyenda nacional y cuyo apellido ya me había dado cuenta a esas alturas de que debe ser como «García» en nuestra tierra, dio las últimas instrucciones a Pathé. El rayista iba a aportar piernas frescas para robustecer el centro del campo y mantener el resultado. Saltó al césped del Estadio Al Thumama de Doha con el número 11 a la espalda y se consumó otro sueño más. En televisión es algo más difícil que en vivo seguir a un jugador en particular y encima estaba comiendo, así que lo que me pareció más destacable de su actuación fue una patada en el minuto 87 que le costó la tarjeta amarilla. Senegal ganó 3-1 y dejó fuera a los anfitriones. El Rayo ya tenía al quinto futbolista convocado en un Mundial, cuarto en cuanto a minutos sobre el césped y segundo en debutar mientras defendía la camiseta franjirroja.

El tercer partido, en el que Senegal se jugaba frente a Ecuador el pase a los octavos de final, lo vi de nuevo con mi madre. Ella andaba preocupada por el tema de la porra. Cuando la rellenó quiso poner resultados al azar para quedar la última en la clasificación y obtener el premio de consolación del queso, como en el Mundial anterior, pero yo no la dejé hacer trampas. Sus pronósticos, como había hecho cuatro años antes, debían ser honestos. Ahora, desde el inicio del campeonato, me preguntaba a menudo cómo iba.

—¿Cómo voy en la porra?

—Vamos todos mal. Tú la peor.

Su rostro se iluminó con una gran sonrisa.

—Entonces ¿crees que puedo ganar el queso?

—No, no tan mal. Ahora vamos a ver el partido, que resulta que juega de titular el del Rayo.

—Ecuador-Senegal… Difícil elegir.

Fue un partido emocionante pero sin calidad en el que Senegal se impuso por 2-1 a una Ecuador que salió agarrotada. Esta vez sí estuve atento a Ciss y lo que más me gustó fue su carácter: me daba la sensación de que sus compañeros no le buscaban demasiado pese a su posición de pivote, pero él no dejaba de darles indicaciones con sus largos brazos. Ya en zona mixta, tras la victoria, declaró en la cadena COPE que clasificarse era «una alegría que uno no se puede imaginar».

El 4 de diciembre, un día después de mi cumpleaños, no esperaba ningún regalo ni de Senegal ni de Inglaterra, su rival en octavos de final. Hay partidos en los que tienes claro que vas al matadero y ese era uno de ellos. Ciss fue de nuevo titular, pero el guion del encuentro lo tenía en la cabeza antes de que comenzara a rodar el esférico. Posible penalti por mano no pitado al equipo débil, oportunidades falladas y, en la primera ocasión del favorito, que hasta entonces no había hecho nada, balón a la red. El relato acaba con el descalabro del equipo débil. Ciss fue sustituido y yo aguanté frente al televisor hasta que los ingleses metieron el 3-0 definitivo.

Tras la confirmación de mis temores, me fui a escribir. Lo más ilusionante del Mundial había terminado. Pathé Ciss había demostrado ser capaz de jugar entre los más grandes. En mis notas del móvil apunté: «Investigar si Pathé Ciss es wólof. Muy probable». El número 24 del Rayo Vallecano y 11 de la selección senegalesa ya era para mí, gracias al Mundial, mucho más que un par de cifras.

CARBÓN

El llamado «parón del Mundial» había sido un agujero negro de un mes para los clubes. Acabó con la vuelta de la Liga en los últimos días del año, pero a efectos de este libro y personales, se alargaba hasta el primer partido de enero en el Estadio de Vallecas, una vez dejados atrás las Navidades y los Reyes Magos.

Qué deciros de la Navidad que no sepáis. Y si no lo sabéis todavía, lo iréis descubriendo, no hay prisa. De niño te enteras un día de que todo el mundo te ha mentido con el asunto de los Reyes Magos o Papá Noel —¡todos!—, y desde entonces no vas a librarte de ese estrés en lo que te queda de vida. La Navidad, que comienza a efectos psicológicos y comerciales a principios del mes de noviembre, compite de tú a tú con el fútbol en intensidad. Tragedias familiares rememoradas y revividas, regalos absurdos por hacer y recibir, necesidad infantil de cariño y de que todo salga perfecto, ateos cantando villancicos, católicos presos de la gula, inesperados momentos verdaderamente emocionantes, cigalas a precios obscenos, obligaciones sociales sin fin… No es que yo sea Scrooge. No odio la Navidad. Es, tan sólo, un periodo en el que nunca sé si vivo en un mundo real o imaginario. Alcanzo un estado en el que se mezclan la excitación, el cansancio y la perplejidad. Me estimulan las promesas de amor universal, me cansa la gente y me deja perplejo, cada año, la osada decoración navideña de mi ciudad, Madrid.

Aunque lo intento año tras año, me resulta imposible abstraerme de la montaña rusa emocional navideña, prima hermana de la de las vacaciones de verano, esa fantasía en ocasiones destructiva en la que todo el mundo pretende descansar para comenzar la nueva temporada llenos de energía. Aquellas Navidades, gracias a recortar de un modo a veces doloroso pero efectivo mi participación, superé el trance con un notable alto. Por primera vez en mi vida no participé en los Reyes Magos y limité los regalos a uno compartido entre mi hijo y yo, una televisión para sustituir la rota hacía ya tres años. El colofón fue, el propio día de Navidad, viajar a Jarandilla para escribir durante un par de semanas.

Llegué un día soleado y había praderas de un verde brillante en lugares insospechados. Las lajas, húmedas, resplandecían a lo lejos como si fueran de plata y las peñas estaban cubiertas de musgo. Abrí la casa, deshice el equipaje, encendí la estufa de leña y me puse a leer el libro que había comprado en la librería vallecana Muga: *Madrid, Villa y Puente: Historia de Vallecas*, firmado por Luis H. Castellanos y Carlos Colorado. En las primeras páginas ya me di cuenta de que estaba muy bien escrito. ¡Navidad, oh dulce Navidad!

* * *

Un par de días después me dispuse a ver el Girona - Rayo Vallecano en mi portátil: volvía la Liga. Con el mercado de invierno a pocos días de abrirse, había rumores de posibles salidas de futbolistas que Presa, en la entrevista que dio en la previa, no confirmó. El central Alejandro Catena, de moda por sus buenas actuaciones, acababa contrato a final de temporada. Fran García, el dinámico lateral izquierdo, sonaba para que el Real Madrid se lo llevara de vuelta al Bernabéu. Fue un encuentro emocionante que acabó con un 2-2 y que pudo haber ganado cualquiera. Pathé Ciss, por cierto, jugó de titular. Los goles de Camello e Isi encontraron respuesta en sendos penaltis convertidos por los albirrojos. El primero fue discutible, pero el segundo es el suceso al que me refería. Habréis adivinado que la pena máxima fue por una mano. Castellanos remató dentro del área, Lejeune se lanzó al suelo para rechazar y el balón impactó en su mano y salió por la línea de fondo. El disparo de Castellanos iba fuera, es decir, el central, que tocó involuntariamente el espantoso Órbita con su mano arriesgándose a perderla, no impidió gol alguno. Pues bien, Figueroa Vázquez, el árbitro, pitó penalti.

No me quité la jugada de la cabeza durante el resto del encuentro. Al acabar, pese a que llovía y era de noche, decidí dar un paseo a ver si era capaz de pasar página. Me puse el capote, salí y pronto me acostumbré a la oscuridad. Ignoro la cantidad de penas máximas que se habían pitado por mano a esas alturas de la temporada, pero sospecho que debía de ser una de las jugadas con más impacto en el marcador y que más paraba el juego. Que yo sepa, ni los jugadores quieren tocar casi nunca el balón con la mano, ni los aficionados vamos al fútbol a ver cuántas veces impacta la pelota en estas extremidades de los futbolistas. Dado que mi propuesta anterior de amputar las zarpas a los jugadores quizá fuera algo exagerada —aunque zanjaría el debate definitivamente—, no parecía muy difícil proponer una solución a partir del sentido común. No se necesitaban muchas reglas ni artículos farragosos redactados por chamanes en trance. Una mano es penalti si corta la progresión de una jugada de peligro del equipo atacante en el área contraria o si directamente impide la consecución de un gol. Punto. Lo demás, interpretación, que para eso están esos señores que visten de colores chillones, cobran una pasta y se dedican a amargarnos la vida.

Algo más tranquilo, volví casa y me hice la cena. Sí, la Liga había vuelto.

* * *

Los días discurrieron lluviosos, monótonos y fructíferos. Ya no estaba solo. Noche, la gata negra, se había instalado en la parcela. Desde hace años, cuando alguien se alojaba en la casa, Noche solía aparecer un par de días más tarde. En mi familia sospechábamos que era una gata semisalvaje, de campo. La habíamos visto cazar ratones, musarañas y pájaros e incluso comer un saltamontes. Era una gata perruna en el sentido de que era muy cariñosa. Se restregaba a menudo contra tus piernas, se subía al regazo en cuanto te sentabas en una silla a leer en la terraza, le encantaba que la acariciaras y te acompañaba en los paseos, ya fuera a cierta distancia o subida en un hombro durante parte del trayecto, como hizo en un par de ocasiones. Mi sobrina Verónica le había puesto nombre y ella y Sira, mi hermana, le habían comprado un comedero y eran algo así como sus madres. Cuando coincidíamos le hacían tanto caso que yo tenía hasta celos; eran capaces, además, de olvidar algún encargo mío de la compra, pero jamás los caprichos de Noche. En esta ocasión me ocupé de ella y fui al pueblo caminando a comprar comida. La gata era muy exigente. Habituado a tomarme un café y fumar nada más levantarme, maullaba de tal modo nada más verme abrir el portón del salón para que entrara la luz que me veía obligado a postergar el café y darle de comer. Para colmo, inmediatamente después de acabar la lata de lo que fuera que comiese, volvía a maullar para pedir la leche de postre y yo no veía el momento de que me dejara en paz y pudiera comenzar la jornada a mi manera.

El día que me vi hablando a Noche cada vez que salía afuera en algún descanso de la escritura decidí que, aparte de charlar con mi hijo y algún amigo, me vendría bien alguna otra conversación con seres humanos. Recordé que Miguel me había pasado el contacto de Pablo, un hincha del Rayo que vivía en Washington y tenía ganas de comentar con él la aventura de Presa con el Oklahoma Rayo. El fútbol, llamado *soccer* en Estados Unidos, siempre fue allí un deporte menor y principalmente universitario. Hubo estrellas mundiales y jugadores de categoría que, en el declive de sus carreras, jugaron en sus ligas profesionales desde finales de los años sesenta del pasado siglo, como Pelé y Johan Cruyff. Desde entonces el fútbol no ha explotado, pero se han visto cambios. Las ligas han mejorado, aunque siguen siendo débiles en comparación con las más potentes, y el interés de los locales en el balompié ha crecido. Presa se había lanzado antes, en 2015, a conquistar nada más y nada menos que Oklahoma, «the sooner state», el estado del Medio Oeste al que llegaron los primeros colonos y que ahora vive, entre otras cosas, de ese gas natural y ese petróleo que a nosotros nos falta.

El Rayo invirtió en la creación del Rayo Oklahoma City FC entre uno y un millón y medio de euros, según los medios, tras asociarse con dos empresas locales que aportaron la gestión. El nuevo club entró a competir en la North American Soccer League (NASL), refundación de aquella liga en la que jugó Pelé, un proyecto muy débil al lado de la principal competición profesional estadounidense, la Major League Soccer (MLS). El *Raio* —así lo pronuncian allí— se presentaba como «the team of the people», el club de la gente, en recuerdo de sus raíces vallecanas. Compitió en la temporada 2016 como el 14° equipo de la liga. Jugaron en el Miller Stadium, con capacidad para 6.500 aficionados y situado en la pequeña ciudad de Yukon, a 25 kilómetros de la capital del estado, porque en esta ya había un club de fútbol que participaba en otra liga profesional. Tengamos en cuenta que al Rayo Vallecano, el club matriz, no lo conocería apenas nadie por entonces —ESPN+ no retransmitía todavía la

Liga española— y que en Oklahoma sólo el 10 por ciento de la población era hispana y podía tener algún vínculo lingüístico y cultural con el proyecto. ¿En qué estaría pensando Presa cuando se lanzó a una aventura como aquella? ¿Convertir su franquicia en puente para captar jugadores norteamericanos jóvenes? ¿Expandir poco a poco la «marca Rayo» en Estados Unidos? ¿Por qué eligió desembarcar precisamente en el Oklahoma City?

Sea como fuere, pese a quedar cuartos de aquella liga, fue un desastre económico. Nueve meses después, Sean Jones, socio minoritario, se llevaba tepes de césped del estadio por miedo a que se vendieran y él no viera de aquello un solo dólar. El Rayo Oklahoma City desapareció y la liga NASL hizo lo propio tras la siguiente campaña. Sospecho que no debe haber hoy ni un solo aficionado del Rayo Vallecano en Oklahoma. Si buscas en la red con el nombre de aquel efímero club, el segundo enlace que aparece, tras la entrada de Wikipedia, es una noticia de un suceso que ocurrió en 2018. En una tormenta eléctrica se generó un rayo cuya columna conductora se elevó 80 kilómetros hasta alcanzar la ionosfera. El titular de la noticia parece referirse a aquel efímero equipo: «El rayo más desconcertante fue detectado en Oklahoma».

Antes de llamar a Pablo, probablemente el único hincha de la Franja en Washington, vi un vídeo de presentación a los medios del Rayo Oklahoma City de noviembre de 2015. Aquel acto me pareció tal desatino que dudé durante el visionado si las setas del revuelto que había comido a mediodía eran alucinógenas y estaba drogado. Abrió el acto el comisionado de la NASLL, Bill Paterson, que leyó una lista de las razones por las cuales el proyecto iba a triunfar. Tras él intervino Sean Jones, el cortador de césped, cuyo discurso incidía en la idea de que «things happen for a reason», las cosas ocurren por algo, y no le quito razón. Se proyectó a continuación el vídeo presentación del club. Lo protagonizaba un águila, aunque la mascota del equipo fuera, según su web oficial, la del estado: un ave llamada *scissor-tailed flycatcher*, papamoscas cola de tijera en castellano. El águila negra del vídeo y el papamoscas no se parecían en nada. Por ser generoso y buscar algún punto en común, ambos pájaros despliegan un vuelo espectacular. En el vídeo el águila volaba desde España hasta Oklahoma y al final chillaba y el escudo del nuevo Rayo salía propulsado hacia el cielo en una metáfora visionaria.

Presa subió al estrado visiblemente nervioso. Considero su discurso puro fútbol: forma parte de ese universo al mismo nivel que un regate de Diego Armando Maradona. «Hello... First I want to say thank you for this one will come and say that for me and for me and for us is a honor to have here in your community, in your own state, in your country that is a great country. Which is a separate country, country that have admire that I was child. Yes. I start in english and after I will continue in Spain, in Spain... This Oklahoma and United States is a land of opportunities... This land when concaster (¿conquered?) by our ancestors after surviving a very difficult and a long trip after...». El discurso continúa, y es indispensable verlo para creerlo. Cerré el portátil y salí a fumar. No podía llamar en ese momento a Pablo a Washington, necesitaba digerir aquello. Noche apareció de la nada y comenzó a restregarse contra mis piernas y a ronronear.

—Noche, el fútbol es algo muy grande, un monstruo de mil cabezas. No te lo puedes ni imaginar.

Noche siguió a lo suyo y yo a lo mío. Cuando acabé el cigarrillo, antes de entrar en casa, me despedí de ella:

—No sabes la suerte que tienes de que no te guste el fútbol.

* * *

Pablo vive en Washington desde 2010 y trabaja en un puesto de dirección financiera para Amadeus, grupo de empresas que aporta soluciones tecnológicas a la industria de los viajes. Tiene mujer y dos hijos, el mayor del Real Madrid y el menor del Rayo. Él se hizo del Rayo Vallecano con doce años tras acudir con un amigo estadounidense a un Rayo-Murcia.

—¡He visto jugar a Felines! —me dijo, orgulloso.

Cuando vivía en España acudía al Estadio de Vallecas y viajaba en ocasiones con el Rayo, como aquella tan especial en la que pudo ver a su equipo eliminar en la Copa de la UEFA al Girondins de Burdeos. Ahora sólo puede acudir al campo en los escasos viajes a Madrid y se prepara la agenda de trabajo de modo que pueda ver en directo por televisión todos los partidos del Rayo. Además, se informa mediante la web *Pasiónporelrayo* y ve todas las ruedas de prensa previas y pospartido de Andoni Iraola, a quien admira:

—Además de hacer jugar al equipo de maravilla y con la intensidad típica del club, es humilde, didáctico y nunca pierde la compostura.

—¿Y tu jugador favorito? —le pregunté, derrochando originalidad.

—¿De los actuales? Me gustan muchos… Por decir uno, Trejo, es el símbolo del club, estuvo en Segunda B… Mi hijo prefiere a Isi, le da mucho dinamismo al juego.

Trejo e Isi, me iba dando cuenta, eran el yin y el yang del Rayo, Jesús y la Virgen, Cástor y Pólux, el tornillo y la tuerca.

—¿Y lo del mayor? ¿Cómo llevas que sea del Madrid?

—Bueno, al menos uno es del Rayo…

—¿Y allí hay algún bar donde puedas ver un partido con más gente?

—No, siempre en casa, no conozco a ningún rayista más.

—¿No te animas a fundar una peña?

—Ja, ja, no, difícil…

—¿Y ves *soccer*?

—A veces voy a ver al D. C. United de la MLS por ver algo. Aquí el nivel sigue siendo bajo.

Pablo era lúcido y templado en sus apreciaciones. Repasamos la plantilla y comentamos algunos partidos, y confirmé que mi visión, más crítica, era la de un madridista. Los rayistas —o al menos los que he conocido— son más generosos con sus jugadores y se toman los reveses con naturalidad y cierta bonhomía.

—Nico, debes tener en cuenta que el Rayo no es el Madrid ni el Barcelona. Sus jugadores suplen con intensidad sus deficiencias —me decía Pablo, paciente.

—Ya.

—¡Pero con nosotros hay jugadores que se hacen hombres! Mira Diego Costa o Saúl Ñíguez, dos zambombazos…

Al final dejamos pasar el asunto del Rayo Oklahoma City. Mejor. Ahora el Rayo lo que mantenía en Estados Unidos era un hincha genuino en Washington.

—Raúl de Tomás es un *killer* —me dijo Pablo antes de colgar—. Tengo mucha ilusión por lo que queda de temporada.

* * *

2023 había llegado y yo tenía la sensación de que seguíamos en 2020, el año de la COVID, y que el tiempo se había detenido desde entonces. Antes de regresar a Madrid todavía tenían que llegar los Reyes Magos y el regalo que había pedido era que el Rayo pasara la eliminatoria de Copa del Rey. Se palpaba una ilusión brutal en la afición por la competición copera y yo participaba de ella. No había ido a ver el partido a Gijón porque no se puede estar en dos lugares a la vez. Sospecho que ni el club, ni el entrenador ni los jugadores, pese a que hablaran de ello, supieron percibir la fuerza y el deseo con que los rayistas vivieron la competición. Fallas así de apreciación se relacionan con la falta de sensibilidad y ocurren a menudo en la política y en el fútbol de élite: los protagonistas no «leen» al pueblo porque la distancia entre sus vidas y las «normales» ha crecido de tal modo que ya son universos paralelos cuyos nexos no se alimentan de lo cotidiano. En este caso concreto hablo de algo que se crea una vez, es muy potente y quizá tarde mucho en darse o no se vuelva a dar. Las palabras se gastan y «pasión» es un término tan manoseado que da grima, pero aquí es adecuado usarlo.

Cuando vi la rueda de prensa previa de Iraola me escamé. El Rayo venía de pasar la anterior eliminatoria ante el correoso Atlético Saguntino —cuatro categorías por debajo de los vallecanos— por penaltis y sin ninguna grandeza. El Gijón jugaba en Segunda División y disponía de una plantilla para aspirar legítimamente al ascenso. Le preguntaron a Iraola si iba a sacar esta vez al equipo titular y se salió por la tangente. Supe que iban a salir varios suplentes y, si hubiera sido amigo de Andoni —que no lo soy—, le hubiera llamado inmediatamente por teléfono con el fin de hacerle entender que se estaban equivocando. No había que planificar la temporada en su conjunto. Esa Copa había que jugarla como si fuera la última.

El Rayo salió con suplentes y perdió 2-0 ante un meritorio Gijón. Por primera vez en la temporada me enfadé, y quise saber cómo había vivido la derrota el único youtuber de la Franja que conocía. Se llama Lapi y es argentino, moreno, tiene ojos grandes y es especial. Es también hincha de River: «mismos colores y misma pasión», se lee en su canal. Hace pronósticos de los partidos con su padre y su hermano y transmite desde una habitación que no sé cuál es; se ven colchas, aparatos, qué se yo. Cuelga «reacciones», es decir, cómo responde al juego durante los encuentros según los está viendo por televisión. En lo que parecería un espejo ovalado y superpuesto a un lado del cuadro, incluye las imágenes de las jugadas a las que «reacciona», que supongo graba e inserta. Tiene cerca de 600 suscriptores. Los youtubers estrella del Real Madrid y el Barcelona superan el medio millón. Sonríe a menudo y es un hombre relativamente calmado. Suspira hondo tras las oportunidades erradas y suele repetir «¡vamos, vamos!» a menudo a lo largo de los partidos, que tras su conclusión analiza. Puse el vídeo de su reacción. Con el primero de los dos goles del serbio Milovanović, estalló:

—¡Putas! ¡Putaaaaas! ¡Aléééé! ¡Si el hashtag dice «Locos por la Copa», entonces jueguen por la Copa!

No es el estilo habitual de Lapi. Estaba realmente desencantado. En mi caso cuando el árbitro pitó el final estaba perplejo. Nos habíamos quedado sin Copa en Vallecas y fuera de Vallecas. Ya sólo quedaba la Liga. Fran García diría después en una entrevista en el programa de radio de *Pasión en clave de franja*, de *Pasión por el Rayo,* que tras la eliminación los que estaban más jodidos eran los jugadores, pero lo dudo. Sentí la inquietud que produce la sensación de que vives en un mundo irreal y lo que te rodea, los muebles y demás objetos, no comparten contigo ni espacio ni tiempo. Salí afuera y por suerte no llovía. El frío suele tener el poder de devolverte a la realidad, y los seres vivos también ayudan: Noche se acercó inmediatamente.

—Miau —dijo ella.

—Noche, no te lo vas a creer. Los Reyes nos trajeron carbón.

* * *

Siempre abandono el campo con pena y la vuelta a la ciudad tras las Navidades, pese al alivio de que acaben, me produce cierta aprensión, como si el peso del nuevo año cayera por entero sobre mis hombros. Llovía a cántaros y no podía postergar el viaje porque al día siguiente era el partido frente al Betis y el probable debut de RDT. Como sólo conduzco en casos de urgencia o enamoramiento, debía caminar hasta el pueblo y coger allí uno de esos autobuses que probablemente paren también en tu pueblo y hacen que la sensación y duración del viaje sea parecida a la de regresar a Madrid desde Sebastopol.

No tenía paraguas y, tras más de tres kilómetros de caminata bajo el aguacero y antes de llegar a Jarandilla, tuve que realizar una parada técnica para secarme en el restaurante Veratus, al lado del puente del Parral. La siguiente parada obligada, media hora después, fue en el bar Lino, ya en el pueblo. La tercera, la definitiva, bajo la marquesina de la parada de autobús. Llevaba ya unas dos horas de viaje, estaba helado de frío y me quedaban unas cinco para llegar a casa. En coche queda resuelto en un par de horas y sin mojarse. La diferencia es el precio que pagas por una rareza.

Mientras fumaba a resguardo de la lluvia, levanté la vista y vi algo que podría llevarle a una epifanía a cualquiera. Una epifanía es, en la primera acepción del diccionario, una aparición o revelación. La segunda se refiere a la festividad de los católicos que celebra la adoración de los Reyes Magos el 6 de enero. Lo que vi cuando alcé la vista fue un escudo del Rayo Vallecano pintado en la fachada del ático de la casa amarilla de enfrente. ¡Un escudo de la Franja en Jarandilla de la Vera! Me fijé en los demás detalles. A la derecha del escudo del Rayo había uno del Atlético de Madrid y en el extremo izquierdo, uno más de aspecto heráldico que, además de un casco medieval en lo alto, incluía una franja gris sobre fondo rojo. El último elemento clave era una banderola alargada que colgaba del balcón: allí estaba Marco con el mono Amedio subido a su hombro. Yo, como todo quisqui de mi generación, la X, me sentaba cada día frente al televisor de niño a ver *Marco, de los Apeninos a los Andes* (1977), la serie de dibujos animados protagonizada por un niño italiano que realizaba un larguísimo viaje con su mascota para reencontrarse con su madre. Yo cantaba entonces: «Mi mono Amedio y yoooo / viajamos con la esperaaaanza / de ver a mi mamá...», y lo hacía con la misma voz de pito que la del cantante de la grabación original.

Llegó el autobús y tras subirme fantaseé con la idea de que aquello había sido un mensaje futbolero que me había enviado algún Ser Superior. Era día 8, muy cerca del 6, y mi epifanía mezclaba una manifestación con los Reyes Magos y el fútbol. ¿Qué significaba aquello, qué me decían los símbolos de aquella casa, qué debía hacer? Sentado junto a una ventanilla, todavía mojado y helado, empecé a elucubrar. ¿Dependería de mí el resultado de la temporada del Rayo Vallecano? Mi madre, desde luego, estaba en el ajo y yo era Marco y el mono Amedio era sin duda Noche. ¿Debía llevar de viaje al Estadio de Vallecas a la gata y a mi madre para que, como en la serie, hubiera un final feliz, esta vez para la Franja? ¿Dependía de aquello que jugaran en Europa por segunda vez en su historia? Y el escudo atlético, ¿qué significaba? ¿Tendría que ver con Camello, que jugaba en la Franja pero pertenecía a los colchoneros? ¿Era él la clave? ¿Cuál era la función del misterioso escudo heráldico? ¿Representaban sus colores y la franja gris que lo cruzaba la segunda equipación del Rayo? ¿Debía jugar Camello de titular en el partido definitivo del año, para que saliera bien, vestir con la segunda equipación y contar con mi asistencia en las gradas acompañado de Noche subida a mi hombro y de mi madre en el asiento de al lado?

El mensaje era claro: todavía había esperanzas con el regalo de los Reyes Magos. Había muchas preguntas sin respuesta y me quedaban varias horas de viaje dando vueltas a chorradas para entretenerme.

EL REGRESO DEL HÉROE

Rayo Vallecano 1 - Betis 2
Domingo, 8 de enero de 2023

Sergio Camello 19'

Balliu 6' (pp), Luiz Henrique 39'

En el bar Chispín había más excitación de la normal entre los rayistas. No era sólo porque hacía dos meses que no se veía fútbol en Vallecas, ni porque llegaba el Betis de Pellegrini, un muy buen equipo. Lo que todo el mundo quería ver era el debut de RDT en su segunda etapa en el club, tras cuatro largos meses de espera desde su fichaje.

El encuentro frente al Betis se jugaba a las cuatro y cuarto, así que esta vez podíamos comer a la hora habitual. Marcos, su amigo Pol —culé y un tipo inteligente y observador— y yo nos tomamos una generosa ración de patatas bravas. En la cocina no daban abasto preparando bocadillos. En la barra, tomando una cerveza a nuestro lado, estaba un hincha calvo, moreno, alto y delgado, habitual de las previas en aquel bar. Iba siempre solo y en ocasiones daba algún grito de apoyo al Rayo, del tipo: «¡Vamos, Rayo, hoy vamos a ganar!». Charlamos y me contó que era forofo desde hacía casi veinticinco años, e iba al fondo. No le gustaba Presa ni su modo de llevar el equipo femenino y el filial, algo que expresó con palabras mucho menos suaves que las mías. Le ofrecimos de nuestras patatas, pero no se animó:

—Antes de los partidos me pongo muy nervioso —se explicó—. No me entra nada, gracias.

Nosotros, por nuestro lado, estábamos atentos a RDT, que iba convocado, pero no iba a ser titular. No hablábamos de sus goles o de su estilo de juego, sino de su tendón rotuliano. Se había lesionado en un partido amistoso frente al Newcastle, durante el parón, y arrastraba molestias. En cuanto un futbolista pide el cambio, los comentaristas de televisión comienzan a elucubrar cuál puede ser la razón, se repiten las últimas jugadas, se analizan sus movimientos y se observa dónde se toca mientras habla con los fisioterapeutas o el médico del equipo. Lo siguiente es esperar a que el club difunda un escueto comunicado oficial que dé noticia de la lesión que sufre el futbolista. Puede incluir más o menos información, ser claro u oscuro, ya que se trata de una cuestión grave, en ocasiones, de Estado. En el caso de las estrellas, se publican en los diarios artículos de traumatólogos expertos en medicina deportiva y los aficionados que no jugamos al fútbol y no sufrimos las mismas lesiones aprendemos algo del tema. Sabemos que el tendón rotuliano trabaja con los músculos frontales del muslo, forma parte del aparato extensor de la rodilla y permite que podamos chutar, saltar y correr. Y que la tendinitis rotuliana es conocida como la «rodilla del saltador».

—A ver si juega —comentó Pol.

—Dicen que es un tío raro —dijo Marcos—, pero como recupere el nivel con el Espanyol al principio... ¿Os imagináis que sale y marca?

—Sí, me lo imagino —reí.

—¿Cómo puede haberlo fichado el Rayo? —preguntó Pol.

Habría varias razones, desde su crisis personal y deportiva en Barcelona, que le había mantenido casi un año en el dique seco, hasta su condición de madrileño y el buen recuerdo que tendría de su anterior aventura en Vallecas. Pero lo que estaba claro es que para poder contratarlo, el Rayo debía verse capaz de acometer la inversión más alta que había realizado por un futbolista en toda su historia. RDT había visto cómo disminuía su precio de mercado de 20 millones de euros a 8 en poco tiempo; al precio del traspaso había que añadir los 3 millones en variables y la ficha en un contrato de cuatro temporadas y media. Era mucho dinero para un club ascensor. Hace no tanto, que llegara alguien como él a Vallecas, más que un sueño, era una quimera.

* * *

Entre los periodistas deportivos y aficionados hay un incipiente interés en los aspectos económicos del mundo del fútbol. Páginas especializadas, como *Palco23* y *2Playbook*, y youtubers como Ramón Álvarez de Mon y Héctor Mohedano han impulsado un fenómeno reciente. Al fin y al cabo, el fútbol, además de un juego, es una industria internacional muy potente. Por eso quise tener una fotografía de la situación económica del Rayo Vallecano. Aunque haya estudiado Empresariales y sepa leer una cuenta de resultados y un balance, me asesoré con mi amigo David, empresario y productor de cine, y con dos financieros relacionados con el fútbol que han preferido mantenerse en el anonimato.

A grandes rasgos, hay dos modos de enfrentarse al control de una sociedad anónima deportiva (S. A. D.) como la del Rayo Vallecano para que quien maneje el barco le saque dinero. Uno es desviar lo que se pueda fuera del club y venderlo dejándolo temblando, en quiebra técnica y en peligro de desaparición. El dinero se lo llevan lejos. Si hay más socios, sólo ven deudas durante el proceso. La otra es sanearlo y lograr que su valor crezca; el dinero también es del dueño, pero se queda en la empresa, que pervive. Es el camino elegido por Raúl Martín Presa. Se trata siempre de ganar dinero, pero en el segundo caso, un club, que no es una empresa cualquiera por su valor simbólico, sigue proporcionando a la sociedad a través de sus aficionados esa «rentabilidad emocional», ese intangible que, pese a ser difícil de cuantificar, es un patrimonio cierto. En el otro modo de afrontar el manejo de un club, el agujero emocional que se puede producir en la masa social por el hundimiento del club tiene una incidencia negativa y a veces irreparable en la comunidad.

El Estado ejerce, con menor o mayor éxito, un control sobre los clubes a través de leyes especiales que también regulan las instituciones y organismos deportivos del ecosistema para tratar de garantizar en lo posible su existencia. Por ejemplo, LaLiga, la asociación deportiva integrada por los clubes y las S. A. D. que participan en las categorías profesionales de la Liga española de fútbol, dirigida por Javier Tebas, tiene entre sus atribuciones la de velar por la sostenibilidad financiera de sus afiliados. Estos, a regañadientes, han de rendir cuentas, ser algo transparentes y cumplir unos límites en sus inversiones y gastos. Se trata de que los clubes se autorregulen y se protejan de ellos mismos, léase, de sus propios dueños, en un juego tan maquiavélico como masoquista y necesario. Es el denominado *fair play* financiero, que también existe en el ámbito internacional.

Los Ruiz-Mateos hicieron mutis por el foro en mayo de 2011, con el equipo en Segunda División, y Presa asumió una deuda concursal con los acreedores y tres procedimientos penales abiertos por cuotas supuestamente defraudadas a la Agencia Tributaria. Según el informe de auditoría, cuentas anuales y gestión de la sociedad de junio de 2022, el último en ser publicado y que explica con una transparencia sorprendente —por no estar obligado a ello— la evolución histórica de esas deudas, si once años antes la situación pintaba muy negra, el año pasado, no. El convenio con los antiguos acreedores se ha ido cumpliendo y de los más de 13 millones de euros que se llegaron a adeudar, en 2021 se debían 1.570.000, a pagar en comodísimos plazos. Las otras deudas, las tributarias, sumaban —tras la contabilización del principal, intereses, sanciones y demás cargos— la cantidad de 37,7 millones de euros. Ya se han atendido cartas de pago por valor de 20,06 millones de euros y se han depositado en el juzgado otros 10 millones para atender posibles liquidaciones futuras. Es decir, aun en el caso de que el Rayo Vallecano no viera atendidas ninguna de sus reclamaciones en relación a los litigios, afrontar la deuda restante, de unos 7 millones de euros, no sería una tragedia. Dado que, si Hacienda somos todos, es por ello tan avariciosa como nosotros y acostumbra a litigar en ocasiones sin demasiado fundamento, no hay que descartar que las cifras bailen en el futuro a favor del Rayo.

Para el club, además, esas deudas heredadas ya no son determinantes porque su situación financiera es sana. Da beneficios ejercicio tras ejercicio de un modo consistente y ha superado la crisis de la pandemia de la COVID, único año que dio pérdidas. No reparte dividendos, es decir, reinvierte lo obtenido. Once años después de la llegada de Presa, en 2021, el Rayo valía, si se liquidara según su valor contable, 33,40 millones de euros. Ese era por entonces el valor de su patrimonio neto. Casi con seguridad, al final de la temporada que abarca este libro, ese valor habrá aumentado. Mucho tiene que ver el éxito deportivo del equipo bajo la presidencia de Presa: de todas las veces que ha jugado el club en Primera División en sus casi cien años de historia, el 40 por ciento —y subiendo— han sido bajo su mandato. La diferencia en los ingresos si juegas en Primera o en Segunda es considerable. El ingreso recurrente más importante es el que proviene de las retransmisiones deportivas, que establece la ley y reparte quien las gestiona: LaLiga. El 90 por ciento es para los veinte clubes de Primera, y el 10 por ciento restante para los veintidós de Segunda. En 2021 el Rayo recibió 46,67 millones, frente a los 8,72 del año anterior, cuando compitió en la División de Plata. Un descenso, aunque LaLiga ayude con dinero para que el bofetón sea menos doloroso, es una verdadera desgracia, y un ascenso se parece en algo a haber ganado un buen euromillón. Por supuesto, según la competición que juegues, también se ven afectados los demás ingresos principales —de mucha menor cuantía en clubes como el Rayo—, ya sean los de taquilla o los comerciales, los patrocinios, la venta de *merchandising* y demás.

Están los ingresos, pero también los gastos, como sabe cualquier ama o amo de casa eficientes. El Rayo controla bien los gastos y es prudente en sus inversiones; aventuras como las del bar restaurante La Franja o el Rayo Oklahoma se cuentan con los dedos de la mano. Se podría decir que es un club agarrado si nos atenemos a cómo se comporta pese a que la empresa está fuertemente capitalizada y no sufre problemas de tesorería. Paga a los acreedores, de media y en lugar de a los treinta días que dicta la ley, a más de cien. Con los expedientes de regulación de empleo (ERTE) que realizó la dirección durante la pandemia —temporada 2019/20—, hubo conatos de huelga por parte de la plantilla, cuyas nóminas no estaban siendo satisfechas. En cuanto a los abonos que habían pagado los aficionados y que no pudieron disfrutar porque el Gobierno prohibió la asistencia a los estadios, el club no puso precisamente fácil su reembolso, e incluyó entre las opciones vales de ropa deportiva o camisetas firmadas por la plantilla. La auditoría contratada no pertenece, como suelen hacer los clubes para guardarse las espaldas frente a los socios minoritarios y terceros, a las llamadas Big Four, las firmas más prestigiosas y por lo tanto más caras. En la única salvedad que aparece en la auditoría, se avisa de que no se dispone de un informe de tasación independiente sobre el valor de la concesión del uso de estadio por parte de la Comunidad de Madrid; tal tasación costaría unos miles de euros al año, que el Rayo prefiere ahorrarse.

Con respecto a los traspasos de jugadores, el Rayo lo ha hecho bien y se ha convertido en una de sus líneas de negocio. El fichaje de RDT es una apuesta, pero no tan arriesgada si tenemos en cuenta que, de levantar el vuelo el delantero, y hay tiempo para ello —hasta 2026, un año antes de que finalice su contrato—, el club puede realizar un suculento traspaso. El Rayo, según las normas de LaLiga, está en la posición 15ª en cuanto a límite salarial, lo que se puede gastar durante una temporada en los sueldos de la plantilla y en las amortizaciones de los contratos. Está en casi 50 millones de euros. Crece.

Y ¿cuál sería aproximadamente el valor de mercado del club vallecano? Lejos de ser una entidad moderna, podría aumentar casi todas sus partidas de ingresos. Es un caramelo para posibles inversores. Dada su masa social, un proyecto de un nuevo estadio, con una mayor capacidad, y negocios asociados más eficientes, podría producirse un salto cuantitativo considerable. Con respecto al polémico crédito ofrecido a sus asociados por LaLiga y contratado con la entidad británica de capital riesgo CVC Capital Partners, cuyo objetivo fundamental es el de la modernización de las instalaciones y el desarrollo comercial a cambio de la cesión de una parte de los derechos de retransmisión durante cincuenta años, el Rayo se mantiene en terreno de nadie. Por un lado, no es uno de los clubes rebeldes —ninguna S. A. D. se opuso— que lo rechazaron y judicializaron el conflicto por considerar que las condiciones del crédito eran abusivas. Por el otro, no ha entregado la documentación necesaria para poder disponer de los 33 millones de euros a los que tendría derecho en caso de obtener esa financiación, algo a lo que ya se han lanzado otras S. A. D. Sí, pero no. En Vallecas rige la prudencia.

Sin aventurarse demasiado, en una estimación prudente, el Rayo, en el año 2021, podría haber tenido un precio de mercado de unos 60 millones de euros. Eso sí, esto es fútbol. Recordemos dos cosas. Primero, si la pelotita no entra, ya puedes ser un gran gestor, que te vas a estrellar. La gallina de los huevos de oro, sin goles, no pone huevos. El fútbol es un juego e interviene el azar. Unos años con mala suerte y la historia cambia. Y segundo, a la mayoría de los aficionados la economía les importa una higa. Si los del Rayo se despertaran una mañana con la imposible noticia de que Kylian Mbappé, la mayor estrella mundial del balompié, había fichado por su equipo en lugar de hacerlo por el Real Madrid o por un equipo de la Premier —en una operación de cientos de millones de euros—, pese a que la misma noticia en sí implicaría la ruina del Rayo, darían palmas con las orejas y lo considerarían un golpe maestro.

* * *

Delante de nosotros, oculto tras la estructura del banquillo y con un estadio prácticamente lleno, RDT esperaba, supongo que impaciente, su momento. Desde el principio quedó claro que el Rayo le iba a necesitar. A los seis minutos, a la salida de un córner sacado por el Betis, Dimitrievski despejó con el puño, el balón rebotó en la coronilla de Balliu y se introdujo en su propia portería. 0-1. Carambola suicida. ¿Quién podía acudir al rescate? Camello, el joven delantero que sabía que su amenaza estaba en el banquillo. Cuando vemos las orejas al lobo, todos espabilamos. Marcó el empate tras un rechace del portero bético, pero los andaluces no tardaron demasiado en adelantarse de nuevo en el marcador por medio del talentoso Luiz Henrique. Todo lo que ocurría sobre el verde no era más que el preámbulo de la vuelta de RDT. En el segundo tiempo el deseado salió a la banda a calentar y el estadio se puso en pie para ovacionarle. Fue emocionante. «¡Va a jugar, va a jugar!», comentaban los aficionados, con una ilusión contagiosa. En el minuto 63, tres años y medio después de su despedida, el madrileño sustituyó a Camello y el estadio le ovacionó por segunda vez. Poco después, atento, moviéndose en el área como un cazador esperando a su presa, vio cómo su compañero Isi se internaba por la banda contraria entre los centrales y marcaba casi sin ángulo un gran gol. Lo celebró y fue el primero en llegar hasta el murciano para palmearle la espalda, pero el tanto fue anulado posteriormente por fuera de juego. Tuvo él un remate, pero nada. Vio cómo dos chuts de los béticos se estrellaban en el travesaño y vislumbró, en el descuento, la posibilidad de regresar con un gol que hubiera valido el empate. El joven delantero Andrés Martín centró al área y a RDT se le vio sin la chispa suficiente como para llegar a tiempo al área pequeña y golpear la pelota con acierto para que se colara entre los tres palos. El balón se marchó desviado. El «¡Uuuuuy!» del público y el posterior murmullo, con RDT sentado en el suelo, cabizbajo, fue la confirmación de que el héroe estaba en casa pero no era el mismo que se había ido de viaje. Era un héroe herido y cansado, alguien que, para que nos salvara, debía salvarse primero a él mismo. Íbamos a necesitar paciencia, algo que no nos sobra a los aficionados. Al fin y al cabo, lo que hizo Ulises según cruzó el umbral de su morada no está a la altura de casi ningún mortal.

El viaje en metro hasta casa marca un tránsito entre lo vivido en el estadio y la siguiente etapa, en este caso, lo que quedaba del domingo, preludio de una nueva semana. El vagón, normalmente lleno de camino hacia el centro, es el contenedor donde todavía se intercambia información entre los aficionados. Marcos y Pol se encontraron con un grupo de conocidos de su edad y charlaron sobre dónde se encontraban sus localidades. Los del otro grupo habían comenzado por ir al fondo, pero vivieron una experiencia desagradable durante el partido de la victoria contra el Valencia, en septiembre. Contaron que uno de ellos y una niña le pidieron al centrocampista ché Carlos Soler su camiseta mientras este se dirigía a la entrada del túnel de vestuarios. Unos bukaneros le afearon la petición y tuvieron que intervenir sus amigos. La niña podía hacerlo, él no, ya era mayorcito. A esa niña le hubieran permitido recibir el regalo, pero hubo otra, en noviembre de 2013, que fue obligada a devolver una camiseta que ya tenía entre las manos. Por entonces Cristiano Ronaldo jugaba en el Real Madrid y se fijó, tras un remate suyo desviado, en que el balonazo le había pegado a una niña. Al acabar el partido se acercó al fondo y le regaló su zamarra. Los Bukaneros cantaron «¡Quémala, quémala» y, tras una discusión, la obligaron a rechazar el presente. Los ultras publicaron después un tuit en su cuenta: «Hay caras que no se olvidan, como la de Cristiano cuando el Fondo ha devuelto su camiseta. Pobres, pero con orgullo». El fondo no parece el lugar adecuado para pedir una camiseta de un futbolista del equipo rival. En cada parada se iban bajando algunos hinchas y el vagón se iba vaciando poco a poco. Llegué solo a casa porque Marcos y Pol se fueron a dar una vuelta. Era un domingo por la tarde de principios de enero y mi viaje tras las huellas del Rayo había llegado a la mitad.

VIDES Y LENGUAJE

Valladolid 0 - Rayo Vallecano 1
Sábado, 14 de enero de 2023

Isi 64'

La víspera del partido contra los pucelanos comí con un grupo de amigos. El más veterano era el tío de mi amigo Santi, un señor de setenta y ocho años apodado Oblato. Desvelo su edad porque sigue jugando al rugby y en algún momento de la conversación habló de ello:

—Los veteranos llevamos pantalón amarillo y no se nos puede tocar. Eso sí, debemos pasar el balón antes de avanzar más de diez metros.

Oblato juega al rugby en el club de su vida, el CAU (Club Atlético Universitario), un histórico que obtuvo dos Ligas y dos Copas del Rey. Estuvo a punto de desaparecer, pero entre los veteranos lo han mantenido y cuenta con escuela en Usera. Le conté que después de comer me iba a Valladolid, ciudad muy de rugby, para ver al día siguiente jugar al Rayo.

—Yo jugué contra el Rayo Vallecano.

—Ah, ¿también juegas al fútbol?

—¡No, a rugby!

Resulta que el Rayo contó con una efímera sección de rugby en los años sesenta del pasado siglo, como el Atlético de Madrid o el Barcelona. Jugaba los partidos en el Campo Central de la Ciudad Universitaria de Madrid. En aquella época el presidente rayista era Pedro Roiz, el del nuevo Estadio de Vallecas. Roiz estaba levantando el club tras años duros y el presidente de la Federación, Calonge, apoyó la creación del equipo de rugby para aprovechar el creciente interés en Vallecas por el Rayo. A Roiz la sección le salió barata, por unas camisetas. Montó también una de béisbol y otra de hockey sobre patines.

—¿Recuerdas algo de aquellos partidos? —le pregunté a Oblato.

—Eran peleones y corrían como diablos. Benigno, a quien llamábamos Maligno, los llamaba «el Relámpago del Extrarradio».

—Qué bueno —comenté.

—Hubo varios jugadores, Tormo, Mamud... Cerviño, un mecánico de Iberia... Antonio Casasus, «el Vinagre», asturiano de Cangas, fue internacional juvenil cuando era del Rayo. Por entonces era todavía Vinagrito.

—Vinagre, Maligno... Parecen apodos salidos de Mortadelo y Filemón.

—En Vallecas los aficionados no creo que ni se enteraran de lo del rugby. Sus jugadores acabaron en otros equipos, en el Canoe, en el nuestro...

—¿Y haces algún otro deporte, Oblato?

—La semana que viene me voy a esquiar. Pero tengo la cadera que me molesta, a ver si me puedo hacer unas bajaditas...

Septuagenario cerca de ser octogenario. Le molestaba la cadera. Jugador de rugby en activo. Unas bajaditas. Me serví del mismo vino que él, a ver si se me pegaba algo.

* * *

Si en Mollerussa me encontré con bailones de country, en Valladolid, con moteros. Aquel fin de semana era la concentración internacional de «pingüinos» y había numerosas vías y accesos cortados. La mañana del sábado pude salir sin problemas para dirigirme a una bodega con mis anfitriones, Álvaro y Patricia. Álvaro es ingeniero agrónomo y fue compañero mío en el Colegio Estudio y en su equipo de baloncesto. Él jugaba de alero. Patricia, su mujer, es ibicenca y azafata de vuelo. Tienen dos hijos, Ignacio y Jaime. Álvaro lleva veinticinco años residiendo en Valladolid, desde que entró a trabajar en la bodega Abadía Retuerta.

—Llegué en la vendimia de 1997 —aclaró Álvaro, que iba al volante.

La provincia vallisoletana es tierra de vinos y me disponía a hacer enoturismo. En Valladolid habíamos dejado atrás el Pisuerga y nos encaminábamos por la llanura hacia el sudeste y el río del que es tributario, el Duero. Un rato después, ya en la finca de Abadía, bajamos del coche familiar y nos subimos a un todoterreno. Nos dirigimos a la zona más alta y no cultivada, la de monte, situada a unos 900 metros de altitud y que denominan «el Páramo».

—Por aquí hay jabalíes y corzos. Los corzos salen entre dos luces, al amanecer y al atardecer. Hay que tener cuidado porque les gustan las vides.

Nos apeamos al llegar a la cima. Allí hay un banco de madera plantado entre quejigos, sabinas y encinas para disfrutar de la vista del valle. El río Duero, oculto tras los altos árboles de la ribera, serpentea entre colinas de cima plana pertenecientes a la meseta. Cerca del río, para servirse de su agua, se encuentra el monasterio de Santa María de Retuerta. Su origen se remonta al siglo XII y fue el primero de la orden de Canónigos Premostratenses, palabra impronunciable que se refiere a los monjes seguidores de la regla de san Agustín. Además de productos de la huerta, ya en la Edad Media se cultivaban vides. Tras la desamortización de Mendizábal del siglo XIX la propiedad quedó en manos privadas y semiabandonada, y a finales de la pasada centuria la farmacéutica Novartis lo adquirió. Primero retomaron la producción de vino en sus tierras y unos años más tarde rehabilitaron el monasterio para transformarlo en el hotel de lujo LeDomaine.

—Mira —me dijo Álvaro señalando hacia el este—. Allí está la finca de Vega Sicilia, son nuestros vecinos. Cuando llegamos, los límites de la denominación de origen Ribera del Duero ya estaban fijados. Nuestra finca tiene particularidades relativas al clima, a los terrenos… Por ejemplo, en la parte baja, donde se acuesta el frío, hay dos grados de diferencia con respecto a otras zonas. Esto nos permite hacer vinos con expresiones diferentes.

El invierno no es precisamente la época más lucida para visitar unos viñedos, se ven desnudos y la luz mata los colores, pero al fin y al cabo lo más interesante es lo que te cuentan. Unos pequeños tractores estaban efectuando la prepoda, consistente en separar las vides de las guías de alambre para que los podadores pudieran después completar su trabajo con más comodidad. Tras recorrer varios pagos fuimos a la abadía.

El conjunto monacal, de estilo prerrománico y con planta en forma de «L», incluye una iglesia, un claustro y la hospedería que alberga ahora las habitaciones y diversas dependencias con otros servicios del hotel. En invierno cierran hasta finales de febrero y me gustó poder visitarlo cuando estaba vacío, en silencio y con el frío que debió de ser una de las características de la época en la que lo habitaron los monjes. Abandonamos el monasterio y fuimos a la bodega, donde las barricas estaban suspendidas.

—Aquí todo el mundo hace una foto —dijo Álvaro.

Procuro hacer las menos posibles, como si se tratara de controlar una adicción universal. Nos acercamos a la tienda y sala de catas y Álvaro aprovechó para probar dos vinos que iban a presentar a un grupo de bodegas de Burdeos. Miguel Ángel, uno de los comerciales de Abadía, era el encargado de mostrar los vinos. Supe la cifra de ventas anual de aquella tienda y comprendí que estaba ante un gran vendedor, y conocer a uno me impresiona tanto o más que conocer a un futbolista. Miguel Ángel trajo las botellas y los probamos.

No hubo tiempo para más. Salimos pitando para tomar un pincho en Sardón de Duero y llegar a Valladolid un rato antes de que empezase el encuentro, a la hora de comer.

* * *

«Pingüinos» y fútbol se aliaron para generar atascos. Por suerte, pudimos llegar a tiempo y aparcar cerca del estadio, situado en las afueras de Valladolid, al oeste de la ciudad, en una zona desangelada próxima a una autovía. No es un lugar adecuado para previas, no hay lugares de reunión. Allí se va a rezar —ver a tu equipo— y no a pecar. El José Zorrilla fue inaugurado en 1982, es propiedad del Ayuntamiento y tiene capacidad para 26.512 espectadores. Ha sufrido varias remodelaciones desde entonces y se conoce como «el estadio de la pulmonía» por el frío que lo caracteriza. El interior, como ocurre con todos los recintos de propiedad pública, es austero, y lo funcional prima sobre lo comercial. Mientras nos encaminábamos hacia la taquilla para recoger las entradas pensé que sería una muy buena noticia que estuviéramos situados en una de las zonas con calefacción. Iba abrigado, pero no llevaba ropa técnica de alta montaña.

Los nombres de los estadios son variados. Los hay relacionados con su ubicación, como el de Vallecas o el Old Trafford del Manchester United, o con algún evento histórico, como el Anfield, del Liverpool, que hace referencia a una colina de la actual Sudáfrica donde un regimiento británico sufrió numerosas bajas en la segunda guerra bóer (1899-1902). Los hay que se refieren a un símbolo del escudo del club, como el Estádio do Dragão —del Dragón— del Oporto, o que recuerdan a jugadores, como el Diego Armando Maradona del Nápoles o el Giuseppe Meazza que comparten Inter y Milán. Los hay que provienen de la denominación de acequias o canales, como Mestalla y La Romareda, de Valencia y Zaragoza, respectivamente, o de parroquias como el Estádio da Luz del Benfica lisboeta. Los hay, incluso, con nombres cuyo origen se desconoce, como el de Stamford Bridge del Chelsea, que puede referirse a una famosa batalla del siglo XI entre invasores normandos e ingleses o a un puente que pudo existir cerca de donde se construyó. De algunos estadios ignoramos sus nombres oficiales y los conocemos por sus apodos, como el brasileño Maracaná o La Bombonera del argentino Boca Juniors.

La gran mayoría de los nombres de los campos de fútbol han sido tradicionalmente, pues, homenajes. La reciente inclusión de marcas, tras vender los clubes los derechos de denominación, pervierte la intención y los convierte en anuncios, con esa deriva actual en la que todo y todos somos productos y sólo merecemos existir, seamos seres vivos o no, si somos rentables. Tampoco es extraño si tenemos en cuenta que, cuando algo les gusta a los jóvenes, dicen que «les renta». No pienso poner un ejemplo de estadio con nombre de marca porque en este libro procuro evitar los anuncios. Entre tanto homenaje ha sido común en nuestro país acudir a nombres de próceres y, entre estos, a los de presidentes de clubes, como el bético Benito Villamarín o el madridista Santiago Bernabéu. Se trata de autohomenajes —se suelen nombrar durante el mandato del homenajeado— en otra muestra observable del tan humano y extendido egocentrismo. El caso más delirante, en un giro moderno de los acontecimientos, es el del nuevo nombre del estadio del Real Murcia, que combina venta de derechos de denominación y egocentrismo. Se llamó de siempre La Condomina por la ubicación del primer recinto, levantado en el Pago de La Condomina de la capital murciana. Pues bien, Enrique Roca, lorquino y propietario de una inmobiliaria con proyectos en Torrevieja, ha pagado 600.000 euros al club a cambio de que el estadio lleve su nombre durante cuatro años. Espero que los murcianos lo sigan llamado La Condomina hasta el fin de los tiempos. Soy consciente de que la frase suena a maldición.

Hablo de nombres porque el José Zorrilla es uno de los poquísimos que se refieren a escritores y el único, que yo sepa, que no exhala cierto tufo a nacionalismo. El Hristo Botev, donde juega el FC

Botev Plovdiv, homenajea a Hristo Botev (1848-1876), un héroe nacional y poeta búlgaro nacido bajo el dominio del Imperio otomano, que ya duraba por entonces cerca de cinco siglos. Murió enfrentándose con su partida de rebeldes al ejército de la Sublime Puerta en un intento de expulsar a los turcos de su país. El Inca Garcilaso de la Vega se encuentra en Cuzco, Perú, y lo usan tres equipos. En esta ciudad, por aquella época perteneciente al Virreinato del Perú español, nació el Inca Garcilaso (1539-1616). Cronista, historiador y militar, era hijo mestizo de una inca y de un extremeño de familia noble. Que el campo de fútbol, propiedad del Gobierno peruano, lleve su nombre se relaciona con la siguiente pregunta: ¿fue el Inca Garcilaso español o peruano? Ambas denominaciones de los campos de fútbol tienen más que ver con la identidad nacional que con la escritura.

En el caso del campo de fútbol vallisoletano, su nombre incluye tanto a un escritor ilustre de una ciudad como la voluntad de sus ciudadanos. El Estadio Municipal se construyó en 1940 en el paseo de Zorrilla, así que los vallisoletanos lo llamaban informalmente «el José Zorrilla». El Ayuntamiento se dio por enterado, y en 1951 lo renombró. Ese fue el «viejo Zorrilla»; el de hoy es el «nuevo», de 1982. Los nombres se incorporan a la categoría a la que pertenecen —aquí, estadios de fútbol— y pronto pierden su significado. El José Zorrilla, en la mente de un futbolero, no tiene nada que ver con el poeta y dramaturgo del XIX, aquel que, en la apoteosis del amor romántico, salvó al personaje de don Juan en el drama *Don Juan Tenorio* (1844). Tampoco creo que los pucelanos, al ver allí partidos, se tornen enamoradizos o reflexionen sobre el amor, emulando al poeta. Es, sencillamente, el estadio de Pucela. Aun así, su nombre me predisponía a que me gustara. Álvaro recogió las invitaciones y, rodeados de aficionados de aspecto serio y vestidos con alguna prenda blanquivioleta, entramos en el campo y nos sentamos en nuestras localidades.

Estábamos en el tercer anillo de la zona oeste, en tribuna, en la parte más alta del recinto. Había una buena entrada y los aficionados del Rayo, más numerosos de lo habitual por ser un viaje asequible, llenaban la grada baja de un córner. Vi en el palco, ejerciendo como presidente del club, a Ronaldo Nazario, «el Gordo», mi delantero favorito y que hacía honor a su apodo.

—¿Qué te parece? —me preguntó Álvaro.

—La inclinación de la grada hace que te sientas encima del césped. Lo vamos a ver muy bien, gracias por las entradas.

—Una cucada, ¿no?

—Sí, una cucada.

Nos reímos. Álvaro usó esa expresión, sinónimo de monada, porque la había utilizado la noche anterior un conocido suyo con el que charlamos de fútbol al referirse al José Zorrilla. Directivo del Grupo Helios, perteneciente a la industria alimentaria, amaba su ciudad y su equipo. Nos contó que había negociado con Ronaldo la posibilidad de convertirse en el espónsor principal del club, pero no habían llegado a un acuerdo. Me dio la sensación de que ambos debían de ser muy cucos en las negociaciones. Guardaba en el móvil una foto de cuando Helios aparecía impreso en las camisetas: había sido su primer patrocinador y lo fue desde principios de los años ochenta del pasado siglo hasta principios de los noventa.

—Mira, mira... ¿A que era preciosa? —me dijo, enseñándome la foto.

—Sí, no llega a la del Rayo, pero...

Además de hablar de fútbol, lo hicimos de mermeladas y me aconsejó, por cierto, la de albaricoque.

Sonó el himno del Valladolid y el campo se cubrió de bufandas blanquivioletas al viento. Delante de nosotros dos mujeres se pusieron de pie y bailaron con los brazos en alto, como si se tratara de una muñeira. El himno tenía algo de folclórico y también de charanga militar, combinación que me dejó estupefacto. En la letra había términos como «tesón», «honra», «lid», «gloria» u «honor», de esos que se usaban con profusión en cánticos de otra época, pero los instrumentos eran modernos. «¿Qué pasa aquí?», me pregunté. Cuando me informé supe que el tema databa de 1995 y que sus autores eran dos de los integrantes principales del grupo folk vallisoletano Tahona, especialista en amenizar fiestas desde hace más de cincuenta años.

El himno del Rayo sí es antiguo en su composición, de 1952, pero es menos solemne y más festivo. La música es obra del cubano Rafael Guillén Sánchez, de quien sólo sé que acudió a la gran reunión en 1957 de músicos cubanos realizada en la isla caribeña. De la letra se ignora el autor. Quizá por ello el himno no está registrado en la Sociedad General de Autores. Que sea festivo, compuesto por un cubano y que no haya dado un duro a sus autores es muy del Rayito.

No obstante, el himno informal es la canción *Como un rayo* del grupo vallecano Ska-P, un conjunto comprometido socialmente y libertario o radical de izquierdas, según se mire. O todo a la vez. El tema apareció en su primer disco, publicado en 1993. Lo canta el solista, Pol-pol, y no sé quién lo compuso. Está entre el ska y el punk. Sólo puedo definirlo como una burrada. Cuando suena en el estadio en los descansos, dan ganas de coger un tercio, saltar al césped y ponerte a bailar. Música y letra representan fielmente al Rayo. Hay coraje, intensidad, alegría, orgullo, diversión, rebeldía... Pipi, que fue uno de los componentes de Ska-P —realizaba *performances* muy gamberras sobre el escenario y cantaba los coros—, compuso *Siempre Rayo* para su nuevo grupo, The Locos. Más madera. Al rayista no le faltan canciones para disfrutar y encenderse.

Por mi parte, descubrí que había unos calefactores colgados de la visera de la tribuna y dirigidos hacia nosotros. Estaba salvado.

* * *

Ambos equipos llegaban con la necesidad de cortar una racha negativa de resultados, con mayor urgencia para los pucelanos, cerca de los puestos de descenso. El Valladolid comenzó fuerte, pero fueron fuegos artificiales. El único destacado era el guardameta, Masip. El Rayo, con Unai López y sin Trejo, dominaba el encuentro con suficiencia. Sólo les faltaba remachar. El público comenzó animado, pero pronto se apagó. A falta de goles, se celebró con rabia la parada de Masip a Isi de un penalti señalado por el VAR y por manos. Un espectador, furioso contra el árbitro y el VAR, se jugó el infarto.

—¡¡¡Ladróóóóóóón!!! ¡¡¡Sinvergüenzaaaa!!! —gritaba, dando saltos, a punto de caer sobre el espectador de delante.

—A la gente se le hincha la vena —dijo Álvaro.

El comentario de una niña de unos diez u once años que se sentaba con otras detrás fue pronunciado sin rabia, con resignación y un deje sentencioso:

—Este árbitro se puede comprar en el Hipercor.

El segundo tiempo fue más de lo mismo, pero con algún matiz. Trejo entró y un pase suyo que lanzó un magnífico contraataque facilitado por un pésimo repliegue pucelano originó el 0-1 definitivo.

Lo marcó Isi desde el borde del área, tras aparecer por sorpresa. El golazo confirmó que el interior era determinante incluso en partidos para olvidar. Había estado inconstante, fallón, provocador y displicente, y no me extrañó nada que la afición local la tomara con él. Una afición que con el discurrir de los minutos se fue calentando. Hubo gritos de «¡Fuera, fuera!», pero ni con esas despertaron los castellanos. C., relaciones públicas del club y a quien agradecimos las invitaciones en el descanso, me dijo que su equipo necesitaba aún más los puntos que el Rayo. Cierto. Pero el Rayo se estaba especializando en hundir a los equipos en crisis, como ya había hecho con el Elche, en una especie de sadismo involuntario. Puede haber cierta solidaridad entre los equipos a priori débiles, pero lo que prima es la selección natural darwiniana.

A la salida lo sentí por la afición del Valladolid. El silencio con el que se dirigían miles de hinchas apretados como sardinas en lata hacia sus vehículos me impresionó. Fuimos a un bar del centro para reencontrarnos con Patricia, que estaba tomando algo con dos parejas de amigos.

—Aquí estamos, de «tardeo» —me dijo ella cuando llegamos.

Apunté el giro mientras esperaba en la barra para pedir una caña. Uno de los amigos de Álvaro y Patricia, Ramón, alto y con gafas, natural de Medina del Campo, era aficionado del Valladolid y del Real Madrid al mismo tiempo.

—Y cuando juegan entre ellos, ¿con quién vas?

—Con el Valladolid —afirmó, tras pensárselo unos segundos muy largos.

Una hora después mis amigos me acompañaron a la estación y subí al tren de vuelta. Al llegar a Madrid me pasé por el despacho a recoger mi portátil y aproveché para que mi madre, aficionada a la música, escuchara los himnos de los dos equipos y la canción de Ska-P. Los puse uno detrás del otro, a todo trapo y con subtítulos de las letras para que pudiera ir leyéndolos. Empecé por el del Rayo:

El Rayo Vallecano siempre que juega
derrocha valentía, coraje y nobleza.
En todos los partidos da el corazón
y el pecho, ambicionando ser el mejor…

No comentó nada de ninguno de los temas mientras los escuchaba. Eso sí, en todos echaba unas risitas algo misteriosas.

—¿Qué opinas? —le pregunté al acabar.

—El del Rayo parece un pasodoble, jaranero y alegre. Aunque la voz... —más risitas—. El del Valladolid, soso. Como de 1900 y militar. La última canción del Rayo, muy alegre.

No fui capaz de sacarle nada más. Llegué a mi casa con esa sensación típica, tras viajes cortos e intensos, de que había pasado un mes desde que me había ido. Marcos me recibió con una sonrisa:

—¡Vaya golazo de Isi, eh, papá!

Cenamos y le conté que había sido un medio fin de semana muy completo. Amigos, vino, fútbol... De regalo me había traído dos expresiones bonitas, «entre dos luces» y «tardeo», que después supe era más común de lo que creía. Bien pensado, el lenguaje había sido el verdadero protagonista. Nada raro, al fin y al cabo. Había visitado Valladolid, que se precia de hablar el mejor castellano del mundo.

DE EQUIPOS Y CHUCHOS

Rayo Vallecano 0 - Real Sociedad 2
Domingo, 21 de enero de 2023

Sörloth 14', Barrenetxea 35'

No es verdad que todos los aficionados son iguales, ni que su historia es la misma, ni que todos los de un equipo son buena o mala gente, ni que haya uno solo cuyos hinchas sean mejores que los de otro. Sé que son obviedades, pero a veces conviene recordarlas. Tampoco es verdad esa idea tan extendida de que eres seguidor de un solo equipo durante toda la vida, de aquel del que te hiciste de pequeño, durante la infancia, el periodo embrionario en el que todo se fija. Es lo más común, pero no es una verdad única, como ninguna otra. El mundo es suficientemente ancho y largo como para que haya múltiples excepciones que, a su escala, también son comunes. Tampoco conviene, por el contrario, creerse único. Se lo dice alguien que se separó tras dieciséis años de relación y con un hijo de diez, y esa misma semana leyó en un periódico que lo más común en nuestro país era separarse con dieciséis años de relación y un hijo de exactamente esa edad. La noticia, en lugar de ofenderme, me tranquilizó. No somos nadie, me dije. Desde entonces me llevo muy bien con Marisa, mi ex, y sigo llevándome bien con el mundo. De hecho, al no estar yo en redes sociales, es ella quien me ayudó a contactar con varias personas de las que aparecen en el libro.

Volvamos al fútbol. Un verano, cuando tenía cuatro años y era un querubín rubio, mi tía Maruja de San Sebastián me invitó a su casa, situada en el Casco Viejo, frente al mar. En lugar de llevarme a un *txoko* a comer *kokotxas* —no podía, era mujer— me regaló un uniforme de la Real Sociedad y unas botas de fútbol. Saqué la equipación de la bolsa, me desvestí y me enfundé la camiseta de algodón a rayas verticales azules y blancas. Toqué el escudo cosido a la zamarra, oficial desde 1910. Incluía un balón bajo una corona roja y dorada, envuelto en una bandera ondulante con los colores del club. Me puse el pantalón corto blanco, me coloqué las medias a rayas horizontales azules y blancas, y me calcé las botas de fútbol de cuero negro y tacos de plástico. Troté un poco por el salón, haciendo resonar el parqué, y ya era *txuri-urdin.* Tal cual.

Alguien, no recuerdo quién, me regaló también por entonces el uniforme del Liverpool, pero no había problema. En España era de la Real y fuera, del Liverpool. Recuerdo jugar al fútbol de donostiarra y de *red*, y lo orgulloso que estaba de mis equipaciones. Pero forofo, lo que se dice forofo, fui de la Real.

* * *

Mi hermano Pablo, el neurólogo, y su mujer, Sara, que lleva la administración de su clínica, me recogieron en coche cerca de mi casa. Habían sido los agraciados con los dos abonos que habían quedado libres aquel sábado de enero. A ambos les gusta ver fútbol, en parte, porque a sus hijos, Darío y Elías, les encanta. Pablo tiene dos hijos de un anterior matrimonio, Mateo y Clara. Las dos camadas son del Madrid. Mi hermano introdujo la dirección del estadio en el navegador y abandonamos la glorieta de Ruiz Jiménez. Era la primera vez que iba en coche a Vallecas, e iba a ser la última: pasamos más de media hora dando vueltas hasta que pudimos aparcar.

Desde allí bajamos por la calle de los Soportales. Siempre que viene alguien nuevo a ver al Rayo me sorprende con algo. En el caso de Pablo y Sara, fue que parecían más interesados en ir de compras que en el plan. La primera pregunta de mi cuñada me dejó completamente descolocado:

—Oye, Nico —dijo, mirando un escaparate—, ¿sabes si aquí venden crema solar?

Sopesé la posibilidad de que fuera una de esas preguntas trampa que en ocasiones me formulan las mujeres, pero llegué a la conclusión de que era inocente e inocua. Podía responder con una simple verdad.

—Ni idea, Sara. No suelo comprar crema solar cuando voy al fútbol.

Pasamos por una frutería y se pararon.

—¡Qué fruta más buena! —exclamó el neurólogo.

—¿Compramos? —le preguntó Sara, muy animada.

Toquetearon algunas piezas y hube de intervenir.

—Oye, ¿seguimos? Mejor si nos da tiempo a picar algo.

De haberlo sabido, los llevo por otro camino. Sentarlos frente a la barra del Cruz Blanca fue trabajoso, pero allí se portaron bien. Tanto que me invitaron. Fue una oportunidad para charlar con calma, algo que no hacíamos desde hacía tiempo, con tantas obligaciones.

La llegada a nuestros asientos fue igual a tantas de otros neófitos como ellos. De pie, repasaron con la vista el recinto y sus particularidades y una sonrisa se dibujó en sus labios.

—¡Puf, qué pasada, cómo se ve! Tienes que traer a Darío y a Elías —dijo Sara.

—Sara, vas a poder ver a gusto las piernas de los jugadores —le dijo mi hermano. Después se dirigió a mí—: A Sara le encantan sus piernas musculadas.

—Ja, ja… —rio ella—. Cuando lo digo viendo un partido en televisión, mis hijos se avergüenzan.

¿No es maravilloso el plan futbolero, salir de casa y saber más de la gente que nos rodea? Saltaron al campo el trío arbitral y los jugadores, y cuando formaron en línea, me fijé en la Real Sociedad. Estaba David Silva, a quien me apetecía ver, pero no Kubo, el japonés. ¿Saldría después Oyarzabal, uno de mis jugadores preferidos? Asistir a un partido de los donostiarras no podía ser igual a ir a los de los demás equipos: me trasladé al pasado al observar la equipación. Era negra y en la camiseta había bandas horizontales grises hechas a base de líneas finas y paralelas. Cuando yo era niño la segunda equipación era azul con el cuello blanco y tres líneas del mismo color recorrían las mangas. Era un azul ultramar, y denominarlo así hace que viajemos al mar Cantábrico y que el blanco sea el de las olas cuando rompen en la playa de la Zurriola.

Comenzó el encuentro y caí en la cuenta de que aquella era sólo la segunda vez en mi vida que veía en vivo a los guipuzcoanos.

* * *

Recibir el uniforme fue decisivo, pero había otras razones por las cuales no es tan raro que me hiciera de la Real Sociedad. Yo nací en Madrid, pero mi familia por parte de madre es vasca y de San Sebastián. A mis tíos Antón y Juan les hacía gracia que fuera realista y a mi abuela, a la que en casa llamamos siempre Amacho y ha sido una de las personas más simpáticas que he conocido, también. Mi tía Maruja, la regaladora, hermana de mi padre y ovetense, se casó con un vasco y de vez en cuando íbamos por allí.

Pude asimismo haber sido del Atlético de Madrid. La mayor parte de mi familia lo era. Quizá tenga que ver con que una rama participó en la construcción del Vicente Calderón y también que un tío segundo mío, Gonzalo, fue directivo. Mis hermanos varones eran abonados, el primer estadio al que fui fue el Vicente Calderón y acudí desde muy pequeño con asiduidad. Me acuerdo de partidos, pero la imagen que me viene con mayor recurrencia, quizá porque me impactó y se repitió varias veces, es la de colchoneros dirigiéndose furiosos al palco y al presidente tras una derrota. Enarbolaban los abonos e imitaban el gesto de romperlos, sin hacerlo. Irritados sí, pero no bobos. Todavía hoy, si escucho el himno antiguo del Atlético, me entra un hormiguillo.

Supe todo lo que se podía saber de la Real siendo un niño madrileño en los años setenta y ochenta del siglo pasado. Veía *Estudio Estadio* y los escasos partidos que se retransmitían, leía los diarios nacionales y los periódicos deportivos, acariciaba con fervor los cromos de jugadores donostiarras antes de pegarlos en los álbumes y mi equipo guipuzcoano de Subbuteo, cuando jugaba solo a aquel juego de mesa, goleaba siempre. En el colegio, con mucho madridista, no me achantaba y, por otro lado, jamás tuve ningún conflicto reseñable con mis compañeros. En el Estudio estaba prohibido jugar al fútbol —lo consideraban un deporte de brutos— y cada vez que había «dibujo libre» y les cascaba uno de la Real, la nota era muy pobre. Me resbalaba.

Me pasaba la vida cantando «¡Bat, bi, hiru, lau, bost, sei, zazpi... Real!» —«¡Un, dos tres, cuatro, cinco, seis, siete... Real!»— y a mis hermanos les hacía gracia al principio. Con el paso de los años, no tanta.

—Eras tremendo —me dicen cuando lo rememoramos—. No se te podía decir nada.

Lo mío era obsesivo. Me contaron que una vez me acosté sin saber cómo había acabado un partido y uno de ellos abrió la puerta de mi dormitorio, se asomó y, pese a que me vio dormido, me informó:

—Nico, ha ganado la Real.

Como un autómata, sin abrir los ojos, me incorporé, levanté los brazos y grité:

—¡Hala Real!

Y caí seco de nuevo. Me tomaban el pelo. Si se cruzaban por el pasillo conmigo, me preguntaban:

—Oye, Cerebrini —uno de mis apodos—, tengo una duda: ¿cómo acabó el Real Sociedad - Atlético de hace tres años y quién jugó?

Yo, inocente de mí, les contestaba una y otra vez sin darme cuenta de que, en cuanto les perdía de vista, se morían de la risa.

Entre mis nueve y once años llegó la época gloriosa de la Real. La apoteosis. Un subcampeonato de Liga, dos campeonatos seguidos y unas semifinales de Copa de Europa. Fue bajo la batuta de Alberto Ormaechea, un tipo tan serio que no recuerdo haberle visto sonreír. No tuve ningún jugador favorito: la Real era un bloque y muy serio, como su entrenador. Hacía todo bien y ganarles era un suplicio. Ignoro si lloré con los partidos y cómo lo celebré. Aquella época se ha guardado en mi memoria como una pieza sólida y opaca, como si fuera un sillar de piedra. Seguro que, si llego a viejo, lo recuperaré todo.

Jamás estuve en el mítico Atocha y sólo vi un partido en vivo de aquella Real a la que me veo obligado a asociar con adjetivos exagerados y rimbombantes como «histórica», «inmortal» o «sublime». Fue en el Bernabéu, en la temporada 1981/82, la del segundo título. Recordemos que el rival de la Real fue siempre el Real Madrid de Juanito, Camacho y Stielike, así que aquel era un enfrentamiento clave.

Voy a contar lo que se me ha quedado, no he querido buscar nada en la red sobre el encuentro. Si me miente la memoria, que mienta. Me llevó un amigo de la familia, Enrique, diez años mayor que yo y que luego trabajaría de encargado a finales de los noventa en La Guillotina. Él era colchonero y no sé cómo surgió el plan, pero todavía se lo agradezco. También me invitó a la final del Mundial España 82 entre italianos y alemanes.

Diría que fue en invierno o al menos hacía frío. Estaba oscuro, puede que fuera de noche. Compré una bufanda y una bandera de la Real en algún puesto del exterior y nuestras localidades estaban en uno de los fondos, aunque no sé exactamente dónde. Me suena que lo vimos sentados. Sé que se adelantó el Madrid en el marcador y que sufrí como un enano hasta que Uralde empató en la portería tras la que nos encontrábamos. Fue al final y en jugada, pero no sé cómo. Lo celebré como un loco y ondeando la bandera. Un tipo mayor me insultó. Me quedé perplejo, fue la primera vez que un adulto me insultaba y pasarían muchos años hasta que aquello se repitiera, siendo yo ya mayor de edad. Enrique y otros madridistas que estaban cerca le afearon la conducta al tipejo aquel y no ocurrió nada más desagradable. Recuerdo llegar a casa y contarles a mis hermanos que me habían insultado. Increpar a un niño de once años es muy extraño incluso en el fútbol. Aquello fue mi bautizo en la violencia del balompié y en algún momento de los años siguientes se produjo mi conversión precisamente al Real Madrid.

* * *

Más de cuarenta años después veía a la Real en Vallecas y estaba deseando que el Rayo les metiera un gol. O más. Pero no metió ninguno. Sentí que Pablo y Sara no presenciaran cómo se celebra un gol en Vallecas. Al menos lo hicieron con uno a distancia, el que marcó su hijo Darío, lateral derecho del Aravaca. Su hermano pequeño, Elías, que va a verle todos los partidos, los llamó por teléfono:

—¡Darío ha marcado! —exclamó mi hermano, móvil en mano—. Su primer gol, han ganado 1-0. —Luego su rostro no perdió la sonrisa, pero se ensombreció—. ¡Pobre Elías! No ha visto el gol, estaba comprándose una cocacola.

—¡Qué contento estará Darío! —dijo su madre, feliz.

En Vallecas se cumplió exactamente el tipo de partido que Iraola no deseaba y que había descrito en la rueda de prensa previa. No defines alguna oportunidad, los donostiarras marcan pronto por un error tuyo y luego, al ser mejores, te superan. Lo único que Iraola no previó es que les iban a regalar un segundo gol en el primer tiempo, en un córner. Para remontar un 0-2 del equipo de Imanol necesitas un milagro, no se produjo y el interés decayó. Se notó mucho la ausencia de Óscar Valentín en el pivote. El toledano estaba en forma antes de su lesión y es de esos jugadores de trabajo oscuro en los que tardas algo en fijarte, pero, cuando lo observas, te encanta. Pathé Ciss le sustituyó y cumplió a su nivel: en determinado momento, me vi aplaudiendo un pase suyo.

A falta de emoción en el césped, menos mal que existe el público. Los aficionados blanquiazules recordaron varias veces a Aitor Zabaleta, asesinado en las inmediaciones del Vicente Calderón el 8 de diciembre de 1998. Como se suele decir, era un joven normal y corriente de veintiocho años que trabajaba en el asador familiar. Fue a ver el enfrentamiento entre el Atlético y la Real en compañía de su novia, integrante de la peña femenina Izar, y de otros hinchas. Durante la previa, tuvieron la mala suerte de llamar la atención en un bar de un grupo de ultras del Frente Atlético, que ven un enemigo y un etarra en cada aficionado vasco. En medio de la refriega que se produjo en la calle, Ricardo Guerra apuñaló a Aitor y lo mató. Hay partidos en los que el Frente Atlético mancha con cánticos su memoria.

Más festivos, aunque punzantes, fueron los cánticos de crítica al árbitro que pusieron de acuerdo a vallecanos y donostiarras. Fue mérito de Mateu Lahoz y su afán desmedido de protagonismo. El valenciano es famoso y ha llegado a pitar, entre muchos encuentros importantes, una final de la Liga de Campeones. Fue un árbitro mimado en programas de televisión y por figuras destacadas del fútbol y mereció un documental. «¡Es imposible no quererlo!», decían. Se le consideraba un colegiado dialogante y que dejaba jugar, el mejor de la Liga. Dejar jugar se suele asociar al estilo inglés del arbitraje, que prima el ritmo de juego y acepta el fútbol como un deporte de choque. Aquí se traduce a menudo en permitir que se den patadas alevosas hasta un determinado minuto para luego sacar tarjetas sin sentido y a troche y moche. Quizá Lahoz fuera un gran árbitro, no lo sé. Que arbitrar es muy difícil está claro. Lahoz ahora interrumpe el juego constantemente con sus continuas charlas con los jugadores y entrenadores y con sus colegueos. Mucho tiene que ver con su ego. Que tenga algo de ego es normal, el problema está en que psicólogos, amigos y periodistas lo han alimentado de tal modo que él piensa que en el campo tiene que ser él mismo. Un árbitro no tiene que ser él mismo. Tiene que ser el garante del cumplimiento del reglamento, un papel fundamental en la competición. De hecho, administrar justicia implica tratar de acercarse a un ideal y es un ejercicio que exige lo contrario a mirarse el ombligo: se debe salir de uno mismo para servir sólo al ideal. Anularse por un bien mayor. Y pasar desapercibido.

Otro error de Lahoz y su estilo es ser amigo de los jugadores y entrar en asuntos personales. Cuando se retire, que se haga amigo de quien quiera, pero en el campo él es una figura que representa la ley. La ley no es amiga de nadie. En cuanto a comentar intimidades con los futbolistas, demuestra una falta de filtro preocupante. Una cosa es la educación, la amabilidad y la comprensión, otra traspasar fronteras que existen, sencillamente, por el papel de cada uno en el espectáculo en el que trabaja. No violarlas en ninguna de las direcciones es una muestra de respeto mutuo.

Lahoz recibió los típicos cánticos de «¡Fuera, fuera!» y «¡Qué malo eres, Mateu, qué malo eeeeeres…!». Cometió errores —como todo el mundo—, pero ese no fue el tema. En los últimos minutos del partido saltó al campo Oyarzabal, que va cogiendo forma tras una lesión grave que lo apartó de los terrenos durante casi un año. El delantero paró un balón cerca del área rayista y de mi banda con una clase impresionante. Hubo un momento, también, en que se cruzó con Lahoz y este le dio una simpática palmadita en la espalda que el jugador devolvió. Menos palmaditas y a centrarse en el juego.

* * *

Mi conversión se produjo en algún momento entre el gol de Zamora al Gijón y aquel de Butragueño contra el Betis. Es un asunto que ha estado presente en mi vida, pero sobre el que no he profundizado hasta que comencé a escribir este libro. El cambio de equipo no fue consciente ni por hacerme de uno «mejor», porque el mío ya lo era: ocurrió. Voy a proponer algunas razones que pudieron influir, aunque el fútbol, además de razón, sea emoción y sentimientos. Como sabéis, sólo vi un partido de la Real y ni siquiera tuve la suerte de pisar Atocha. No conocía a nadie de aquel equipo salvo a mis tíos, con quienes no hablaba de fútbol. En mi colegio no recuerdo ni a un solo aficionado *txuri-urdin*, al menos en mi curso. Ahora en Madrid habrá más tras la diáspora de vascos motivada por el nacionalismo y el terrorismo. Dado que leo periódicos y veo telediarios desde niño, no descarto que durante los «años de plomo» los atentados, la proliferación de radicales abertzales y el odio a Madrid y al Madrid tuvieran algo que ver. La imagen que percibía del País Vasco era muy dolorosa. El fútbol incluye la política y esta influye a cualquier edad.

No compartía, pues, la Real con nadie y la comunión para un seguidor es fundamental. El otro aspecto es adónde vas, cuál va a ser tu nuevo equipo y por qué. Fui a un equipo de mi ciudad, al que podía ir a ver cuando quisiera y que podía compartir con mucha gente. Por esa época el Vicente Calderón desapareció de mi vida y llegaron la Ciudad Deportiva del Real Madrid y el Santiago Bernabéu por la sencilla razón de que allí aterrizó la Quinta del Buitre acompañada de un grupo de jugadores fantásticos. Aglutinaron la ilusión de una época y jugaron, como dijo el analista Marcos López, un fútbol de etiqueta. Sus remontadas en eliminatorias europeas, muchas de las cuales viví como un salvaje en el estadio, forman parte de mi memoria sentimental. No ganaron la Copa de Europa, pero sospecho que, si supiéramos cuánta gente se hizo del Real Madrid por entonces, nos sorprenderíamos. En mi casa, nueve. ¿Cuántos vallecanos se harían del Rayo cuando fue el Matagigantes de Primera División? ¿Cuántos se habrán aficionado desde la llegada de Andoni Iraola hace dos temporadas y media?

Cuando alguien me llama chaquetero, hago un matiz. Chaquetero no, chucho sí. Fui un chucho donostiarra y ahora soy un chucho madridista. Me extrañaría acabar siendo un chucho rayista y muchísimo más, culé, pero cosas más raras se han visto. Soy chucho porque soy mezcla en todo, incluso en lo que creo no serlo. Desconfío sobremanera de los puros: o mienten o su ignorancia es peligrosa. La identidad de cualquiera es siempre plural, mestiza y muy compleja: entran en juego demasiados factores como para poder simplificar. La identificación con un equipo, que forma parte de dicha identidad en el ámbito de lo social, es selectiva. Eliges aquello con lo que te identificas. No comparto la idea de que animas siempre al club que es igual a ti, al que te representa. Te representará en algunas cosas y en otras no. Tampoco es extraño que te atraigan sus valores precisamente porque son valores, ya sean del Atlético de Madrid o del Albacete.

Si observamos, por poner un solo ejemplo, un rasgo que comparten casi todos los clubes de élite en España —y quizá todos—, es que son católicos. De siempre, antes de comenzar la construcción de un estadio, un cura bendice el terreno, y en ocasiones es un obispo el que lo hace en su inauguración, ocasión más golosa para la fotografía de recuerdo. De siempre, cuando se celebra un título, se hace una ofrenda a una virgen en una parroquia o iglesia. Sin ir más lejos, una representación del Rayo Vallecano —presidente, directivos, cuerpo técnico y algunos jugadores— realizó una ofrenda floral a la Virgen del Carmen en la parroquia de San Ramón Nonato del Puente de Vallecas por el último ascenso a Primera División, en junio de 2021. Obviamente, no hay que ser católico para ser hincha del Rayo.

Algunos puros te dicen cómo tienes tú que ser y cómo debes comportarte para merecer ser aficionado de un equipo que consideran suyo. Vosotros, lectores —y sin ofender—, también sois chuchos. Que lo ignoréis es otro asunto.

* * *

El plan de aquel sábado con Pablo y Sara estaba escrito que iba a cerrarse en una tienda. Fue en la frutería y verdulería Dali, en la avenida de la Albufera. Mi hermano y mi cuñada no se iban a conformar con las pipas y refrescos del descanso. Se lanzaron sobre las naranjas, las mandarinas, los plátanos y los aguacates y comenzaron a llenar bolsas. Un aficionado de la Real, acompañado de su hija pequeña, tuvo la misma idea y le preguntó a Pablo qué tal serían los aguacates.

—¡Buenísimos! —respondió, siempre optimista, y el donostiarra cogió dos.

Yo les esperaba fuera, en la acera, junto a las cajas de exposición. El dueño no me quitaba ojo y acabó por resultar incómodo. Me dirigí a él:

—Hola, ¿qué piensas? ¿Que te voy a robar una mandarina?

El hombre no supo cómo responder y comenzó a farfullar una disculpa.

—Voy con la pareja que se está llevando media tienda —le informé—. Les estoy esperando.

Una sonrisa de alivio asomó al rostro del tendero.

—¡Coge la mandarina! ¡Cógela!

Tras el clásico tira y afloja, cogí la mandarina. Estaba en su punto, dulce y ácida a la vez. Con las bolsas a cuestas, fuimos hasta el coche y hubo un último intento de mi hermano de aumentar su botín. Había un local con entrada de garaje del que unos asiáticos salían con cajas de bebidas y las introducían en una furgoneta blanca. Pablo se fijó en que había un cartel de «Venta para profesionales» junto a otros en chino.

—¡Mira, Sara! ¡Un súper para profesionales!

Por suerte, Sara le disuadió y me llevaron a casa. Eran cerca de las cuatro y media de la tarde y al entrar en mi apartamento sentí la ausencia de mi hijo. Marcos, desde que nació, me ha ayudado a tener los pies en el suelo, algo que nos ocurre a casi todos los padres. Estaba de fin de semana con unos amigos en el campo y supuse que habrían visto el partido. Le llamé.

—Hola, ¿qué tal vais?

—Muy bien, haciendo una parrillada. ¿Tú? Vaya partido…

—Ya, una pena, pero es normal.

—Oye, por cierto, les quería contar a mis colegas lo de nuestro pariente el futbolista y no me acordaba bien…

—Sí, te cuento.

Es una historia que no supe hasta hace un año y fue gracias a Borja, un amigo con afición a la genealogía y que conoce la mía por el fútbol. Nadie de mi familia me la había contado. El futbolista Alberto Machimbarrena Aguirrebengoa (1895-1923) y yo compartimos unos trastatarabuelos. Para hacerlo más sencillo, mi abuelo materno, Juan Córdoba Machimbarrena (1903-1956) era primo segundo de Alberto, y sé que se trataron. San Sebastián era una ciudad pequeña y Pedro Muñoz Seca, en su entremés *El donostiófilo*, estrenado en el Teatro Principal en 1922, bromeó con esta quintilla:

Dos montes, un torreón,
cuatro o cinco calles buenas,
diez mil casas de pensión,
un Casino muy ladrón
y cien mil Machimbarrenas.

Alberto jugó al fútbol en los albores de este deporte en España, recientemente importado de Inglaterra y amateur. Todavía se escribía «foot-ball», un gol era un «goal» y los jugadores eran «sportsmen». No había competiciones de selecciones y en España la principal era la Copa de España. Comenzó jugando de portero en el C. F. Aurrerá y en 1905, con diez años, se cambió al Easo A. C. Allí jugó de mediocentro —la que sería a la postre la definitiva— y obtuvo durante cuatro años consecutivos el campeonato de Guipúzcoa. Compañero suyo de niño fue su amigo el extremo bonaerense Sotero Aranguren, con quien, como veremos, compartió destino deportivo y vital. Alberto llamó la atención de la Real Sociedad y el 9 de marzo de 1911 debutó como donostiarra en Ondarreta en el partido de Copa contra el Racing Irún. Tenía catorce años de edad. Jugaría la final de la Copa de España de 1913, que perdieron frente al Barcelona.

Ese mismo año Alberto se mudó a Madrid para estudiar la carrera de Arquitectura. En ese momento fue el Madrid F. C. —todavía no era «Real»— el que se fijó en él, y debutó con los blancos. Por entonces el reglamento permitía jugar en dos equipos diferentes siempre y cuando se hiciera en campeonatos en los que no competían ambos. Alberto defendía al Madrid en los campeonatos que no jugaba la Real y cuando regresaba a su tierra lo hacía por la Real en aquellos en los que no competían los blancos. En 1915 el señor Pardo, presidente del Athletic Club de Bilbao, presentó una reclamación a la federación y estalló el caso Machimbarrena. Como consecuencia, se cambió el reglamento y Alberto ya no pudo estar inscrito a la vez en las federaciones de Centro y de Norte. A partir de ahí defendió ambas camisetas, pero no a la vez.

Con los donostiarras completó 30 partidos y fue con ellos con quienes se retiró en un partido de promoción en 1922. En ese año ya ejercía como arquitecto. Con el Madrid jugó 22 partidos y marcó cinco goles. En 1917 obtuvo la Copa del Rey en el partido de desempate ante el Arenas de Getxo. Él era el capitán. Compartió vestuario, entre otros, con su amigo Sotero Aranguren, con Santiago Bernabéu y con René Petit, de quien fue mentor. Fue, dicen, un gran mediocentro táctico y ofensivo, y un líder.

En 1922 murió Sotero Aranguren de neumonía. Un año más tarde fallecía Alberto de tuberculosis en el Real Sanatorio de Guadarrama. Dejaba atrás una mujer, María Cavanilles Rodríguez, y un hijo de apenas dos años, Luis. Ambas muertes conmocionaron al país. Alberto era una leyenda de la Real Sociedad y del Real Madrid.

En 1925 se realizaron varios homenajes a ambos futbolistas con partidos entre la Real Sociedad y el Real Madrid, tanto en la capital como en San Sebastián. Además, se promovió en Madrid una recaudación de fondos para la realización de una escultura de Machimbarrena y Sotero a cargo de Rafael Vela del Castillo. La inauguración de la estatua de bronce de ambos jugadores fue todo un acontecimiento e impresionan hoy las fotos del acto. El conjunto escultórico se encuentra a la entrada del vestuario blanco en el Santiago Bernabéu y me dicen que los jugadores lo tocan para que les dé suerte antes de los partidos. Ahora, por las obras del nuevo Bernabéu, está en un almacén. La Real Sociedad, por su parte, encargó un busto de Alberto al escultor Gabriel Navajas. Actualmente la escultura descansa en las oficinas del club *txuri-urdin*.

Cuando supe de Alberto, le pregunté a mi madre si recordaba algo sobre él. La memoria familiar es siempre azarosa, extraña y sorprendente. A veces tramposa y esquiva.

—Sí, Alberto. Sé que fue primo de mi padre y que jugó en la Real y el Madrid. Pero nada más. Lo siento, hijo.

Cuando colgué a mi hijo Marcos, tras hacerle un somero resumen de lo que habéis leído, pensé que un día le iba a regalar la camiseta de la Real Sociedad para que acompañase en su armario a la del Rayo Vallecano y a la del Real Madrid. En cuanto a mi trayectoria como aficionado, quizá no haya que darle tantas vueltas a mi conversión. Podríamos decir sobre mí que «de casta le viene al chucho».

MERCATO INVERNAL

Rayo Vallecano 2 - Almería 0
Lunes, 6 de febrero de 2023

Rodrigo Ely 53' (pp), Álvaro García 62'

Salí del metro en la estación de Puente de Vallecas y me abotoné hasta arriba la chaqueta de pana. Era ya de noche, hacía frío y me encontraba regular, con dolor de garganta, destemplado. Recorrí la avenida del Monte Igueldo, llena de pequeños comercios, y me fijé en una tienda de telefonía de DIGI, el espónsor del Rayo. Había bastante gente con bolsas a cuestas, supuse que tras hacer la compra al salir del trabajo. Delante de mí caminaba una señora morena de unos cuarenta y pico años que hablaba por el móvil y muy alto. Le contaba a su amiga sus dudas sobre cambiar o no la puerta metálica de su casa:

—Está toda oxidada, toda... Pero mi marido dice que esa puerta nos ha salvado muchas veces de que entren en casa. Lo han intentado y nada...

Tomé una bocacalle y llegué a La esquina del Zorro. En la entrada de la librería, por fuera, colgaba un cartel de «Vallekas Negra», primera edición del festival de novela negra que se estaba desarrollando esa semana en el Ateneo Republicano, espacio cultural de una asociación de izquierdas. El lema del festival era: «Un barrio que lee es un barrio armado». Entré y la librería era amplia y muy agradable.

—Hola, ¿tienes *Los orígenes del Rayo Vallecano*, de Juan Jiménez Mancha? —le pregunté al librero.

—No, lo siento. Está agotado.

—¿Y otros sobre el Rayo o Vallecas?

Disponían de un ejemplar de *¡A las armas!* (2015) el libro de Quique Peinado, vallecano, presentador de televisión, guionista y escritor y uno de los hinchas del Rayo más mediáticos junto a la también presentadora Cristina Pedroche. Me encaminé al Chispín: tomar allí algo antes de un partido era ya una liturgia. La semana anterior fútbol y literatura también se habían combinado, pero de un modo distinto. El Rayo ganó 0-1 al Villarreal a domicilio con gol de Camello y había sido el primer partido de la temporada que, ya fuera por televisión o en vivo, no había visto en directo. Coincidió con una tertulia de la que formo parte hace más de trece años. Iba cada rato consultando disimuladamente en el móvil cómo iba el partido. El alivio llegó cuando vi «Finalizado» en la pantalla y se confirmó la victoria de la Franja. La alegría se completó con el buen humor con el que regresé a casa dando un paseo y con el disfrute de la visión en diferido de la segunda parte antes de dormir.

Una semana más tarde, y tras comprar el libro, llegué al Chispín cerca de las ocho de la tarde. Quedaba una hora para el comienzo del encuentro contra el Almería. Si el Rayo ganaba se colocaría 5º tras veinte jornadas, algo muy meritorio, y la ilusión por jugar en Europa volvería a las gradas. Jorge Valdano, voz respetada del fútbol, había destacado en una entrevista en *As* al equipo vallecano junto al Girona como las dos sorpresas positivas de la Liga, dos equipos que aunaban competitividad y una idea clara y vistosa de juego. Había quedado en el bar con Marcos y un amigo suyo, pero no habían llegado todavía. Por suerte, estaba Jesús Abono con Pedro, su hermano pequeño, con quien pasé la noche en la calle Payaso Fofó.

—A ver qué pasa —dijo Jesús—… Si ganamos nos ponemos en Europa.

—El año pasado íbamos cuartos y luego ya ves —matizó su hermano pequeño.

Caña en mano, nos dedicamos a dar un repaso a la actualidad futbolera, tarea recurrente del aficionado vocacional.

—¿Viste la rajada de Ciss? —me preguntó Pedro.

—Ya, lo que ocurre es que no sabemos qué pasó antes de las doce de la noche —comenté—. Muchos acuerdos se deben de romper porque los equipos presionan en la negociación hasta el último minuto. Lo digo por justificarlo de algún modo, porque no se entiende.

—Ha sido culpa de Presa fijo —opinó Jesús—. Aunque Ciss es importante que siga.

Que no se entienda la conversación es normal porque sin contexto no la entiendo ni yo, que estuve allí. Hablábamos del mercado futbolístico, que algunos llaman *mercato* porque los italianos fueron los pioneros en convertirlo en tema periodístico de calado. Cuando era pequeño los fichajes y rumores inundaban las portadas de los diarios deportivos en verano y ahora, en la era del exceso de información, inundan redes y medios todo el año y a todas horas. Hay dos periodos de un mes cada uno para fichar, en junio y en enero, y la semana anterior se había cerrado el mercado correspondiente al invierno. Quien más y quien menos se sabe las duraciones de los contratos en vigor de los jugadores, lo que cobran de ficha y las amortizaciones que deben afrontar los clubes con el límite de que es información, en principio, sujeta a la confidencialidad, y si la leemos u oímos es porque la filtran los propios clubes u otros agentes del negocio interesados en ello. Para saber de contratos reales y de los manejos de agentes estrella como Jonathan Barnett —el de RDT—, Jorge Mendes, Juan Figer o Pini Zahavi, conviene leer *Football's Secret Trade: How the Player Transfer Market Was Infiltrated* (2017). Los periodistas Alex Duff y Tariq Panja sacan a la luz cómo la necesidad de financiación de clubes en apuros, al no poder acudir a los bancos u otras opciones convencionales, los llevó a vender a sus jugadores a fondos de inversión o a los agentes en porciones, como si fueran pizzas. El problema es que esas operaciones afectaban a la carrera deportiva del futbolista. Cuando te dicen el precio de un traspaso en los medios y crees que casi todo el importe se lo va a embolsar el club vendedor, en realidad no tienes ni idea de las particularidades de la operación, por lo común compleja y con numerosos participantes.

Las principales conversaciones sobre el *mercato* se referían a las cifras globales de negocio de las grandes ligas europeas: los datos dejaban a las claras la supremacía económica creciente de la Premier League inglesa. Aquella gran conversación llevaba a otros temas relacionados: el llamado *doping* financiero de varios clubes principalmente ingleses, aquellos cuyo objetivo no era cuadrar ingresos y gastos. Daban año tras año pérdidas en sus cuentas y recibían inyecciones de dinero a fondo perdido por parte de sus dueños, oligarcas rusos o jeques de Oriente Próximo a quienes no les importa la rentabilidad, sino el estatus que les proporciona el fútbol o la imagen que proyectan. Otro tema era la inflación en los precios de los traspasos motivada por aquellos clubes hiperricos y el temor a que la liga inglesa se convierta en una superliga donde jueguen todos los mejores y los demás vean su negocio y atractivo muy disminuidos. Para ser justo con los ingleses, conviene comentar que su liga es la única que ingresa más por la venta de sus derechos internacionales de televisión que por la de los locales: saben vender su producto, y esto no es sólo por el *doping*. Estas eran las conversaciones macro relacionadas con clubes como el Manchester City, el Paris Saint Germain, Juventus o Real Madrid, pero ya dije que el Rayo se mueve más bien en las micro.

Esta vez el mercado de la Franja había proporcionado una noticia recogida en todos los medios, y tres más en los locales. La gran noticia había sido el fichaje de Fran García por el Real Madrid —que compartía la propiedad del jugador con los vallecanos— a cambio de 5 millones de euros. Lo bueno era que Fran no se iba a incorporar de inmediato al club blanco y podía acabar la temporada en Vallecas. Dos de las noticias locales fueron las cesiones del delantero caboverdiano Bebé y del francés Randy Nteka al Zaragoza y al Elche, respectivamente. El Rayo aliviaba una plantilla demasiado larga y los futbolistas, poco utilizados por Iraola, tendrían minutos en sus destinos. La última noticia fue la más sorprendente. El Rayo había tenido prácticamente cerrado un acuerdo con el Olympique de Lyon, que se hacía con los servicios de Ciss a cambio de unos 6 millones de euros. El Rayo lo había fichado temporada y media antes por un millón. El jugador, con una ficha anual inferior al medio millón de euros, pasaría a cobrar más de dos. La operación, teniendo en cuenta además que el senegalés era suplente habitual, era de libro, de esas en las que todos dan saltos de alegría, especialmente el Rayo y Ciss. El Rayo obtenía un beneficio enorme por el jugador y Ciss se hacía rico completando un periplo envidiable, pleno de baraka. Pues bien, la operación no se cerró. Según supe después por alguien de quien me fío, Pathé Ciss no andaba desencaminado cuando insinuó que fue Presa quien la paró. Sencillamente no quiso firmar, aunque en sus declaraciones aseguró que lo hizo en interés del club. Un enigma, de todos modos. Cada vez que me llegaba más información sobre Presa o la reunía yo mismo, menos le comprendía. ¿Qué ganaba con no traspasar a Ciss? Había pasado de ser un personaje controvertido, como tantos presidentes, a misterioso.

Como en el fútbol casi todas las noticias nacen y mueren a toda pastilla, Jesús, Pedro y yo pasamos a charlar sobre otros temas, y entonces llegaron Marcos y su amigo Lucas.

—¡Hola! Poca gente en el bar, ¿no? —saludó Marcos.

—Hoy en el mercado no hay nadie —dijo Pedro.

Jesús y sus hermanos acostumbran pasarse por el Chispín, tomar algo mientras esperan a que les preparen unos bocadillos y luego se acercan a la plaza del Mercado Municipal, centro de reunión antes de los partidos de los Bukaneros y de muchos rayistas.

—Con estos horarios —comento Jesús—… Lunes a las nueve de la noche, hay gente que trabaja, y luego el frío…

Iraola había comentado que el Rayo era un «rellenahorarios», uno de eso equipos que jugaba a menudo los peores días —viernes y lunes— y a las peores horas. Los del abono recogieron sus bocadillos y se despidieron para llegar con calma al estadio y nosotros apuramos la última caña. Lucas, el compañero de universidad de mi hijo, es un tipo moreno, grande y tranquilo, y sabe de fútbol. Traía puesta una bufanda del Rayo.

—¿Eres del Rayo? —le pregunté.

—Bueno, soy del Atleti, pero el Rayo me gusta. Un tío mío que hoy estará en el estadio es vallecano y abonado desde los quince años, así que…

¿Habéis oído a alguien utilizar un gentilicio de otro barrio o distrito que no sea Vallecas? Leo que existe hortalino, malasañero o retireño, pero no los he oído utilizar en mi vida. «¿De dónde eres?». «Hortalino». Si oyera algo así pensaría que es de pueblo y de zona de huerta y no de Hortaleza. Incluso el estadio de un equipo de un barrio tan característico se llena de aficionados binarios.

* * *

—Puf, otro minuto de silencio —me comentó resignado el otro Jesús, mi compañero de asiento, mientras se ponía en pie, como el resto del público, y sonaban los primeros acordes de la música de Albinoni.

Era por el terremoto de Siria y Turquía. Llevo una temporada poco atento a las noticias y me bastaba con ir al estadio para ponerme al día. Últimamente tengo la teoría de que para tener un conocimiento superficial de las noticias no es en absoluto necesario ver telediarios, leer periódicos u oír la radio. Te topas con ellas, siempre hay alguien que te informa. Si quieres profundizar, en cambio, es un trabajo ímprobo, resbaladizo y poco agradecido.

La grada visitante lucía un aspecto tristón, pese al esfuerzo de los 30 valientes aficionados almerienses que habían viajado un lunes para ver a su equipo de noche. Hubo un momento del partido, cuando todavía iba 0-0, en el que se les oyó animar y me alegré por ellos. Había sido su modo de dejar una huella efímera. El frío era mortal, corría una brisa helada y me pregunté si el Estadio de Vallecas tendría un sobrenombre semejante al del «de la pulmonía» de los vallisoletanos. No funcionó ni mi camiseta térmica.

—Vaya frío —me comento Jesús—. A ver si meten un gol y al menos saltamos un poco...

El frío se transmitió al juego y con el 1-0 apenas despertamos porque no nos dejaron. Fue en un córner sacado por Isi que se resolvió con cierta confusión en el área y un remate de no supe quién a la red. Un jugador del Almería cayó desplomado sobre el césped y llamó la atención del árbitro, algo de lo que se ocuparon sus compañeros. Los aficionados rayistas, perros viejos, prefirieron no celebrar con demasiada efusión. El colegiado, atento a su pinganillo, esperaba que le comunicaran la decisión de la revisión de la jugada con el futbolista del Almería medio muerto y lloriqueando a sus pies. Aquello olía a gol anulado por el VAR que apestaba. Ya llevábamos varios aquella temporada. Saltas, gritas, te abrazas, te dejas la garganta y luego te quedas frustrado y sin voz. Incluso avergonzado de ti mismo. Esta vez, tras el suspense habitual —un suspense irritante, no como el de un buen thriller—, el colegiado concedió el gol. No hubo tampoco entonces mayor celebración. El balón se puso en juego, iba 1-0, lo anunciaba el marcador electrónico, qué bien si eras seguidor del Rayo, pero nada más. El cuerpo seguía tan frío como antes.

Me gusta cambiar de opinión sobre cualquier asunto gracias a recibir nueva información, incluso sabiendo que otro chute de datos u observaciones puede hacerme volver al inicio y así sucesivamente, en un vaivén poco tranquilizador, aunque instructivo. Aquella noche llegué a la conclusión, en contra de lo que opinaba antes, de que el VAR es un engendro. Sólo merece la pena si el número de errores es sustancialmente menor que antes de su implantación. Y lo dudo mucho, la verdad. Seguimos en el marasmo de la interpretación del que, me temo, no vamos a salir ni en el año 3000. El VAR mata muchas virtudes del fútbol y perjudica principalmente a aquellos que más importan y a quienes se debería cuidar más: los seguidores que acuden a los estadios. Frente a la tele, cuando entra en juego el VAR, te repantingas en el sofá y comentas con cierta desgana mientras consultas los mensajes del móvil:

—A que nos lo anulan.

Según sea el resultado del rearbitraje te mosqueas algo o no, pero tampoco es trágico. No estás allí, el gol no se produce delante de tus narices. En el estadio es un drama siempre y no lo he sabido hasta que he ido con asiduidad. Ahora comprendo a los periodistas que despotrican contra el sistema: ellos ven el balompié en vivo. El VAR mata la naturalidad y castra la emoción y la sorpresa de las que se alimenta este deporte. El VAR destroza el instante eterno del gol, convirtiéndolo en el tiempo podrido de la sala de espera de un médico o de la sala de embarque de la terminal de un aeropuerto, lugares sin vida en los que sólo atiendes a que te llamen, limbos malsanos opuestos a la pasión. Está muy extendido entre cierta gente que los hinchas son bobos, pero no lo son. El segundo tanto, el que marcó Álvaro García diecinueve segundos después de saltar al campo tras asistencia de Isinho, se celebró a lo grande. ¿Por qué? Porque hasta el más despistado supo inconscientemente que ese gol no podía anularlo ni un árbitro en trance. Había sido una jugada tan limpia que no daba lugar a la duda. Se celebró como un gol de los de antes, dejándonos llevar hasta el final. Me permití abrazar primero a Jesús a mi derecha y luego a mi hijo y su amigo a la izquierda. Un triplete.

El segundo gol, aparte de tranquilizar a la parroquia, le hizo olvidar el frío. Apareció, entonces, el humor. Stole Dimitrievski realizó dos paradas de mérito seguidas gracias a sus buenos reflejos y los espectadores corearon su nombre. Al poco sacó de fondo y mandó la pelota directamente a la grada en un pase pésimo. Lo mejor y lo peor sin solución de continuidad. La gente, esta vez muerta de risa, volvió a corear su nombre: había cariño y guasa a la vez en ese segundo coro. Puro *slapstick* o comedia física fue la escena que siempre triunfa del árbitro cuando un balón le golpea e interrumpe el juego, convirtiéndole en el payaso tonto, a su pesar y para regocijo general. Nos hizo reír después el comentario de un aficionado sentado una fila más atrás, tras un corte de balón con la cabeza y sin querer por parte de Ciss:

—¡Lo ha cortado con las rastas y sin mirar, olé sus huevos!

También se partieron tras el segundo disparo a las nubes de RDT, que salió al campo a jugar los últimos minutos tras un calentamiento digno de un nonagenario o un adolescente al que le ha pedido su padre que se prepare para jugar. RDT había vuelto como un héroe apenas un mes atrás, pero los rayistas se habían dado cuenta de que necesitaba mimos y paciencia, de que el pobre había salido de un coma y todavía, en lugar de la portería, veía un túnel sin apenas luz delante. Ver a alguien sobre el césped en tan baja forma da casi grima, resulta incómodo. Estás acostumbrado a mirar a atletas, no a cuñados en el chiringuito de la playa. Sentí compasión por el delantero, que parecía perdido en un partido que no era el suyo y con una alegría en las gradas que no compartía.

—¡El año que viene Rayo-Liverpul, Rayo-Liverpul, Rayo-Liverpul…! —cantaba Vallecas, saboreando ese 5º puesto en la clasificación que se confirmó con el pitido final del árbitro.

Ya en la calle del Payaso Fofó, el frío que habíamos olvidado por unos minutos regresó. Las bufandas eran, más que símbolos, prendas de abrigo. En los aledaños del estadio y en el propio metro, de vuelta a casa, Marcos, Lucas y yo oíamos esa palabra mágica que destacaba en todas las conversaciones de los franjirrojos: Liverpul. Por ahí andan el Edén, el Valhalla, la Yanna, Shangri-La y Eldorado, pero en Vallecas aquella tarde se encontraba Liverpul.

VALLECAS DE NOCHE, GETAFE DE DÍA

Getafe 1 - Rayo Vallecano 1
Domingo, 12 de febrero de 2023

Arambarri 37' (pp)

Enes Ünal 76'

Si convives con un joven, hay fines de semana en los que cada día se parece a una carrera de relevos. El viernes volví a casa de trabajar y Marcos se estaba vistiendo para salir. El sábado, cuando me levanté, él había ido a pasar el día con Paula, su novia. Regresó tras ir a clase de boxeo, ya de noche, justo cuando yo salía a casa de unos amigos para ver la gala de los Goya, protagonizada por el adiós del gran cineasta Carlos Saura y por el triunfo de la película *As bestas*. Al volver no había nadie en el apartamento y, cuando lo abandoné a la mañana siguiente en dirección a Getafe para ver al Rayo, él dormía.

La última vez que había ido a Getafe fue para que me sacaran una muela. Esperaba esta vez una visita más placentera y menos onerosa a la ciudad del sur de Madrid, cuna de la aviación y escenario de las primeras pruebas del autogiro inventado por Juan de la Cierva. Lo fue, aunque tampoco considero barato que ir a ver un Getafe-Rayo en un fondo y con el consumo de apenas dos bebidas te salga por 55 euros. Al abandonar el tren de cercanías y tomar el metro en la estación de Getafe Central, ya había aficionados de ambos clubes. Me apeé en la parada de Los Espartales y en las escaleras de salida coincidí con dos ancianos que discutían acaloradamente sobre quién de ellos era el aficionado más antiguo del Getafe:

—¡Yo estuve en la inauguración del Estadio de las Margaritas!

—¡Yo también! ¿Y se sabe usted la alineación del Getafe de hace más de sesenta años?

El hombre la recitó y me quedé con el nombre de Pirulo, poco aconsejable para un jugador o para un niño en el patio de recreo del colegio. Abandoné a la pareja, cuyo encuentro supuse el inicio de una gran amistad, y me encaminé al estadio. Había quedado por el grupo de WhatsApp en verme con Juan y Nahuel, los hermanos uruguayos, y me daba tiempo antes a echar un vistazo al Coliseum Alfonso Pérez, situado en un área residencial de la ciudad con edificios de viviendas de ladrillo. El delantero merengue, bético, barcelonista y de la selección española jamás jugó con los azulones: lo votaron los aficionados para nombrar el estadio porque es getafense. El presidente Ángel Torres y el Ayuntamiento de Madrid firmaron recientemente un convenio para la explotación de las instalaciones que incluye la posibilidad de vender los derechos de denominación. Pronto desaparecerá el nombre de Alfonso y el Coliseum tendrá apellidos de una marca.

Había aficionados desperdigados de ambos equipos. Como un turista cualquiera, pedí que me hicieran un retrato con el estadio detrás y me acerqué a las puertas 7 y 9, por donde debía entrar, para no perder tiempo buscándolas después. Hasta mí llegó la voz de un hombre que hablaba de que había jugado en los juveniles del Fuenlabrada contra Rafael Martín Vázquez, el centrocampista blanco de la Quinta del Buitre. Me volví hacia la voz y resultó que quien hablaba era un agente de la policía local. Estaba en un grupo junto a su compañero y a cuatro señores mayores y bajitos. «Son del Rayo seguro», pensé. Efectivamente, reconocí a Manuel Gallardo y a Felines.

—Lo del fútbol ahora es una barbaridad —comentaba el policía—. Ganan millones y millones de euros.

—¡Eso mismo he dicho yo en Radio Nacional! —corroboró el expresidente Gallardo.

Tras algunos comentarios en la misma dirección y con cierta melancolía, se despidieron y abordé a Felines, moreno y que vestía un abrigo azul marino cruzado.

—Hola, ¿es usted Felines?

—¡El mismo! —respondió el abulense mientras nos dábamos la mano.

—No pude verle jugar, pero me ha dicho mucha gente que era usted un fenómeno.

—Bueno, hacía lo que podía —comentó, humilde y a la vez orgulloso.

—¿Cómo ve el partido de hoy?

—Aquí no se nos da mal…

—¿Y ve todos los encuentros del Rayo?

—No te creas, no te creas… ¿Sabes lo que ocurre? Vivo en mi

pueblo, el sitio del mundo que más quiero y donde mejor estoy. Como tengo setenta y nueve años, ya no me dejan coger el coche y para venir me tengo que organizar.

La gran mayoría de los ancianos de su edad sufren restricciones para conducir, algo que limita sus movimientos y su actividad social. Manuel Gallardo, que debía de tener prisa, llamó su atención:

—¡Vamos, Felines!

—¡Vete por ahí...! —le dijo el exdelantero—. ¡Déjame charlar con el chaval, hombre! —Y luego añadió, riéndose y dirigiéndose esta vez a mí—: Manolo es mi amigo, no te creas, vamos siempre juntos a todos lados.

Chaval, me llamó. Casi le doy un abrazo. Estuvimos un rato más y me pareció una persona entrañable y simpática. Se habla de la cercanía como tradición en los futbolistas del Rayo, y Felines personifica ese rasgo del club, de otra época. Al despedirse me dio una palmada en el hombro:

—¡A mí lo que me gustaba era divertirme! ¡Pásalo bien, majo!

Majo. Algún día tengo que abrazar a Felines, pensé. Fui al bar El Paseo, allí cerca, y pedí una cerveza. Nada más salir llegaron Juan y Nahuel con sendas bebidas en vasos de plástico y nos sentamos en la terraza. Juan trabaja en logística y Nahuel en inmobiliaria. En las previas no solíamos vernos porque ellos iban al mercado. Hablamos de viajes para ir a ver al Rayo y de la posibilidad de ir juntos. A Gijón, el partido de la eliminación copera, ellos habían ido:

—Menos mal que un amigo nos invitó a su casa, en la playa —comentó Juan, el mayor de los hermanos—. Menudo desastre.

—Oye —le interpelé a Nahuel tras recordar aquella foto que había compartido en nuestro grupo al inicio de la temporada—, ¿cómo fue lo de la camiseta de Muriqi? ¿Cómo la conseguiste?

—¡Un grande, Muriqi! Primero le pedí las botas —dijo el hermano pequeño, riéndose—. Me miró como serio, se señaló sus enormes pies y me dijo que calzaba un 53, que no me valían. Entonces le pedí la camiseta una y otra vez y ya aburrido me la acabó tirando. Tengo también la de Maksimović.

El centrocampista azulón y serbio Nemanja Maksimović se la regaló en el 0-0 del partido de la primera vuelta, después de ser sustituido. Nahuel y Juan van a ver al Rayo desde hace años, cuando estaba en Segunda B, y esta es la primera temporada que habían comprado un abono, en el lateral de Arroyo del Olivar. Antes de que el campo se llenara gracias a los buenos resultados del equipo, lo que les obligaba a respetar la ubicación de sus localidades, podían sentarse en la primera fila, justo delante del banquillo visitante. A veces Nahuel tocaba en la pared del banco para llamar la atención de un jugador y le pedía la zamarra o preguntaba a alguno de los sustituidos cuando llegaba tras el cambio. Casi siempre le decían que se la daban al final del partido y luego se olvidaban. O pasaban de regalársela.

—Lo peor, con los uruguayos —comentó Nahuel, resignado—. Ponía la bandera de Uruguay allí colgada delante y venga a pedirles la camiseta, pero nada. Jiménez, el del Atleti, me dijo que me la daba y luego no apareció. Brian Ocampo, del Cádiz, lo mismo... Mirá, me dan los del Norte, el Muriqi y el Maksimović, y los nuestros no.

—¿Y los del Rayo?

—Sólo tengo una sudadera de Movilla de hace mil años... Ahora lo que hago es pedir para los demás. Hay un niño, Nico, que siempre les pide los guantes a los porteros y nada. Tiene como diez años, es muy simpático, llenito, con gafas... Ahora pido para él.

Apuramos las bebidas y en unos minutos estábamos en la larga cola para entrar en el Coliseum y después en otra para que nos cachearan. El fútbol y sus peajes.

* * *

Me senté con los uruguayos en la zona visitante pese a que había comprado una entrada en otro sector, algo más arriba. Estábamos en el fondo norte, detrás de una de las porterías, hacia un córner. Desde allí el juego, cuando se desarrolla cerca de la portería más alejada, se ve mal. Sin perspectiva las distancias se confunden y no sabes si el balón se encuentra al borde del área o dentro, ni si va hacia ti o en dirección contraria. Cada jugada se convierte en un emocionante misterio.

En el estadio caben 17.000 espectadores, es chato y sólo está cubierta una de las tribunas: los días de lluvia son para valientes. Por suerte, hacía sol. Nuestro fondo, sin estar lleno, mostraba una buena entrada. Enfrente, en el fondo sur, se situaban los ultras del Getafe, los Comandos Azules, grupo de extrema derecha fundado en 1994. En su tifo destacaban dos grandes banderolas con las leyendas «Yo le canto a mi Getafe» y «Eterno Ramallo», este último un hooligan recientemente fallecido a causa de una enfermedad.

En 2015 hubo una serie de programas radiofónicos en Getafe Radio con el título *La voz en la grada* en los que una periodista, Yolanda, charlaba con varios ultras veinteañeros de Comandos Azules interesados en dar una imagen de «normalidad». Mantenían que sólo se enfrentaban con violencia a hooligans como ellos y que, por ser ultras, no tenían por qué hablar incorrectamente o carecer de estudios. Hablaron, incluso, de moda: la ropa *casual*, cómoda, desenfadada y de marca, fue introducida como estilo de vestir por los hooligans británicos en los años ochenta; la «buena pinta» les permitía, además de gustarse frente al espejo, diferenciarse de los ultras clásicos de cabeza rapada y cazadora bomber, y así despistar a la policía. Al coincidir el programa con un enfrentamiento del Getafe con el Rayo Vallecano en Copa, hablaron de Bukaneros —en sus antípodas ideológicas— con respeto y mesura. De su discurso se desprendía que se sentían próximos a otros fanáticos, sean del grupo que fueran. El enemigo común era Javier Tebas, el omnipresente presidente de LaLiga. Uno de los objetivos de LaLiga es erradicar la violencia ultra, es decir, echarles a ellos de los estadios. Denunciaban asimismo el fútbol negocio y en eso coincidían con casi cualquier aficionado.

En lo referente a su modo de entender la animación, mantenían que no importaba el resultado, sino defender el escudo. «Si estuvimos en las buenas…, ¿cómo no vamos a estar en las malas?», se lee en un tuit de su cuenta de esta misma temporada. Ellos eran un jugador más. Al estadio no se iba a ver los partidos y a comer pipas: se iba a animar, a dejarse la voz como si fuera el último día. Ver lo que ocurre en el césped no tiene mayor interés: lo atractivo sucedía en las gradas. Gracias a ellos el campo no era un cementerio y estaban orgullosos de sus tifos y de sus «recitales de animación». Su historia era la de crecimiento en el número de miembros del grupo cuando los resultados deportivos acompañaban, enfrentamientos con otros radicales, viajes, hermanamientos con grupos afines, la realización de alguna acción de ayuda social, choques con la policía, cenas con jugadores y prerrogativas o «persecución» según fuera su relación con la directiva del momento… ¿Os suena todo esto de algo? ¿Por qué los integrantes de cada grupo radical se creen diferentes si todos coinciden en lo esencial como aficionados?

En nuestra zona nadie animaba y, ya comenzado el encuentro, aquello mosqueó a Juan:

—¿Qué pasa hoy? Nadie canta…

Unos veinte minutos después tuvimos la respuesta. Por el pasillo ubicado detrás de nosotros y que dividía un sector del fondo norte del otro llegaron en fila india los organizadores de los Bukaneros. Iban sin el material del tifo a cuestas. Se levantó un murmullo en la hinchada rayista y, pocos minutos después, comenzaron a lanzar sus consignas, coreadas por la mayoría de los aficionados. Antes, sin jefes, se debían de sentir, además de mudos, huérfanos.

El encuentro fue de los más emocionantes de la temporada, en parte por la ubicación. Todo lo relevante que ocurrió sobre el verde se debió fundamentalmente a errores de los contendientes. El gol del Rayo que supuso el 0-1 fue en propia puerta, de Arambarri. Mayoral, delantero del Getafe, falló un penalti —por manos— ya en el segundo tiempo y su compañero, Aleñá, fue expulsado poco después por una segunda amarilla que podía haber evitado. El Rayo desaprovechó oportunidades para cerrar el partido y Dimitrievski, con un fallo garrafal de salida de balón, le regaló el 1-1 al turco Enes Ünal, que lo celebró homenajeando a las víctimas de su país y sirias del terremoto. La opereta futbolística tuvo todavía un último episodio muy cerca del final cuando RDT decidió tirar el penalti provocado —por mano de un defensa, sí— por Isi. A esas alturas Juan, Nahuel y yo estábamos cansados de tantos sobresaltos. Los espectadores de detrás, una pareja joven, también. Con cada nuevo giro de los acontecimientos me volvía hacia ellos y comentábamos la jugada con gran excitación.

—¡Que lo meta y acabe esta locura, por favor! —clamábamos al cielo.

RDT necesitaba formar parte de la aventura del Rayo Vallecano aquel año y meter el gol de la victoria era una magnífica ocasión. Lo tiró pegado al palo derecho y David Soria voló y lo atajó. Era el segundo penalti que detenía el madrileño frente a la Franja esa temporada. La decepción por no haber sido capaces de ganar un partido en el que iban por delante y contra diez jugadores fue enorme. Al estar en la zona visitante, tuvimos que esperar unos veinte minutos a que se vaciara el resto del estadio, antes de que la policía nos permitiera salir. Los futbolistas se acercaron al fondo a aplaudir a los aficionados con expresiones en sus rostros de mala conciencia y no hubo cántico de *La vida pirata*. RDT, compungido, fue de los primeros en irse al vestuario. Yo estaba mosqueado y aburridísimo, y no ayudó que un bukanero nos afeara a gritos que estuviéramos mustios y sin cantar ni dar saltos. Se vio en la necesidad de explicarnos cómo debíamos sentirnos dada la buena campaña que estaba realizando el equipo. La policía nos permitió movernos y en el siguiente control, aún dentro del estadio, un agente le entregó a un bukanero un paquete con material del tifo requisado al entrar. El juego del gato y el ratón de las autoridades y los clubes con los ultras ya cansaba. Era, más que nada, una escenificación, un teatrillo.

El pasado 30 de noviembre de 2022, la Comisión Permanente de la Comisión Estatal contra la Violencia, el Racismo, la Xenofobia y la Intolerancia en el Deporte —el nombre no lo he puesto yo— propuso una sanción de 20.000 euros al Rayo Vallecano por no impedir el apoyo explícito de los jugadores a Bukaneros al término del encuentro contra el Real Madrid del 7 de noviembre. Los futbolistas se acercan siempre adonde se encuentren los Bukaneros para aplaudirse los unos a los otros, ya sea en casa o a domicilio e independientemente del resultado; en ocasiones, cantan juntos. Es una de las imágenes icónicas de nuestra liga. Eso lo saben hasta en Marte y a mucha gente, periodistas incluidos, les parece fenomenal. La cadena de televisión DAZN, que emite partidos de pago de la liga española y de la inglesa, entre otros deportes, puso en un tuit oficial como ejemplo de lo más bonito del fútbol —tras el encuentro Rayo Vallecano - Almería— la celebración de los jugadores rayistas con la afición, léase ultras, léase Bukaneros. ¿En qué quedamos, autoridades, instituciones y periodistas? ¿Hay que cumplir la Ley del Deporte 19/2007 o no? Sospecho que se puso la multa tras el enfrentamiento con el Real Madrid porque es un partido con mucha audiencia —nacional e internacional— y lo de los radicales en pantalla queda mal. Tanto el Rayo Vallecano como el grupo ultra respondieron a la propuesta de sanción con sendos comunicados.

Ignoro si los jugadores deberían tener derecho o no a celebrar con sus aficiones las victorias, haya en ellas ultras o no. Ignoro si a los ultras, cuando no se comportan violentamente, deberían dejarles en paz si ya les han dejado entrar a ver un partido. Me gustaría escuchar argumentos a favor y en contra en otro de esos debates que no se han producido. Lo que sí sé es que hay diferentes opiniones al respecto y que la actual ley no se cumple ni se pretende cumplir.

Me despedí de Juan y de Nahuel junto a la entrada del metro y tras hacerme una foto con ellos de recuerdo, algo que suelo olvidar. En Sol, salí a la plaza y caminé. El centro de Madrid bullía de gente que estiraba la tarde del domingo antes de que anocheciera. Mientras bajaba por la Gran Vía consulté el resultado del Rayo Vallecano Femenino de aquel domingo: ¡0-2 en Córdoba! Tras una racha de tres victorias consecutivas, las rayistas habían logrado colocarse por primera vez fuera de las posiciones de descenso. Quedaban diez partidos y la carrera por mantenerse iba a ser de infarto. Miré cómo iban los Juveniles: derrota por 2-0 frente al Leganés, su rival por el 3er puesto, en otra liga emocionante.

Llegué a casa cerca de las seis de la tarde, y Marcos y yo coincidimos por primera vez aquel fin de semana. Yo llegaba de Getafe y él había ido por la noche a una fiesta tecno que organizaban conocidos suyos en Vallecas. Uno aportaba focos, otro, altavoces, uno más pinchaba, y así. Los asistentes podían, si lo deseaban, donar un euro para la gasolina del generador. Cada uno llevaba sus vasos y bebidas, o lo que fuera. Había bolsas de basura para recoger los desperdicios. Podríamos decir que el espíritu asociativo de la fiesta estaba en consonancia con el barrio donde se celebró. No fue en ningún local, sino en el interior de un túnel, bajo una autovía o circunvalación. Allí el sonido de la música se siente más. Era una fiesta ilegal y la policía podía haberla disuelto y multado a los asistentes. Farras así ya se hacían durante la pandemia, cuando los adolescentes —y todo hijo de vecino—, pese a lo sensible de su edad, tuvieron prohibido por ley durante semanas salir de casa, aunque fuera a comprar el pan. Los perros sí salían, por cierto. Mi hijo, con diecisiete años, no podía. Los niños tampoco. Aquel domingo Marcos me contó que fue a alguna de esas fiestas sin que su madre ni yo lo supiéramos y me alegro mucho, tanto de no haberlo sabido entonces como de que lo hiciera. Fue, me dijo, lo único que recuerda agradable de aquella época.

El tecno en 2023 estaba aún más de moda que antes y las fiestas, todavía para enterados, habían aumentado en número. Discotecas especializadas como Fabrik son caras y ya conocemos la preferencia de las nuevas generaciones por la calle en lugar de los bares. En Vallecas, cerca del parque de Sierra Elvira y de la autovía de Valencia hay una calle en la que hay tres naves donde se hacen sesiones tecno para socios y parece ser que hasta el célebre Froilán, el excesivo sobrino del rey español, se ha pasado por allí a menear el esqueleto. Marcos me mostró fotografías y vídeos de la fiesta de aquella madrugada y vi cómo se divertían aquellos jóvenes bailando, abrigados porque debió de hacer frío, algunos con bragas cubriéndoles parte del rostro en lo que era la muestra de otra tendencia urbana de vestimenta. Le comenté a mi hijo que el uso de bragas como aquellas por parte de los jugadores en los partidos fue prohibido por la FIFA en 2011 para prevenir posibles lesiones vertebrales. Las habían puesto de moda en la liga inglesa jugadores como el argentino Carlos Tévez o el costamarfileño Yaya Touré, y habían recibido encendidas críticas por parte de figuras del fútbol que los consideraban blandos.

—No me lo creo —me dijo Marcos, riéndose.

—Sip —confirmé—. Alex Ferguson, leyenda como jugador y entrenador del Manchester United, nada más y nada menos que un sir inglés, comentó que los hombres de verdad no llevaban prendas como aquella.

—¿En serio? —me preguntó mi hijo, estupefacto.

Después de cenar nos despedimos. Había sido otra jornada completa y me acosté de buen humor.

El fútbol nunca descansa a la hora de producir noticias. En raras ocasiones esas nuevas, en lugar de quedarse atrás casi de inmediato, se propulsan hacia delante, hacia el futuro. Ocurre con aquellas cuyo contenido social implica un avance. Un ejemplo de este tipo de información fue la paulatina mejora de los contratos de los jugadores años después de que protagonistas como Felines y Potele fueran tratados como mercancía sin voz. El lunes a primera hora salió otra noticia que, casualmente, estaba relacionada con el Getafe. Jakub Jankto, jugador internacional checo del equipo azulón que en esa campaña había jugado cedido en el Sparta de Praga, anunció a través de sus redes sociales y en un vídeo su condición de homosexual. La nueva es notable porque es el primer jugador en activo de la élite que lo hace. Recibió el apoyo de su exmujer, Markéta Ottomanská, con quien tiene un hijo, y de diversos clubes, instituciones y figuras del balompié.

EL ESTERCOLERO

Rayo Vallecano 1 - Sevilla 1
Domingo, 19 de febrero de 2023

Suso 28'

Lejeune 64'

El 15 de febrero, a media mañana, recibí un mensaje de mi amiga periodista Andrea con un enlace a una noticia publicada por el diario *El País* y titulada «El FC Barcelona pagó 1,4 millones en tres años al vicepresidente de los árbitros por supuestos informes sobre colegiados». La leí en diagonal —estaba escribiendo— y no le di la importancia que tenía. Ya en casa, por la noche, repasé lo que había aparecido a lo largo de aquella jornada en los medios de comunicación. La información había sido de los periodistas Jordi Martí, Sique Rodríguez y Adrià Soldevila, del programa radiofónico *Què T'hi Jugues* de la Cadena SER Cataluña. Habían obtenido información de las diligencias abiertas por la Fiscalía de Barcelona tras la inspección fiscal por parte de la Agencia Tributaria a la sociedad mercantil Dasnil 95, S. L., de la que era dueño José María Enríquez Negreira, exárbitro internacional. Su hijo, Javier Enríquez Negreira, *coach* de árbitros, aparecía como administrador de la sociedad.

En la investigación, iniciada en 2019, habían descubierto pagos por importe de 1,4 millones de euros y que el Barcelona había realizado durante los años 2016, 2017 y 2018, sin aparente justificación. El club había tratado de deducirse los pagos como gasto y saltó la alarma. Negreira era por entonces vicepresidente del Comité Técnico de Árbitros (CTA), dependiente de la Real Federación Española de Fútbol (RFEF), cargo que desempeñó entre 1994 y 2018. El año en que lo abandonó cesaron los pagos del club azulgrana a su empresa, cosa que al excolegiado no le gustó. Sus abogados enviaron al menos un par de burofaxes amenazando al club azulgrana, presidido entonces por Josep Maria Bartomeu, con destapar irregularidades.

El denominado «caso Negreira» es el escándalo más grande relacionado con el arbitraje de la historia del fútbol español. En los días siguientes se sucedieron las informaciones que fueron incorporando hechos y datos a la primera noticia. Cada día que pasaba el asunto era más grave. Si me atengo a lo que estaba confirmado ya entonces, a mediados de febrero de 2023, el Barcelona había pagado como mínimo más de 7 millones de euros a la empresa Dasnil 95, S. L., de Negreira, entre los años 2001 y 2018. Aquello comprendía las presidencias de Joan Gaspart, la primera de Joan Laporta —actual presidente del Barcelona— y las de Sandro Rosell y Josep Maria Bartomeu, además de las comisiones gestoras que dirigieron el club en determinados periodos. Los informes sobre árbitros por los que el Barcelona aseguraba haber pagado no habían aparecido por ningún lado ni eran conocidos por entrenadores como Ernesto Valverde —lo fue entre 2017 y 2020— ni otros profesionales. Lo común en los clubes que solicitaban ese servicio era pagar unos 25.000 euros anuales. El Barça había llegado a pagar en algún año más de 500.000 euros. Durante el mandato de Laporta, el importe abonado se había cuadruplicado con respecto al periodo de Gaspart. Negreira testificó frente a Hacienda que su cometido era asegurarse de la neutralidad en la competición. Cabe comentar en qué consiste la neutralidad cuando eres parte interesada y defiendes los intereses de un solo club de la Liga. Imagínense mi neutralidad cuando veo una jugada dudosa en un partido en el Estadio de Vallecas.

Para saber si aquello era constitutivo de delito y las penas deportivas o de otro tipo que pudieran producirse —algunas podrían haber prescrito—, había que esperar a que acabara la investigación de la Fiscalía de Barcelona y a que se considerara la posibilidad de la existencia de un delito de corrupción entre particulares y de otro fiscal. Podrían también llegar denuncias y castigos a cargo de distintas instituciones deportivas españolas y europeas: de la propia RFEF, de LaLiga, de la UEFA y de la FIFA.

Las corruptelas en el fútbol, desde primas a terceros —primas a equipos no por perder, sino por ganar— a compras de entrenadores para que seleccionaran a determinado jugador y subiera su precio de mercado, o casi cualquier negocio turbio que se os ocurra, han existido a lo largo de la historia del balompié. Ya en 1915 se demostró el amaño del Manchester United 2 - Liverpool 0 para obtener dinero en las apuestas, que fue organizado por varios jugadores de ambas escuadras. También fue probado, por ejemplo, el soborno del presidente del club belga Anderlecht en el Anderlecht - Nottingham Forest de 1984, que propició la eliminación en la Copa de la UEFA del equipo inglés; el árbitro sobornado fue el español Guruceta Muro y uno de sus linieres... Negreira. Ese tipo es el que fue contratado por el Fútbol Club Barcelona durante años.

Antes del caso Negreira ya hubo otro asunto oscuro que llegó a los tribunales españoles. En enero pasado, el tribunal Supremo ratificó la condena dictada con anterioridad por la Audiencia Provincial de Navarra a un expresidente y a varios exdirectivos del Club Atlético Osasuna por apropiación indebida y por corrupción deportiva. Según la sentencia, además de quedarse ellos con dinero del club, negociaron el pago de 650.000 euros con dos futbolistas del Betis con ascendencia en el vestuario para que el equipo sevillano hiciera lo posible por ganar al Valladolid, y se dejara ganar frente a los navarros. Navarros y vallisoletanos se encontraban, en la temporada 2013/14, en amenaza de descenso. Pese a que se produjeron los resultados que buscaban los entonces directivos, el Osasuna acabó por bajar de categoría. El caso supuso la primera sentencia en España por el amaño de partidos y es complejo jurídicamente. El Osasuna, como institución, no fue condenado, pese al protagonismo en el club de los dirigentes implicados. Quien denunció las irregularidades fue la directiva siguiente, para no encubrir lo que se encontraron al analizar las cuentas. Se da una circunstancia clave que disminuía el riesgo de que la «autodenuncia» tuviera consecuencias para el club: desde 1990, la Ley del Deporte considera que las infracciones muy graves —como puede ser la de amañar partidos— prescriben en tan sólo tres años, a contar desde el día siguiente de la infracción. Así que no iba a producirse ni se ha producido sanción deportiva alguna para el club rojillo en España. Más alucinante aún, en la nueva Ley del Deporte, aprobada el pasado 31 de diciembre de 2022, cuando ya se conocía de sobra el caso Osasuna, se mantuvo dicho periodo de prescripción. En nuestro deporte tratar de adulterar la competición, al menos por ahora, sale muy barato y cae rápido en el olvido.

La UEFA, ese monopolio que organiza las competiciones europeas, pretende mostrar una imagen de inflexibilidad frente a la corrupción u otras infracciones y se rige por sus propias normas. Sus castigos son independientes de los aplicados por la justicia ordinaria y para ellos nada prescribe. Podría, pues, castigar al Osasuna, al Barcelona o al club que sea independientemente de que ni la justicia española ni sus organismos deportivos, tan generosos, lo hayan hecho o lo vayan a hacer. Víctima de la UEFA fue el Rayo Vallecano en la misma temporada del caso Osasuna. En la 2013/14, con Paco Jémez de entrenador, los vallecanos hicieron su mejor temporada de la historia. Quedaron 8os en la clasificación y el 7º, el Málaga, que se había clasificado para jugar la Europa League, no fue invitado por la UEFA por no cumplir con el *fair play* financiero. Le tocaba, entonces, al Rayo, pero la UEFA tampoco le invitó, castigándole por encontrarse la SAD en concurso de acreedores. Finalmente jugó el 9º de la tabla, el Sevilla, que, curiosamente, ganó la competición. El Rayo, pues, sí se ha visto perjudicado deportivamente, en su caso por problemas económicos y no de corrupción. Su relación con la UEFA y Europa es esquizofrénica: invitado a jugar por juego limpio y dejado de ser invitado por problemas económicos. Sería sano que en los debates futuros sobre sanciones deportivas a clubes españoles se recordara el caso del Rayo Vallecano y se comparara la gravedad de su falta con la de las infracciones o delitos cometidos por otros clubes, y se repasaran las consecuencias que tuvo para cada cual.

Independientemente del futuro recorrido penal y de sanciones deportivas del caso Negreira, independientemente de que los delitos hubieran prescrito o no, independientemente de que se descubra o no algún día adónde iba a parar el dinero, se trata de una actuación, por parte del club azulgrana como institución, de sus presidentes y directivos implicados y de Negreira y su hijo —como poco— de una bajeza ética inaceptable. Se pagaron millonadas de euros durante casi dos decenios probablemente para recibir a cambio favores arbitrales. Otra cuestión es que los favores arbitrales buscados se recibieran o no. Sólo intentarlo sería terrible y constitutivo de delito al pretender influir en beneficio propio sobre una competición. competición. Durante años la inocencia del colectivo arbitral ha sido un mantra repetido no sólo por el propio colectivo arbitral, sino también por la mayoría de los medios de comunicación. La incorruptibilidad del estamento arbitral ha sido tratada como un asunto religioso, de fe. Una fe ciega que abona la impunidad. El caso es una estocada en el corazón del fútbol español y de su imagen exterior.

La mancha no se puede limpiar y resulta inevitable mirar hacia atrás, a la competición en aquellas temporadas en las que el club azulgrana pagaba y Negreira cobraba.

Conviene recordar algunos de los escándalos en los que se ha visto involucrado el club catalán en los últimos decenios. La condena en 2011 por corrupción al expresidente José Luis Núñez, que cumplió pena de prisión por sobornar a inspectores de Hacienda; el plantón del Barcelona en la Copa del Rey de 2005 en partido de vuelta frente al Atlético de Madrid, que acabó en indulto; el espionaje bajo el mandato de Laporta a políticos catalanes, un socio, un periodista y jugadores de la plantilla; las causas judiciales por irregularidades en el fichaje del brasileño Neymar, que acabaron con los presidentes implicados, Rosell y Bartomeu, libres de cargos, a cambio de la condena del propio Barcelona; el *Barçagate*, en proceso de investigación, sobre la contratación de una empresa para difamar y desprestigiar mediante cuentas en las redes sociales a individuos y entidades del entorno azulgrana no afines al presidente Bartomeu; el conflicto de intereses del central Gerard Piqué —leyenda del club retirado de hecho aquellas Navidades y muy probablemente por la salida a la luz del caso— en la negociación del contrato entre su empresa Kosmos, la RFEF y Arabia Saudí para la celebración de la Supercopa española en este país; el conflicto de intereses de Jaume Roures, avalista del club catalán y dueño del 25 por ciento de Barça Studios y a la vez director general del grupo Mediapro, la empresa que comercializa los derechos televisivos de LaLiga, y que se encarga de la realización de los partidos y surte de imágenes al sistema arbitral del VAR. El Barcelona aparece en demasiadas portadas de investigación periodística y en demasiadas causas judicializadas.

Es inevitable que yo tenga, por mucho que me esfuerce en evitarlo, un sesgo madridista porque lo soy. Es inevitable que también lo tenga franjirrojo por mis crecientes simpatías por el Rayo Vallecano. Pero también lo es que todos los aficionados al fútbol español nos sintamos estafados y muchos —espero que la inmensa mayoría—, hermanados. A mí no me dan pena los aficionados y socios del Barcelona por lo que han hecho con el club sus dirigentes y en consecuencia ha hecho el club como institución. No me dan pena porque no me coloco por encima de ellos. Sé perfectamente que existe la posibilidad de que surjan otros casos de corrupción o de conflictos de interés que afecten a otros clubes, entre ellos aquellos que sigo. El matiz es que difícilmente serán del alcance de este.

Quienes me dan pena son todos los aficionados sin distinción de colores, todos los trabajadores de los clubes que no tengan nada que ver con asuntos así y que han visto sus empleos afectados, todos los periodistas que no miran interesadamente a otro lado cuando conocen hechos reprobables de este calado, todos los árbitros honorables, todos los jugadores que han visto lastimada la consecución de sus objetivos deportivos y, en suma, todos quienes pertenecemos al universo del fútbol de un modo u otro y creemos que la honorabilidad de la competición es imprescindible para que la sigamos. Como escribe Vicente Verdú: «Los resultados que él —el colegiado— produce son los únicos inamovibles, aquellos que pueden exhibirse y contrastarse con otros correspondientes a lo que realmente existe». El árbitro no es protagonista del juego, pero sí parte fundamental desde 1881, cuando su figura fue introducida en las competiciones en Inglaterra. Si el arbitraje es un timo, ¿qué hacemos viendo fútbol? ¿Somos los aficionados más idiotas aún de lo que pensábamos? A la hora de jugar a cualquier juego, no te sientas con nadie que haga trampas, salvo si es un niño, ya que mentir forma parte del aprendizaje, y corregir el engaño, de la educación que ha de proporcionar el adulto. No se deben hacer trampas en los juegos. Punto.

Es tal el daño que nos han hecho los protagonistas del caso Negreira que el morbo que sentí al leer las primeras noticias del asunto se convirtió rápidamente en asco y depresión. También vergüenza por la sociedad española y por su balompié. Sospecho que mi sensación fue común a muchos y supongo que, en mi caso, al estar enfrascado en el proyecto de esta crónica, me afectó algo más que a otros. No me apetecía ver más fútbol, no me apetecía hablar del tema, no me apetecía leer el libro que estaba leyendo por entonces —*Football's Secret Trade*, el de Duff y Panja, sobre el deprimente y oscuro negocio de los fichajes—, no me apetecía salir a tomarme un vino con mis amigos. No me apetecía casi nada. En la introducción a este libro me quedé corto con la mierda del fútbol. Si la leo ahora, mi crítica me parece demasiado inocente y tibia. Cuando saltó el caso Negreira, ya pasada la mitad de la temporada, decidí dejar la introducción tal como estaba. Así quedaba claro que había un antes y un después. El 19 de febrero de 2023, mientras me dirigía a Vallecas a ver el partido

Rayo-Sevilla, el fútbol ya no me parecía un inmenso retrete sobre el que estaba sentado. Se había convertido en un estercolero gigante.

Fui al palco del Estadio de Vallecas porque quería tener la oportunidad de hablar con Presa y hacerle unas cuantas preguntas. Quien me lo iba a presentar no pudo asistir al encuentro y no me sentí con fuerzas de abordar solo al presidente del Rayo, dado que no le vi por el bar y en el palco propiamente dicho estaba siempre acompañado.

El partido lo viví con interés, pero cada vez que el colegiado Gil Manzano intervenía, me acordaba de Negreira. Suso adelantó con un gol de churro al Sevilla y el central Lenglet puso en el segundo periodo y de cabeza el 1-1 definitivo. Lo más destacable ocurrió en el bar del palco, durante el descanso. Había muchos menos invitados y políticos que el día del Real Madrid y moverse por la sala era sencillo. Fui a la barra y pedí una cocacola. A mi lado, solo en la esquina, se encontraba Ramón Rodríguez Verdejo, «Monchi». Con el pelo rapado, alto y delgado, vestía un abrigo azul oscuro con capucha y zapatos negros de punta cuadrada. Como portero del Sevilla no triunfó, pero como director general deportivo del club sevillano, sí. A sus cincuenta y cinco años era uno de los más renombrados en su cargo por su ojo a la hora de comprar jugadores a buen precio y venderlos después con un beneficio considerable para su club, además de haber ayudado a colocar al Sevilla entre los equipos más competitivos. En la última temporada la varita mágica no estaba funcionando tan bien y el Sevilla, equipo con plantilla de Liga de Campeones, se encontraba cerca de los puestos de descenso. Monchi es un hombre pasional y con un deje populista que muestra, por ejemplo, cuando celebra las victorias con la afición o les pide perdón por las derrotas, acercándose al fondo de los Biris Norte, los ultras sevillanos.

El director deportivo ocupaba un asiento delante del mío, acompañado por dos de sus colaboradores, Emilio de Dios —encargado del *scouting*— y el exfutbolista internacional Fernando Navarro —enlace con la plantilla—, que jugó en el Sevilla y en otros equipos. El grupo veía el partido con intensidad, una de las señas de identidad de los hispalenses y que les ha dado tantas alegrías. El lenguaje corporal y verbal de Monchi era un espectáculo en sí mismo. Cuando su equipo traspasaba la línea del medio del campo, aunque todavía no hubiera oportunidad alguna de meter gol, Monchi se ponía tenso y se echaba hacia delante, como si fuera un tigre a punto de saltar sobre su presa. No soltó su vapeador durante todo el encuentro. Se desesperaba con el juego de su equipo y lo mostraba echándose hacia delante y hacia atrás, hacia un lado o dejando descansar la cabeza sobre el hombro de Navarro unos segundos mientras sonreía por pura desesperación. Solía decir en voz alta lo que le pediría que hiciera al jugador que llevaba el balón si estuviera en el campo o en el banquillo y pudiera oírle: «¡Suéltala!», «¡*Palante*!»... En ocasiones se le escapaba algún insulto entre dientes cuando sus futbolistas cometían fallos groseros. El gol lo celebró con rabia y «hacia abajo», con respeto, igual que lo hice yo con el de Falcao en el Metropolitano. Monchi tiende, también, a sonreír y reír. A mi derecha se encontraba un hincha rayista a quien acompañaba su familia, que daba unas voces brutales una y otra vez, y en un determinado momento, tras un comentario especialmente agresivo del señor hacia el colegiado, Monchi se giró alucinado hacia él y, al encontrarse con mi mirada, ambos sonreímos.

Estábamos, pues, acodados en la barra del bar. De pronto, mientras escribía algo con su móvil, se giró y tiró un plato de plástico de los que había con aperitivos y cubiertos. Una decena de tenedores volaron hasta el suelo y yo me agaché, como él, a recogerlos.

—La he liado mucho, ¿verdad? —me dijo, sonriendo.

—Bueno, no es para tanto. Los ponemos otra vez y nadie se va a dar cuenta —bromeé.

Se los dio al camarero para que los retirara y conversamos.

—Una vez —me contó— un amigo mío tiró un plato de jamón al suelo e hizo lo que dices... «¡Pero ¿qué haces?!», le decía yo, y él me respondió que era un jamón muy bueno.

—Estoy sentado detrás de ti en el palco y me ha impresionado cómo vives el partido... No paras quieto.

—Sí, no puedo evitarlo —dijo, meneando la cabeza.

—Pues este año lo estarás pasando mal, tal como vais...

—Mucho, mucho... Pero el día que no lo viva con pasión y no me importe, dejaré de trabajar en esto.

Nos quedamos en silencio y me vino a la cabeza el tema del momento.

—¿Has visto lo de Negreira? —le comenté—. Vosotros perdisteis finales de Copa contra el Barça, ¿no?

—Sí, y Supercopas...

—Muy fuerte la noticia.

—Sí, a ver qué pasa —zanjó, serio.

Monchi estuvo prudente, algo razonable dado que estaba conversando con un absoluto desconocido sobre un tema peliagudo.

Salí del campo tras el pitido final con la sensación de que el Rayo, como ocurrió en Getafe, había perdido la oportunidad de llevarse los 3 puntos. Ver fútbol, lógicamente, no me había ayudado a olvidar el otro asunto. El lunes precisamente el Sevilla fue el primer club de la Liga en atreverse a publicar un comunicado oficial por el caso Negreira. Mostraba su preocupación e indignación y dejaba claro que consideraba absolutamente necesario que se llegara al fondo del asunto para esclarecer lo ocurrido y, en su caso, depurar las oportunas responsabilidades. Bravo por el club de Monchi.

NO TE LO PERDONO

Cádiz 1 - Rayo Vallecano 0
Sábado, 25 de febrero de 2023

Sergi Guardiola 73'

Contra todo pronóstico, mi hermana Sira se apuntó a ir a ver al Rayo conmigo a Cádiz. Tiene cuatro años más que yo y es la segunda más pequeña de la familia, va justo antes de mí. Sira es diseñadora gráfica y editora, y una futbolera calmada, sibarita y consecuente. Ve sólo los partidos que le interesan, no grita y, aunque en silencio, es despiadada con el rival tanto frente al televisor como cuando juega ella misma. De adolescente, fue campeona de España de baloncesto con el Colegio Estudio y la respeto, sobre todo, por su capacidad para montar a toda velocidad y con absoluta precisión muebles de IKEA. Cuando empecé a organizar el viaje todo fueron problemas. El encuentro coincidía con los carnavales, los trenes iban completos y nos iba a tocar hacer más de 1.200 kilómetros en coche. Bueno, principalmente a ella, que era la conductora. Casi no quedaban hoteles con habitaciones libres en la ciudad y los que ofrecían alguna lo hacían a precios desorbitados. Reservé dos noches en un hotel de carretera en Puerto Real, a unos 25 kilómetros de la Tacita de Plata. El martes de la semana del viaje fui por la mañana a las taquillas del Estadio de Vallecas a comprar entradas, y me encontré allí con un papel pegado con celo a la verja donde se informaba que se habían vendido el día anterior las 350 entradas del cupo facilitado por los gaditanos a los visitantes. Cada noticia sobre el viaje que le daba a mi hermana era peor, aunque hacía esfuerzos por vendérselo de manera que no se rajase:

—Puede que no consiga entradas, Sira —le dije por teléfono—. Pero no pasa nada. Hay reventa y si no será igual de divertido ver el partido en un bar cerca del estadio. Casi mejor, porque así podemos picar algo y tomar un fino mientras lo vemos.

—¿Hablas en serio?

—Ah, y va a llover. No te olvides de llevar chubasquero.

—¡¿Qué?! ¿No me dijiste que iba a hacer buen tiempo?

—No te quejes, podría haber viento de Levante, que es mucho peor. Ya te iré informando.

Los del Cádiz todavía no habían puesto a la venta en su web las entradas sobrantes —última oportunidad de comprarlas antes del fin de semana— y se me ocurrió, para animar a Sira, reservar para cenar el viernes en Jerez de la Frontera, no lejos de Puerto Real.

—Tenemos mesa en la terraza del bar Juanito —le dije—. Ya verás, nos lo vamos a pasar en grande.

—¿Y las entradas?, ¿has conseguido algo?

—Estoy en ello, descuida.

El miércoles llamé a Patricia, una amiga gaditana de mi hermana María. La idea era quedar con ella después del partido para que nos acompañara a los carnavales y nos enseñara en qué consistía aquello. Sira y yo no habíamos estado nunca. La telefoneé y, tras saludarnos y comentarle el plan, recibí la primera en la cara:

—Lo siento, Nico, me operan de una rodilla el viernes.

¿Qué estaba pasando? ¿Nos habían lanzado un maleficio?

—¿Algún consejo? —le pregunté.

—Ni se os ocurra ir en coche, no va a haber manera de aparcar. Tenéis que entrar en la ciudad en el cercanías.

—Muy bien, gracias, Patricia. Y sobre el carnaval, ¿qué me cuentas?

—La gente como yo ya no va. La ciudad al completo es una orgía. Los jóvenes van borrachos y drogados y los vecinos se ven obligados a cerrar los portales para que no entren a cantar y lo pongan todo perdido.

—Vaya.

—Vais a tener que parar en cada esquina hasta que la chirigota de turno acabe de cantar. Una y otra vez, parar en cada esquina, no poder casi respirar en medio del tumulto y luego avanzar para parar y no respirar, y así... Si te toca una buena chirigota, bien, pero si no... Cada día son más ordinarias, es un desatino.

—¿Nada bueno me dices, alguna cosilla?

—No, Nico. Es un infierno.

Supuse que la inminente operación la había sumido en el pesimismo. Valoré llamar a Sira para decirle que, además de un chubasquero, metiera en el equipaje anticonceptivos y un aerosol de pimienta para manejarse bien en la orgía, pero me limité a contarle que Patricia no iba a estar disponible.

Esa noche salieron a la venta las entradas en la web del club amarillo y pude comprar dos. Por fin una buena noticia. Eso sí, la más barata costaba 60 euros, una barbaridad. Al mediodía del viernes, el día que salía de viaje, comí con mi madre y con mi hermana María. La visión del carnaval de mi hermana mayor era muy distinta a la de Patricia:

—Fui hace muchos años con Andrés, ¿te acuerdas de él? Me lo pasé fenomenal. Íbamos de puesto en puesto, había mesas con tápers de comida casera y vino, ibas charlando con todo el mundo, muy gracioso.

—Todavía no me he podido informar de nada —le dije—. ¿De qué van las chirigotas?

—Hablan con guasa de temas cotidianos, de política, de lo que sea, y suelen ser procaces. La tradición tiene que ver con los romances de ciego renacentistas. Y luego está el compadreo de la gente... —Se quedó un par de segundos pensativa—. No me hubiera importado nada ser andaluza.

—Cádiz es tan bonita, tan particular —dijo mi madre, soñadora—... Las plazas, las casas... Es única. Las dos ciudades más bonitas son Cádiz y San Sebastián.

—Mira qué graciosa —le dije—, dos en las que has vivido tú.

—Nico, deberías escribir tú una chirigota —propuso María—. Y así vais tú y Sira ensayando en el viaje.

—Pero si no tengo ni idea...

Mi madre levantó las manos del plato y nos mostró el dorso: se había pintado las uñas por primera vez en su vida y estaba feliz. De naranja.

—¿A que están preciosas?

—Preciosas, preciosas —dijimos María y yo, al unísono.

Consulté la hora, me disculpé, me levanté y me preparé para irme. Había quedado con Sira en salir en media hora.

* * *

Íbamos por la Ruta de la Plata y el tramo extremeño de autovía lo conocíamos de memoria. De pequeños íbamos a menudo con mi madre cerca de Olivenza, a casa de mis tíos Antón y Ana, cerca de Olivenza, cuando el hermano de mi madre cultivaba plantaciones de tomate y remolacha y visitábamos a nuestros primos. A los lados, por las ventanillas, veíamos praderas muy verdes salpicadas de encinas. El paisaje favorito de Sira es la dehesa.

—¡Extremadura, donde hay que estar! Siempre pensé que iba a casarme con alguien con dehesa, pero no lo conseguí —bromeó mi hermana—. Puedes poner mi número de teléfono en el libro, aún hay tiempo.

—Oye, te he traído la camiseta de Marcos del Rayo. A ver si te animas a ponértela mañana.

Sira me miró de reojo antes de contestar.

—Ya veremos, Nico, yo soy más bien de perfil bajo.

—¿Perfil bajo? Nada de eso. En este rato he escrito una chirigota para irnos ambientando.

Sira volvió a mirarme de reojo.

—¿Con música y todo?

—No, te confieso que no sé ni cómo funcionan. Pero, a pesar de todo, he escrito una.

—Dale.

Con un hermano hacer el ridículo tiene su punto. Miré la pantalla del móvil y comencé a cantar. Por suerte sólo me oía ella, carezco de oído y de voz:

—A Cádiz nos vamos / a ver al Rayito, / seiscientos kilómetros y croquetas de pollo. / En el Mirandilla un gol de Isi y otro de Trejo, / tres puntitos y un salmorejo. / Luego a la calle, a la orgía sin freno, / los dos hermanitos triunfaremos de pleno. / La Franja no falla, nosotros tampoco, / a casa el domingo, la vida es un chollo. / A Cádiz nos vamos / a ver al Rayito…

Sira se rio:

—Conmigo no cuentes.

Unas horas después dejamos Sevilla atrás y, hacia las nueve de la noche, aparcamos en Jerez de la Frontera. Deambulamos por el centro histórico y disfrutamos de las fachadas encaladas en blanco y los zócalos color albero, las aceras de mármol blanco de Macael y los dibujos con piedrecitas de los suelos. Era la hora en que, pese al frío, los jerezanos paseaban e iban llenando las terrazas de los bares. Cansados, nos derrumbamos sobre las sillas de la terraza de La Viña T., situado en la calle Tornería. Un anciano que bebía a solas una cerveza se arrimó a nuestra estufa cuando el camarero la encendió.

—¿Estamos bien? —nos preguntó—. ¡Aquí hace un relente que no veas cómo cae!

—Claro —le dijo Sira—, acérquese.

Pedimos una ración de puntillitas y otra de tortillitas de camarones y pronto quedó claro que, estando Sira y yo hambrientos, más dispuestos a comer que a charlar, el hombre de la mesa de al lado iba a acaparar todo el protagonismo. Era un cliente habitual y conocía a la gente que pasaba por delante:

—¡Guapi, te quiero! —les decía a unos y a otros, que le respondían saludándole con la mano.

Se había pedido una copa de un líquido marrón e intenso.

—Oiga —le interpelé—, ¿qué está tomando usted?

—¡Una morenita! Es mezcla de oloroso y dulce, te cae muy bien.

Acabamos las raciones y nos levantamos para seguir dando un paseo. Cuando nos despedimos del anciano, nos invitó a sentarnos a su mesa con él.

—¡Sentarse aquí, hombre! ¿Qué queréis tomar?

Era un hombre que salía solo y le gustaba la charla y la compañía. Vestía algo clásico, con sencillez. Aceptamos su invitación, nos sentamos y pedimos algo. El señor, como un actor que conoce a la perfección su papel, soltó su primera línea cómica:

—Me llamo Domingo —se presentó—... y no he trabajado en mi vida. Domingo —repitió, mirándonos burlón—, ¿entendéis?

Le reímos la gracia, aquello sólo había sido el principio. Tenía ochenta y tres años, «un chorro de años», había vivido en aquella misma calle y era un maestro pintor jubilado del Ayuntamiento. Tenía cinco hijos, todos bien colocados, y siete nietos.

—No me gusta echarme piropos, pero... A mí me quiere todo el mundo porque soy encantador —decía, apoyando su discurso con movimientos suaves de las manos y una eterna sonrisa—. De aquí me voy a la Corredera, por la dueña, una mujer preciosa, quiere que vaya y yo no tengo más remedio que ir.

—Normal que le quieran —le dijo mi hermana, divertida—. Nosotros nos vamos luego a Cádiz.

—¡¿A Cádiz?! —exclamó, sorprendido—. ¿No os quedáis en Jerez? ¡Pero si es la ciudad más bonita del mundo!

—Vamos allí porque mañana vamos a ver al Cádiz contra el Rayo Vallecano.

—Vaya —comentó, compungido—. El Rayo es de Madrid, claro...

—¿A usted le gusta el fútbol? —le pregunté.

—No mucho... Yo he sido presidente de la peña flamenca Buena Gente. Si fuerais conmigo esta noche, os tratarían como a príncipes... Pero ya no voy, ya no puedo con los flamencos. Era mucho aquello.

En Vallecas hay mucha tradición de flamenco debido a la inmigración andaluza y se realiza anualmente un festival. Recordé que en una de mis incursiones vallecanas fui con mi sobrino Mateo, primero a tomar algo al restaurante La Estación de los Porches, y luego a un espectáculo en el tablao Los Porches. En el restaurante, Eusebio, el dueño, me contó que los únicos exjugadores del Rayo que habían comido allí —«a título personal», aclaró— habían sido Felines, Luna, Gallardo y Cota. También iba Teresa Rivero. De vuelta a Jerez, Domingo continuaba hablándonos de su buena vida mientras dábamos cuenta de las morenitas y el refresco:

—Me divorcié hace trece años, mi exmujer es una señora maravillosa, bonita, una delicia. Ahora hago lo que me da la gana. Me levanto tarde, desayuno tarde y a la calle. ¡No me gusta estar solo, me aburro como una ostra! Me tomo algo aquí, allá... —rio—. A veces voy tan ciego que me digo: «¿Estás ya en la cama, Domingo?...». Pero no, es broma, me recojo pronto.

Domingo coqueteaba con mi hermana y la cubría de piropos. Se puso contentísimo cuando supo que no era mi mujer, aunque perdió brío cuando Sira le informó de que, no obstante, estaba casada. Al rato, cuando nos despedimos de él, la cogió por el brazo y le dijo, muy serio:

—No abandones nunca a tu marido, nunca, pase lo que pase.

De camino al bar Juanito, Sira me comentó que el consejo que le había dado Domingo era lo que le habría gustado que hubiera hecho su mujer: aguantarle hasta el final, no romper la relación por nada del mundo. En el Juanito, donde cenamos muy bien, también sabían de él. Nos dijeron que era el típico hombre de Jerez, un «bohemio», y que había uno en cada rincón. Su peña, la Buena Gente, era de las conocidas en Jerez. Después de la cena, fuimos al hotel de

Puerto Real y nos fuimos a dormir pronto. Venía un día grande y convenía reservar energías.

* * *

El sábado por la mañana comenzamos vistiéndonos con las camisetas del Rayo —eso sí, con sucesivas capas de abrigo en previsión del frío—, y cogimos el coche, sin atender el consejo de Patricia de ir a Cádiz en cercanías. Si empezábamos así, llenos de temores, mejor habernos quedado en Madrid. Lo siguiente fue un homenaje al pasado de mi madre. Una de las cosas que me gustan del fútbol es que te relaciona tanto con lugares nuevos como con otros que forman parte de ti, de quien eres. Llevé a Sira al barrio situado junto a la entrada del recinto amurallado —la puerta de Tierra—, extramuros y en el lado que da a la bahía de Cádiz. Allí vivió mi madre de pequeña unos diez años antes de que regresara con su familia a Madrid, a finales de los años cuarenta. Cuando estalló la Guerra Civil, detuvieron a mi abuelo en San Sebastián, pero logró huir con su familia y se establecieron en Cádiz, donde trabajó en la ampliación del puerto y el dique seco realizada por la constructora Hidrocivil. Se alojaron en una casa de la promoción de chalets Bahía Blanca. El suyo se llamaba Ana-toki: todos llevaban nombres euskeras porque tanto los promotores como la mayoría de sus inquilinos —ingenieros y otros profesionales— eran vascos. En otro viaje anterior a la Tacita de Plata descubrí que todavía quedaba en pie uno de aquellos chalets de aspecto de caserío, con cubierta a dos aguas, proyectados en un estilo arquitectónico insólito para su ubicación. Se trajeron Guipúzcoa a Cádiz. Entonces, y desde hacía mucho tiempo, aquel solitario vestigio de otros tiempos se encontraba rodeado de bloques más modernos y rentables, de pisos. Fuimos en taxi y, para mi decepción y la de mi hermana, donde se levantaba la casa hasta poco antes de la pandemia ahora había un triste solar vacío. Una huella menos. Salimos de allí algo melancólicos y le pregunté al taxista si sabía algo de aquel solar.

—Pues mire, me suena, me suena… Creo que llevé a alguien que me dijo que lo compró un futbolista del Cádiz que ha tenido problemas con los permisos.

—¿Sabe usted quién? —le pregunté intrigado.

—No, lo siento, no lo recuerdo... Ya sabe, ellos son muy mirados, no largan nada de donde compran...

¿Acaso no está el fútbol relacionado con todo? Pude informarme en una noticia del *Diario de Cádiz* de que el terreno lo había comprado el padre empresario del extremo gaditano Jesús Fernández, Suso, un trotamundos con la clase típica de los jugadores andaluces. Era precisamente él quien había metido aquel gol de rebote del Sevilla en Vallecas la semana anterior.

Un rato más tarde Sira y yo dejábamos atrás el pasado y nos metíamos de lleno en el presente del segundo y último fin de semana de carnaval. Hacía sol, habíamos sacado a lucir nuestras camisetas y caminábamos por el centro histórico mirando a un lado y a otro, alucinados de la cantidad de gente que iba a media mañana disfrazada por la calle. Había tres tipos de personas: los que iban de civil, los que llevaban un detalle carnavalesco —una peluca, un sombrero— y quienes pertenecían a grupos o agrupaciones e iban caracterizados con el mismo leitmotiv.

—¿Qué crees, Sira —le dije—, que piensan que nos hemos disfrazado de rayistas o que lo somos de verdad? Los no futboleros también pueden pensar que lo del rayo es el símbolo de un superhéroe cutre y que pertenecemos a una chirigota...

—No te comas la cabeza, Nico, no nos mira nadie.

Seguro que había rayistas por ahí —la Federación de Peñas había fletado varios autobuses de hinchas desde Madrid—, pero hasta entonces no nos habíamos cruzado con ninguno. Yo los buscaba entre el gentío como si estuviera jugando a *¿Dónde está Wally?*, con ganas de decirles aquello de: «¡Aúpa Rayo!», pero nada. En las barras dispuestas en el exterior de los bares ya se servían cervezas y copas, y por la cantidad de personas con vasos de plástico en la mano se preveía una noche agitada. Hacia la una y media de la tarde le comenté a Sira que podíamos ir bajando hacia el estadio, que se encontraba a unos cuatro kilómetros, lejos del centro. Nos extrañaba que, pese a tanto hermanamiento entre las aficiones, nadie nos hubiera dicho nada. Por fin, al lado del convento de Santo Domingo, un camarero andaluz de un restaurante se dirigió a nosotros:

—¡Suerte, Rayo!, ¡sois los mejores! —nos gritó.

—¡Sí, lo somos! —le respondí.

—¿Contento? —me preguntó mi hermana, irónica, mientras hacía el signo del pulgar hacia arriba en dirección al camarero.

Salimos por la puerta de Tierra y cogimos el paseo Marítimo, pegado a las playas de Santa María de Mar y de la Victoria, ese arenal dorado e interminable. Según avanzábamos, fueron apareciendo los primeros hinchas del Cádiz y también algunos del Rayo, que iban en familia. El carnaval dejaba paso al fútbol. El desayuno quedaba lejos y Sira avistó un chiringuito, El Potito.

—¿Comemos algo allí? —propuso.

Consulté el reloj y le respondí:

—Son ya las dos y media. Mejor, para asegurar, tomamos algo cerca del estadio.

—¡Pero si queda mucho para las cuatro!

—¿Estamos a setas o a Rolex? Así hacemos una buena previa.

—Bueno, tú mandas —se avino Sira, no muy convencida.

Llegamos al estadio, el Nuevo Mirandilla, conocido anteriormente como Ramón de Carranza. Su aspecto, de hormigón y vidrio oscuro, era más de centro comercial antiguo que de otra cosa. Carranza (1863-1937) fue un empresario, marqués, político y alcalde de la Tacita de Plata en dos periodos. En 2020, en cumplimiento de la Ley de Memoria Histórica y de la Ley de Memoria Democrática de Andalucía, al considerar a Carranza franquista, se inició un proceso que culminó con el cambio de denominación del campo, propiedad del Ayuntamiento.

Aunque quedaba más de hora y media todavía para el inicio del encuentro, las proximidades estaban tomadas por seguidores de ambos clubes y agentes de policía. Sira se tuvo que conformar con un pincho de tortilla y una ración de ensaladilla rusa y, a esas alturas, ya me estaba arrepintiendo de mi impaciencia en el asunto del chiringuito. Llegaron los autobuses de los dos equipos, aparcaron junto a la puerta 4 y fuimos a ver la bajada de los futbolistas del Rayo. Había un centenar de personas esperando y no tuvimos la oportunidad de verlos bien. Sólo distinguí al joven central ghanés Mumin, el último en bajar del vehículo.

—Necesito pipas, Nico —me dijo Sira.

Cerca del bar La Laguna y de la baguetería Fondo Norte había un puesto de aperitivos, La Abuelita lo más Dulce. Servía un hombre con gafas de culo de vaso y barba desaliñada.

—¿Qué pipas tienes? —preguntó mi hermana.

—Con sal o sin sal.

—No sé, yo soy de Facundo... ¿Qué me aconsejas?

—Sin sal son para el loro... Llévate Pipas Gaditanas, vienen con un poema y bolsa para tirar los restos.

Aprovisionados de pipas, pasamos el resto de la previa en el bar El Gol. Sobre la barra colgaban redes con diferentes balones de fútbol y había numerosas bufandas clavadas sobre las paredes y fotos futboleras enmarcadas con azulejos. Pudimos charlar con cadistas y rayistas. Ya le había avisado a Sira de lo primero que me iban a decir los gaditanos en cada conversación:

—Hoy a ver si ganamos nosotros —repetían—, porque estamos más necesitados de puntos.

—Y era cierto, ellos estaban en posición de descenso en la tabla y el Rayo aguantaba en puesto europeo.

Uno de los retos del aficionado que acude a los campos es hacer pis antes, durante y después de los partidos. Los aseos nunca son los suficientes y estás abocado a largas colas que sólo se aguantan gracias a algún comentario jocoso. En el bar El Gol hubo alguien que se encerró en el baño y no salió en más de media hora, mientras el local estaba repleto de gente dando saltitos para aguantar. Otro reto consiste, si eres visitante, en no acabar en el gueto previsto por los rivales. Algunos clubes —Barcelona y Espanyol— habían llegado a prohibir un mes atrás llevar en las gradas camisetas u otros símbolos del equipo rival salvo en las áreas designadas, alegando un posible problema de seguridad. Deprimente. Ahora resulta que las aficiones no pueden convivir de un modo sano.

Ya dentro del Nuevo Mirandilla, en las galerías de acceso a las gradas, Sira y yo nos dimos cuenta de que a los rayistas los metían por una zona vallada. Gracias a haber comprado una entrada de las de público general, conseguimos escaquearnos. Sira es una mujer sabia y muy práctica. La acompañaría a un atraco a un banco sin dudarlo.

—Somos del Cádiz, Nico —dijo mientras se abrochaba el abrigo para ocultar su camiseta roja de la segunda equipación y yo la imitaba. Convertidos ya en aficionados estándar y carentes de símbolos, en ciudadanos respetables, nos acercamos al control.

—¿Locales o visitantes? —nos preguntó un integrante del servicio de seguridad.

—Del Cádiz de toda la vida —le respondí, muy serio. No puse acento andaluz de milagro.

—Adelante.

A los ciudadanos todavía nos sirve que los sentimientos no se pueden apreciar a simple vista. Pese a que nos pidan toda clase de datos, pongan nuestro nombre y apellidos en las entradas, nos registren y cacheen, nos mangoneen y nos lleven de un lado a otro como ganado, no pueden saber a qué equipo animamos. Ese es nuestro reducto de libertad. Nuestras localidades estaban situadas en el área adyacente a la de los visitantes y éramos no pocos del Rayo. Unos vigilantes salieron a «cazar» rayistas, no sé si para llevárselos al gueto o para qué. Mi hermana y yo estábamos ya estresados:

—Perfil bajo, Nico, perfil bajo. Sacamos las camisetas luego.

En el descanso bajamos por unas escaleras a la planta en la que había aseos y resultó que entramos en la zona visitante y no nos dejaban salir de ella. Mi hermana ya empezaba a estar harta, no creo que vuelva a un estadio en una buena temporada.

—Mire usted —le dijo al vigilante—, yo voy a salir de aquí porque no tengo entrada de visitante y me da la gana de ir al baño al que fui antes de empezar el partido. Le cogí cariño, ¿entiende? ¿Me deja pasar o llama a un responsable?

El vigilante nos franqueó el paso y miré con admiración a Sira. En cuanto al partido, la inclinación de las gradas era tal que lo vi con vértigo y no precisamente por el juego desplegado por ambos equipos, que fue más bien pobre. No me caracterizo por mi optimismo, pero estaba convencido de que el Rayo iba a ganar pese a que el Cádiz había reforzado la plantilla en el mercado de invierno. Iraola puso de titular por vez primera a RDT, que acompañó a Camello arriba, sacrificando a Trejo y con ello una pieza del medio campo. Pensé que aquella jornada íbamos a ver el primer gol del fichaje estrella vallecano, pero no se dio. De hecho, su ansia por marcar evitó un gol de Comesaña, por remacharla en fuera de juego. Eso sí, en el campo se le veía como un jugador diferente y con un porte espléndido. En cuanto mejoraran sus sensaciones y estuviera fino físicamente, podía ser un ciclón. El Cádiz creció en la segunda mitad y un exrayista, Sergi Guardiola, anotó el 1-0, único gol del encuentro. Se dio la circunstancia de que a Guardiola le había visto jugar contra el Rayo semanas antes en Pucela, cuando defendía la camiseta del Valladolid; los gaditanos lo habían incorporado a sus filas en el mercado de invierno.

Había una entrada aceptable y, por suerte, no llovió. A mi lado se sentaba el quizá único gaditano antipático de la ciudad, un señor que no me devolvió el saludo cuando llegué y me miraba de vez en cuando como si yo fuera un marciano. Detrás, en cambio, había unos treintañeros muy animados con los que fuimos comentando las jugadas y que de vez en cuando fumaban un pitillo.

—Oye, *pisha* —me decía uno—, el Isi es un porculero.

—Sí, a mucha honra.

El partido fue interminable y muy trabado desde el gol local. En esa media hora de partido, largo descuento incluido, hubo un futbolista que se ganó por méritos la nominación al Goya a mejor actor secundario: el portero cadista, Conan Ledesma. Además, es buen guardameta. Tuvo competencia para tal honor, porque sus compañeros morían al mínimo contacto, pobrecitos, caían fulminados como moscas. Llega a estar entre los espectadores mi hermano médico, Pablo, y seguro que se habría visto obligado a saltar al campo para ayudar al servicio médico de los andaluces, porque no daban abasto. Ledesma me emocionó, su actuación fue memorable. Él solito pudo perder cerca de diez minutos. Hubo una secuencia con la que me ganó definitivamente: tras el blocaje de un centro en el que murieron él y algún compañero —sin que hubiera ningún futbolista del Rayo cerca—, Conan se levantó y comenzó a cojear ostensiblemente. ¿Rotura de ligamentos? Tras una charlita con el águila del árbitro, tardó una vida en colocar el balón sobre el césped. La cojera iba en aumento. Cambió de posición el balón y dio interminables indicaciones a sus compañeros. Más cojera, gestos de dolor. Finalmente sacó en largo y me quedé todavía observándole, extasiado. Ledesma cojeó un poco más pese a que la pelota estaba lejos y ya apenas nadie le miraba, demostrando ser un actor vocacional. Luego, por ensalmo, su cojera desapareció y dio unos alegres saltitos, feliz de poder ya soltarse un poco. El balompié podría definirse como una sucesión aceptada y onerosa de tomaduras de pelo.

—¡¡¡PITAYAAAAAAAAA!!! ¡¡¡PITAYAAAAAAAA!!! —gritaba el público, cardiaco.

—¡Que se hace largo, *quillo*! —decía uno de los de atrás.

El árbitro pitó el final y el graderío estalló de júbilo con la victoria de su equipo. Había esperado más cachondeo en las gradas por el carnaval, pero al menos pudimos oír entonces al estadio entero cantar a voz en grito y con las bufandas al viento:

Qué bonito está mi Cádiz,
qué bonita es mi ciudad,
que rebosa de alegría
cuando llega el carnaval...

Pues sí, por mucho que yo me hubiera llevado una decepción con el resultado, los cadistas tenían razón.

* * *

Un autobús lleno a rebosar nos dejó en el centro y nos metimos de lleno en el desatino del que hablaba Patricia. La ciudad estaba tomada por legiones de ciudadanos y por sus calles estrechas corrían litros y litros de alcohol. Te encontrabas bebés, adolescentes, jóvenes y ancianos. Había tal cantidad de disfraces diferentes que era difícil pensar en algo que no estuviera representado. El universo entero, todos los modos de vestir de la historia, incluso aquellos que no comprendías, se combinaban en los carnavales de Cádiz. ¿Queréis una Cruella de Vil? Pues la tenéis. ¿A Negreira con traje naranja de prisión? Pues está. ¿A un repartidor de comida a domicilio? También. ¿Un plátano? Cómo no. Había hasta policías municipales. Era tan perfecto el disfraz que llevaban unos veinteañeros —que se encontraban cerca del coma etílico— que no tuvimos más remedio que preguntarles cómo se lo habían hecho.

—Mi madre —explicó un chico, balanceándose hacia delante y hacia atrás según hablaba—. Mi madre es policía y nos los presta. Le quitamos el escudo y listo.

Claro, eran uniformes de verdad. Viva Cádiz. La primera chirigota que nos encontramos, metida en un recoveco, fue la mejor de la noche. Iban disfrazados de pintores de brocha gorda y el solista era un tipo alto y moreno de piel, con el pelo castaño rizado, más sobrio en su mímica que otros a los que vimos. Bromeaban sobre Tamara Falcó y los problemas que les había dado como clienta por sus caprichos en los tonos que les pedía para cada habitación, lamentaban que los hijos pequeños de sus clientes estuvieran siempre frente a una pantalla de móvil, tablet o televisión y ya no pintaran las paredes con rotuladores para que así les dieran trabajo... La música era pegadiza y los espectadores que nos rodeaban reían, seguían el ritmillo y se notaba que disfrutaban, gritando de vez en cuando aquello de:

—¡Esta sí que es una chirigota!

También conocimos la experiencia de quedarnos bloqueados en un embotellamiento producido por los espectadores de una chirigota y los fiesteros que querían ir de un lado al otro, en una confluencia de dos calles. Éramos decenas de personas en un espacio muy reducido y todo eran empujones para salir de allí. Había dos parejas que iban con carrito y bebés y estaban cerca del ataque de histeria.

Tras liberarnos, presenciamos otra escena característica. Había tan pocos urinarios portátiles y los bares estaban tan llenos que hombres y mujeres orinaban donde podían, sin demasiada vergüenza. En un momento de lucidez, cuando vimos una mesa libre en la terraza de un bar, nos sentamos inmediatamente.

—¿Qué te apetece? —le pregunté a mi hermana.

—Tortillitas de camarones.

En cuanto nos las trajeron, Sira pidió otra ración. No sé cuántas tortillitas de camarones se comió en poco más de 24 horas, pero debería contárselo a su médico de cabecera, por si acaso. Hacia las nueve, después de que pasaran junto a nosotros una decena de enanitos cantando «Aijóóó, aijó...», levantamos el vuelo y nos dirigimos de camino al aparcamiento donde descansaba el coche, a una hora a pie. Fuera del centro seguíamos encontrándonos a fiesteros disfrazados que iban en dirección contraria, hacia el lío. Cogimos el coche y llegamos al hotel. Según entramos en la habitación, Sira me informó de que su reloj había registrado aquel día que habíamos caminado dieciséis kilómetros.

—Poco me parece —comenté.

Cádiz y el partido ya eran historia. El domingo por la tarde, ya en Madrid, Sira me dejó cerca de casa.

—Me lo he pasado fenomenal —me dijo mientras yo sacaba el equipaje del maletero—, aunque la vida del hincha es muy dura.

Luego me dio un beso de despedida.

—Y por cierto, Nico... No te voy a perdonar en mi vida lo del chiringuito.

Arrancó, se marchó y hube de reconocer que tenía toda la razón.

EL FÚTBOL MOLA

Celta 3 - Rayo Vallecano 0
Sábado, 11 de marzo de 2023

Aspas 50', 84', Pathé Ciss 52' (pp)

Eran las nueve de la mañana del sábado y María y yo íbamos en un taxi que habíamos tomado en el aeropuerto en dirección al hotel Hesperia, situado cerca del Estadio de Balaídos, donde esa tarde jugaban el Celta y el Rayo Vallecano. Durante el vuelo desde Madrid los más ruidosos fueron los rayistas con los que coincidimos, a los que no pareció afectarles haberse levantado, como nosotros, hacia las cinco de la madrugada. El viaje iba a ser, como el de Cádiz, de 24 horas. Ya os he presentado a mi hermana María, trece años mayor que yo, admiradora de los carnavales gaditanos y arquitecta, como mi padre y mi hermano Juan. A efectos futbolísticos basta con una breve conversación de WhatsApp que me envió cuando estábamos preparando el viaje. Le había pedido que imprimiera por si acaso las entradas, que yo llevaba en un PDF guardado en el móvil. Me escribió: «Ya tengo las entradas del Rayito-Celtic». Una joya, su mensaje. Le respondí con un emoticono de risas y «¡Es el Celta, María, el Celtic es el de Glasgow, escocés!». Ella contestó: «¡Cielos! Celta de Vigo, claro». Fijaos también en el detalle menos llamativo: puso al Rayo primero, de local. Para ella era un día de primeras veces: primera vez en viajar conmigo, sólo los dos, primera vez en ir a Vigo y primera vez en acudir a un encuentro de fútbol en un estadio. Un reto, vamos. Dadas las circunstancias, pese a que había metido la camiseta de la Franja de mi madre en la mochila, no pensaba ponérmela, por precaución: la temporada anterior Bukaneros y Celtarras, los ultras célticos de izquierdas y nacionalistas gallegos cuyo grupo había anunciado su disolución en un tuit de marzo de 2019, habían protagonizado una batalla campal en la calle antes del encuentro entre las mismas escuadras, pese a que ambos grupos comparten ideología en lo fundamental. La explicación de la pelea, esta vez, aúna lo político y lo deportivo. Al ser los Bukaneros aliados de los Riazor Blues, y estos rivales deportivos de los Celtarras, vallecanos y vigueses eran enemigos. Un joven grabó la reyerta con su móvil desde un balcón y se ve, por ejemplo, cómo a un ultra que está inconsciente y tirado en el suelo un rival le patea el costado. María iba ilusionada al viaje y era todo oídos a la conversación que inicié con el taxista, un hombre de unos sesenta años.

—¿Es usted del Celta? —le pregunté.

—Claro, soy de aquí.

—¿Y va al estadio?

—Ya no —dijo, meneando la cabeza—. Fui socio compromisario, pero estoy muy descontento. El fútbol es una apisonadora, un negocio que aplasta a los jugadores, a los aficionados... Todo es por dinero.

—Ya.

—Que Iago Aspas haya estado durante casi toda su carrera en el Celta es un milagro, su compromiso es una excepción. ¿Sabe lo que le dijo a Gabri Veiga? Que él podía ser su heredero, el que tomara su testigo. Pero no va a pasar, algún equipo grande se lo llevará.

El delantero Iago Aspas, formado en las categorías inferiores del club, es su leyenda viva, su máximo goleador histórico y forma parte del patrimonio sentimental del Celta. Sólo dejó de vestir la camiseta azul cielo durante un interludio de un par de años, cuando defendió las del Liverpool y el Sevilla, sin demasiado éxito, para regresar definitivamente a su casa. Es uno de mis jugadores favoritos de la Liga, además de por su olfato de gol, por su capacidad de leer el juego, de distribuir y de echarse el equipo a las espaldas. Gabri Veiga, pontevedrés y canterano como Aspas, estaba siendo con tan sólo veinte años quizá la mayor sorpresa de un jugador nacional en la temporada: era un mediocentro ofensivo y goleador de un talento descomunal. Como decía el taxista, la metáfora del padre y el hijo sucediéndole tenía pocos visos de cumplirse.

—¿Sabe usted quién es Mourinho, el presidente? —me preguntó el taxista.

—Sé poco de él, la verdad.

Carlos Mourinho, empresario vigués de éxito, preside el Celta desde 2006 y actualmente es dueño del 75 por ciento de las acciones. Aparte de los clubes que siguen siendo de los socios —en lugar de ser SAD—, el único equipo que mantiene una estructura que recordaría a la de aquellos es la Real Sociedad, que se rige por un acuerdo asambleario por el que ningún socio o inversor puede acumular más del 2 por ciento de las acciones, lo que obliga a buscar pactos con una fórmula de negociación democrática para nombrar al presidente *txuri-urdin*. Lo habitual es que un hombre fuerte, como Mourinho, lleve las riendas del club y haga y deshaga a su antojo.

—Le mataron a un hijo en México, al pobre, allí donde hizo dinero. La afición está contra él —continuó el taxista mientras cruzábamos la ciudad y dejábamos los astilleros y la lonja a un lado—. Quiere que el Ayuntamiento le venda el campo y no pertenezca a los vigueses. Pensó en llevarse el equipo a Oviedo para beneficiarse de una subvención... Pero lo que me duele muchísimo es que le ha cambiado el nombre al Celta de Vigo: ahora, según él, para modernizarlo, es el Real Club Celta. ¿Dónde quedó «Vigo»? ¿Por qué nos roba nuestro equipo a los vigueses?

—Es triste —comenté.

—¿Y ustedes? ¿Vienen de turismo?

—Más o menos —le dijo María, mientras me guiñaba un ojo—. Venimos a ver al Rayo.

—¡Ah, muy bien! Buen equipo, sí... Aquí cuando se monta una buena es cuando vienen los de la Real y los del Athletic... Se llena la ciudad de camisetas, un ambientazo.

Llegamos al hotel y el conductor bajó para darnos nuestro equipaje, guardado en el maletero. El cielo estaba cubierto y las calles, desiertas.

—¿Qué le cuentas a tu hijo sobre el fútbol? ¿Qué valores piensas que le vas a transmitir si va al campo? ¿Le dices la verdad, que sólo es dinero? —me preguntó el taxista mientras me alcanzaba la mochila.

—Sí, es difícil —respondí.

María me miró con cara de pena mientras se ponía su alegre mochila amarilla y entramos en el hotel. Nada más aterrizar en Vigo mi hermana ya se iba haciendo una idea de lo que es el fútbol actual.

* * *

Hacía una mañana incómoda, de calabobos y viento racheado. En la jornada anterior un rayista había bromeado con que el Athletic de

Bilbao, con quien el Rayo empató tras un partido intenso y sin goles en la jornada anterior, se había traído su ciudad a cuestas. Llovió en Vallecas y eso, unido a la cantidad de bilbaínos en la previa del mercado y en las gradas, daba pie a la chanza. Esta vez el clima de Vigo era el clima que uno espera en Vigo, así que no habíamos olvidado los chubasqueros. La previa era larga, hasta las seis y media de la tarde, e invertimos unas horas en recorrer el casco histórico. Vigo, uno de los motores económicos de Galicia, es una ciudad extensa y de topografía complicada, muchas cuestas y una ría, como Bilbao. Tiene un número de habitantes —el área urbana— similar al de Vallecas. Deambulamos por calles solitarias entre casas de piedra, entramos en la colegiata de Santa María y bajamos al puerto deportivo. Entre la bruma, al otro lado de la ría, asomaba Moaña, la cuna de Iago Aspas. A este, coleccionista de encendidos sobrenombres laudatorios, se le ha llamado «el Príncipe de las Bateas», en referencia a las mejilloneras, esas plataformas de madera que forman parte del paisaje de la ría, de las que cuelgan maromas donde se crían los suculentos bivalvos. Imaginé que Aspas irrumpía en ese momento a lomos de un caballo sobre las aguas, como si fuera un caballero medieval, aunque el apodo que más me gustó fue aquel que le dio el escritor y columnista Manuel Bragado en el *Faro de Vigo*, decano de la prensa nacional: «el Merlín de Moaña». Un mago, más que un soberano o guerrero; un mito, más que una leyenda.

En el Ensanche, con edificios de finales del siglo XIX y principios del XX, admiramos el bulevar, denominado plaza de Compostela. María y yo convinimos en que, si nos fuéramos a instalar en Vigo tras un buen euromillón, sería allí. Miramos la brújula del móvil y decidimos que lo haríamos en un piso de uno de los inmuebles racionalistas de los números pares, por su óptima orientación.

Intentamos encontrar pulpo envasado al vacío, pero la tendera de la charcutería Vazey, una mujer alegre, nos informó de que su marido pescaba y había poco pulpo y poco calamar. Nos conformamos con latas de conservas. Hacia las doce, por fin, los vigueses se desperezaban y comenzaban a salir a la calle, y los bares y los restaurantes sacaban sillas y mesas a las terrazas. Para comer buen pulpo —nuestra obsesión— nos aconsejaron La Aldeana, un restaurante del Ensanche. El camarero que nos atendió era un hombre calvo, enérgico y socarrón. Era aficionado del Celta y del Barcelona a la vez, uno de los que en

Vallecas llaman «híbridos». Parece ser que hace años, en las generaciones anteriores, en el barrio madrileño los había a montones, sobre todo del Rayo y del Atlético, y a los rayistas de bien les molestaba mucho que en los derbis contra los colchoneros los híbridos sacaran a pasear la camiseta a rayas rojas y blancas. Los goles visitantes, parece ser, se cantaban en el estadio casi más que los de los locales. Los híbridos, como podéis suponer, pertenecen a la categoría de chuchos y no son muy queridos en ningún lugar. Eso sí, he de aclarar que yo eso de ser abonado de un club y sentarme en mi asiento con la camiseta de otro no lo haría jamás, por respeto. Soy, digamos, un chucho con valores. Un híbrido célebre del Rayo fue el actor José Bódalo (1916-1985), asiduo en las gradas vallecanas y en otras.

Entre pitos y flautas, y un postre de queso de tetilla que nos aconsejó el camarero vigués y blaugrana, nos dieron las cinco de la tarde y apenas quedaba tiempo para pasar por el hotel y lanzarnos a la verdadera previa. Gracias al Ribeiro, llegamos alegrillos a la habitación. Fue ver la camiseta del Rayo asomando por la mochila y tomar una decisión:

—María, me la voy a poner —le anuncié, mientras la cogía—. Han sido hasta ahora muy simpáticos y no veo por qué vamos a tener problema alguno. ¿Cómo lo ves?

—¡Lo veo de cajón! Aquí hemos venido a disfrutar, ¿no? ¡Pues a disfrutar!

Me puse la zamarra y salimos a la calle. El Estadio municipal de Balaídos estaba a unos cinco minutos a pie. La suerte estaba echada.

* * *

Bajamos por la rúa Eugenio Krapf, que desemboca en el estadio. Construido en 1928, su actual reforma integral avanza a marchas forzadas para llegar a tiempo a la celebración del centenario, en verano de 2023, que incluirá un himno a cargo del artista C. Tangana. Ya se veía parte de la osada fachada, cuyas piezas de aluminio plegado color cielo aspiran a representar las olas del mar. Nada más ver la cervecería bocatería Tribuna y la cantidad de aficionados celtiñas que se congregaban en la terraza y en la acera, supe que habíamos llegado a nuestro destino. No había, que yo sepa, ningún otro rayista por ahí: aquella tarde Wally era yo.

Entramos y fuimos hasta la barra. Había prendas celestes por todos lados y algunos, en lugar de cervezas, se estaban atizando gin-tonics y otros combinados. Mientras esperábamos a que nos atendieran, unos aficionados cincuentones se dirigieron a nosotros:

—Buenas —me dijo uno—, ¿buen partido, no?

—Sí —respondí—, dos equipos que juegan buen fútbol.

—Claro, ¿y cómo lo ves?

—Vosotros llegáis en racha positiva y nosotros en racha negativa... —dije, antes de dejar la cuestión en vilo durante unos segundos para después añadir—: Un 0-3.

Se rieron y mi interlocutor meneó la cabeza:

—Ya veremos, ya veremos... ¡Suerte!

—¡Lo mismo! —dijimos María y yo, al unísono.

Nos sirvieron dos tercios y salimos a la acera, entre la muchedumbre. Ignoro la razón, pero me ocurrió como en Cádiz. Confiaba plenamente en la victoria de la Franja —sustentada con alfileres en términos futbolísticos y eso, unido a mi carácter, digamos, expansivo, que sale a relucir cuando me siento a gusto, me convirtió en un fanfarrón. Entablar conversación, ya fuera tras iniciativa nuestra o de los celtiñas, resultó muy sencillo. Mi hermana solía mantenerse en un segundo plano, muy atenta. La siguiente víctima de mi desatado optimismo fue un grupo en el que varios aficionados portaban unas boinas que daban nombre a la peña a la que pertenecían: Boinas Celestes, fundada en 2004. Su lema: «Fagamos previa. Fagamos boinas». Charlamos con un tipo grande y joven quien, tras presentarnos, me dio dos adhesivos de Iago Aspas: en uno, estilo estampita, era un santo; en el otro, era el «Rei da Galiza».

—Gran jugador, Aspas, sí —acepté, mientras me guardaba las pegatinas—. Pero nosotros tenemos a RDT y viene con hambre. Lamento no llevar pegatinas de él, tengo una muy chula que pone: «El Killer de Vallekas».

—Ja, ja, debe de ser buena, sí...

—Oye, ¿apostamos? Te apuesto una caña a que hoy RDT mete un *hat-trick* —me volví a mi hermana—. Un *hat-trick* consiste en meter tres goles en un mismo partido.

—Es buen jugador, sí..., pero yo no apuesto —me dijo el gigante—. Si quieres nos vemos tras el partido, pero no apuesto.

Intervino entonces otro celtiña, este sin boina y de más edad, un hombre moreno, con barba.

—Oye, ¿no te habrá cortado el pelo tu hermana?

—No —le respondí, riendo.

—Mejor —comentó él, socarrón.

He de aclarar que llevaba mi escasa melena bastante larga, lo que me daba cierto aire de científico loco.

—Es que yo soy barbero —anunció. Su barba poblada y tan bien recortada daba fe de ello.

—¡Anda! ¿Por qué no me cortas el pelo después del partido?

—Noooo, no. Hoy ya no trabajo ni por ti. Si vienes otra vez por Vigo, te pasas por mi barbería. No tengo tarjeta, pero...

Me dio un mechero de su negocio y lo guardé. Ya tenía dos adhesivos y un encendedor, pero, quién me lo iba a decir, todavía iba a aumentar el botín. En medio de otra conversación, el tipo grande me emboinó y me pegó un adhesivo del Celta en mi camiseta en un doble movimiento felino. Me toqué la cabeza y allí estaba una preciosa boina celeste.

—¡Pero bueno, gracias! —le agradecí.

—Bonita, ¿verdad?

Aquel grupo ya había dado todo lo que podía dar de sí y tampoco era cuestión de llenar mi mochila de souvenirs celestes. Del generoso peñista y el barbero pasamos a una pareja realmente adorable de treintañeros. Eran guapos, educados, sonrientes y ambos llevaban camisetas del Celta. Él era asimismo Boina Celeste. Primero les contamos que toda la gente con la que nos habíamos relacionado en lo que llevamos de jornada había sido agradable y acogedora.

—Todos —dijo María, con énfasis—. En el hotel, en las tiendas, en un restaurante, mientras veníamos hacia aquí, que hablamos con un padre y un hijo que venían al partido...

—Gracias por el comentario —dijo la joven.

—Sí —dijo el chico—, Vigo recibió hace años un premio por el respeto de sus gentes.

—Merecido —comenté—. Oye, ¿qué os parece el estadio?

Se giraron y lo miraron antes de responder:

—Bueno —dijo él—, a ver si lo acaban. Puede quedar bien.

—A mí lo de las olitas, la verdad... —les dije, como ejemplo para que comprendieran por qué no nos dieron aquel premio a los madrileños.

Un rato después entramos en Balaídos y nos sentamos en nuestras localidades, ubicadas en un lateral. Pese a ser de las baratas, a 42 euros, se veía fenomenal. La grada de uno de los fondos debía de estar a punto de inaugurarse y se mostraba vacía y reluciente. Nadie entre los vigilantes nos había preguntado si éramos locales o visitantes y adónde íbamos, y nadie entre los celtiñas nos había mirado raro por llevar una camiseta del Rayo. De hecho, nada más sentarnos, los hinchas que estaban junto a María iniciaron una charla con ella y los que estaban a mi lado, conmigo. Nos sentimos como en casa.

El partido se resolvió en dos minutos, entre el 50 y el 52. Hasta entonces iba empate a cero. RDT, a quien su primer gol se le resiste más que un buey de mar a alguien poco acostumbrado a comer marisco, disparó al palo. Según me sentaba tras haber celebrado un gol inexistente, Iago Aspas marcó el 1-0 culminando un rápido contraataque. Mientras trataba de asimilar el sopapo, Pathé Ciss se metió el 2-0 en propia meta y yo me quedé en shock mientras el VAR revisaba la acción con todo el estadio en pie, a la espera de la decisión del árbitro. Tras dar el colegiado el gol por válido —equivocadamente, por cierto—, Balaídos celebró por tercera vez un tanto en 60 segundos. Miré a mi hermana y me hizo gracia su cara tan alegre, tan animada, con los ojos chispeantes y una sonrisa angelical:

—¡Otro gol, Nico! —me dijo—. ¡Otro!

—Pero ha marcado el Celta los dos, hermana —puntualicé—... Y tú y yo vamos con el Rayo, no lo olvides.

Hubo cerca del final un tercer gol, el 3-0 definitivo, segundo de san Iago Aspas y de muy bella factura. Pero yo no estaba para florituras:

—¡Les entra el canguelo con lo de Europa! —bramaba—. ¡Prefieren estar con el agua al cuello!

—Pero no te pongas así —me comentaba mi compañero de asiento, un hombre de mi edad, reposado como un buen whisky—. La suerte se ha repartido como se ha repartido, nada más...

—¡Ni suerte ni leches! —continué—. ¡Tienen que reaccionar! ¡Lo que pasa es que nadie les critica y se acomodan!

—Bueno, no pasa nada, ya habrá otro partido, no te preocupes... Aquí venimos a disfrutar, ¿no?

Controlé mi ira, que había comenzado contra los jugadores del

Rayo y podía reconducirse con facilidad hacia el hombre tranquilo. El enojo aumenta nuestra sensación de certeza, control y responsabilidad de los demás. Vemos los eventos negativos como predeciblemente causados por, y bajo el control de, otros individuos. Para mí el culpable de la derrota era alguien, lo busqué y decidí que eran los jugadores, por falta de ambición. El descalabro no había sido consecuencia de aquella jugada puntual clave, sino culpa de ellos por su presunta falta de disposición antes de saltar al campo. Salí del estadio como si me hubieran pegado tres sopapos con la mano abierta y tardé en calmarme por completo el tiempo que tardamos en caminar hasta el asador Cuesta, el restaurante donde habíamos reservado para cenar. Lo que sube rápido suele bajar igual de rápido. Supongo que si no te pone de buen humor comer mejillones de la ría y chuletón de vaca gallega, es que estás fatal.

* * *

Eran pasadas las once de la noche y antes de entrar en el hotel le pedí a mi hermana que me acompañara a comprar una cocacola en un 24 horas. A ella también le apetecía pasear, y aceptó.

—A ver, María, ¿analizamos? ¿Cómo has visto a los celtiñas?

Tardó bastante en responder, pensativa:

—Son... son acogedores y dulces. Circunspectos. Ven la vida como si estuvieran rodeados de niebla, con distancia.

—No se inflaman —añadí—. ¿Irán de Prozac, subvencionado por el Servizo Galego de Saúde?

—Cuando os he visto a los hermanos ver un partido —continuó María—, no tiene nada que ver. Vosotros saltáis del asiento, chilláis al televisor, dais gritos de alegría que se oyen a kilómetros con los goles de vuestro equipo...

—Ya.

—Y si consideráis que el árbitro falla, gritáis: «¡¡Tarjeta!!» o «¡¡Penalti!!». A mí me viene muy bien porque así me entero de lo que ha pasado en la jugada. Pues ellos, no. ¡No me enteraba de nada cuando se levantaban para protestar! Yo también me levantaba y le tenía que preguntar al de al lado qué ocurría, y me decía: «Le ha agarrado, era tarjeta...», y yo: «¡Ah, bien, gracias!».

—Curioso.

—Hay algo... Quizá tenga que ver que están muy cerca de Portugal y compartan rasgos de su carácter. Ya me fijé al llegar en el color preponderante en el aeropuerto de Vigo, ese tono que es el mismo del Celta. Es un azul celeste, un azul cielo muy de aquí, muy sosegado. El Rayo es rojo y blanco, ¿no? Su símbolo es de tormenta, es mucho más potente y explosivo.

—Bien visto —comenté.

—¿Has visto cómo celebraban los goles? ¡Fueron tres goles, una paliza! Pues hacían: «¡Uuuuuh, uuuuuh!». —María imitaba a gente celebrando con movimientos suaves de los brazos, como si fueran olas calmas o ella una asistente al festival hippie de Woodstock de 1969—. ¡Ninguna expresión de júbilo! Celebraban felices, pero casi con desapego. Y sin mofa alguna.

—Sí, era como ser un niño y estar rodeado de padres y abuelos, de gente reflexiva y madura. Me dieron ganas en el descanso de pedirle al de al lado un par de euros para regaliz. De todos modos, en el Rayo tampoco se mofan cuando ganan, aunque son más niños, más alegres.

—¿Oíste cómo cantaban?

María tiene facilidad para cantar. Ni corta ni perezosa, se detuvo y me hizo una demostración en vivo de un cántico céltico, bailando al son:

—El público decía: «Eu traaaioo, unha borracheeira / de viiñooo, / que auga non bebo mirá, ei. / Mira Maruxiña mirá, ei, / mirá como eu veñooooo...»

—Ja, ja...

Un transeúnte solitario la miraba alucinado.

—No era un cántico brioso, era acompasado... ¿Y contigo? ¡El enemigo te trató fenomenal, eran casi protectores! Porque tú estuviste pinchón, Nico...

—Sip —acepté, algo avergonzado—. Te juro que a veces pienso que lo de ir a Vallecas tan a menudo, a una calle que se llama Payaso Fofó, me está transformando.

—Tú, en la previa, como la llamas, les decías: «Aquí estamos mi hermana y yo, venimos, comemos de maravilla, vemos ganar al Rayito y nos vamos...»

—Ya, un pelín sobrado, sí.

—Y ellos se reían, lo pasaban bien contigo —me animó—. Te tomaban el pelo bien, sin animosidad. Bueno, como tú a ellos, pero empezabas tú, hermano. Ellos tenían cierto aplomo, sin complejos, sin sentirse agredidos.

Llegamos al 24 horas, me compré la cocacola y caminamos de regreso al hotel, ahora en silencio. Notaba el cansancio, la pesadez en las piernas. De pronto, María se echó a reír sola.

—¿Qué pasa? —le pregunté, intrigado.

—¿Te acuerdas de cuando metieron el 3-0, que te pusiste a echar espumarajos por la boca?

—Sí, claro —me reí yo también—. Llevo unos partidos que me cojo unos buenos cabreos. Estaba dispuesto a apostar por un 0-3 y nos llevamos un 3-0... Soñaba con tres goles de RDT y Aspas marcó un doblete...

—Pues, ¿sabes qué te digo? Mientras te lamentabas amargamente, aplaudiste el tercer gol del Celta.

—¡¿Qué?! ¡Imposible!

—¡Sí, de verdad! ¡Te pusiste en pie y aplaudiste! Y mientras, me decías que con ese resultado el Rayo se estaba alejando del sueño europeo, que era un desastre.

—Bueno, puede ser, fue un golazo... —dije, intentando recordar sin éxito mis traidores aplausos—. Si lo hice fue inconsciente.

Llegamos al Hesperia y subimos a nuestra habitación. Justo después de apagar la luz, me vino a la cabeza una pregunta:

—Oye, María, ¿y qué te ha parecido tu primera vez en un estadio?

—¡Ha sido un viajazo! Lo hemos pasado fenomenal tú y yo, y la imagen que me llevo del fútbol es buenísima.

—Mira qué bien —comenté, satisfecho.

—El fútbol mola, Nico. Buenas noches.

Como se suele decir, dormimos como lirones.

* * *

Veinticuatro horas después de nuestro regreso a Madrid era lunes y no un lunes cualquiera, que ya de por sí se las trae. Nada más llegar al despacho había expulsado un cálculo de riñón —el segundo desde que había empezado la redacción de este libro—, algo a lo que estoy acostumbrado desde joven al ser un enfermo crónico de litiasis renal. Muy crónico. Forma parte de mi vida como otras tantas cosas, lo sobrellevo. Aquello explicaba lo cansado que me había sentido durante las últimas semanas y cierta melancolía que, descubrí hace años, iba aparejada al tránsito de las piedras. Estaba dolorido, me había tomado un analgésico y las ganas que tenía de escribir estaban bajo mínimos. Me puse a procrastinar, a perder el tiempo navegando por internet, y no tardé en amargarme de verdad.

La lluvia de noticias sobre el escándalo Negreira y la aparición de un caso más, el Soule, donde el expresidente de la RFEF, Ángel María Villar, y el que fuera árbitro y presidente del Comité Técnico de Árbitros (CTA) durante veinticinco años, Victoriano Sánchez Arminio, habían sido imputados por un presunto desvío de fondos de millones de euros, me abrumaron. El caso Negreira ya estaba en manos de la Fiscalía Anticorrupción por su envergadura y especial trascendencia. Los presuntos delitos se habían ampliado a corrupción en los negocios en el ámbito deportivo, administración desleal, apropiación indebida y falsedad en documento mercantil. Estaban imputados el Barcelona como institución, Negreira, los expresidentes Rosell y Bartomeu y los exdirectivos del club azulgrana Òscar Grau y Albert Soler. Y eso porque en el caso de otros presidentes y directivos los delitos habían prescrito. Albert Soler era todavía directivo del Consejo Superior de Deportes, del que había sido presidente durante el Gobierno de José Luis Rodríguez Zapatero. Laporta seguía siendo directivo de la RFEF y en el CTA no había sido cesado nadie, ni había dimitido nadie. La prensa catalana defendía casi en bloque la actuación del Barcelona, los socios no se movilizaban contra sus presidentes ni contra la actuación del club y había pocos brotes verdes de *seny*. Entre ellos el exrepresentante Josep Maria Minguella, voz respetada entre los culés y casi todo aficionado al fútbol, que confesó haberse planteado muy seriamente borrarse de socio. El exjugador y leyenda Gerard Piqué, por contra, consideraba que el Barcelona era víctima de una conspiración —en lugar de culpable de una aberración—, y Xavi, leyenda y actual entrenador, que todos quienes querían manchar el escudo del club eran unos sinvergüenzas. Mismo insulto que había utilizado anteriormente y entre lágrimas de cocodrilo Laporta en un acto con las secciones inferiores, es decir, con jóvenes y niños, inculcándoles *valors*. La magistrada de apoyo del Juzgado de Instrucción número 1 de Barcelona que se había ocupado del caso hasta entonces había sufrido casualmente ese mismo domingo un robo en su casa y con ella dentro, algo que pudo tener o no relación con el caso, pero lo triste es que ya veías intrigas en cualquier noticia. Estábamos perdiendo la confianza en el sistema. Bucear en los periódicos era un atroz ejercicio de masoquismo y me puso de un humor de perros.

No quiero seguir con más noticias escandalosas, pero hubo otra que leí aquella mañana de lunes que colmó mi ya limitada paciencia. En los estadios a los que iba a jugar el Barcelona se estaban produciendo reacciones de los aficionados de los clubes presuntamente perjudicados por el caso Negreira. Ya hubo protestas en el sevillano Sánchez Pizjuán y en San Mamés, en aquella misma jornada, le cantaron al Barcelona: «A Segunda, a Segunda...» y «Xavi, saca a Negreira, saca a Negreira...». Además, la hinchada vasca lanzó al campo billetes con los colores del club blaugrana y con la palabra «MAFIA» impresa. Pues bien, Mediapro, la empresa de Jaume Roures que se encarga de las retransmisiones de los partidos de Liga, hurtó a los televidentes las imágenes del lanzamiento de billetes y el sonido de los cánticos. Mucha gente, en su ignorancia o inocencia, cree a pies juntillas que una retransmisión televisiva de un encuentro es «la realidad», «la verdad», sin darse cuenta de que es un relato en el que alguien, el realizador, elige cada plano y cada toma, reescribiendo a su gusto la historia que pretende narrar. No vemos «lo que ha ocurrido», sino lo que dicen que ha ocurrido, incluyendo u omitiendo imágenes que construyen el relato deseado y repitiendo o no aquellos detalles o jugadas que apoyen dicha narrativa para hacerla verosímil y digerible. El trabajo de un realizador televisivo se asemeja en parte al de un montador de cine, quien, con el material rodado, edita la historia para dar forma definitiva a la película. Si no acudes al estadio, te pierdes una parte fundamental de lo que ocurre en el fútbol, aquello que blanquean u omiten. En las gradas eres tú mismo quien elige qué quieres mirar. Sentado frente al ordenador, me di cuenta de hasta qué punto tantos amorales nos toman por imbéciles, por borregos, por insectos a quienes pueden aplastar de un pisotón. Como no acaben por limpiar el Barcelona, la RFEF, el CTA y el CSD, me borro del fútbol para siempre, pensé. Hay infinidad de asuntos interesantes en el mundo y en la vida para dedicarles mi tiempo. Anda que no admiro a gente honesta y lo que hacen. ¿Y qué pasaba con el Rayo, con equipos de semejante tamaño e importancia? ¿Por qué sólo se hablaba de la posible relectura de la historia de los campeonatos en relación a los grandes —principalmente Real Madrid y Atlético—, en los títulos que podrían haber obtenido en el pasado si se probaba la manipulación blaugrana? ¿Acaso otros clubes no se juegan lo mismo o más cualitativamente en cada competición? ¿No se juegan mantenerse o descender, no se juegan muchas veces su propia supervivencia? ¿Quién los defiende, quién investiga sus estadísticas arbitrales, los colegiados que fueron designados para sus encuentros y por qué? Casi siempre se les trata como meros comparsas, como si sólo formaran parte del paisaje para darle algo de variedad y colorido y no piezas fundamentales del ecosistema. «Rellenahorarios», llamó Iraola a su Rayo. ¿Vale más un hincha del Real Madrid o del Barcelona que uno del Espanyol o del Castellón?

Estaba hundido y dolorido, pero no me daba la gana de que, además del cálculo, todo aquello me amargara mis experiencias como aficionado, mi aventura con el Rayo o aquel lunes. ¿Quería recuperar algo de la inocencia perdida en mi relación con el balompié? Pues la inocencia es una planta muy frágil y delicada, y más me valía regarla yo mismo en lugar de lloriquear. Delante de mí tenía mi botín de Vigo. Cogí el mechero negro. «Barbería Carral», se leía en las letras impresas en blanco. Busqué en internet y descubrí que se trataba de la peluquería masculina más antigua de Vigo, que había pasado de generación en generación entre los integrantes de una familia, desde 1916. Allí habían cortado el pelo a Julio Iglesias, Sancho Gracia, Carlos Casares o Luis Aragonés, entre tantos. Cuando el anterior propietario, Pedro Fernández, se jubiló, el Ayuntamiento no había prorrogado el contrato de alquiler del local y aquello parecía el final de la barbería Carral. Es sorprendente la falta de sensibilidad en ocasiones de los consistorios, que no consideran patrimonio de sus ciudades negocios con solera y raigambre. Iago, el hijo, tras algunas dudas, se lanzó a abrir de nuevo la barbería, esta vez en un local de la rúa Cánovas del Castillo. Era capaz, leí, de cortar el pelo con los ojos cerrados, algo que daba publicidad al negocio y debía de ser una prueba de confianza semejante a dejarse caer hacia atrás para que te recoja otra persona, pero con un tipo armado con unas tijeras. Probablemente Iago era el barbero celtiña con quien había conversado el sábado en la cervecería Tribuna. Cogí el móvil y llamé. Un hombre atendió la llamada:

—Hola, ¿hablo con la barbería Carral?

—Así es.

—Mira, ¿te acuerdas de la previa del Celta-Rayo Vallecano, de un tipo con gafas y la camiseta del Rayo con quien conversaste?

—Sí —respondió, y se le escapó una risilla.

—Era yo. Me llamo Nicolás Casariego y te llamo para darte las gracias por el buen rato que pasamos mi hermana María y yo con vosotros. Os estamos muy agradecidos por lo bien que nos tratasteis en Vigo.

—Anda, ¡muchas gracias!

—Fue fantástico, de verdad.

Me contó que él no era de ninguna peña en particular, sino que se movía con integrantes de varias. Iba, incluso, a partidos a domicilio siempre y cuando no pudiera haber problemas con ultras de otras aficiones. Consideraba que uno podía llevarse bien con aficionados de cualquier equipo, incluidos los del Deportivo de La Coruña, rival histórico de su club.

—Bueno, a ver si vuelvo por ahí y me cortas el pelo a ciegas —me despedí.

—Cuando quieras… Agradezco mucho la llamada, es un detalle.

—Nada, que te vaya bien.

Colgué y ya me sentía mucho mejor. Al fin y al cabo, mal que bien, yo había representado al Rayo Vallecano en aquella cervecería. Ya podía empezar a redactar el borrador de este capítulo y me puse a ello.

EN EL NOMBRE DEL PADRE

Rayo Vallecano 2 - Girona 2
Sábado, 18 de marzo de 2023

Isi 22', Trejo 33'

Tsygankov 28', 51'

El partido con el Girona en Vallecas era importante para el Rayo. En las cinco últimas jornadas había cosechado 3 puntos sobre 15 posibles. No lo veía ganar desde el 6 de febrero, mes y medio atrás, frente al Almería. Ya no estaba en puestos europeos y la posibilidad del descenso, aunque muy improbable, no se podía descartar por completo. Era un encuentro clave, pero mi objetivo era lograr hablar de una vez con Presa. Si la tercera vez que iba a ir al palco no era la vencida, pensaba escribir sobre él un perfil con la información obtenida en las redes y aquello que me habían contado personas que lo trataban o habían tratado y olvidarme de conocerle personalmente. Al fin y al cabo, Gay Talese escribió la pieza más famosa del nuevo periodismo estadounidense, *Sinatra está resfriado* (1966), sin haber conocido al cantante.

Dado que Presa llegó in extremis —había estado, parece ser, en las Fallas valencianas—, hasta el descanso no había nada que hacer salvo lo que hace un aficionado normalmente cuando va al campo: ver el encuentro. Y fueron 45 minutos verdaderamente intensos. Percibí por primera vez cierto nerviosismo en las gradas, un runrún de impaciencia que se tornó en júbilo cuando Isi Palazón marcó el gol de la temporada. Se metió hacia el interior con el balón controlado desde su banda, la derecha, y con un amago casi imperceptible despistó a la defensa albirroja para después pegar un zurriagazo a la escuadra desde fuera del área. 1-0. El gol fue tan increíble que olvidé que estaba en el palco y salté del asiento como un hooligan. Todos mis sistemas de inhibición cerebrales habían saltado por los aires, quizá, en parte, porque era la primera vez en mi vida que estaba en la primera fila del palco y delante de mí sólo había rayistas que habían podido exteriorizar su emoción sin cortapisa alguna, y los imité sin ser consciente. Cuando me vi de pie, con los brazos en alto y con los invitados alrededor sentados y aplaudiendo educadamente, me senté inmediatamente y me disculpé con el espectador que tenía a mi derecha. ¿Y si se trataba de un directivo del Girona? Qué bochorno, vaya falta de respeto. Era un hombre atildado, con gafas de montura clásica y unas finísimas patillas que bajaban hasta el mentón.

—¡Lo siento, he olvidado dónde estaba! —le dije.

—Ha sido un golazo —afirmó el hombre, con acento gallego—. Un gol así se debe celebrar.

Vallecas, en éxtasis, cantaba: «¡Isi selección, Isi selección...!, y casi no oí lo que añadió mi compañero de asiento:

—Yo es que no voy con ningún equipo, estoy con esos, con el equipo arbitral —y señaló al colegiado, González-Fuertes, que esperaba a los jugadores en el centro del campo para reanudar el juego.

Me giré y le miré con nuevos ojos. Debió de ser una mirada intensa, como la de un entomólogo a un ejemplar especialmente interesante de mariposa que quiere añadir a su colección.

—¿Del equipo arbitral? —pregunté, conteniendo la respiración

—Sí, hago informes para el Comité Técnico de Árbitros.

Informes de evaluación sobre árbitros. Como los que Negreira aseguró ante Hacienda que realizaba para el Barcelona y nadie ha sido ni será capaz de encontrar, ya que según él eran verbales. Mi sujeto de interés los hacía tomando notas a bolígrafo azul en una libreta alargada que sujetaba sobre el regazo.

—Nicolás Casariego, escritor —me presenté.

—Amoedo Chas. Fui árbitro durante diez temporadas en Segunda División.

Amoedo no era un nombre, sino su primer apellido. Era árbitro sin ninguna duda: en caso contrario, si hubiera sido un simple mortal, no se habría presentado dando sus dos apellidos, costumbre muy llamativa de los colegiados que algunos explican porque hubo uno apellidado Franco y al caudillo no le hizo gracia que aprovecharan la coincidencia algunos periodistas deportivos para deslizar invectivas dirigidas subrepticiamente hacia él. Franco el colegiado, a partir de entonces, se convirtió en Franco Martínez, y hasta hoy.

—¿Y cómo hace los informes? —le pregunté.

—Tutéame, por favor, soy Julio —dijo—. Voy apuntando las acciones que conllevan decisión tanto del colegiado como de los asistentes. Luego me veo el partido en diferido, como hace el equipo arbitral del encuentro, y después hacemos todos una reunión no presencial para comentar.

—Pues hacer informes con la que está cayendo con el caso Negreira...

—Somos los primeros en desear que se esclarezca todo.

Algunos no dudo que estarían deseándolo y entre ellos Amoedo Chas, pero ni mucho menos todos, por la cuenta que les traía. Hasta entonces lo único que habían hecho era cerrar filas y poner la mano en el fuego los unos por los otros, ofreciendo una imagen lamentable del colectivo.

No hay sensación más frustrante que la de estar a varias cosas a la vez y no poder atender a ninguna con efectividad. Por un lado, estaba el encuentro, muy absorbente por su emoción, y por el otro, un empleado del CTA, ese comité oscuro y probablemente corrupto desde hace decenios. Pudo el fútbol en vivo, tal es su fuerza. El Girona estaba entrenado por Miguel Ángel Sánchez, «Míchel», vallecano, que fuera un fino centrocampista y leyenda de los años noventa y primeros dos mil del Rayo Vallecano. Su equipo manejaba muy bien el balón y era incisivo por las bandas, sobre todo la de Rodrigo Riquelme. Por ahí llegó el empate del ucraniano Tsygankov, pero la decepción local tardó poco en desaparecer. El «Chocota» Trejo sacó la chistera dentro del área y tras un gran recorte marcó el 2-1 de otro zambombazo. Los goles de Isi y Trejo, dos de los futbolistas más destacados de la plantilla, estuvieron entre los mejores del año y los vimos en diez minutos, como si se tratara de un vídeo de mejores tantos. Pero nos quedaba la traca definitiva, lo que transformó aquello en una ópera bufa. Un defensa arrolló a Álvaro García dentro del área y el estadio rugió: «¡Penalti!».

—¿Qué piensas, ha sido o no? —pregunté a Amoedo Chas.

—Sí, lo derriba claramente.

González-Fuertes requirió la ayuda del VAR, confirmó el penalti y sacó amarilla al lateral.

—¿Te parece amarilla? —continué, masacrando al evaluador arbitral—. A mí no, da la sensación de que el defensa resbala y por eso lo derriba.

—Sí, amarilla clara.

Si lo que yo buscaba era que me confirmara un error de apreciación del colegiado, iba listo. Trejo colocó el balón sobre el punto de penalti, el público coreó su nombre y, pese a todo, se mascaba la tragedia, como suele decirse. El Rayo había fallado las últimas tres penas máximas lanzadas, lo que había costado a los vallecanos perder 4 puntos. Los fallones habían sido Trejo, Isi y RDT en una sucesión inusual de errores. Trejo lanzó esta vez flojo y sin convicción y el guardameta detuvo el penalti. El argentino se lamentó, pero el VAR acudió en nuestro rescate:

—Están mirando porque uno del Girona ha entrado al área antes del lanzamiento —comentó mi auxiliar privado de arbitraje.

—Se nos apareció la Virgen —rematé.

Efectivamente, la Virgen, la del Carmen para ser preciso, se elevaba sobre el muro del fondo y el árbitro ordenó la repetición del castigo. El respetable rugió como si hubiera sido un gol. De hecho, el público había celebrado ya dos veces —la señalización y la repetición de la pena máxima— como si el Rayo hubiera marcado el 3-1. Pero seguía 2-1. El lanzador iba a ser de nuevo Trejo. En lugar de disparar directamente a puerta, del modo tradicional, Trejo e Isi remedaron el legendario penalti indirecto de Johan Cruyff y Jesper Olsen con el Ajax, en 1982; en lugar de disparar a puerta, el lanzador, Cruyff, le pasó a su compañero, que se la devolvió para que el holandés marcara a puerta vacía. En este caso Trejo se la dejó a Isi, pero un defensa fue lo suficientemente rápido como para molestarle en el remate: el balón se marchó por encima del travesaño y Vallecas, incrédulo, no supo si saltar al campo y darles un buen par de bofetadas a las estrellas rayistas o irse a casa y ver una comedia en familia para tratar de olvidar lo presenciado.

Amoedo Chas me miraba con compasión. Cualquiera que supiera de fútbol tendría claro que después de ese ridículo el partido no se iba a ganar. Aquel lanzamiento había sido una decisión exclusivamente de los futbolistas y cobarde en su aparente audacia: habían tratado de compartir la responsabilidad porque ninguno era capaz de asumirla de forma individual. Para colmo, soñaban con abrir la sección deportiva de todos los telediarios con una frivolidad que no era ni siquiera original. Iraola no había tenido nada que ver, le habían tomado el pelo y luego se le vería en la rueda de prensa posterior enfadado como nunca. Las gradas y el palco bullían de perplejidad y rabia porque el aficionado aguanta los errores, pero no la cobardía ni la estupidez. Cuando el colegiado pitó el final del primer periodo y señaló los vestuarios, me levanté y, al llegar al borde de las escaleras por las que se accede al bar, me fijé en que a mi lado pasaba Balliu, el lateral albanés, vestido de chándal. Era baja por amonestaciones y fue directo a darle alguna explicación a Presa sobre lo ocurrido. No oí lo que decía el presidente porque habló al oído del futbolista, pero sí la respuesta de Balliu, que sonreía como un niño pillo y confirmó lo que sospechábamos:

—Lo tenían hablado —le confesó a Presa.

No hay nada más que decir, señoría.

* * *

Entré en el bar y vi a Manolo Gallardo al fondo de la barra. Manolo comía jamón y nos saludamos.

—Yo siempre me pongo en la esquina, se come tranquilo.

—Oye, Manolo —le dije—, ¿tú desde cuándo tienes relación con el Rayo?

—Desde los quince años, y tengo ochenta y tres. Yo limpiaba las botas de los futbolistas, arreglaba las membranas de los calefactores del estadio… He sido mecánico, he tenido una tienda de ropa de señoras, un bar en Embajadores, muchas cosas. He sido delegado, directivo muchas veces, aunque me retiré porque Pedro García era… —hizo una pausa y sus ojillos rieron burlones antes de rematar la frase— muy especial…

Pedro García Jiménez, empresario rondeño, fue el presidente que estuvo a punto de propiciar la desaparición del club, rescatado por José María Ruiz-Mateos en 1991. Fue el último dirigente antes de que el Rayo se convirtiera en SAD. Si antes, en 1986, los vallecanos vieron actuar a la banda Queen en el estadio, con García se hacían rentables bautismos masivos de testigos de Jehová. En una entrevista al expresidente en 2022, aseguraba que el Rayo era como un hijo para él y, de paso, que poseía una patente registrada de un avión que podría acabar con los grandes incendios en nuestro país.

—¿Te acuerdas que te conté que iba a Cádiz? —le comenté a Gallardo—. Estuvo muy bien, salvo el resultado.

—A mi Cádiz me encanta, ya te dije. Tuve allí una peña con mi nombre, pero al final me gastaba mucho en pagar las comidas y la cerré.

—¿Y lo de la comida de los veteranos? Ya sabes la ilusión que me hace.

—¡Sí, es verdad!

Sacó su libreta y un bolígrafo:

—¿Cuál era tu apellido y tu número?

Se lo dije y apuntó un apellido que no se parecía casi nada al mío, pero daba igual. Lo importante era el número de móvil. Fui a la barra a por una cocacola y entonces vi que Concha, concejala de Villa de Vallecas y de Villaverde, estaba charlando con Presa. Concha era la encargada de negociar el contrato del canon que paga el Rayo Vallecano por el uso y explotación de la ciudad deportiva, y había hablado con anterioridad con ella para informarme. De muy niña les decía a sus padres que era del Rayo y de adulta su trabajo la llevó a hacerse realmente rayista. Además, el abuelo de su marido, Cándido Manchado, fue el entrenador de la Franja en la temporada 1956/57, cuando ascendieron a Segunda División tras abandonar el estadio El Rodival y comenzar a disputar los encuentros en el de Vallecas. Me acerqué. Presa es un hombre de mediana estatura, con el pelo liso y largo, la cara ancha, la nariz fina y la mirada huidiza. Vestía traje y corbata negros.

—Presidente —le dijo Concha—, este es Nicolás Casariego, un escritor.

—Bienvenido a la casa del Rayo Vallecano —me dijo, estrechándome la mano y mirándome brevemente para apartar la vista y seguir con la conversación en curso.

Presa y la concejala hablaban del proyecto de construir un nuevo estadio, que estaba valorando el dueño del Rayo. Calculaba que la operación podía convertirse en una inversión de entre 80 y 100 millones de euros, a financiar entre la Comunidad de Madrid, el Ayuntamiento y el propio club. Abandonar el estadio actual y que se convirtiera en una dotación deportiva para Puente de Vallecas lo consideraba un activo en la negociación, cosa que dudo, ya que el recinto ya es propiedad de la Comunidad, y no suya.

—¿Y dónde busca el terreno? —intervine—. Está claro que debe estar en Vallecas, ¿verdad?

—A cinco kilómetros del estadio actual, más o menos —dijo, sin dejar clara su posible ubicación.

—Ya, pero si lo saca del corazón de Vallecas, no será lo mismo… ¿Y remodelarlo?

—No cumple, no cumple —dijo, supongo que refiriéndose a que el actual recinto no tiene licencia y, de clasificarse el Rayo para alguna competición europea, la UEFA no le permitiría jugar allí—... La parcela tiene que tener buenos accesos, es complicado...

A Presa, como es lógico, le interesaba más hablar de su proyecto con una concejala que con un escritor, así que, cuando tuve la oportunidad de volver a meterme en la conversación, lo hice:

—Yo fui uno de los aficionados que durmieron en Payaso Fofó para sacarse el abono...

Presa me miró otra vez brevemente y sonrió. Ignoro si su sonrisa correspondía a cierta sorpresa por estar hablando con alguien capaz de hacer algo así por un abono o a cierto apuro por hacerlo con alguien que había dormido en la calle sin atención alguna por parte del club.

—¿Va a digitalizar ya la venta de abonos y entradas? —le inquirí.

Meneó la cabeza antes de responder:

—Es complicado... ¿Cómo controlamos quién los compra? Puede comprarlos una web de reventa... Llevamos ocho partidos vendiéndolo todo, hay una demanda de miles de abonos...

—Ya, pero todos los demás clubes venden online —insistí—... Yo fui a las taquillas a comprar una entrada para el partido en Cádiz y me encontré con un papel pegado a la verja donde se informaba de que se habían agotado... Perdí media mañana y acabé por comprársela al Cádiz en su web.

—Si las pusiéramos online se venderían en un minuto —ahora se dirigió a la concejala—... Ya hay reventa fuera del campo.

—Ya —dijo Concha—, pero vendría bien modernizar el club.

Entonces Presa dio una larga cambiada:

—Habría que invertir en campos de deporte para los niños... Hay tres pilares en los que invertir: deporte, educación y sanidad.

—No estoy de acuerdo —dije, ganándome su atención—. Hay que invertir en deporte, sanidad, educación y en Iraola.

Presa se rio y meneo la cabeza.

—Eso... Eso son ellos los que deciden qué hacen.

—Me han dicho que jugó mucho al fútbol de joven, ¿es cierto?

Volvió a apartar la mirada al hablar y a dirigirse a la concejala. Aquello, más que una conversación, era un monólogo dirigido no siempre por las preguntas o comentarios que le hacíamos. No había realmente intercambio.

—Me conozco todos los campos de tierra… Había uno, en Villaverde creo, que era en cuesta —e hizo la mímica de una cuesta—, así de empinada… Sí, me los conozco… Antes era otra cosa.

Aquella respuesta tan vaga me recordó a algo que ya había dicho en una entrevista y traté de que profundizara un poco en el tema:

—¿Jugó en Regional? ¿De qué jugaba?

De pronto su rostro se iluminó y cobró vida.

—Mi padre iba a los salesianos en tranvía, fíjate —le dijo a la concejala—. En tranvía…

Debió de fijarse en que el bar había quedado prácticamente vacío.

—Vamos —dijo—, va a empezar el segundo tiempo.

Presa se separó de nosotros y desapareció rápidamente por la puerta de acceso al palco. Me había olvidado por completo de que estábamos en el descanso de un encuentro. Ya tenía mi conversación y ya podía escribir mi perfil.

* * *

Una pregunta me rondaba desde hacía meses: ¿qué buscaba Raúl Santiago Martín Presa con el Rayo Vallecano?, ¿cuál era su objetivo? No era capaz de contestarla, ni tampoco todas aquellas personas a quienes se la formulé. Un día de aquel mes de marzo creí haber encontrado la clave y la conversación que mantuve con él parecía cuadrar con mi hipótesis. Digo hipótesis porque escribir un perfil —o una biografía, por documentada que esté— sobre alguien no es más que eso, un ejercicio tan interesante como incompleto, osado y subjetivo. En lo referente al presidente del Rayo la información en las redes escasea y en numerosas ocasiones es sesgada. De él hablan a menudo sus enemigos, pero ningún amigo. Hay algunas entrevistas y están los testimonios de quienes se avinieron a hablar conmigo sobre él. De todos modos, el quid sobre Presa ha estado y está tan delante de los ojos que no es fácil verlo.

¿Por qué razón puedes desear ser dueño de un club de fútbol de élite? Un club así te proporciona notoriedad y esta alimenta tu ego. Según accedes a la propiedad y a la presidencia, te conviertes en un personaje público relevante, no sólo en tu ciudad, sino en tu comunidad autónoma e incluso en el país entero. Ya no sólo te escucha tu familia, si lo hace; tus empleados, obligados a hacerlo; los aprovechados, por su propio interés, o tus amigos, si los tienes. La sociedad te otorga un estatus que obliga también a que te consideren los demás agentes del poder según sea el nivel de tu club. Los jugadores, esos seres siempre inalcanzables, no sólo te escuchan, sino que ahora hasta te hacen la pelota. De la noche a la mañana puedes pasar de ser un soberano peñazo con dinero —al que todo el mundo evita, salvo que quieran algo de ti— a una persona con quien a casi cualquiera le gustaría ir a comer.

Un club es una empresa —con la salvedad de los que continúan perteneciendo a los socios, que se comportan de un modo similar—, pero no una cualquiera. Sirve de plataforma —precisamente por la notoriedad que procura— para potenciar o ampliar los negocios que manejes, relacionados o no con el balompié. El equipo viaja y tú viajas con él, ampliando de forma exponencial tu red de contactos, que puede incluir el de las fuerzas vivas de numerosas ciudades. Además, invitas y recibes en el palco, ofreciendo un plan que agrada a la mayoría de la población, sean empresarios, funcionarios o ejecutivos. Queda a tu alcance todo tipo de gente, ya que es un deporte transversal. Te permite asimismo, si tu equipo triunfa en lo deportivo y lo gestionas bien, dejar un legado, una huella, trascender, eso que les pirra a los estadounidenses y cada vez a más europeos, que antes se conformaban con dejar tras de sí un buen recuerdo. Tampoco debe de ser difícil encontrar pareja, si es lo que buscas. Olvídate de Tinder o de sufrir una y otra vez que tus cuñados te presenten a alguien.

¿Y las desventajas? Haberlas, haylas. La notoriedad puede ser un suplicio. A duras penas te van a dejar en paz, y como te descuides y no delegues, acabarás acudiendo a actos casposos sin fin. Tendrás, no lo dudes, enemigos, ya sea en los medios de comunicación, en la afición o entre personas o grupos de presión que quieran controlar el club. Además, esto es fútbol, recuerda: como no te vaya bien en lo deportivo, vas a cosechar odio y desprecio a raudales. Discutir con tu ex por el colegio de los niños te va a parecer un bálsamo. La presidencia es extenuante en algo tan pasional como el balompié y, cuando te retires o vendas el club, vas a conocer lo que es el olvido, el rencor y la falta de respeto. Empezarás a comer a solas a menudo y como alguno de tus descendientes sea hincha de tu equipo y lo hundas, no te lo va a perdonar en la vida y si no escupe sobre tu tumba, es porque no se le ha ocurrido. Tampoco hay que descartar que pierdas dinero y eso, sobre todo a quienes parecería que les sobra, no les gusta nada. Por eso, en parte, lo tienen.

Y Raúl Santiago Martín Presa, ¿dónde encaja? ¿Quiere notoriedad, pasarlo bien y si cae la breva aumentar su fortuna, como un Román Abramóvich? ¿Quiere sólo rentabilidad, como Peter Lim o los dueños de un fondo de inversión? ¿Quiere influencia política y una plataforma para otros negocios de Estado, como Nasser Al-Khelaifi? ¿Quiere consolidar el club y luego venderlo, darle un pase, hacer caja y adiós muy buenas, como hará probablemente Miguel Ángel Gil? ¿Quiere dejar un legado, como Florentino Pérez? Porque, al fin y al cabo, hablamos casi siempre de ego, poder y dinero. Lo de cumplir un sueño al comprar el club de tu infancia y de tu vida y servirlo con amor y dedicación, no pasa, salvo en el universo paralelo de las entrevistas.

Entonces ¿qué le importa, a quién desea agradar? Nadie me dijo que hubiera adquirido el club sólo por notoriedad, por divertirse, por darle un pase y forrarse o por dejar un legado. Todos se preguntaban qué tenía en mente, lo consideraban un misterio. Todos percibían que, si por él fuera, no iba a vender el Rayo en su vida. Tampoco parecía afectarle demasiado —o al menos aguantaba estoicamente— su enfrentamiento con la afición y los ultras, ni los cánticos que recibía cada minuto 13 en Vallecas pidiéndole —exigiéndole, en realidad— que se fuera. Ni tener que acudir al estadio con guardaespaldas, ni que un grupo de Bukaneros hubiera zarandeado su coche y amenazado con agredirle tras un partido a domicilio en Tarazona, en la época del caso Zozulya. Al dirigente del Rayo le puedes propinar un cabezazo e indignarle, pero no le asustas. Llegó al club con tan sólo treinta y cuatro años, en mayo de 2011, tras adquirir el paquete de acciones de los Ruiz-Mateos —correspondiente al 98,6 por ciento del total— por menos de mil euros y asumir la considerable deuda. La compra no fue transparente —en cuanto a la información a la prensa y afición—, el Rayo estaba en peligro de desaparición y había muchos interrogantes sobre la operación. La primera rueda de prensa que dio ya fue tensa: le estaban esperando. Que quién había comprado el club, que quiénes eran, le preguntó un periodista, a bocajarro. Él respondió con seguridad: «¿Quiénes somos?… Soy yo, Raúl Santiago Martín Presa. Ese es mi nombre, y soy yo». Luego demostró ser ya muy capaz de hablar sin proporcionar información alguna, con ese modo tan peculiar de expresarse, con frases mal construidas y enlazadas, pero que a pesar de todo logran hacer llegar el mensaje a su interlocutor.

En el artículo publicado en el diario *As* sobre él cuando llegó, hay pocos datos. Se dice que pertenecía a varios consejos de administración de un grupo de empresas relacionadas con el negocio de artes gráficas e imprenta —con la sociedad Margi a la cabeza—, y que era el inventor de ocho patentes relacionadas con expositores. Nada más. Aún hoy, Presa no tiene entrada en Wikipedia. El grupo de compañías al que se refería el artículo lo levantó su padre, Santiago Martín Marcos, un empresario argentino, el que iba a los salesianos en tranvía. Emplea a más de mil personas e incluye también alguna fábrica. Su madre es una señora de aspecto clásico, que acude al palco a ver los partidos. Presa tiene varios hermanos, entre ellos uno menor, Alfonso. Ambos estudiaron en Nuestra Señora de las Maravillas, un colegio privado de Madrid perteneciente a los Hermanos de las Escuelas Cristianas de La Salle y fundado en 1892 por Justinus Marie. Presa completó sus estudios en ICADE, la Universidad Pontificia de Comillas con sede en la madrileña calle Santa Cruz de Marcenado, un centro privado con prestigio internacional al que acuden quienes ya son y quienes quieren ser. Se graduó en Administración y Dirección de Empresas y en Investigación y Técnicas de Mercado. Además, completó Ciencias Actuariales y Financieras en la también puntera Universidad Carlos III de Madrid, pública. Ha sido, por fuerza, un estudiante aplicado y capaz. Posee, pues, una formación exigente para los negocios y mucho más completa que la gran mayoría de los presidentes y dueños de los clubes de fútbol profesionales españoles.

Su familia es, como él, católica y tradicional, aunque no exactamente estándar, quizá por el origen del padre. Presa proyecta entregar en una audiencia al papa Francisco —argentino como su progenitor— una camiseta firmada por toda la plantilla del Rayo. Respeta la familia por encima de todo. De una tía ya fallecida, por parte de padre, tiene trece primos, familia numerosísima muy poco común en España incluso en la época del boom natalicio de mediados del pasado siglo. No está casado ni tiene hijos. Vive en el barrio de Salamanca, uno de los más exclusivos de la capital. Ideológicamente es de derechas —como todos los presidentes que tuvo el Rayo Vallecano en su historia. Invitó al palco a Santiago Abascal y Rocío Monasterio, del partido de ultraderecha Vox, y ante las críticas adujo que su club y Vallecas estaban abiertos a todos. Considera que política y fútbol, tan relacionados en el actual Rayo Vallecano —y otros clubes—, no deben ir de la mano. Al palco, dijo en relación a la presencia de los representantes de Vox, también habían acudido los de otras formaciones.

Una buena formación es un activo para cualquier empresario, pero luego está el carácter y el modo de actuar, tanto o más importantes. El presidente del Rayo tarda en decidir, le falta cintura para negociar, le cuesta horrores delegar y tiende a desaparecer, defectos que, si se suman, podrían ser graves en relación a la gestión de cualquier negocio. Puede tener un acuerdo cerrado que no se culmina porque no firma las copias del contrato. Puede no cumplir lo firmado sin que nadie sepa la razón, porque no lo explica ni cuando el impago se lleva a juicio. Puede no acudir a una reunión o dejar esperando en la antesala de su despacho más de dos horas a quienes ha dado cita. Puede retrasar el pago del canon por el alquiler y explotación del estadio. Puede, en el transcurso de una reunión, realizar largos monólogos relacionados con sus obsesiones personales y no atender al objetivo del encuentro. Puede dejar de pagar nóminas y luego ponerse al día. Puede no ponerse al teléfono con Javier Tebas o Luis Rubiales, dirigentes del fútbol español. Puede olvidar que escuchar a la otra parte y ceder en algo, lleve razón uno o no, es crucial en casi toda negociación para alcanzar un punto de encuentro. Su estilo de gestión podría enmarcarse en el caciquismo, tan presente todavía en España, sin suavizarlo con el paternalismo. Entre sus virtudes está la de ser un hombre de convicciones y que tiene claro lo que está bien y lo que está mal, según su criterio. No es fácil hacerle desviarse de la línea que traza una vez que ha tomado una decisión y eso transmite fuerza. Además, es tenaz y casi siempre prudente en relación a la gestión del club.

Raúl Santiago Martín Presa apenas confía en nadie. Quizá esa sea una de las razones por las que la mayoría de sus empleados veteranos y muchos puestos de relevancia del Rayo han sido despedidos o han abandonado la organización en los últimos años. Y eso pese a que el club se había apoyado precisamente en ellos para funcionar. Debe de ser un jefe difícil, alguien que lo quiere controlar todo y exige que todo pase por sus manos. Cuando cesó a Luis Yáñez, el director general, asumió él mismo sus responsabilidades y el sueldo de unos 55.000 euros brutos: no fichó a ningún profesional para sustituirlo. También le gusta estar al día de lo que se dice del club o sobre él en las redes sociales, incluidos los tuits publicados por periodistas e incluso aficionados. Para él, como para todos a quienes les cuesta delegar y temen continuamente traiciones, la fidelidad es el valor fundamental, por encima de las capacidades o talentos. Ese modo de actuar es común en política, en la mafia o en grupos ultras, por poner tres ejemplos, además del típico defecto que se achaca a las empresas familiares. Eso le lleva a rodearse de un núcleo duro formado por la familia y los amigos de siempre. El Consejo de Administración del Rayo Vallecano lo componen dos personas además de él mismo. Su mano derecha es José M.ª Sardá de Abreu, un hombre sensato y educado, empleado y amigo del padre, su «padrino», colocado en origen en el consejo probablemente para, además de ayudarle, controlarle. En el consejo está también su hermano Alfonso, licenciado en Empresariales.

Hay personas que mantienen que es un buen presidente. Dentro, claro, de los estándares del fútbol, donde se suele desvalijar los clubes y luego pedir al Estado o a las comunidades autónomas que los rescaten para contentar al pueblo. Algunos clubes históricos han desaparecido así. La presidencia de Presa es la más exitosa de la historia del Rayo Vallecano en lo deportivo y el club está en una buena situación financiera. Está mucho mejor de lo que estuvo cuando llegó, es un hecho incontestable. Buena parte de la culpa del éxito deportivo de los últimos años la tiene probablemente David Cobeño, el director deportivo, exguardameta del Rayo, en quien Presa confió cuando no tenía experiencia alguna en el puesto y que sustituyó a otro clásico, Felipe Miñambres. Con respecto a la gestión de la plantilla, los aciertos superan con creces a los errores. Vallecas se llena y disfruta con el Rayo.

El presidente no tuvo una relación intensa ni con el Rayo ni con Vallecas antes de hacerse con el club. «Cuando era chaval iba a entrenar a las canchas de El Pozo [del Tío Raimundo]. Tenías que saltar las jeringuillas. No podías ducharte si no querías coger el sida». Estas polémicas declaraciones fueron entresacadas de una larga entrevista que le hicieron para un documental producido por LaLiga y emitido en Movistar. Era la poco delicada e inexperta introducción a una loa al club: «Por suerte eso ha cambiado y Vallecas ya no es así. Y gracias a ello en buena parte [*sic*] ha sido por el Rayo Vallecano».

En aquella primera comparecencia de 2011 frente a la prensa, otorgó especial importancia a la sección del Rayo Vallecano Femenino. Acababa de obtener su segundo título de la Superliga española. Dijo que era un orgullo, el mejor equipo de España. Añadió que tenían la obligación de apoyar el deporte femenino, de potenciarlo. Afeó a la prensa que no se hiciera suficiente eco del logro y consideró el título como un éxito de la mujer madrileña. Doce años después —y sin ningún título más en las vitrinas del club— la sección se tambalea, las polémicas se suceden y el equipo sufre para mantenerse en la Segunda División. En ese periodo el fútbol femenino se ha desarrollado y clubes que no disponían de un equipo propio, como el Real Madrid, se han subido al barco. El Barcelona es capaz de llenar el Camp Nou. El presidente rayista nada a contracorriente de la moda y los cambios sociales: está dejando que se caiga la sección. La razón es muy sencilla: no es rentable. Tampoco son rentables la cantera, la Asociación de Veteranos o la Federación de Peñas, y si desaparecieran, no iba siquiera a pestañear. Es claramente aficionado al fútbol, sólo hay que verle en el palco cómo comenta las jugadas, cómo gesticula; entre sus frases, mi favorita es: «Cuando se termina un partido, todos somos personas». Le gusta el balompié pero gestiona el Rayo Vallecano exactamente del mismo modo que gestionaría la imprenta y las fábricas de su padre o una distribuidora de alimentación. Atiende a la cuenta de resultados. Punto. Quizá ese modo de entender un negocio lo haya mamado en casa y lo aplique y aplicaría a cualquier sector.

Raúl Santiago Martín Presa no valora ni comprende del todo el componente sentimental y pasional del fútbol, que hace a las SAD ser empresas muy diferentes a las imprentas o a las distribuidoras de alimentación. No comprende que sus clientes son especiales porque muchos llevan el equipo en el corazón y son capaces de subirse a un autobús a las cinco de la mañana para animar a sus jugadores en otra ciudad y regresar de madrugada; ni que el estadio es, además de una fuente de ingresos, su templo; ni que los jugadores son, aparte de personas, héroes. Los clubes-empresa se ven como símbolos para los aficionados y los dueños han de respetar y cuidar la dualidad entre el negocio y la visión «religiosa» del cliente-aficionado. Si los ven sólo como una compañía, los aficionados se sentirán estafados y se producirá la desafección. Raúl Santiago Martín Presa no cree en su fuero interno, aunque lo diga en público, que el equipo, además de un motor económico, es patrimonio de un barrio y de una ciudad. Ignora el carácter representativo del balompié, su idiosincrasia única que lo liga de un modo tan potente a la sociedad. El Rayo Vallecano no es Oscar Mayer. El Rayo Vallecano es un club singular que va a cumplir próximamente cien años y cuyos aficionados sienten suyo aunque sepan a la perfección que el dueño del 98 por ciento de las acciones es Presa. Cuidar ese sentimiento y respetarlo no es deficitario, sino justo y rentable.

Resulta curioso que no supiéramos qué desea porque nos lo dijo él mismo y con claridad. El 12 de marzo de 2020, durante la pandemia, su padre murió a causa de la COVID, lo que le dejó completamente devastado. Aquella fue una de las tantas tragedias familiares de aquella época reciente. Se deprimió. Abandonó la gestión diaria del club pese a que era un momento complicado, ya que se estaba negociando un ERTE con los trabajadores, el cuerpo técnico y los jugadores. Iba a misa no sólo los domingos, sino todos los días. Visitaba la tumba de su padre y le pedía perdón al considerar que quizá podía haber hecho algo para salvarle, ya que pensaba que el hospital donde fue ingresado había sido negligente. José González, el jefe de los servicios médicos del Rayo Vallecano, habló de su estado en una entrevista radiofónica en la cadena COPE, a cargo del periodista José Ramón de la Morena. Según el presidente, habían asesinado a su padre y la gestión de la COVID por parte de las autoridades había sido un genocidio. Un mes después del deceso, Raúl Santiago Martín Presa publicó en la web oficial del club una carta pública de despedida dirigida a su padre. Su extensión es de tres folios y medio. Es una declaración de amor de un hijo entregado a su progenitor. Es quizá la carta más desinhibida, intensa, delirante y desgarradora que he leído en mi vida. Está escrita a un padre, pero parece dirigida a Dios, dada la religiosidad latente e implícita en el texto. Comienza así:

> Hoy es el día más triste de mi vida y esta es la carta que nunca hubiera querido escribir, ya que desde hoy, Papá, no te tendré más conmigo. Papá, para mí has sido mi PADRE con mayúsculas, mi mejor amigo, mi confidente, mi maestro, lo has sido TODO y haberte tenido todos estos años ha sido un auténtico privilegio.

Para él, el mejor momento del día de la familia era cuando gozaban de su compañía y cariño, y lamentaba tener que aprender a caminar solos. «Cada día contigo —escribe— hacía que todo brillase». Considera que su padre reunía unas virtudes superlativas y había sido «una figura descomunal» en los ámbitos familiar y profesional, y le confesaba que, en su vida, no había necesitado nada más que su presencia. Conocemos de dónde viene la afición del presidente al fútbol: Santiago había sido, según su hijo, un «extraordinario futbolista» cuya carrera truncó una lesión de joven. Para el presidente, entrenar con él le permitió admirar «una técnica perfecta en el dominio y el control de todas las superficies del cuerpo, con un talento descomunal». Fue su padre quien salvó al Rayo Vallecano y le prestó el dinero para que pudiera adquirirlo, y quien lo dirigía con acierto desde la sombra. No hay descanso en la carta con las loas hacia ese hombre hecho a sí mismo que triunfó en los negocios. En determinado momento, el hijo explicita lo que el texto transmite al lector —un amor obsesivo—, y le cuenta a su padre cómo se debe amar: «ya que el amor debe ser obsesivo, teniendo siempre esa obsesión de no poder vivir sin alguien, como tú no podías vivir sin nosotros y nosotros sin ti». Al no poderse cumplir el proyecto común de padre e hijo de escribir al alimón las memorias del primero, el hijo le promete hacerlo él y le pide perdón si no es lo suficientemente preciso. También le promete no fallar en mantener la familia unida y le explica que no puede hacerse a la idea de cuán infinito es su amor por él. Firma la misiva: Raúl Santiago Martín Presa (hijo del admirable don Santiago Martín Marcos).

Leer la carta le deja a uno sin aliento, y cuesta comprender cómo alguien puede amar así a un padre. Tampoco es fácil imaginar el dolor que le embargaría cuando falleció, o la pena que arrastra. Si la tarea de gestionar con acierto un club de élite es un reto enorme, no digamos estar a la altura de alguien a quien idolatras de ese modo. No decepcionarle es la tarea de un coloso, de un Hércules. Presa no desea agradar a los aficionados, ni a los veteranos, ni a sus empleados, ni a la prensa, ni a nadie del universo fútbol. A quien quiere seducir, a quien quiere demostrar que vale, a quien quiere honrar es a su padre, ahora muerto. No fue casual que el presidente se presentara a los medios con su nombre completo, Raúl Santiago Martín Presa. Lo hizo con una intención: su segundo nombre, aquel que nadie suele utilizar —salvo en determinados nombres compuestos—, es el de su padre y no quiere que se olvide. El Rayo Vallecano es el regalo que le hizo y es su modus vivendi. No se va a desprender de él, salvo fuerza mayor. Jamás.

* * *

El segundo tiempo fue del Girona y obtuvo el merecido empate. Me dediqué, ya a las claras, a comentar las «acciones que conllevan decisión arbitral» con Amoedo Chas. El público vallecano estaba caliente —algunos hinchas llegaron a insultar a Míchel, cuyo único delito fue lograr que su equipo dominara sobre el césped—, y también saltaron chispas entre algunos futbolistas y contra el árbitro, González-Fuertes.

—Se le está yendo el partido —le comenté al ferrolano—. Como no retome las riendas alguno acaba expulsado.

—No estoy de acuerdo. El problema es que el público está rabioso por el penalti fallado y por eso protesta cada acción —me rebatió.

Divertidísimo, lo de discutir con un árbitro de verdad. Amoedo Chas tenía más razón incluso de la que creía. Un estado de ánimo negativo, como el que embargaba al público vallecano, indica una respuesta a una amenaza y, por lo tanto, se aumenta el procesamiento vigilante y sistemático: buscamos y vemos más errores arbitrales, más comportamientos aborrecibles del otro equipo o de la afición rival. La ira está asociada al deseo de cambiar la situación y moverse contra otra persona, dañándola o conquistándola. La disposición para luchar se manifiesta no sólo a través de la experiencia, gritando al colegiado, a algún futbolista o a un entrenador, sino también fisiológicamente. La motivación de aproximación se activa desde una base neuronal —queremos «comernos al árbitro»— y, a veces, se producen cambios en la fisiología periférica que nos preparan para luchar: aumenta, por ejemplo, el flujo sanguíneo en las manos.

Cerca del final del encuentro se produjo la sempiterna mano en el área, esta vez en la vallecana, y el VAR regresó a nuestras vidas. No hubo penalti y tuve la oportunidad de compartir con Amoedo Chas mi obsesión con el asunto:

—Las manos en el área se han convertido en una de las jugadas más repetidas y decisivas de los encuentros —comencé mi exposición—. No tiene sentido. Creo que aquellas que no interrumpan pases de peligro clarísimo o remates a puerta deberían castigarse, en todo caso, con libre indirecto en lugar de pena máxima. El libre indirecto es espectacular, apenas se ve, y no es gol casi seguro. Es un término medio aceptable.

Amoedo me miró casi escandalizado.

—¡Eso es una revolución! ¡Sería cambiar el reglamento por completo y el sentido del libre indirecto!

—Para mí tendría sentido, Julio —insistí—. Piénsalo.

—La razón de que haya muchas manos en el área es la entrada del VAR.

—Más a mi favor, es una plaga —comenté—. Y lo del VAR es para suicidarse.

Amoedo me miró de reojo, nada convencido. Al fin y al cabo, a los colegiados lo que se les pide es que no sean creativos y que no practiquen el debate ni intervengan en él. Además, por supuesto, de que mi idea pueda ser absurda.

Finalizó el encuentro con el empate, y me despedí de Amoedo Chas. El estadio se vació y el Rayito seguía atascado, que no gripado. Una hora después, la realidad vallecana dejó paso a la doméstica. Marcos estaba en casa, duchándose tras regresar de su partido. Jugaba en el Euskal Etxea, del Hogar Vasco madrileño, con veteranos y amigos.

—¡He metido mi primer gol!

Me contó que jugaban contra un par de equipos cuya plantilla estaba conformada por hispanoamericanos y entre ellos había repartidores de comida a domicilio. Gracias al balompié, ya no eran esos tipos anónimos que te entregan una pizza, y se saludaban cuando se encontraban por el barrio. También la visión de los árbitros se humanizaba. Las protestas de los jugadores y los malos modos eran iguales en cualquier categoría, pero, al no haber público, Marcos se había fijado en una madre y una hija adolescente que iban siempre a ver arbitrar al padre.

—Y tú, ¿hablaste por fin con Presa?

—Sí. A la tercera fue la vencida.

—¿Y qué tal?

—Habló de pronto de su padre y fue el único momento en el que se iluminó su cara.

AQUEL DÍA NEVÓ

Jueves, 23 de marzo de 2023

Hay llamadas irritantes, como las de los comerciales de las eléctricas o las aseguradoras, las del día a día, que ni fu ni fa, y luego están las que te alegran la vida. De las últimas fue la que recibí de Manolo Gallardo para invitarme, finalmente, a una comida de la Asociación de Veteranos del Rayo Vallecano (AVRV). El almuerzo era cerca del estadio, en el corazón de Puente, en el bar Dones de la calle de Carlos Martín Álvarez. No íbamos a comer sushi ni ternera ecológica madurada ni una ensalada de quinoa, sino un cocido madrileño de menú. Un jueves cualquiera ya no era un jueves cualquiera.

Me encontré con Gallardo en la esquina de Martín Álvarez con Sierra Bermeja y me saludó con la simpatía que acostumbra:

—¡Hombre, Nicolás! Estoy esperando por si viene alguno en coche. Ahí atrás hay una pequeña explanada con aparcamiento de sobra.

Un hombre de más de ochenta años dispuesto a ejercer de aparcacoches para sus amigos. Se encontraba aquel día delicado de salud, pero, al ser el organizador, no quiso perderse el convite. Una vez comprobado que nadie tenía problemas para estacionar, entramos en el bar. Había una mesa en «L» preparada para dieciséis comensales. Éramos quince; Cota, según dijeron, no había llegado desde Alicante. Yo era el único desconocido y Gallardo me presentó como amigo suyo, sin más, lo que le agradecí, porque dejaba zanjado el asunto de mi presencia, que tenía algo de intrusión. Los asistentes eran todos mayores que yo, con edades comprendidas entre los sesenta y los ochenta años. Había futbolistas que eran leyendas, otros algo más jóvenes y de una época menos brillante, un entrenador, un exdirectivo, un empleado del club y amigos con otras profesiones que habían jugado como amateurs. Vivían en Madrid, algunos eran vallecanos y conocían el fútbol y el Rayo desde diferentes perspectivas. Eran la viva imagen del balompié de una época en la que, en invierno, en el descanso, te calentabas los pies helados prendiendo algodón empapado de alcohol, y si ibas de visitante, el rival podía dejarte una botella de coñac para que entrases en calor y, por qué no, jugaras con menos cabeza y precisión.

Recientemente, por iniciativa de la Federación de Peñas y de rayistas veteranos se presentó una bufanda que homenajeaba a dieciocho leyendas del club. De aquellas había tres en la comida, integrantes todos ellos del Matagigantes. Estaban Potele, calvo y fuerte; Miguel Uceda, el central que constituyó una dupla histórica y que duró diez temporadas con Tanco; y Antonio Anero, nacido en Usera, lateral que también formó parte de la defensa un decenio y que era uno de aquellos que compaginaron la profesión de futbolista con los estudios, en su caso, de ingeniero aeronáutico, para acabar de ejecutivo en el aeropuerto de Barajas, además de ser entrenador formativo. Del Matagigantes se encontraban también Francisco, un mediocampista fino, de gran técnica y buen golpeo de balón. Completaban la plantilla de profesionales históricos del Rayo Samper, portero de la generación de Felines que luego defendió al Espanyol; los hermanos Benito, Lorenzo, el mayor, jugó de delantero durante la primera mitad de los años setenta, y Elías, de mediocampista en los primeros ochenta; Manolo Gallego, central cedido por el Atlético en los tiempos en los que jugaron de prestado en el Estadio de Vallehermoso y luego fue del Deportivo y el Granada; el más joven, con sus sesenta y tres años, era Chuti, de la siguiente generación, lateral izquierdo que había formado parte de varios equipos madrileños, desde el Pegaso hasta el propio Rayo. De los que fueron amateur, uno, Cuenca, había sido un adelantado ya que, por motivos laborales, había vivido y jugado —cuando apenas ningún futbolista español lo hacía— en países como Estados Unidos y Filipinas; Alconada, por su lado, era restaurador, profesión siempre bien recibida en un grupo de amigos. José María Martínez era entrenador, lo había sido de la cantera de la Franja y era una de las personas que más sabía del fútbol madrileño; había iniciado su relación con el club de niño, de chico para todo, ayudando a Toribio y Marcelina, los «guardeses» del vestuario, quienes lo cuidaban y lavaban los uniformes. Ángel Ortega era empresario, antiguo directivo y una suerte de presidente honorario de la AVRV y enlace con el club. Por último, asistió Jesús Fraile, empleado con diversas atribuciones desde los tiempos de los Ruiz-Mateos y la primera persona relacionada con el Rayo que me encontré, el hombre de las taquillas del día del abono. Había tipos altos, pero cuatro eran muy bajitos, lo que me puso de buen humor porque mi teoría se mantenía viva. Más de la mitad vestía camisa a cuadros y, aunque sé que es un dato superfluo y del que es imposible sacar conclusión alguna, lo incluyo porque me descolocó.

Trajeron la sopa y empezamos a comer. Había vino con gaseosa y cerveza, y se bebió con moderación. Por muchos deportistas que hubiera sentados a la mesa, las primeras conversaciones tras los saludos eran acerca de achaques varios, y es que, hayas sido futbolista, barrendero u oficinista, la edad no perdona. Antes que de fútbol, se habló de hernias, de la próstata y de controlar la tensión alta. Yo me dediqué a pasar desapercibido, a escuchar y a dejar que las jugosas batallitas fueran cayendo por su propio peso. Anero se sentó delante de mí y me contó que en el Matagigantes coincidieron dos órbitas de futbolistas que congeniaron bien y se integraron deportivamente. Una, la de los veteranos, la de Felines y Potele, de la vieja escuela. La otra, la de los jóvenes, en la que había quienes estudiaban y quienes mantenían una rutina típica de jugador de la época: entrenar, siesta, partida de cartas y, de vez en cuando, fiesta. De estos últimos había los que convivían en piso compartido o pensión con otros profesionales; era el caso del delantero Alvarito y del lateral alicantino Rocamora, que se alojaban en una pensión por la zona de Antón Martín. Había, por otro lado, quienes estaban casados y con hijos, como Uceda. Anero congeniaba con Uceda aunque sus vidas, aparte del fútbol, fueran muy diferentes. Él debía compaginar la carrera con el deporte. En su trayectoria fue fundamental José María Martínez, allí presente, que era su entrenador en juveniles. Cuando Martínez se enteró de sus problemas para acudir a los entrenamientos de tarde, se las arregló para incluirle dos días a la semana en los de la primera plantilla, lo que sería para un joven como él una especie de máster, una oportunidad increíble. Así fue como Anero llegó a la élite. Un equipo de fútbol, me dijo, se conocía por la música que se escuchaba en el autobús. Ahora van todos con cascos, pero por entonces mandaba el radiocasete del conductor. A Luna, lateral izquierdo —y que trabajó posteriormente en discográficas—, los veteranos le permitían poner Pink Floyd y Supertramp, rock sinfónico de los años setenta, y así se entiende mejor un equipo que jugaba a toda mecha. En los viajes no sólo leían el *Marca* y el *As*, también había revistas de humor como la mítica *Hermano Lobo* o *El Papus*, la última con un humor duro, de izquierdas y feísta, donde primaba la transgresión sobre la calidad del dibujo. Puro Rayito, un ambiente idóneo para atreverse a comerse a los grandes.

—Se trata de dar tu vida por el compañero, eso no pasa en tantos equipos —me dijo—. El Rayo, el Cádiz...

Anero, además de correr su banda, durante la movida salía por la noche por locales underground como El Baile, que estaba encima del bar Cock de la calle de la Reina y no tardó, hablando de libros de fútbol, en recomendarme *El fútbol a sol y sombra*, de Eduardo Galeano.

Ya nos habíamos servido los garbanzos, el repollo, el chorizo y la carne. A mi izquierda se sentó Chuti, el lateral, un tipo moreno, alegre y bromista, vestido con una camisa color pistacho y unos pantalones naranjas, y que trabaja de pintor. Entrenó con los «mayores» en la Casa de Campo, en aquellas sesiones míticas en las que el preparador físico, Carlos Álvarez de Villar, les metía mucha caña. Iban a entrenar en sus coches y ya en chándal. Chuti se mataba de risa al recordar cómo le pidió prestado a Uceda el Ford XR3 negro que se acababa de comprar, el más deportivo de la serie Escort, de tres puertas, motor de inyección y una buena aceleración. Chuti se subió al volante, empezó a hacer trompos ante la estupefacción de Uceda y le devolvió al central su cochazo sucio como si hubiera acabado de regresar de un viaje por el desierto. El lateral le compró más tarde su automóvil a un policía secreta. Otros tiempos.

A Chuti no le convencía el asunto de que en el fútbol actual todos los equipos se dedicaran a sacar el balón jugado desde atrás. A él le gustaban los pases en largo de los centrales a los delanteros y a espaldas de los defensores contrarios, un juego más directo. En determinado momento, muy excitado, cogió tres tercios de cerveza vacíos y el salero y lo escenificó sobre el mantel de papel. Una botella era el pasador, las otras dos, los centrales defensores, y el salero, el delantero. Era un concepto común, pero ver a un exjugador explicarlo con tanta pasión me encantó.

Con Gallardo y Alconada hablamos de hostelería —los tres habíamos regentado negocios—. Manolo Gallego recordaba con añoranza sus años en Galicia y había numerosas conversaciones cruzadas, pero yo me detuve en el personaje que me pareció más sorprendente e intrigante: Jesús Fraile. Para empezar, un fuerte olor a cebolla nada más sentarnos llamó mi atención, y ver cómo Fraile comía a mi lado una cruda y con limón me dejó estupefacto. ¿Sería por gusto o por algo relacionado con la salud? También me llamó la atención cuánto sabía de fútbol, cómo se conocía absolutamente todo sobre el Rayo y sobre otros equipos del «otro» fútbol de la Comunidad. Su memoria era prodigiosa. Podía hablar de un jugador antiguo del Alcalá, reconocer a otros en fotos en blanco y negro, comentar la cantidad de pases de la muerte que daba Felines por encuentro, la clase del delantero uruguayo Fernando Morena o que del guardameta manacorense Alejandro Alcázar nadie se acordaba y era otra leyenda del Rayo. Cabe matizar que Alcázar —que estudió Medicina—, una vez que abandonó el fútbol no volvió a jugar, ni a trabajar en nada relacionado con el balompié: le daba igual. No es que el fútbol le olvidara, es que fue él quien lo mantuvo apartado de su vida. Jugó profesionalmente porque disponía de un gran talento innato, pero lo que le gustaba de verdad era el tenis. Fraile también se vanagloriaba de haber fletado 56 autocares de aficionados a Murcia cuando el Rayo estaba en Segunda B, la tercera categoría del fútbol español. Le contó a Anero cómo, el día que el lateral estuvo a punto de debutar con la selección española en el Estadio Santiago Bernabéu y el seleccionador le mandó calentar durante toda la segunda parte en la banda para luego no sacarlo, él estaba entre el público:

—Kubala no te sacó y yo sufrí muchísimo —comentó Fraile.

—Un amigo me había acercado en coche al estadio y encima la grúa se lo llevó —recordó Anero de aquella tarde prometedora y finalmente algo amarga.

Fraile, esa biblioteca andante rayista y, además, cercano al complejo y turbio asunto de la gestión de un club, ayudó con información a la periodista Rosa de la Vega, autora de *Vallecas y el Rayo Vallecano* (2012), un libro de consulta sobre su historia. Se graduó como abogado, pero siempre estuvo «en los números». Siendo gerente de una empresa, Pedro García le llamó para que le llevara las cuentas de su campaña electoral por la presidencia, y se quedó con él tras su victoria en las urnas. Luego llegó Ruiz-Mateos, le pidió que se quedara tres meses para explicar a los auditores de Rumasa los números del club y el empresario también lo contrató. Fue gerente, director financiero, consejero... Los problemas con Hacienda y su condena judicial lo alejaron del Rayo un tiempo, pero había vuelto con un cargo más humilde. Sobre el asunto de los abonos, dijo:

—Alguien tenía que salir allí a hablar con la gente.

Con los postres y los cafés hubo conversaciones serias, moderadas por el exdirectivo Ortega, conciliador. En el equipo de veteranos apenas había veteranos y en la asociación no entraba nadie nuevo. En el fútbol actual la rotación en las plantillas es brutal y apenas hay jugadores que se mantengan muchos años en un club, sean o no canteranos. Si añadimos a eso que para poder estar realmente activos los veteranos deberían retirarse a vivir en Madrid, cuando provienen de tantas otras ciudades, incluidas las del extranjero, hay muy pocos exjugadores que puedan mantener una vinculación estrecha con el club, salvo los que trabajen en él. Las únicas asociaciones de veteranos fuertes son las de equipos grandes —hay más que ganar por pertenecer a ellas, en imagen y en negocios— o las de ciudades pequeñas, donde hay menos competencia con otros equipos más potentes. Ser un equipo de barrio de una ciudad enorme no ayuda, por mucha identidad que se tenga. Para que la AVRV sobreviviera, el club debería cuidarla como lo que es, una joya antigua de gran valor y extrema fragilidad, y sus socios tendrían que sentirse parte fundamental del club. También, pese a la magnífica etapa deportiva en la que estaba inmerso el Rayo, pese a que el campo se llenaba una y otra vez, las peñas vivían tiempos difíciles, porque, si bien al aficionado de estadio y carretera hay que cuidarlo como la otra joya que es, el propio club rayista, LaLiga y demás instituciones, lo maltratan. Lorenzo Benito, vallecano como Potele, se lamentó de que la peña Benito, nacida en 1974 en su honor, iba a disolverse en breve. Peñas históricas del Rayo iban desapareciendo y sólo crecía la de los ultras. Al conocer los nombres de algunas de ellas uno sonríe porque transmiten el espíritu vallecano: de la extinta Los Petas a la de Beodos, Bus 1, Franja Vallekana, Planeta Rayista, Clash, 2004, Ossobucos, Desperdigaos, El Cencerro, Los Viernes... Mucha juerga en Vallecas.

Llegó la cuenta y el empresario Ortega, como corresponde, fue el encargado de dividir el precio, apuntar quiénes estábamos y cobrar para que nadie se escaqueara. Era el momento de las fotos de grupo. Se encargó una camarera rayista cuyo novio, dijo, era bukanero. Alguien bromeó con que se le veía el ombligo y ella respondió con mucha gracia:

—¡No te enamores!

Afuera, subieron a Potele a una mesa entre risas y yo también les hice fotos. Luego me acerqué a Uceda, con quien no había hablado porque era de los que se habían sentado en otro sector de la mesa. Quiso saber quién era yo y Anero salió en mi rescate y le dijo que amigo de Gallardo. Quería preguntarle por el partido favorito de Toñi Sanjuán, aquella victoria del Matagigantes frente al Atlético de Madrid.

—¿Recuerdas algo? —le pregunté.

—Puff... Son tantos partidos —dijo, meneando la cabeza—. Recuerdo que aquel día nevó.

Se puso a buscar en su biblioteca de fotografías del móvil y encontró precisamente la típica de los titulares posando juntos antes del partido con algunos integrantes del *staff*. En el campo, efectivamente, había restos de nieve. Anero y él miraron la instantánea y Uceda cantó la alineación:

—Alcázar, tú, yo, Tanco, Nieto, Landáburu, Fermín, Guzmán, Rial, González y Alvarito...

—Y luego salió Francisco —remató Anero.

Anero se fijó en el masajista, Miguel Portillo, que falleció en un accidente de avión cerca de Bilbao. Uceda fue enseñando la foto a varios comensales y aquella tarde de enero de 1978 revivió. Ortega me comentó que él había sido uno de los que ayudó a retirar la nieve del césped. Al final, de uno de los partidos míticos en la historia de la Franja, lo que había quedado en la memoria de sus protagonistas y de los espectadores no fueron los goles, sino un fenómeno meteorológico inusual en Madrid.

El grupo se fue disolviendo. Algunos se fueron y otros organizaron una partida de mus. Afuera quedó Potele y me habló de que él nunca abandonó el taller de tornería en el que había entrado de aprendiz con catorce años, antes de convertirse en futbolista profesional. Cuando le comunicó al dueño que no podía continuar, este le dijo que podía ir cuando le viniera bien; acabó de maestro tornero y no lo dejó hasta los treinta y seis años de edad. Luego se hizo con una administración de lotería. A mis preguntas sobre su carrera, me respondió:

—La vida es el presente, no tanto recordar y recordar, hay que estar a lo de hoy. En mi vida todo ha sido bueno, mis hijos, todo... Ahora estoy jubilado, bastante he trabajado.

Gesticulando y riéndose, nos contó a Uceda y a mí cómo sus nietos pretendían enseñarle a jugar al fútbol, a él.

—«Abuelo, mira cómo se tiran los penaltis», me dice el de nueve años. «Hay que ponerse de frente para que no sepan adónde va». Yo le digo que también se pueden tirar desde los lados, pero nada... ¡Me dice que no tengo ni idea! No veas cómo le gusta el fútbol al chico...

Uceda y Potele se fueron. Me despedí de los jugadores de mus y caminé en dirección a la estación de metro, agradecido de cómo me habían tratado. Me gustaría saber qué veteranos de qué club de Primera División española se reúnen hoy en día cerca del estadio de su club y almuerzan un menú de 21 euros, que pagan a escote. Si los hay, no serán muchos. Si el Rayo era todavía un club cercano y con gente entrañable, si el equipo de la temporada 2022/23 desplegaba un juego alegre y aguerrido, era en parte por los tipos que aquella tarde se habían zampado un cocido en Vallecas. Si después de un plan así no te haces algo más del Rayo Vallecano, es que eres insensible.

CAMBIO DE ASIENTO EN MESTALLA

Valencia 1 - Rayo Vallecano 1
Lunes, 3 de abril de 2023

Comesaña 8'

Justin Kluivert 81' (p)

Mis objetivos eran modestos para dos días completos y en solitario en Valencia, que ya conocía de otros viajes. Comenzaba cansado y no deseaba regresar más cansado aún, sabedor ya de que si al turista le añades las obligaciones del hincha, el cóctel es explosivo: mi respeto por el aguante de los forofos viajeros no había dejado de aumentar. Quería bañarme en el mar, necesidad típica de un madrileño cuando toca cualquier costa; quería comer un arroz o, en su defecto, algún plato con productos de la huerta; quería conocer el mítico Estadio de Mestalla y, a ser posible, ver ganar allí el lunes al Rayo; quería hacer la previa del partido con Robbie, un hincha irlandés de la Franja que sólo se perdía —lejos de Vallecas— los partidos que coincidían con su calendario laboral; y, no menos importante, quería dormir como un leño, cuantas más horas, mejor.

El domingo a mediodía llegué en tren a la ciudad del Turia, dejé la maleta en el hotel y me encaminé a la parada de tranvía de Marxalenes para ir a la playa. Me habían dicho que podía comprar los billetes en una máquina en el apeadero. Lo intenté. Por desgracia, el reflejo del sol sobre la pantalla impedía verla y tras varios intentos a ciegas en los que rechazaba mi tarjeta de débito, llegué a la conclusión de que necesitaba monedas. Me tomé un zumo de naranja y un café en un bar cercano y regresé con cambio. Nada, no había manera, no era problema de mi tarjeta. La víspera no había pegado ojo, empezaba a tener hambre, estaba acalorado y se me acabó la paciencia. Compraría el billete a la vuelta, en otra máquina. Al fin y al cabo, un hooligan digno de tal nombre, además de colarse, habría roto la máquina y vandalizado después el vagón, insultado a sus ocupantes y despachado durante el trayecto una o dos botellas de vodka. En el andén sólo estaba esperando al siguiente tranvía una adolescente morena que llevaba la clásica sudadera gris con algún mensaje estampado.

—Hola, buenos días —la interpelé—. ¿Sabes si en Valencia revisan mucho si tienes billete en el tranvía?

La joven me miró en silencio, preguntándose si yo sería un detective de Metrovalencia dedicado a multar a los infractores.

—Mira, no soy de aquí, llevo una hora para sacarme un billete en la máquina, la pantalla es de pena, no soy capaz y ya no puedo más —le confesé, para ablandarla.

Aquello la convenció de que estábamos en el mismo barco.

—Yo no llevo tarjeta, me cuelo siempre —confesó a su vez ella—. Nunca me han pillado.

—Gracias por la información.

Nos subimos en el siguiente tranvía y me senté. En cada parada vigilaba algo inquieto si se subía un revisor, pero tuve suerte y llegué a la playa de la Malvarrosa sin mayor problema. El paseo frente al mar, tan ancho, me pareció inhóspito, pese a las palmeras. El sol caía a plomo. No me veía con fuerzas de ponerme a caminar y buscar una cafetería o restaurante agradable con terraza, así que me dirigí hacia un mastodonte de cristal donde vendían bocadillos. Estaba a reventar. Me puse a la cola y me reí por dentro al pensar cuántas colas estaba haciendo en mi año del Rayito. Media hora después salí con mi bocata y me dirigí hacia un puesto en el que vendían mazorcas de maíz asadas —chamuscadas, más bien— y botellas de agua a precio de cervezas. Para colmo había olvidado llevar un sombrero o gorra, el sol me estaba masacrando y aquello me obligaba a alquilar hamaca y sombrilla. Ya sólo me faltaba comprar un recuerdo en alguna tienda de souvenirs para cerrar el círculo de turista de crucero gigante aprovechando las escasas horas de visita en una ciudad del recorrido.

Tardé un buen rato en encontrar al hamaquero. Apenas quedaban hamacas libres —domingo, Semana Santa, buen tiempo, Valencia— y alquilé una en tercera línea de playa. Hacía mucho aire. Lo primero era echarme crema. Me senté sobre la colchoneta y, mientras comenzaba a embadurnarme, la parte alta del cojín se venció por el viento y me golpeó la cabeza. Lo coloqué en su posición, extendí la crema sobre un brazo y recibí otro buen golpe del cojín en la sien. Miré alrededor. Los demás playeros, todos foráneos, seguían a lo suyo, quemando sus pieles nórdicas y dormitando. Nadie se estaba partiendo de risa de mí todavía. Impaciente, no se me ocurrió algo tan sencillo como atar la colchoneta a la hamaca o cambiar su orientación con respecto al viento. En fin. Un rato y varias collejas después, ya con la protección solar, me comí el bocadillo y bebí un litro de agua. Eran las dos de la tarde y tenía la sensación de que había llegado a Valencia hacía un año. Desde mi posición sólo veía una porción de mar no demasiado grande y, sobre todo, veía gente, la mayoría de mi edad o mayores y que parecían, como yo, de otra especie comparados con el ideal griego de belleza. Una pareja bebía cerveza de lata en silencio, muy concentrados. Una mujer rubia leía un best seller. Había andarines en la orilla, pero, naturalmente, no tantos como en el Norte. Unas chicas se hacían fotos posando con el mar de fondo. Un niño hacía castillos de arena. Apenas había bañistas. Justo cuando estaba comenzando a relajarme un poco y a punto de sacar mi libro, me di cuenta de dos cosas, casi simultáneamente. La primera, que mi vejiga estaba a punto de estallar. La segunda, que había ido solo a la playa y que, si me bañaba, dejaría la cartera y el móvil sin vigilancia. Llevaba tanto tiempo yendo a la playa acompañado o como vigilante de mi hijo que aquella situación era relativamente nueva para mí. El hamaquero, un treintañero muy moreno y con barba, andaba por allí y fui a preguntarle, deseando que me respondiera lo que sabía que no me iba a responder:

—Hola de nuevo —le dije—, ¿hay por aquí muchos descuideros, o se puede bañar uno tranquilo dejando sus cosas?

—Puf, no lo aconsejaría nunca.

Normal. Tuve un momento de crisis existencial muy típica de los veraneos: «¿Realmente quieres estar aquí, Nico, asándote solo, rodeado de gente, a punto de hacerte pis, con miedo de que te roben? ¿Te gusta eso? ¿No preferirías estar en otro lugar? ¿Estás aquí porque es algo que deseas o por hacer algo que va implícito cuando uno se va de turismo a la costa? ¿Consideras esto un día de vacaciones, un lujo, o un puñetero suplicio? ¿Crees de verdad que si vas al hotel y te metes en la cama y no sales hasta el partido le va a importar a alguien aparte de a ti mismo?». Me daba una pereza horrible pedir a alguien que me cuidara mis cosas, pero no había más remedio. Desde mi hamaca estudié a quienes me rodeaban. Los había orientados al sol y hacia el mar y, de los que estaban despiertos, ninguno estaba en posición de vigilar mis cosas salvo que le contratara como guardia de seguridad. Nadie podía mirar con comodidad o de modo natural hacia mi hamaca. No había manera, la única opción era arriesgarme a que me robaran. Creyéndome muy listo, me envié a mí mismo un correo electrónico con unos cuantos números de teléfono —apenas recuerdo ninguno de memoria—, entre ellos el del hincha irlandés. Al menos, si me robaban el móvil y la cartera, aunque me iba a deprimir, podía acceder a mi correo, contactar con alguien y seguir con mi plan. Metí el móvil y la cartera en mis zapatillas, al fondo y con los calcetines tapándolos. Las introduje bajo la hamaca de modo que no pudieran verse desde casi ninguna posición. Coloqué muy a la vista, de señuelo, mi bolsa con el pareo, la crema y alguna otra chorrada más.

El Mediterráneo me esperaba. Entré y, mientras nadaba, me encantó darme cuenta de que delante de mí sólo tenía el mar y algunos veleros navegando, muy lejos. No veía mi hamaca, así que no me demoré en el baño demasiado. El agua estaba fresca, maravillosa, y al menos había unas olitas que daban un mínimo de juego. A un lado, entre la calima, las grúas del puerto, y al otro, nada reseñable. De vuelta a mi campamento, todo mejoró y pude disfrutar de un par de horas de tranquilidad. Ya de regreso, compré sin problema el billete para el tranvía en una máquina de la estación de La Cafena. Al fondo, acompañados de un sonido de tambores, un grupo de nazarenos o penitentes desapareció por una bocacalle, el único detalle en todo el viaje que me recordó que estábamos en Semana Santa. Era Domingo de Ramos. Ya en el vagón, un par de vendedores ambulantes se sentaron junto a mí y guardaron las bandejas con su mercancía de relojes, pulseras y abalorios en sus mochilas, mientras charlaban en su lengua. Amodorrado, tardé en darme cuenta de que uno de ellos, con barba y corpulento, vestía, además de unos pantalones con estampados de colores alegres, una camiseta de la selección de Senegal, la del reciente Mundial de Qatar, aquella que pensamos en comprarnos mi madre y yo.

—Hola —le saludé—, llevas una camiseta de Senegal… ¿conoces a Pathé Ciss?

No me debió de comprender bien y su compañero —joven, alto, delgado y fuerte, llevaba camiseta blanca y pantalón negro y era más serio— respondió por él:

—Sí, Ciss. Rayo Vallecano —y le explicó al otro en su lengua de qué hablábamos.

—El Rayo juega aquí mañana contra el Valencia, he venido a verlos —les informé.

—¿Mañana? Rayo Vallecano es fuerte —dijo el joven—. También juega Nicolas Jackson en Villarreal, ¿sabes?

—Sí, el delantero.

—Ciss tuvo problema para salir al Olympique —continuó, refiriéndose a su fichaje frustrado en el mercado de invierno—. También los alemanes le querían.

—Sí, supongo que se irá en verano... Oye, una pregunta... ¿Pathé Ciss es wólof?

El mayor me miró sorprendido y a la vez sonriendo.

—¿Cómo sabes qué es wólof?

—Leí sobre tu país.

—Sí, él es wólof. Savio Mané es mandinga.

—Anda, no lo sabía. ¿Y vosotros?

—Peul —me dijo, otro modo de denominar a los fulanis, que suponen algo más de un cuarto de la población senegalesa, fueron nómadas en origen y están distribuidos por numerosos países del África Occidental.

—¿Y qué tal la venta en la playa?

—No llevas reloj... ¿Quieres Rolex? —ofreció el mayor.

En ese momento el tranvía se detuvo.

—Bajamos aquí —dijo el de la camiseta de la selección.

—¿Cómo os llamáis?

—Yo, Bamba; él, Saliu.

Nos dimos la mano y se fueron con su negocio a otra parte, dejándome satisfecho con el agradable encuentro y con haber sabido por fin a qué grupo étnico pertenecía Pathé Ciss. Al llegar a la habitación del hotel me derrumbé sobre la cama, pero fui capaz de volver a ponerme en marcha un par de horas después para dar un paseo por el centro histórico. No seas soso, pensé, demuestra a los lectores que un aficionado al fútbol puede tener más inquietudes. Valencia es una ciudad imponente, aunque no hace falta que lo diga yo. Aparte de las calles con recorrido monumental y que van conectando las plazas principales, cuidadas e invadidas de restaurantes y franquicias, están las calles traseras, más tranquilas y silenciosas, con curiosos graffitis en los muros. Me llamó la atención un cartel verde intenso protagonizado por la silueta negra de un murciélago —el símbolo de los ches— donde se anunciaba la apertura de temporada de la discoteca Spook, célebre en la época de la Ruta del Bakalao. En las calles más concurridas, en cambio, puedes encontrarte a un anciano cantante británico chapurreando el estribillo en español de la canción *Amigos para siempre* mientras rasguea las cuerdas de una guitarra, o a un guía turístico infantil disfrazado de Indiana Jones junto a su carro de apoyo. Vicente Verdú denominó «Disneylandia» al fútbol de la sociedad de consumo y me pregunto cómo definiría el turismo actual de masas.

Había riadas de gente y me dejé llevar como un sonámbulo por las calles hasta que decidí entrar en el primer restaurante que viese. Se trataba de la Tasquita del Mar —situado cerca de la plaza de la Reina—; no había sitio en la terraza y me acomodaron en el interior. Como en la playa, era el único español, y locales no sé ni si lo eran los camareros. A mi lado, una pareja de estadounidenses jóvenes y bebedores de sangría hablaban tan alto que resultaba imposible no verse abducido por su conversación sobre universidades y el estado de Texas. A su vera, dos japonesas, aunque también conversaban, lo hacían en un tono tan bajo que parecían mudas. La carta estaba en inglés, la repasé y pedí el único plato que sonaba a valenciano: *esgarret*. Cuando le pregunté a la camarera en qué consistía —una mujer alta y desgarbada, vestida de negro y simpática—, me dijo que estaba buenísimo para luego añadir que aquel era su primer día de trabajo en el bar. Ambas informaciones sucesivas no me dieron muy buena espina. Sin embargo, el *esgarret* estaba rico. Llevaba pimiento rojo asado, bacalao, virutas de jamón serrano, ajo y aceite. Mientras cenaba, para entretenerme repasé el local a ver si encontraba algún detalle relacionado con el fútbol. En mi paseo sólo había visto una camiseta, de Uruguay y Fede Valverde, y aquello me extrañaba. No tardé demasiado. Cerca de la puerta de entrada colgaba de la pared una bandera negra con el símbolo dorado de las alas de un murciélago en el centro, con colores semejantes a los de la segunda equipación del Valencia de aquella temporada. Aquel restaurante valencianista había acabado por ser un acierto. De postre me tomé una horchata en la cercana horchatería Daniel y regresé al hotel a pie, feliz de haber caído en tantas trampas para turistas en una sola jornada. Me esperaban, por fin, las sábanas blancas.

* * *

Dediqué el lunes a comer un arroz caldoso, a pasear y a visitar en el IVAM la exposición «La Nave 1984-1991», un repaso de algunos trabajos de diseño gráfico de este colectivo valenciano. De mi lista de objetivos ya sólo me quedaba conocer Mestalla y hacer la previa con Robbie, el hincha rayista, pero, como ocurre con otro tipo de citas —todavía más emocionantes—, no se consumó. Nos cruzamos un par de mensajes y luego ambos respetamos el silencio que se instauró en la conversación, probablemente conocedores de que, cuando se viaja en solitario, no conviene insistir en ningún plan y es mejor dejar al otro a su aire, que vaya a saber usted en qué está entretenido.

A Robbie lo había conocido en el aeropuerto de Vigo, volviendo del partido contra el Celta. El vuelo se retrasó y, tras comprarme una tarta de Santiago y regresar a la puerta de embarque, me fijé en un hincha solitario, treintañero, bajo y fornido, con una barba castaña espesa. Llevaba la camiseta del Rayo y mostraba un aire de lo más taciturno. Me entró curiosidad. ¿Sería por la dura derrota de la Franja? Me acerqué, me presenté y mi interés en él creció cuando supe que era irlandés y acudía, ya fuera en Vallecas o en otros estadios, a casi todos los partidos del Rayo Vallecano. A los futboleros siempre nos interesa el punto de vista de un aficionado de las islas, ya que el fútbol al fin y al cabo se inventó en Inglaterra, y en relación al deporte su mirada es siempre curiosa: basculan entre la elegancia y la ironía de algunos comentaristas y la violencia desatada de sus hooligans. Siempre que he podido elegir ver un partido con narración británica, lo he hecho, y siempre que he visto un grupo de hooligans, me he alejado de ellos.

Robbie hablaba con cierto desapego —o resaca, quién sabe— y me contó que él era hincha del St. Patrick's Athletic FC, el tercer equipo en importancia de Irlanda, fundado en 1929 y que ha obtenido ocho títulos de liga en su historia. Juegan en Richmond Park, Dublín, en un estadio sin pretensiones y acorde con la calidad de la liga irlandesa, lejos de las más potentes de Europa. Su uniforme rojo y blanco se asemeja al del Arsenal inglés, y se apodan «Saints», «The Athletic» o «Red Army». Allí en Irlanda, me dijo Robbie, todos los equipos eran de izquierdas, aunque la política no se inmiscuía en el fútbol, como ocurría en España. El St. Patrick's es un equipo de barrio, está implicado en ayudas de tipo social o educativo en su comunidad y su lema es, en gaélico, «Ní neart go cur le chéile», que podría traducirse como «No existe la fuerza sin la unidad». Estoy seguro de que habéis encontrado en las últimas líneas la razón por la cual Robbie, cuando se trasladó a Madrid hace años, se hizo del Rayo Vallecano. Es el único club español de élite semejante en varios aspectos a su St. Patrick's.

El irlandés me contó que, tras asistir a la eliminación navideña del Rayo Vallecano frente al Gijón en Copa, salió con un amigo de noche, vestido con la camiseta de la Franja. Cuando abandonaron el local, a altas horas de la madrugada, los esperaba fuera un grupo de Ultra Boys. Son los radicales del equipo asturiano y se sitúan en el fondo sur de El Molinón. Son fascistas y neonazis. Recordemos que los Bukaneros son antisistema, republicanos y antifascistas. Robbie y su amigo eran rayistas, así que les propinaron una paliza. Les pegaron en la cara, en los costados, donde pudieron. Si en Irlanda no se mezcla política con fútbol, en España los ultras están empecinados en hacerlo. Ellos provocan que llevar la camiseta de un equipo pueda ser peligroso para cualquiera, radical o no, y provocan que se hable de las ideologías de los clubes cuando suelen ser las de su grupo en particular. Robbie y su amigo denunciaron en la policía la agresión y fueron atendidos de sus heridas leves en un hospital.

Intercambiamos nuestros números de teléfono antes de embarcar y una semana después contacté con él. Tenía interés en hablar con calma de fútbol y de sus viajes. Pese a la golpiza, Robbie seguía en la carretera, animando al Rayo, ahora en Valencia. De un modo tan diferente, para él y para Presa la Franja suponía un modus vivendi. Robbie trabajaba de profesor de inglés en un colegio privado y había jugado al fútbol en un club madrileño formado por británicos. Cuando busqué información sobre él para tener más temas de los que hablar cuando nos encontráramos, vi que había sido entrevistado en el diario *As* y en la web *Unión Rayo*; además, la paliza había aparecido en medios asturianos. Robbie era un fan conocido y querido en Vallecas, y no me extraña.

Fui a Mestalla antes de las ocho de la tarde y vi al primer aficionado vestido con una camiseta del Valencia, con los colores rojigualda de la bandera de la Comunidad Valenciana, en la calle de Micer Mascó, ya cerca del estadio. Tampoco vi muchas después, ni siquiera de las blancas de toda la vida. Había, eso sí, bastantes hinchas con chaquetas de chándal negras en las que destacaba el escudo, en color. Era una afición más sobria de lo que me esperaba, la que menos símbolos del club portaba de todas las que había conocido. Del Rayo vi pocos hinchas. Tendría sentido, dada la relación fundacional de Vallecas con la carretera de Valencia, que ambas aficiones lo celebraran y estuvieran hermanadas.

Fui muy pronto al estadio porque a las ocho de la tarde estaba prevista en la avenida de Suecia una protesta contra Peter Lim, el presidente singapurense del Valencia, propietario de más del 90 por ciento de las acciones a través de la sociedad Meriton y dueño de una estimable fortuna personal. La quedada había sido convocada por la Asociación Libertad VCF, una organización formada por hinchas descontentos con la marcha del club. Libertad VCF, tras lograr reunir el apoyo de los socios correspondiente al 1 por ciento del capital social, interpuso una demanda contra la gestión de la sociedad deportiva admitida a trámite en el Juzgado número 20 de lo Mercantil. De nuevo un enfrentamiento enconado entre afición y empresa, entre sentimiento y rentabilidad, entre la nostalgia por un pasado romántico y la realidad del presente.

El histórico club valenciano está sumido en una crisis institucional desde hace años fielmente representada por el nuevo estadio, que se comenzó a construir en 2007 en la avenida de las Cortes Valencianas y cuyas obras se paralizaron en 2009 con la llamada «crisis del ladrillo». La estructura de hormigón, bien a la vista de todos e invadida por las plantas, continúa a la espera de que algún día se reanuden las obras. Lim, cuando llegó a la presidencia en 2014, ilusionó a la afición, que soñó con ver un nuevo Valencia, pero ha acabado por ser un fiasco. Una relación con el poderoso agente y empresario portugués Jorge Mendes, que parece ser más interesante para ambos que para el club, pérdidas en siete de los ocho ejercicios y un patrimonio neto ya raquítico inquietan a los ches. Para colmo, se ha sabido recientemente que, cuando el anterior presidente, Amadeo Salvo, y el de la Fundación, Aurelio Martínez, aceptaron la oferta de Lim, no firmaron un acuerdo escrito que incluyera la obligación del singapurense de acabar la construcción del estadio ni de realizar otras inversiones provechosas para el crecimiento —o al menos supervivencia— de la institución.

Llegué a Mestalla y me di una vuelta. Inaugurado en 1923, ha sufrido varias reformas y tiene capacidad para casi 50.000 aficionados. Al ser derruida «La Catedral» de San Mamés, se convirtió en el recinto más antiguo en uso de la Primera División. Unas lonas enormes con los rostros de leyendas del club recorrían desde el piso superior al bajo, el de las puertas de acceso, y conferían cierta modernidad al vetusto campo de fútbol; allí estaban Mario Alberto Kempes, Claramunt, David Albelda, el «Piojo» López o Rubén Baraja, el ahora entrenador en sustitución de Gattuso, que se fue a dar collejas a otra parte. Había grupos de aficionados dispersos y algunos simpatizantes o socios de la Asociación Libertad VFC llevaban banderolas de plástico amarillas a modo de capotes o faldas sobre la ropa donde se leía el mensaje: «Lim go home». Un reportero de una cadena de televisión estaba entrevistando a un hincha veterano. Llegadas las ocho de la tarde, aficionados de edades variadas desplegaron dos extensas pancartas con las frases: «Against Mendes mafia» y «Hate Meriton». Comenzaron los cánticos y me dio pena comprobar que casi siempre eran los mismos fueras donde fueses, como si todos se hubieran comprado el mismo y reducido catálogo industrial de lemas y canciones futboleras que apelaban a sentimientos con mensajes repetidos como fotocopias. «Peter vete ya» era idéntico al «Presa vete ya». Otra de las canciones, una loa a la fidelidad del propio hincha que la canta, la oía una y otra vez en Vallecas y en otros estadios a los que fui: «pasa el tiempo, pasa la gente, jugadores y presidentes y nosotros aquí presentes animando hasta la muerte». El origen, como me comentó el escritor argentino Martín Caparrós, hincha de Boca Juniors y autor de *Boquita* (2022, revisado), podía estar en las gradas de La Bombonera. No había muchos manifestantes, aunque supongo que, vista la protesta en televisión y bien elegidas las tomas, parecería que habían montado un gran follón. Pese al muy generalizado descontento, movilizar a la gente es complicado.

Decidí entrar en el estadio porque me apetecía verlo vacío. Accedí por la avenida de Aragón y subí tres tramos de escaleras. La iluminación y unos paneles de pladur ocultaban en parte la edad del recinto. Tuve que preguntar a unas azafatas para saber dónde sentarme, ya que no había quien se enterara de los sectores y filas. No era un estadio cómodo, pero se respiraba historia. Enfrente estaban las dos «bandejas» de las gradas de tribuna y en los asientos se imponía el naranja, que tanto asociábamos con el Valencia hasta en el pandemónium creativo de las equipaciones. La inclinación era perfecta y desde mi localidad, alta, centrada y relativamente barata, veía muy bien el campo. Había una banderola que recorría el anillo del estadio con los títulos obtenidos por el Valencia. Ligas, Copas... El Valencia correoso y capaz de realizar contraataques fulgurantes, con la clase de Gaizka Mendieta y la verticalidad del «Piojo» López, aquel que perdió la primera de las dos finales consecutivas de Champions League en la temporada 1999/2000 frente al Real Madrid, ha sido uno de los equipos que más me ha gustado ver. La Copa del Rey de 2019 era el último título de un club acostumbrado al buen fútbol y que se veía en aquel momento de la temporada en puestos de descenso en la clasificación. El Rayo, por su lado, llegaba en una crisis de resultados que nadie en el club se atrevía a llamar por su nombre porque se parecía demasiado a lo ocurrido en la segunda vuelta de la temporada anterior. Era un partido de alta tensión.

El campo se fue llenando —sin llegar ni mucho menos a abarrotarse— y alrededor de mí se sentaron abonados ches sesentones que se saludaban entre sí al llegar, lo que me hizo ilusión, ya que no iba a ver el partido con turistas, si exceptuamos al joven que tenía al lado, extranjero, poco futbolero a tenor de sus comentarios y de nacionalidad misteriosa. El Rayo salió con su once más repetido —sin RDT— y se adelantó pronto en la única acción acertada de Álvaro García por su banda en todo el partido. Asistió a Comesaña, quien, solo en el punto de penalti, marcó el 0-1 de un disparo raso. Mis compañeros de grada recibieron el tanto visitante con aparente resignación y un espeso silencio y yo me hice el sueco, porque preferí observar, callar y no confesar mis inclinaciones para que me hablaran como si yo fuera también valencianista. Esta vez, inmersión total. Mereció la pena, vaya que sí. El Valencia dominaba a un Rayo tímido y acomodaticio, pero las imprecisiones se sucedían. Apareció entonces un rasgo del público que me dejó alucinado. Comentaban las jugadas con tranquilidad y precisión —socios veteranos acostumbrados al buen fútbol, un público educado—, pero de pronto algunos se arrancaban a imprecar a sus propios jugadores con violencia y sorna, en cortos arrebatos. Los insultos eran, además, variados: no sólo estaba el «hijo de puta», tan habitual en las gradas, también usaban «inútil», «chulo», «incapaz» u otros términos. Era el primer público verdaderamente exigente que conocía aparte del del Bernabéu, la primera afición aquella temporada que no practicaba el baño y masaje con sus futbolistas. Atacaban, por ejemplo, al joven centrocampista Hugo Guillamón, canterano y seleccionado en el último Mundial, un jugador que podría fácilmente abandonar el club dadas las circunstancias y su cartel. Guillamón falló un pase sencillo y un aficionado sentado cerca de mí se levantó y le insultó mientras hacía un par de enérgicos cortes de manga en su dirección. Después, se sentó tan tranquilo y en silencio, como quienes lo rodeaban. Vaya presión la de los jugadores del Valencia, pensé, qué burrada. Otros comentarios, dichos con calma, incluían cierta displicencia aristocrática: «Estos muerden», dijo uno, refiriéndose a la presión del Rayo. «No pueden con el calvo», dijo otro, refiriéndose a sus propios jugadores en relación a Isi Palazón. Cuando el público se encendía por algún lance, el estadio tronaba; en cambio, la afición del Rayo, situada a mi derecha y en una grada más alta, apenas se dejaba oír, por mucho que gritaran. Por motivo de la acústica, sus ánimos llegaban hasta mi asiento como si fueran los cánticos de almas en pena de camino hacia el Hades.

Hubo un tiro al poste de Justin Kluivert y el Rayo andaba más dedicado a verlas venir y perder tiempo que a proponer, pero llegó el descanso con ventaja. Entonces ocurrió algo que me haría sufrir aún más de lo que ya sufro de salida. El extranjero sentado a mi lado tenía cara de bueno y llevaba todo el primer tiempo haciéndome comentarios absurdos sobre el juego y sobre el Rayo en particular, a los que yo contestaba con una educada sonrisa y sin prolongar la conversación, ya que me distraía de las apreciaciones que verdaderamente me interesaban, las de los abonados. De pronto, mientras escuchaba con cierta sorpresa a la banda de Ribarroja de Turia interpretar el pasodoble de «Paquito el chocolatero» según daba la vuelta al campo, mi compañero de asiento se dirigió a mí y me pidió si podía cambiarme al sitio de mi derecha, vacío, para que un amigo suyo que estaba en el estadio se sentara junto a él, en el mío.

—¿Le importa? No sé si es legal —decía el sujeto, todo sonrisas.

Quizá os parezca algo intrascendente, pero para mí aquello fue la antesala del infierno. Yo estaba nervioso, el Rayo iba ganando 0-1 y no tenía gana alguna de que cambiara nada en el segundo tiempo, empezando por el resultado. Quería un 0-1, 3 puntitos, al hotel a dormir y mañana de vuelta a mi casa, de lo más contento. No soy supersticioso en absolutamente nada menos en el fútbol. Aquello comenzó pasados mis cuarenta años. Me ocurre de forma habitual con el Madrid en partidos grandes y aquel joven activó por vez primera en mi cerebro mi superstición en un encuentro del Rayo Vallecano. Podía desembocar en ser incapaz de ver determinados partidos de la Franja por televisión, en dejar de mirar un resultado adverso en el móvil durante tramos de diez minutos para que así cambie, y en cosas peores. Él esperaba mi respuesta e ignoraba que yo le miraba casi con odio, porque, por un lado, me temía que si me cambiaba de sitio el segundo tiempo iba a ser del Valencia y, por el otro, soy una persona que trata de ayudar a los demás si está en su mano. También pensaba que yo era un completo tarado y eso, en lugar de hacer que dejara de pensar de aquel modo tan irracional, aumentaba mi nerviosismo y mi superstición. «Va a pasar —pensé—, este va a hacer que pierda el Rayo y me va a estropear la noche». Cinco minutos después, acabé por decidirme:

—Llama a tu amigo, anda, que me cambio de sitio —le anuncié al aficionado poco futbolero, en un tono de conversación de tanatorio.

—¡Gracias! —me dijo, con otra sonrisa.

Me senté en mi nueva localidad —que tuve que limpiar, por cierto—, y esperé mohíno el comienzo del segundo tiempo. Llegó mi nuevo compañero de asiento. Le crecía pelusilla rubia que no se afeitaba, y su postura corporal, tan desmadejada, propiciaba que invadiera mi espacio. En fin, pensé, la has liado, Nico. Tú verás, con tu generosidad mal entendida. Te vas a merecer todo lo que te pase, simpaticón.

Comenzó la segunda parte y el Rayo no levantaba cabeza, pero el problema de verdad llegó cuando se produjo algo que no es tan habitual presenciar, porque sólo ocurre cuando un equipo es capaz de provocarlo y un estadio de alimentarlo: el Valencia y Mestalla entraron en frenesí. El frenesí puede comenzar por un robo de balón, un córner, una oportunidad o un fallo del contrario. Da igual. En

Vallecas, por ejemplo, no había visto ninguno hasta el momento. El caso es que ocurrió, el Rayo se convirtió en un conjunto de pollos sin cabeza, los ches parecían ser capaces de entrar por todos lados y el público empujaba y rugía oliendo sangre en cada jugada. Acogotaron a la Franja y me acogotaron a mí, que estuve varias veces al borde del infarto. «Míra-le, mí-rale, míra-le cómo se acojona...». La canción me la cantaba a mí mismo mi propio cerebro. La amígdala, lo innato y más primario, me estaba mandando señales de que, entre luchar y huir, lo mejor para mí era huir. Estaba rodeado de enemigos, desprotegido, y en ese contexto yo y los míos éramos la presa. Mi cuerpo estaba alerta. Se había revolucionado mi aparato respiratorio, el digestivo, tenía la presión arterial alta, sudaba... Cada segundo me traía un nuevo sobresalto. El miedo implica baja certeza y una sensación de ausencia de control: los eventos negativos se convierten en impredecibles. Cuando nos enojamos, buscamos culpables externos, pero si irrumpe el miedo, los culpables somos nosotros. Jugadores, afición, todos... Una goleada del Valencia era en parte mi culpa, por cambiarme de sitio. Se sentía una energía como la fuerza del mar y la cadencia de sus olas en día de tormenta. No sé cuánto duró realmente el arreón, pero se me hizo eterno y no comprendí cómo los ches no metieron tres goles seguidos. Estaba congelado sobre mi asiento, rodeado de 39.000 almas desatadas y ya no se trataba de analizar las jugadas porque aquello era un vendaval de emociones negativas que nublaba mi mente.

Además, la presión al colegiado era enorme, porque los futbolistas del Valencia se tiraban una y otra vez en el área, excitando más al público, y los rayistas se dejaban caer en cualquier lugar del campo para cortar el ritmo del contrario y perder tiempo, y con ello encendían aún más a la gente. El arreón acabó por bajar de intensidad, porque es imposible mantenerlo mucho tiempo. El Rayo tuvo, incluso, algún contraataque peligroso. Pero yo sabía que aquella presión iba a surtir efecto de algún modo u otro. Figueroa Vázquez pitó un penalti inexistente que anuló al ver las imágenes proporcionadas por el VAR, pero en el minuto 81, cerca del final del partido, el VAR volvió a llamarle y esta vez señaló la pena máxima. El neerlandés Kluivert lo ejecutó para marcar el definitivo 1-1. Varios hinchas de mi zona lo celebraron poniéndose en pie y haciendo repetidos cortes de manga en dirección al verde, con inusitada rabia, muy lejos de lo que describiríamos como una celebración «positiva», de puro placer. El penalti fue por mano del lateral albanés Balliu y volvió a ser otro castigo injusto, que se pita cuando les da la gana a los colegiados. Hubo hasta ocho minutos de descuento y el espectador delante de mí, al ver la cartela del tiempo añadido, se lamentó: «¡Huit minuts!... ¡Huit hores!...». Pero el marcador no se movió. El Rayo pudo haber sido goleado, pero, milagro o no, de no ser por el arbitraje hubiera resistido de pie y se habría llevado a Vallecas los 3 puntos, cortando una racha sin ganar de siete partidos seguidos. Superado el miedo, ya había encontrado al culpable.

Nada más pitar Figueroa Vázquez el final, me levanté para irme. El joven que me había pedido el cambio de asiento se dirigió a mí:

—Una pena —me dijo—. Ellos no han hecho nada.

—Yo iba con el Rayo —le anuncié—. Y sí hicimos algo, meter un gol indiscutible. Vuestro penalti habrá que verlo.

Esta vez no sonrió. Mientras miles de espectadores bajábamos en masa varios tramos de escaleras, oí un par de comentarios. Un joven le dijo a otro: «La dinámica de siempre: fallo y gol del otro equipo y empatamos por pesados». Un anciano le comentó a un amigo: «Y porque nos han pitado el penalti, que si no...». Me pareció curioso que lo que había vivido yo como un frenesí para ellos había sido «ser pesados», y también ese derrotismo y pesimismo que rezumaban sus análisis. Otro dato que tener en cuenta, de equipo grande y altanero, fue que raramente nombraban al Rayo Vallecano: para ellos el partido parecía reducirse a lo que hiciera el Valencia.

Regresé al hotel por el Jardín del Turia, esa magnífica intervención inaugurada en 1986 y que convirtió el cauce del río en un parque lineal ajardinado. Apenas me crucé con nadie, y mientras caminaba bajo la luz de las farolas, se iba imponiendo una realidad muy diferente a la vivida en el estadio. Por supuesto no pensaba que el empate se había debido a cambiarme de sitio o a cualquier otra idiotez de ese tipo. Disfruté del silencio y de la soledad y pensé a qué podría dedicar las dos horas de las que disponía a la mañana siguiente antes de ir a la estación de tren. ¿Un buen desayuno tardío? ¿Pasar a limpio los apuntes? ¿Otro paseo? Quizá, ya cumplidos casi todos los objetivos del viaje, podía quemar una falla con la figura del aficionado que me pidió el cambio de asiento y coronarme.

CONEXIÓN VALLECANA

Rayo Vallecano 2 - Osasuna 1

Viernes, 14 de abril de 2023

Aridane 39' (pp), Isi 42'

Moi Gómez 65'

Era viernes por la mañana y esa noche el Rayo recibía al Osasuna. Iba con mis hermanos Juan y María en coche en una expedición por Vallecas para ver unos edificios. Un mes atrás se me había ocurrido investigar si los arquitectos de mi familia habían realizado proyectos en el barrio, y el resultado fue sorprendente. Entre 1959 y 1994, mi padre y mis hermanos habían proyectado y dirigido la construcción de 577 viviendas sociales, y María sumaba al conjunto un centro de salud. La mayoría de las obras estaban cerca del estadio. Casi el 1 por ciento de los vallecanos vivía o había vivido en casas diseñadas por ellos. En el caso de mi padre, su proyecto de la avenida de la Albufera fue el primero del estudio que fundó con Genaro Alas y que mantuvo activo hasta su muerte, durante cincuenta años. María, por su parte, trabajó por primera vez, todavía como estudiante, en unas viviendas en Vallecas y, ante el horror de sus jefes, se pasó un mes entero, cual pintora profesional, dibujando a lápiz con la ilusión enorme de los principiantes un alzado que debía haber resuelto en apenas unos días. Juan, mientras se construían las viviendas de la calle de Sierra Elvira, que proyectó junto a mi padre, fue a Vallecas a ver en 1987 la victoria del Rayo frente al Castilla, en Segunda División, en la que jugó el hispano-argentino Rubén Cano.

Mi padre, joven entonces, con treinta y dos años, conoció de primera mano el reto inmenso compartido con muchos profesionales y vecinos que supuso convertir Vallecas en un lugar donde sus habitantes dispusieran de viviendas dignas y de un urbanismo y unas dotaciones aceptables. Entre los años cuarenta y los sesenta, Vallecas pasó de ser un lugar próspero, al que los madrileños del centro iban de excursión para solazarse en sus merenderos, a una comunidad subdesarrollada que crecía desordenadamente acercándose a la capital. El crecimiento galopante de Madrid atrajo mano de obra proveniente principalmente de Andalucía, Extremadura y Castilla-La Mancha. Si había ya 56.000 habitantes en 1950, diez años después eran 222.000. Quienes accedían a las viviendas de las promociones sociales o privadas eran unos privilegiados. En cuanto aumentó la especulación inmobiliaria las parcelas pequeñas de suelo en teoría «verde», vendidas por los terratenientes a los inmigrantes, se llenaron de chabolas ilegales construidas en un fin de semana con materiales de baja calidad, a toda prisa para que la policía no pudiera impedirlo. Había problemas de agua, de luz, no había parques, las calles estaban sin asfaltar, la basura campaba a sus anchas, el arroyo del Abroñigal se desbordaba y apenas había colegios o dispensarios. Para combatir la precariedad, se pasó de sufrir la insuficiente ayuda del Ayuntamiento, paliada tan sólo por la potente solidaridad de los vallecanos, a que esta se canalizara mediante las primeras asociaciones vecinales y la labor de la Iglesia, principalmente la «roja». Surgieron personajes clave como la política socialista Paquita Sauquillo, el padre Llanos, monseñor Alberto Iniesta o párrocos como don Gabriel, don Baldomero, don José Luis Saura o Luis Madina, el impulsor de la Ciudad de los Muchachos.

Con el paso de los años se abordó el inmenso problema de la infravivienda: llegaron las expropiaciones, la proliferación de viviendas sociales y el nacimiento de coordinadoras vecinales. Todavía a mediados de los años setenta, la mitad de las chabolas de Madrid estaban en Vallecas, y entonces llegaron los planes parciales desarrollados por las instituciones públicas, que ya no podían permitirse mirar a otro lado. Las manifestaciones eran frecuentes; como botón de muestra, una canción del cantautor Luis Pastor: «Vamos, no lo pienses más, / únete a tus vecinos, / que te pilla el plan parcial». El urbanista gaditano Manuel Paredes Grosso, fallecido durante la temporada que narra este libro, fue asesor de asociaciones de vecinos de Vallecas y de Malasaña. Dirigió una gestora institucional y vecinal encargada de un descomunal proyecto —de los más grandes realizados en Europa— para realojar a 12.000 familias en Palomeras. En los años ochenta había todavía mucho por hacer; se había tenido que apostar por un tipo de ciudad de bloques en altura algo desfasado, pero el reto, dadas las circunstancias, se había superado. Comenzaba una nueva época. El barrio, nacido de un pueblo, comprende cuarenta años después un área enorme urbanizada a empujones que no para de crecer en zonas con una fisonomía y con un tipo de habitantes muy diferentes a los originales. En Valdecarros, al sureste, se ha iniciado un desarrollo urbano para alojar a 150.000 personas que hará de Vallecas una urbe de cerca de 500.000 habitantes, sólo superada por seis ciudades españolas. El central parisino Lejeune definió Vallecas como «un barrio barrio» y habría que ver qué diría si lo recorriera en toda su extensión dentro de veinte años, ya retirado. Vallecanos serán todos, pero el descendiente del que se estableció en el pueblo de Villa hace casi un siglo, el del que llegó decenios después con una mano delante y otra detrás a Puente, el inmigrante hispanoamericano de los años 2.000 y el comprador de un apartamento en un edificio con piscina común en el Ensanche o Valdecarros tendrán algo, pero no mucho, en común.

Íbamos en coche y mis hermanos conversaron sobre las «callezuchas» hijas de la especulación de los años sesenta, sobre la complicada topografía de Vallecas y sobre la desidia de las instituciones madrileñas en relación al urbanismo propuesto en el desarrollo de la capital. Al rato llegamos a las viviendas de la calle de Sierra Elvira, situadas frente al parque del mismo nombre y cerca de la carretera de circunvalación M-30. Nada más apearse, María y Juan se pusieron a hacer fotografías y observar los inmuebles de ladrillo, comentando entre ellos sus cosas de arquitecto, muy contentos de que el edificio presentara buen aspecto tras haber transcurrido más de treinta y cinco años desde su construcción. Un vecino llegó en patinete con dos bolsas de la compra a cuestas y una de ellas se le cayó, desparramándose parte del contenido.

—¡Eh! —le avisé—. ¡Se te ha caído la compra!

El hombre, un treintañero en chándal, detuvo el patinete y recogió la bolsa.

—Bueno, al menos he llegado a casa —bromeó.

—¿Vives aquí?

—Sí, desde muy pequeño, toda mi vida.

—¿Y eres del Rayo?

—¡Por supuesto!

Iván trabajaba en eventos y me contó que, de pequeño, en cuanto disponían de un rato libre, él y sus amigos jugaban al fútbol en los bajos de la casa, colocando unas porterías. Lo que ahora era un parque antes era un descampado. Hoy en día, con los videojuegos, los niños apenas jugaban en los bajos, ni en el parque. A su padre no le gustaba el fútbol, pero era quien le llevaba al Estadio de Vallecas. Guardaba una foto de niño con Hugo Maradona y para él el mejor año como aficionado fue el de la copa de la UEFA. El mejor partido, aquella victoria frente al Girondins de Burdeos. Estaba muy satisfecho con el piso, lo que satisfizo a su vez a mis hermanos.

Visitamos después los bloques de la avenida de la Albufera —los más antiguos, sin ascensor y todavía con ropa tendida en los balcones—, la colonia de la Cueva de la Zorra y unas viviendas situadas en el Ensanche que daban al parque de las Cataratas. Paramos a ver las vistas de Madrid desde una de las colinas verdes de césped del Cerro del Tío Pío, conocido popularmente como el «parque de las siete tetas», y acabamos en el Centro de Salud Campo de la Paloma. Se repitieron las fotografías nada más bajarnos del coche y los comentarios sobre lo bien que se mantenía su recia construcción. En la entrada había un hombre y una mujer algo mayores que yo. Él era rubio y con el pelo rizado, y vestía cazadora y pantalones vaqueros. Eran voluntarios que pedían firmas para una campaña de apoyo a la salud pública, armados de sendas carpetas y bolígrafos. Pensé: ya verás, seguro que este tipo también es rayista.

—Hola —le saludé—. Una pregunta un poco rara, ¿eres del Rayo?

—¡Claro! ¡El Rayo es nuestro orgullo!

José era del barrio y además había jugado de pequeño en la cantera de la Franja, en el campo de tierra que había donde ahora se encuentra la piscina municipal pegada al estadio. Las lesiones hicieron que su madre lo apartara del fútbol. José, voluntario en una campaña política y social, entronca con ese espíritu reivindicativo que surgió alrededor de la precariedad y el chabolismo y empapó el club vallecano. No es extraño que alrededor del Rayo se produjeran movilizaciones como las de las ayudas al guardameta Willy o a la vecina Carmen Martínez Ayuso, la viuda octogenaria a la que desahuciaron y fue ayudada por plataformas, por las peñas y por la plantilla en época del entrenador Paco Jémez. Hay en Vallecas una sociedad civil más fuerte que en muchos otros lugares de España, una comprensión íntima de que uno lucha por lo suyo, pero cuando lo tuyo es también lo de el de al lado, luchas más, si cabe.

La excursión acabó con unos pinchos de tortilla que comimos apresurados, pero cada uno se llevó algo a casa de aquella mañana. Una mezcla de recuerdos para mis hermanos y novedades para mí, con un eslabón que nos unía a Vallecas, ese barrio que, sin saberlo o sin haber reflexionado jamás sobre ello, estaba unido a la historia de nuestra familia. Pero no había tiempo para el sentimentalismo: a las diez de la noche esperaba el Osasuna.

* * *

Ocho partidos sin ganar son muchos. La buena noticia es que tras la jornada 28, en la que el Rayo había perdido en casa 1-2 frente al Atlético de Madrid, seguían en la zona templada de la clasificación, en el noveno puesto. El partido frente a los colchoneros había sido preocupante. ¿Se había producido un bajón físico y mental del equipo? Los de Iraola salieron al campo sin intensidad, y así su propuesta de juego era un disparate. En el primer tiempo, dos errores en defensa en apenas dos minutos pusieron el 0-2 en el marcador y la discutible expulsión de Lejeune convirtió el encuentro en una montaña imposible de escalar. El zapatazo de Fran García desde fuera del área, casi al final, sólo sirvió para maquillar la derrota. Que Tomás Reñones viera un partido tan plácido para los suyos comiendo un regaliz tras otro, mirando a la vez la pantalla de su móvil para consultar las repeticiones y lamentándose amargamente de los fallos de sus jugadores, confirmó que los exfutbolistas con cargos en los clubes viven el balompié con la tensión de un hincha. Me quedé también con el enfrentamiento entre un aficionado y un RDT inoperante, tras ser sustituido. Hubo una imagen que me trasladó del estadio a un zoo: Enrique Cerezo, el campechano presidente del Atlético de Madrid, lanzó en el descanso puñados de pines a los espectadores situados bajo el palco. Presa invitó al palco a Javier Ortega Smith, concejal portavoz de Vox en el Ayuntamiento de Madrid, que no tardó ni un minuto en publicar en las redes su asistencia, un pequeño triunfo político para él y otro hito más en el desencuentro entre la dirección del club y la afición. El alcalde Almeida, en su segunda asistencia de la temporada al Estadio de Vallecas, no vivió incidente alguno; la Comisión Antiviolencia pidió la colaboración del club con la coordinadora de Seguridad por problemas durante el encuentro con 84 aficionados del fondo de los Bukaneros; el club no ayudó posteriormente a identificarlos, y se enfrenta a recibir una multa por ello.

* * *

Los rojillos llegaban al partido del viernes un puesto por delante en la tabla y eufóricos tras clasificarse por segunda vez en la historia para una final de la Copa del Rey. Para ganar a los pupilos de Jagoba Arrasate había que superarlos en ganas y concentración. Fui con David y Carlos, dos de mis mejores amigos. El hijo de David, Max, es mi ahijado, y atlético. Rita, la hija, es de esas personas sabias que prefieren no acercarse a un juego que les podría atrapar. David y Carlos no eran futboleros, pero vibraron con el estadio lleno y un encuentro que Pablo Washington definió en un mensaje que me envió como «Puro Rayo en Vallecas». Puro en empuje, en derroche y en golpes de talento como el de Isi en el gol que puso el 2-0 al filo del descanso y llevó al éxtasis a las gradas. Camello porfió en el área por un balón llovido y el rechace de cabeza del defensa le cayó al murciano, que se sacó una volea a la media vuelta que entró junto al palo derecho de la portería. Volvía el cántico de «Isi selección», y es que iba a ser difícil que algún compañero le quitara al interior el título de mejor jugador de la temporada de la Franja.

En el descanso vi en la cola del puesto de refrescos y chuches a Pipi, exintegrante de Ska-P y líder del grupo The Locos. No fue difícil reconocerle porque es alto y llevaba el pelo teñido de un amarillo casi blanco y unas gafas de pasta llamativas. Tenía ganas de verle en concierto y aproveché la oportunidad para preguntarle cuándo actuaba. No tenía programado ninguno en Madrid, sólo cuatro en Europa. Es un rayista asiduo al lateral de Arroyo del Olivar desde finales de los noventa. Suelo quejarme de las preguntas de los reporteros en las entrevistas y en las ruedas de prensa, pero cuando me toca a mí, caigo en el tópico y en el lugar común, igual que ellos:

—Pipi, ¿qué se siente cuando oyes tus canciones sonando en el estadio?

—Una pasada. Me siento muy orgulloso de que mi hijo las pueda escuchar.

En fin. No somos nadie. Se reanudó el juego y a mitad del segundo tiempo el centrocampista Moi Gómez aprovechó la relajación rayista para anotar el 2-1 en jugada personal. Sin contar la goleada en casa frente al Cádiz, a los locales les estaba resultando imposible obtener un triunfo relajado, sin finales no aptos para cardiacos, expresión esta última de mis favoritas dentro del extenso repertorio futbolero.

Se consumó la victoria, el estadio estalló en aplausos y nos dirigimos en tropel hacia la salida. Por allí andaría Iván, el rayista del apartamento en la cercana calle de Sierra Elvira y de la foto de niño con Hugo Maradona, además de otros muchos aficionados que, sin saberlo, tenían algo más en común conmigo y con los míos que haber asistido esa noche a una victoria de la Franja.

LA BANDERA Y EL PAYASO

Martes, 18 de abril de 2023

Hacia las diez de la mañana, en un día ventoso y soleado, llegué a la ciudad deportiva y fui al bar a tomarme un café. Habían pasado más de cuatro meses desde mi última visita y el datáfono seguía averiado. Le comenté a un camarero que no me parecía normal y replicó, con sorna: «Normal, normal, aquí, en el Rayo…». No había olvidado llevar efectivo, pude pagar y me dirigí al campo de hierba donde entrenaba el equipo masculino. Los jugadores trotaban entre conos a las órdenes del preparador físico y los porteros, en otra zona, blocaban los balones que les lanzaba con la mano su entrenador.

Aquel era un entrenamiento abierto al público y ya había algunas personas apoyadas en la barandilla de la rampa de acceso, situada en alto. Aparte de mí y de un joven vestido con una chaqueta de chándal del Rayo negra y roja, que nos manteníamos algo apartados, los demás, hombres de mediana edad o mayores, eran asiduos y se conocían entre ellos. Se saludaban al llegar con bromas que denotaban su cercanía («Hola, my friend», «El que faltaba, el rey de Roma»), y comentaban las novedades del día a día rayista: si el Tigre debía de haberse lesionado contra el Osasuna porque no había aparecido, al extremo suplente Salvi Sánchez se le veía fino por primera vez en la temporada, los problemas acuciantes del filial, el Rayo Vallecano B, que estaba en serio peligro de descender a Preferente, lo que sería una tragedia para la cantera. Algún integrante del equipo técnico, cuando pasaba bajo la pasarela de camino para sumarse a los ejercicios, los saludaba. Aparte de aficionados «puros», entre los asistentes se encontraba el abuelo de Morro, el joven tercer portero al que estábamos deseando ver jugar, y el padre de Pablo Muñoz, joven mediapunta de la cantera que había debutado en Primera en el empate contra el Atlético en el Metropolitano. Había además dos periodistas de las redacciones de las webs *Unión Rayo* y *Matagigantes*. La última en unirse al grupo fue Lola, una señora con gafas y el pelo cano y corto, que vestía un chándal del club rojo y blanco y cargaba con una mochila y un par de bolsas de plástico. La había visto alguna que otra vez en las cercanías del estadio y, por la cantidad de personas que la saludaban, estaba claro ya entonces que era una celebridad rayista. Les mostró a los demás que la camiseta que llevaba era de la temporada en la que, con Sandoval de entrenador, el Rayo había ascendido a Primera División. En una de las bolsas llevaba un balón de fútbol estilo retro, de cuero marrón, que le iba a dar a Miguel Ortiz, el delegado. Cuando comentaron que el partido contra el Barcelona de la semana siguiente iba a ser entre semana y a las diez de la noche, en un horario horrible para los que trabajaban, ella rio y dijo que a ellos no les afectaba porque allí no trabajaba nadie. Aquel pequeño grupo que pasaba una mañana de diario viendo la preparación de los futbolistas era una de las patas de la familia de la Franja, un club donde todos se conocen y tratan, ya sean profesionales o aficionados.

Con quien hablé primero fue con el joven, quien, como yo, era un neófito en aquellas lides. Se llamaba Chema, había jugado varios años en la escuela de fútbol de la Fundación y era de familia rayista y abonado desde niño. Había acudido al entrenamiento con un objetivo: que Isi le firmara una bandera. Aquella bandera iba a ser el regalo de cumpleaños para su novia, Celia, a la que iba a visitar por sorpresa a Múnich, donde estaba de Erasmus. A Chema ella le había llamado la atención un día que fue al Real Conservatorio de Música de Madrid vestida con una camiseta del Rayo. Ambos estudiaban allí para convertirse en trompetistas, y a Chema apenas le quedaban tres meses para ser uno de los intérpretes del recital de graduación. Nunca antes había pedido un autógrafo; se había hecho fotos con el delantero Alberto Bueno —actualmente jugador de la mediática Kings League—, y con Tito, que fuera lateral. Celia estaba, por su lado, predestinada a ser hincha de la Franja: el ginecólogo que ayudó a su madre a dar a luz era rayista y le dijo a su madre tras el parto que aquella bebé iba a ser seguidora del club de Vallecas. Acertó.

—¿Y cómo vas a hacer con Isi? —le pregunté—. ¿Vas a esperarle a la salida?

—Mira, ahora verás. He traído una pancarta para llamar su atención.

Chema la sacó de la mochila. Se leía: «Isi 7. Me podrías firmar un autógrafo, por favor». El número 7, dorsal del futbolista de Cieza, incluía el símbolo del Rayo. La pancarta estaba formada por seis folios pegados con celo y me recordó a uno de aquellos trabajos que hacíamos de niños en el colegio. Chema había reutilizado algunas de las páginas de una de las partituras de sus estudios y otras de ejercicios del examen del carnet de conducir. Hacía viento y, cuando fijó la pancarta a la barandilla, dudé que resistiera sin romperse. Lo mismo debió de pensar uno de los tipos del grupo, que se interesó por Chema y le ayudó para que la exposición al viento fuera la menor posible. Pronto otros le animaban con sus comentarios:

—Isi es un gran tipo, seguro que te la firma —le decían.

Yo no era tan optimista, ya que me parecía imposible que el centrocampista se fijara en una pancarta tan pequeña. Estaban haciendo rondos en varios grupos que rotaban, y la distancia entre ellos y nosotros era considerable. Por suerte, quizá podía ayudarle. Aquella mañana había quedado con Maite Martín, la periodista de *As* que se encargaba de cubrir el Rayo y que precisamente iba a entrevistar a Isi.

Cuando Maite llegó le conté la historia y no tardó ni diez segundos en ofrecer a Chema su ayuda y en darse cuenta de que la historia de los novios y la firma de la bandera merecía un reportaje. Ella y Juan, el fotógrafo que la acompañaba, quedaron con el hincha para después de la entrevista al jugador. Maite es vecina de Usera y cubrió en sus inicios ese «otro» fútbol de equipos humildes madrileños. Esos partidos con el olor a bocadillo de panceta inundando las gradas la ligaron sentimentalmente a un club como el Rayo. No es sólo una de las escasas periodistas deportivas en medios destacados, encargada de redactar en el diario *As* crónicas y reportajes sobre el Rayo. Es, además, una adicta a la Franja. Es capaz de llorar de emoción o de tristeza en los encuentros, considera que hacerse de un club se asemeja a enamorarse y se siente parte de esa familia blanquirroja de la que hablaba. Cuando la conocí el Rayo estaba en puestos europeos y ella, ilusionadísima, me decía: «¡Imagínate un centenario en Europa!». Le conté mi creciente simpatía por el equipo y los nervios con los que veía ya los encuentros y me dijo que iba a acabar siendo del Rayo, que ya veía brotes verdes. Maite no concibe que alguien vaya a verlo y no acabe convirtiéndose en su hincha. Aunque parezca mentira, no se siente empachada: cuando se coge unos días de vacaciones, viaja para verlo jugar a domicilio. Quizá ayude que es un club entretenido, de esos en los que cada semana hay algún incendio que apagar. A Maite no le preguntes cuál es su jugador favorito porque va a empezar con uno, luego con otro y al final va a parecer que te está dando el once de Iraola para la próxima jornada. Tampoco critiques demasiado al club o a quien sea porque, por cómo te mira, compungida, parece que te estás metiendo con un pariente cercano y te da casi vergüenza haberlo hecho.

Antes de presentarme a Lola, Maite se fundió con ella en un abrazo de esos que, cuando lo presencias, temes que alguna de las dos personas se desmaye por falta de aire:

—¡Maite, aquí estás, mi hija putativa! —dijo Lola riendo, cuando se separaron.

Lola tiene tres hijos sagrados para ella, pero además es la «Mami» de todos —así la apodan—, la que se preocupa si alguien tiene un catarro y le aconseja que se prepare un remedio con miel y zumo de limón. Y si lo que le inquieta es la salud del equipo, como ocurrió cuando se hundió durante la segunda vuelta de la temporada pasada y apareció el fantasma del descenso, entonces habla con Iraola y le propone invitar al equipo a un piscolabis preparado por ella el día en que se confirme la permanencia. Sus especialidades, cuando se trata de agasajar con comida, son la tortilla de patata y las magdalenas. La idea, según me contó, era motivar a los muchachos. Estos cumplieron y la celebración tuvo lugar. No es raro que algunos jugadores queden con algún aficionado después de los partidos, y en el caso de Lola, una institución, debe de ser muy difícil negarse a lo que proponga. Es alegre, directa y tiene carácter, el suficiente como para afear a otros hinchas del fondo que insulten a los jugadores del otro equipo; pueden ganarse hasta una buena colleja. Eso sí, como faltes al respeto al Rayo, puedes irte preparando. Te enfrentarás a una mujer que tiene un altar en el salón de su casa donde, sobre una repisa, en lugar de la Virgen hay un balón firmado por toda la plantilla y escoltado por dos tercios de cerveza Mahou con el escudo de la Franja en la pegatina. A Lola no se la pegas. El famoso *streamer* Nil Ojeda había preparado para sus seguidores en las redes el reto —así lo llaman— de acudir a diez estadios de fútbol en la misma jornada y vistiendo en cada uno la camiseta y la bufanda de cada equipo. La primera visita del recorrido fue Vallecas. Nil entró por el fondo antes del comienzo del partido contra el Osasuna, firmó autógrafos a los niños y, cuando Lola le vio, lo primero que le dijo es que se notaba que esa camiseta no era suya «de verdad», que no era un hincha fetén, que la llevaba de pega. Luego, más dispuesta a ayudar que a criticar, le presentó a Natalia Pablos, la leyenda del femenino. Cuando Lola supo que yo estaba escribiendo esta crónica me dijo, dándome unas palmaditas maternales y cariñosas en las espaldas, que me ayudaría en todo lo que necesitara y que la avisara cuando se publicase el libro para comprárselo.

Terminó el entrenamiento y desaparecieron del campo los jugadores, a quienes había prestado poca atención. El grupo de espectadores asiduos se disolvió y Maite se despidió de Chema avisándole de que le daría «un ring» cuando acabara la entrevista con Isi. Chema recogió su frágil pancarta y la guardó en su mochila.

—Te acompaño, a ver qué pasa al final con Isi —le comenté.

—Gracias. Estoy impresionado, Nico —me dijo—. Vine aquí solo, me daba algo de cosa todo esto y fíjate, todos se interesan por lo del autógrafo y me ayudan, conozco a gente...

—Y encima ya no hace viento y luce el sol. La vida puede ser maravillosa, sí, señor.

* * *

El sol caía a plomo para recordarnos que en Madrid la primavera es una estación que se resuelve en una quincena y gracias. Chema y yo estábamos apoyados sobre las vallas metálicas que separaban a los aficionados de la salida de los jugadores hacia el parking al aire libre de la ciudad deportiva. No estábamos solos en busca de fotos y autógrafos. Había un grupito de adolescentes que habían jugado un partido aquella mañana y un colombiano que esperaba a Falcao y había llegado a Madrid desde su país el día anterior. No sé si pensaba visitar el Museo del Prado más tarde, pero una mañana en Vallecas en busca de una firma le parecía un buen modo de pasar su primera mañana en la capital. Estaba también dispuesto, si era necesario, a comprar entradas de reventa para asistir al Rayo-Barcelona.

Chema había adquirido seguridad tras la exitosa primera etapa de su plan. Su bandera rayista colgaba desplegada de una de las vallas y no quitaba ojo del aparcamiento. Mientras esperábamos, repasé mentalmente lo que me había dicho Maite. A Dimitrievski le encantaba la moda. Lejeune era retraído y le llamaban «Flo» —por Florian— en el vestuario. Catena era llano y muy lector. Fran García, también humilde, parecía un niño. Balliu era bromista y se había buscado unos antepasados para poder jugar con la selección albanesa. Óscar Valentín consideraba que los futbolistas podían y debían opinar sobre cualquier asunto, era activo en redes, se mantenía bien informado y sus compañeros lo apodaban «el Profesor». Comesaña era tímido y muy «galleguiño». Álvaro García no era muy hablador, pero sí majo y socarrón. Trejo era sosegado y puro compromiso. Camello era sencillo y resuelto. RDT era muy introvertido y más cercano de lo que uno podía suponer. Isi era carismático y bromista. El adjetivo que más se repetía sobre la plantilla era el de «humilde» y los caracteres basculaban entre los tímidos y los bromistas.

El primero en aparecer por allí no fue ninguno de los anteriores, sino Pathé Ciss, mi senegalés preferido. Llevaba una gorra negra y una chaqueta fantasía blanca estampada de gris. Dos amigos suyos le esperaban junto a un coche y fue hacia ellos bailando con movimientos suaves al son de los golpes de percusión que daba con sus manos a la caja de cartón que sujetaba sobre un hombro. De coordinación y buen rollo, iba servido. Chema, ya lanzado, lo llamó y el centrocampista se giró, nos miró, dejó la caja y se acercó. Mientras firmaba la bandera del trompetista, le saludé:

—Hola, Ciss, una pregunta... ¿Eres wólof?

Ciss levantó la vista de la bandera y me miró verdaderamente sorprendido.

—Sí, ¿quién te lo ha dicho?

—Unos vendedores ambulantes de tu país con los que charlé el día de vuestro partido en Valencia.

—Ah...

—¿Ves a senegaleses en Madrid?

—Sí, en Lavapiés hay muchos.

Ciss regresó con sus amigos y poco a poco fueron saliendo más jugadores. En general se dirigían hacia sus coches dándonos la espalda. Chema gritaba su nombre y la mayoría se daba la vuelta y atendía su petición y la de los demás aficionados. Yo estaba encargado de hacerle fotos a Chema con cada futbolista y me entretuve fijándome en cómo vestían, como si aquello fuera un desfile de modelos. Apenas ninguno se hizo el loco y Dimitrievski se excusó porque iba con prisa. Lejeune, en chándal gris, con una camiseta de Balenciaga y un neceser en la mano, fue amable y educado; Álvaro García, camiseta de Legend y vaqueros, se sorprendió porque una chica le pidió que le firmara la carcasa de su móvil; Camello, pendiente en la oreja, camisa azul con topitos y vaqueros, dejó sobre el suelo las llaves del coche, una botella de agua y todo lo que sujetaba. Tras firmar y hacerse las fotos de rigor, se despidió con un «Nos vemos». El ghanés Abdul Mumin, camiseta y pantalón negro de chándal, cuando le di la enhorabuena por sus buenos últimos partidos, me agradeció el comentario y se cubrió brevemente y con la mano derecha el pecho en el lado del corazón, en un gesto típico de los musulmanes. Todos llevaban zapatillas. En cuanto a los peinados, los más alegres eran los de los africanos y, sorprendentemente, el único con degradado, Álvaro García. Trejo se acercó para decirle al fan colombiano de Falcao que sentía que no hubiera podido verle y que, si se pasaba por el entrenamiento del día siguiente, le diría al Tigre que le atendiera. Iba vestido de sobrio negro, color que le pega porque se diría que es el sacerdote de la plantilla. A mí, que estaba al lado, me dio la mano antes de irse. Todos fueron atentos y pacientes.

—Muy majos todos —confirmó Chema, cuya bandera se iba llenando poco a poco de firmas.

—Sí, vas a triunfar en Múnich.

Había perdido la rúbrica de RDT porque el delantero firmó al volante de su Audi, parado en la barrera de la salida de la ciudad deportiva, mientras el motor rugía. Chema no se animó a abandonar su «cazadero» por si RDT se iba sin atender a los hinchas y se le escapaban otros.

—¿Has visto sus coches? —me preguntó—. Me esperaba Porsches y Ferraris y tienen buenos modelos, de alta gama, pero sin más.

—Normal, normal, aquí, en el Rayo...

Había cierta decepción en sus palabras: un futbolista sin Ferrari es menos futbolista, como Batman sin su Batmóvil sería menos Batman. Maite me había dicho que el jefe de prensa le había dado una entrevista con Isi de quince minutos, pero debía de haberse prolongado. Por fin salieron y la expectación entre los escasos cazadores de autógrafos creció. Si Trejo era ya una leyenda, Isi era el único que había despertado un fenómeno fan, algo que se había visto en menor grado antes con Falcao. Salvo el aficionado colombiano, a quien todos esperaban bolígrafo en mano era a Isi. Su historia es la de un jugador descartado de las canteras del Real Madrid y el Villarreal y que, mientras se pensó la retirada, recogió melocotones en su pueblo para regresar al fútbol y ascender en la escala hasta llegar ya maduro a la Primera División con el Rayo para convertirse en uno de los reclamos de la Liga. Esa historia de resiliencia, superación y rebeldía la compra hasta un cínico y aparece una y otra vez en sus entrevistas, repetida como un mantra. Lleva el cuerpo cubierto de tatuajes, entre ellos dos homenajes a los ascensos en los que ha participado. Por el que vivió con la Ponferradina, lleva tatuado un mapa del Bierzo; por el del Rayo, que se produjo dos temporadas atrás, lleva la fecha del partido en el que se certificó. Ha dejado un hueco en una pierna por si la Franja logra volver a Europa. Su calvicie, lejos de ser un defecto, le hace reconocible sobre el verde y le acerca al pueblo, víctima de la alopecia y de tantas otras desgracias. Vive, además, en el Ensanche vallecano y a su paso, ya esté entrenando, comiendo una pizza cerca del Estadio de Vallecas con su familia o en la calle, oye «guapo», «crack» e «Isi selección» sin parar. Curiosamente, Isi es el autor de la *playlist* que suena en los descansos. Música cañera, Ska-P y rock duro para mantener el espíritu de Vallecas durante los entreactos. Algo que establecía un puente entre él y Luna, entre la megafonía de un estadio y el radiocasete de un autobús, entre el Rayo actual y el Matagigantes.

El fotógrafo abrió una valla para que Chema accediera al lugar de los elegidos y el trompetista, bandera en mano, se reunió con la periodista y el interior, que vestía todavía de corto. Isi domina el escenario, es simpático y tiene la chulería justa. Cuando Chema, algo nervioso, fue a dejar la bandera en el suelo para atender a una indicación del fotógrafo, Isi le dijo que la bandera jamás al suelo, que como lo viera algún rayista les iban a crujir. También le propuso entre risas que, cuando tuviera un chiquillo con su novia, le pusieran su nombre. Isi apenas tenía un par de años más que Chema, pero casi parecía su padre.

Hechas ya las fotos con el jugador, Maite entrevistó a Chema y la estrella rayista se acercó a las vallas para firmar. Llamé su atención, se acercó y me saludó dándome la mano. No todo el mundo estrecha la mano igual. Hay gente que lo hace mal, regular o bien, y algunos lo hacen muy bien. Isi es de estos últimos. La fuerza justa, seguridad, mirándote a los ojos, con decisión pero sin prisa. También sabe escuchar. Me presenté, le conté que el nombre de nuestro grupo de WhatsApp de hinchas del Rayo se llamaba «Isinho es Dios», y le hizo gracia.

Me despedí de Maite y de Chema y quedé con el trompetista en enviarle fotos y en que él me contase cuántos jugadores más le habían firmado la bandera. Aquella mañana de primavera en la ciudad deportiva había proporcionado un botín de diferente índole a todos: Chema se iba a llevar un magnífico regalo de cumpleaños para su novia; Maite, una entrevista y un reportaje; los jugadores, un puñado de halagos, y yo, la experiencia de un cazador de autógrafos. Consulté la hora ya en la calle. Todavía me quedaba un rato antes de ir a picar algo en la cervecería Franva, un restaurante popular y con terraza, de los favoritos de los vecinos de Villa. De camino podía desviarme para visitar el cementerio de Vallecas, recientemente ampliado. Hay un par de cosas que lo relacionan con el fútbol. Pegado a él se encuentra el campo de un club histórico del barrio, el Vallecas Fútbol Club, fundado en 1967 pero que tiene una historia más antigua, iniciada en los años veinte del siglo pasado, aunque con otro nombre. Se podría decir que el Rayo y el Vallecas son primos. Cuando se juega en su estadio, algunos balones superan el muro, botan entre las tumbas y Cecilio, el cuidador que lleva trabajando allí más de veinticinco años, los devuelve.

Entré en el cementerio, donde descansan vecinos de varias generaciones, en busca de una tumba determinada. Sobre el sepulcro de granito gris oscuro se elevaba una gran cruz con un Cristo, y a sus pies había un busto de un tipo que llevaba un sombrero hongo y sonreía con los ojos y con la boca. Su nariz respingona, si pudiera, también habría sonreído. Había flores amarillas, rojas, blancas y rosas sobre la lápida. Era el payaso Fofó. Me hice una foto. Charlar con algún jugador del Rayo estuvo muy bien, pero Fofó es mucho Fofó.

MACHIM

Real Sociedad 2 - Rayo Vallecano 1
Sábado, 22 de abril de 2023

Isi 56'

Sørloth 58', Lejeune 81' (pp)

San Sebastián es una ciudad que conozco bien, ya que he pasado allí todos los veranos desde que mi hijo nació hasta que se hizo adulto. Eso hacía que mi visita fuera tranquila, sin necesidad de hacer nada especial aparte de ver el partido y escribir. Cuando le pregunté a mi madre quién quería que ganara, su respuesta no me hizo ninguna gracia:

—¡La Real!

—¡Pero bueno, no me parece bien! Te voy a quitar la camiseta que te regalé.

—¿Vas a llevar gorra y banderola del Rayo?

La pregunta, de otra época, me hizo recordar a Alberto Machimbarrena, que podría haberme dicho algo parecido si le hubiera conocido, a principios del siglo pasado. Precisamente él iba a ser uno de los protagonistas del viaje. Llegué el miércoles, con buen tiempo, y al día siguiente llamé por teléfono a las oficinas de la Real Sociedad para pedirles si podía ver el busto de Machim. No utilicé la carta de escritor: tan sólo les conté que el futbolista era mi pariente. J., la mujer que me atendió, me explicó que, debido a las obras de remodelación del estadio y a que todavía no estaba terminado el museo, la escultura descansaba en un almacén. Creí que aquello zanjaba el asunto, pero ella me dijo que consultaría mi petición. Me llamó más tarde para preguntarme cuándo quería ir a verla. Increíble, pensé, qué gente tan atenta.

El viernes por la tarde me di un paseo de media hora desde Gros hasta el Estadio de Anoeta, la mayor parte por la orilla del río Urumea. Hacía calor y habían llegado algunos oscuros nubarrones. Las oficinas están situadas al lado de la tienda del club. Entré y había varias personas frente a las pantallas de los ordenadores.

—Buenas tardes, ¿J.?

Una mujer rubia de ojos verdes se levantó de su silla.

—Eres Nicolás, ¿verdad?

Unas risillas generalizadas me dejaron claro que mi visita debía de haber sido la comidilla de la oficina, por su excepcionalidad. J. me señaló a un hombre muy grande y fuerte sentado a su escritorio, un toro algo mayor que yo, con pelo cano, vestido con una camiseta de manga larga azul oscuro y con rayas finas de color blanco, muy marinera.

—¿Lo reconoces? —me preguntó—. Es de los tuyos, coincidió con Górriz, Zamora, Arconada...

Le miré fijamente y él a mí, muy serio. Tenía una nariz grande y un rostro alargado. Me puse nerviosísimo, porque para un jugador retirado —o alguien que hubiera sido popular o famoso— no ser reconocido era peor que para cualquier otra persona. En una ciudad pequeña como San Sebastián, y siendo como era empleado del club, todo el mundo sabría quién era, incluso los no futboleros. Puse a trabajar mi mente a toda pastilla, pero nada. No ayudaba que todos los oficinistas me observaran, expectantes. Él se puso de pie, mostrándose de frente, de perfil... ¿Cómo es posible que no le reconociera inmediatamente? ¡Había jugado con los grandes, debía de pertenecer a la plantilla gloriosa de las dos ligas! Y yo que me ufanaba de conocer todo de aquella época...

—Con lo grande que eres —comencé, incapaz de aguantar la presión del silencio—, ¿defensa central?

—¡No! —dijeron varios, a coro.

Maldición. Lo estaba empeorando.

—No caigo, no caigo —decía yo, casi tartamudeando.

—Me iban los goles —dijo él—... Al Bilbao, en Atocha... Dukla de Praga, Colonia...

Su pista hizo que mi cerebro estuviera a punto de explotar. Pensé en partidos de la Copa de Europa, pero recordaba aquellos contra el Celtic de Glasgow y las semifinales frente al Hamburgo, y no me pegaba nada haberle visto jugar. Tenía planta de delantero centro, de tanque, y por entonces los 9 eran Satrústegui y Uralde... Dukla de Praga y Colonia, ¿cuándo fue aquello? ¿De quién se trataba?

J. se apiadó de mí:

—Es Mitxel Loinaz.

¡Loinaz! Ahora sí recordé a un delantero joven, potente y moreno, que llevaba el pelo algo rizado y un poco largo por detrás. Nos estrechamos la mano.

—Claro, tanto tiempo sin verte jugar —me disculpé.

Loinaz jugó en la Real entre los años 1986 y 1992. Nacido en Andoáin, fue un futbolista muy querido por la afición y de los últimos que conoció el césped del viejo Atocha, el mítico estadio donostiarra cuyas gradas, pegadas al campo, ayudaban al público a apretar. Los goles de los que habló fueron en la Copa de la UEFA, no en la de Europa. Anotó también al Rayo de Cota, con Felines de entrenador, en Vallecas. Le pregunté por su gol favorito y, tras reflexionar unos segundos, me dijo:

—A mí me gustaban los de cabeza... Mi preferido es el 1-0 al Athletic de Bilbao en el derbi. Fue a los veinte segundos de saltar al campo.

Su gol, en el primer balón que tocó, dio la victoria a los donostiarras. Con el 12 a la espalda, marcó a pase de Zúñiga. Se elevó con un potente salto y superó el intento de Biurrun de atrapar la pelota. J. y Loinaz me acompañaron arriba, a la zona noble de las oficinas, donde se encontraba el despacho de Jokin Aperribay, el presidente, un empresario que dirige la Real desde 2008. Entró con el club en Segunda División y en crisis financiera y, ya saneado y más que asentado en Primera, estaba luchando aquella temporada por entrar en la Liga de Campeones, tras diez años de ausencia. El despacho de Aperribay estaba vacío. A un lado del escritorio descansaba sobre el suelo el busto de bronce de Alberto Machimbarrena, realizado por su amigo Gabriel Navajas, seguidor de la Real Sociedad, escultor y autor de los proyectos de decoración de los hoteles María Cristina y Londres, entre otros. Me acerqué. Era de buen tamaño; el jugador de nariz aguileña fue un hombre, con muy buena pinta.

—¿Me puedes hacer una foto? —le pedí a J.

—Espera. Ven conmigo, Mitxel, por favor.

Volvieron con un pedestal blanco y Mitxel, cual levantador de piedras vasco, colocó el busto sobre la peana: pesaba tanto que sólo alguien de su fortaleza podía hacerlo. Le ofrecí mi ayuda, pero, por suerte para mí, la declinó.

—Espera —me dijo Loinaz a su vez.

Faltaba un detalle. El delantero cogió la bandera de la Real situada tras el escritorio del presidente y la colocó junto al pedestal. Me hice una sesión de fotos solo y con Loinaz. J. contó que, conocido en el club mi interés en ver el busto, la historia de Alberto revivió: Aperribay habló de él en el acto de entrega de la insignia de oro a los socios que habían cumplido cincuenta años, la tarde del día anterior. La amabilidad de los donostiarras fue más allá. J. me bajó al pasillo donde se encontraban expuestos los títulos de Liga y donde había imágenes de los futbolistas que habían completado más de quinientos encuentros con la camiseta *txuri-urdin*. Me sacó después al campo por el túnel de salida de vestuarios. La vista de Anoeta desde abajo, con las gradas vacías, era impresionante. Sobre el césped estaba dibujado el escudo del club y me hice allí otra sesión de fotos. Estaba haciendo una visita guiada al museo y al estadio como las de los aficionados, pero sui géneris. Acabó con la explicación de las obras de remodelación, en las que se retranquearon 30 metros los fondos y 15 el anillo inferior de los laterales.

Me despedí de J. y de Loinaz muy agradecido y fui directo a la tienda del club. Quería regalarle algún recuerdo a mi hijo. Encontré un mandil blanco con el escudo y la fecha de fundación de la Real —1909—, y ya me vi sentado a la mesa en casa, esperando que Marcos acabara de cocinarme un besugo. El cielo estaba cubierto de unas nubes negras que auguraban tormenta, pero mi impaciencia y mis ganas por darme un paseo de vuelta pudieron sobre la prudencia. En lugar de esperar a que descargara, salí y a medio camino entre Anoeta y Gros, en un paseo sin lugar donde refugiarme, me cayó la mundial. Llegué a casa empapado de pies a cabeza, pero la visita a las oficinas de la Real había valido la pena. Mientras colgaba la ropa mojada junto a un calefactor, pensé que el detalle de que se hubieran tomado la molestia de sacar el busto de Machimbarrena de un almacén, llevarlo en un carro hasta el despacho del presidente y atenderme del modo en el que lo hicieron, era excepcional. Habían propiciado que prendiera un ascua de las cenizas que habían quedado de mi fuego realista. Podía aceptar, incluso, un empate en el encuentro del día siguiente en lugar de aspirar a la primera goleada a domicilio del Rayo en aquella temporada.

* * *

Fui a ver el partido el sábado con Jesús Abono, que aprovechaba para quedarse unos días y conocer San Sebastián con su novia, Antonella. Comimos él y yo de pinchos en el Casco Viejo, salpicado de rayistas, e hicimos la previa en los aledaños de Anoeta, en varios bares con terraza inundados de *txuri-urdines*. Con Jesús me había visto en varias ocasiones en Vallecas, pero fue aquella tarde cuando supe algo más de él. Trabajaba de programador informático freelance y se había ido a vivir a un pueblo de Ávila el pasado octubre, con ganas de disfrutar del campo y del aire libre. Cuando el Rayo jugaba en Vallecas, viajaba desde allí para verlo. Empezó con el fútbol en familia, viendo los partidos con su padre madridista en la televisión, pero fue el Atlético el que le llamó la atención. Jesús tenía diez años en el año 2000, cuando el equipo compitió en Segunda División y el club explotó esa idea de rebeldía y fidelidad en su ya famosa campaña publicitaria. Jesús entiende el fútbol desde la identidad de los clubes —la emocional y la política—, y desde sus valores. Esa visión «pura» le hacía engancharse y desengancharse del fútbol por épocas. Era atlético, pero durante años eligió el Rayo, ese humilde matagigantes, para jugar al *Pro Evolution Soccer* o al *FIFA*, los populares videojuegos. Durante la pandemia, pese a que fueron precisamente los colchoneros quienes obtuvieron el título de Liga, Jesús veía todos los partidos de la Franja, que acabó atrapándole y le reenganchó con el fútbol. El Atlético era un grande y ahora era el Rayo el que encarnaba los valores que más le atraían. El primer año de Iraola, donde cada punto obtenido fue un tesoro y donde culminaron el ascenso a Primera en una agónica eliminatoria frente al Girona, fue definitivo para que se convirtiera en hincha rayista. Cuando el público regresó a las gradas, acudió a algunos encuentros a Vallecas y acabó por abonarse la misma temporada que yo. Jesús es hermano de Isa Iniesta, educadora social que estrenó en febrero el documental *Mi barrio: Vallecas*, codirigido por ella y por Jorge Vera. A través de varias entrevistas y con un grupo de adolescentes vallecanos como protagonistas, la película indaga en el legado y la vigencia del asociacionismo, estableciendo un puente entre el pasado y el presente. Cuando Jesús comenzó en 2019 a jugar en el *FIFA* con el Rayo, ignoraba que Isa, en paralelo, iniciaba su proyecto vallecano. También que en esta temporada él y sus hermanos serían asiduos del Estadio de Vallecas y que su hermana estrenaría el documental.

El último bar en el que tomamos algo estaba abarrotado y los camareros iban vestidos con camisetas de la Real. El encargado, mientras se afanaba en servir cervezas, rugió con potencia en determinado momento —fue un sonido gutural, atávico— y los hinchas le respondieron con un grito: «¡Real!». A la salida, cerca de las seis de la tarde, conversamos con un par de hinchas a los que preguntamos dónde se encontraba nuestra puerta de acceso al estadio. Xabi, rubicundo y de mi edad, había pertenecido a la peña Mujika y hablamos de los clubes pequeños. Él consideraba a la Real Sociedad hermana del Rayo en ese sentido, pese a que los donostiarras estaban claramente un escalón o dos por encima de los vallecanos.

—¿Cuántos habitantes tiene Vallecas? ¿50.000?

Se quedó alucinado cuando le informamos de que tenía más aún que su ciudad. Cuando le hablé de mi visita a las oficinas y de Loinaz, me dijo que, cuando salía a calentar, Atocha se caía coreando: «Mitxel, Mitxel…!».

Ya en el interior de Anoeta, Jesús y yo andábamos algo despistados en busca de nuestros asientos y una mujer morena se acercó a nosotros y nos indicó dónde se encontraban. Había una muy buena entrada y en nuestra zona, en un lateral alto, sobre todo familias con niños. Salió de titular RDT y fueron bajas Catena y Álvaro García. La ausencia por amarillas del extremo era de risa: en la falta que le señalaron ante el Osasuna y que le costó la suspensión, ni tocó al contrario. El Rayo apeló, pero en la tradicional línea de oscurantismo e incapacidad del Comité Arbitral para reconocer sus errores y enmendarlos, no le levantaron la sanción.

La hinchada comenzó llevando en volandas a los donostiarras y hacia los diez minutos, tras una jugada en la que hubo dos faltas no pitadas cometidas por los locales, el árbitro concedió un gol de Silva, el longevo y fino interior canario. Vimos por primera vez en vivo la celebración habitual en Anoeta, donde los aficionados se ponen de espaldas al césped y saltan abrazados entre sí, en una imagen que funciona muy bien en televisión, aunque les priva de ver parte del festejo de los futbolistas. Jesús y yo, los únicos que seguíamos sentados, protestábamos las faltas y finalmente el árbitro acudió a ver la pantalla a pie de campo del VAR y anuló el gol. El empate a cero se mantuvo hasta el descanso, aunque los negriamarillos —el Rayo jugó con su tercera equipación— apenas atacaron. Tras la reanudación del juego, la sorpresa saltó cuando Isi le robó un balón al joven central Jon Pacheco en el centro del campo y fue capaz de conducirlo hasta el área y definir con maestría. Jesús y yo nos frotábamos los ojos, porque no esperábamos que el Rayo se adelantara en el marcador. El encuentro era frío en el césped y en la grada: los aficionados no mostraban mucha pasión y al menos en nuestra zona apenas comentaban entre ellos las jugadas. Poco después el goleador noruego Alexander Sørloth, un 9 que vendría a ser la versión moderna de Mitxel Loinaz, anotó de cabeza el empate. Quizá ir ganando fuera demasiado, pero creímos, según iban pasando los minutos sin que ningún equipo impusiera su juego, que el partido iba a acabar así. Las pérdidas de tiempo del Rayo eran lo único que encendía algo al respetable. En el minuto 80 llegó la inesperada decepción. Un centro al área sin peligro se convirtió en letal por la indecisión de la defensa y de Dimitrievski. Lejeune, ante el acoso de Carlos Fernández, introdujo el balón en su propia portería. Si en un lanzamiento de falta anterior un niño pequeño que se sentaba cerca se tapó los ojos por miedo a que el central marcara, ahora éramos nosotros quienes nos los tapábamos tras semejante despropósito. Madres, padres y niños saltaban abrazados, de cara a nosotros, riéndose, más divertidos que emocionados, y Jesús y yo nos quedamos completamente planchados, en silencio. El partido no dio para más. La Real se acercaba a la Liga de Campeones y el Rayo seguía algo atascado, romo en sus salidas, regalando puntos vitales.

Tomamos algo en la cervecería que ya conocíamos y Jesús se encontró con la hincha rayista que se sentaba detrás de él en Vallecas. Era una treintañera pelirroja que jamás paraba de animar. Tanto es así que, ubicada en el fondo de los ultras guipuzcoanos, se dejó llevar y celebró los goles de la Real abrazándose a los donostiarras. Jesús y yo acabamos la noche charlando durante horas con un hincha *txuri-urdin* que trabajaba en la industria metalúrgica. Nos dio tiempo a hablar de los «jóvenes cachorros» del fondo de Anoeta, no muy respetuosos con los veteranos, y de las cooperativas vascas.

Regresamos al centro por calles completamente vacías y nos despedimos con aquello de «la próxima, ganamos». Machim, fiel a sus raíces, había salido de la oscuridad de un almacén para darle más suerte a su equipo que a su pariente madrileño.

EL RAYO ES DE PRIMERA

Rayo Vallecano 2 - Barcelona 1
Miércoles, 26 de abril de 2023

Álvaro García 18', Fran García 52'

Lewandowski 82'

El encuentro contra el Barcelona en Vallecas fue incendiario en las gradas, en el palco y sobre el césped. A priori, el encuentro no parecía muy importante: el Barcelona sólo se jugaba adelantar el alirón por un título de Liga que no se le podía escapar, y el Rayo, certificar una permanencia que tenía asimismo al alcance de la mano, a una victoria de distancia. Perder en casa con un líder que únicamente había encajado nueve goles en las anteriores 30 jornadas no era una tragedia. Pero se dieron tantas circunstancias excitantes y contó con tantos ingredientes atractivos o sonrojantes, que fue el partido que viví con más tensión de todos.

Ese miércoles por la mañana estaba muy tranquilo. La previa iba a ser completamente diferente a las anteriores, ya que, en lugar de ir a tomar algo en un bar, conversé en línea con Eddy92, youtuber culé. Conozco el trabajo de varios youtubers nacionales e internacionales, casi siempre de equipos grandes, y el catalán me interesaba porque es inteligente, reflexivo y calmado, además de valiente en sus análisis. Con matices muy diferentes, se parece al abogado fiscalista Ramón Álvarez de Mon por el lado madridista, que ha publicado recientemente su segundo libro, *Florentino* (2023). Son capaces de dar vueltas a un asunto polémico desde diferentes perspectivas y sin esconder la camiseta que llevan, o a pesar de ella. Eddy, tras sólo año y pico subiendo vídeos a su canal, había llegado a casi 50.000 suscriptores. No es periodista, sino que trabaja en una fábrica, manejando una máquina que produce papel higiénico. Aficionado a las tertulias de los programas deportivos, echaba de menos poder dar su propia opinión. Un día compró una cámara y un micrófono, y lanzó su canal.

—No tenía ni idea de cómo me iba a ir, pero al menos me iba a quedar a gusto —me dijo.

Ahí está parte de la magia de los actuales modos de comunicar: de un día para otro, sin apenas estructura y sin intermediarios, llegas a quienes quieran seguir tu trabajo, ya sea mediante YouTube, Twitch o Twitter. Eddy publica varios vídeos a la semana comentando las noticias del día a día y partidos del Barcelona y del Real Madrid. Cuando le toca el turno de tarde en la fábrica, de dos a diez, es cuando más sufre, porque son las horas en las que saltan más noticias atractivas y no puede subir un vídeo hasta la noche, cuando el interés ya ha decaído sustancialmente. Como les ocurre a muchos otros youtubers del mundo del fútbol, la mayoría de sus subscriptores, en contra de lo que se podría pensar, no son jóvenes, sino hombres entre los treinta y cinco y los cincuenta años de edad. Es decir, de las generaciones X y Millennial, no de la Z, la primera ultratecnológica y enganchada de salida a las redes sociales. Él tiene treinta y un años. Se ha casado recientemente y tiene dos perros y un gato. El cariño que recibe en casa y el de la mayoría de sus seguidores le permite aguantar el odio que le llega a diario a través de los agresivos comentarios sobre sus vídeos, esa violenta amargura de nuestras sociedades transmitida con una pavorosa efectividad y durante las 24 horas del día a través de las redes, y que tiene en balompié y política sus catalizadores estrella.

Existe cierta polémica entre los medios tradicionales —prensa, televisión y radio— y los nuevos comunicadores. Como ocurre siempre con lo que desafía un monopolio duradero, son acusados de intrusismo y falta de profesionalidad, con un recelo más hijo del miedo que de la razón. Algo diferente y bien hecho ofrecerás si atraes a tanta gente, y la frescura —que acabará siendo sustituida por el anodino oficio una vez que estén establecidos por completo en el mercado— es un ingrediente imbatible. Hablan de lo que muchos no se atreven a hablar. Han venido para quedarse y quien no se haya dado cuenta, peor para él.

—Hay que convivir —me comentó Eddy—. Cada uno tiene su espacio, y podemos colaborar entre nosotros para atender mejor al aficionado. Todos consumimos lo de los demás, necesitamos estar bien informados. Lo que no tiene sentido es que nosotros no podamos emitir imágenes con derechos en nuestros análisis o en nuestras tertulias. Al final eso perjudica a todos, porque se reduce nuestra capacidad de llegar a los jóvenes, que van perdiendo interés.

Algo muy divertido del fútbol es que se puede discutir de cualquier cosa. A Xavi, el entrenador culé, se le conoce como el «jardinero» por sus continuas alusiones al césped de otros campos, que él considera que está alto o en malas condiciones para la buena práctica del fútbol y, por consiguiente, pensado para perjudicar a su equipo. También acude al sol, o a lo que tenga a mano. En la previa al partido se quejó del césped y de las pequeñas dimensiones del campo de Vallecas y Presa entró al trapo en una entrevista de radio: «El césped está impecable, tenemos el mejor césped de la Comunidad de Madrid este año... No se gana ni se pierde por un césped... Con todos los respetos, es algo de mal perdedor... En el Camp Nou lo tienen lo más corto posible, con una altura del 2,2. Su campo parece una pista de hockey hielo y no ponemos quejas, es su estilo y sus jugadores».

—¿Viste la rueda de prensa de Xavi? —le pregunté a Eddy—. Yo me parto con él. Se rio de que le llamaran «jardinero».

—Dice una cosa y luego la contraria, y la gente se lo compra. Un día dirá que nos afectó el sol, y otro que la luna.

—¿Te has fijado en que ha introducido o popularizado el uso de varios términos en los medios desde que llegó a vuestro banquillo?

—No, ¿a qué te refieres?

Xavi es un icono del Barça. Es, además, mi personaje favorito de los banquillos en la Liga. No tiene filtro, es directo, arrogante por naturaleza y sus ruedas de prensa suelen ser joyas. Su voz, diga lo que diga, se escucha con atención. Cuando me enganché a sus intervenciones en público, me fijé en que utilizaba repetidamente términos como «realidad», «crueldad», «evidencia» y «pulcritud». Pronto los usaban los periodistas deportivos y la cuadratura del círculo se produjo cuando llegaron a la flor y nata, los columnistas más reputados, que los usan ignorando —sospecho— su origen. Xavi, quién lo diría, que construye frases incorrectas como quien respira, usa «hostia», «puta» y «cago» más de lo recomendable, es uno de los escasos personajes famosos influyentes en el uso del castellano actual. Tiene tanto mérito como ganar Liga y Supercopa en plena debacle institucional.

—¿Cómo ves el partido? —le pregunté a Eddy.

—Es difícil de pronosticar, nadie se juega gran cosa. Que el Rayo consiga la permanencia con su presupuesto es de un mérito gigante.

Creo que va a ganar el Barça porque queremos ganar la Liga cuanto antes. ¿Cómo lo ves tú?

—Puf —respondí—... O salen a tope, como contra el Real Madrid, o nada. Iraola ha comentado que con equipos con muy buena salida de balón podría ser contraproducente presionar arriba, pero no veo otra. No soy muy optimista, la verdad.

—Si se encierran, al Barça le va a costar.

—Veremos —comenté, lacónico.

—Bueno, ¡que gane el mejor! —zanjó Eddy.

Esa frase tan común y educada oculta nuestros más íntimos deseos, para muchos inconfesables: siempre queremos que gane nuestro equipo, aunque nos reviente que juegue mal.

* * *

El estadio estuvo a rebosar. Hubo un mosaico en el fondo con los colores rayistas, banderas y muchísimas bufandas y camisetas de los locales, pero también estuvo trufado de hinchas visitantes que lucían los colores blaugranas. Habían comprado sus entradas en reventa: oí decir a un joven rayista, antes de entrar, que acababa de vender dos por 180 euros. Vallecas fue una caldera, con una tensión y una pasión en el ambiente muy grande para un partido entre «dos equipos que no se juegan demasiado». Estamos en España y esto es fútbol, señoras y señores, aquí se permite casi todo, las falsas coartadas si se producen excesos funcionan de miedo y, cuando interesa, se acude a la *omertá*. Si quieren comedimiento y autocontrol, vayan a ver tenis. Voy a contar algunos detalles en gradas y palco que no se pudieron seguir por la televisión, ya sea porque es imposible o por razones de otro tipo. Tras varias jugadas polémicas en las que el Rayo pudo ser perjudicado —y en las que no se detuvieron en la retransmisión televisiva ni en el posterior resumen—, el público rugió: «¡Corrupto, corrupto!», refiriéndose al Barça de Negreira. A Xavi, repetidamente insultado, le lanzaron aviones de papel y uno arrugado le golpeó en la cabeza, sin consecuencias: no debe de ser motivo suficiente para que se detenga un partido ni se busque y expulse a los lanzadores de objetos, quizá porque el papel no hiere. Los Bukaneros y parte del público insultaron en repetidas ocasiones y con violencia a Rocío Monasterio, la candidata a presidenta de la Comunidad de Madrid por Vox. Se sentó en el palco a la vera de Presa y lucía una llamativa chaqueta roja entre tanto invitado hombre y vestido con traje oscuro. «Rocío Monasterio, hija de puta, Bukaneros te saluda», cantaban con brío. Laporta, que repartía sonrisas, no cruzó palabra con Presa. Detrás de mí se sentaban los directivos blaugranas. Lo primero que escuché de ellos, tras un robo de balón de la Franja y dirigido a sus futbolistas, fue: «¡A cerrar, hostia!». Era el aperitivo. Hubo grandes momentos, como aquel en el que anularon un gol a Lewandowski por un fuera de juego muy justo. «¡La mierda de las putas pantallas de los cojones!», gritó uno. Durante el partido no pararon de protestar en alta voz en cada ocasión en la que árbitro, Gil Manzano, no pitó lo que ellos querían. Eran ruidosos e insistentes, y se retroalimentaban, siempre indignados, siempre clamando justicia: «¡Allí no es falta y aquí sí, otra vez!». Pedían faltas, penaltis, tarjetas, e insultaban a los suyos sin rubor. Gritaban hasta cuando el colegiado cumplía sus deseos: «¡Árbitro, delante de tu cara!», gritó uno tras una entrada a Gavi que fue señalada inmediatamente como falta. «Traje no hace dama ni caballero», me repetía una y otra vez para mis adentros. Me costaba concentrarme en el juego, pero la gota que colmó el vaso fue al ir hacia el bar, en el descanso. El partido iba 1-0 para la Franja. Estaba bajando las escaleras de acceso, cuando oí tras de mí una voz estentórea y chulesca:

—¡A ver si se callan estos con los árbitros, que encima van ganando, joder!

«Estos» eran los vallecanos. Ignoro si mi reacción fue reptiliana o hija de una evolución de millones de años, pero me volví para encontrarme de frente con un tipo muy alto y moreno, de mandíbula cuadrada, trajeado de oscuro, directivo blaugrana.

—¡Parece mentira —exclamé—, vosotros largando de los árbitros!... ¡«Estos» están en su casa y tú, invitado a su palco! ¡Un poco de educación!

Me miró de arriba abajo, con el mismo desprecio con el que yo le miré a él, y pasó de largo. Si hubieran ofrecido tila en la barra, es lo que hubiera pedido, en lugar de una botella de agua.

¿Y el partido en sí, el del verde? Por suerte también se jugó ahí. Faltó mi admirado Sergio Busquets, al que no volveré a ver jugar en vivo, pero estuvieron Pedri y Lewandowski, que marcó un tanto de cazagoles, a la postre intrascendente. Poco pudieron hacer, como sus compañeros, para frenar el vendaval franjirrojo. El Matagigantes 22/23 pasó por encima del Real Madrid en otoño y del Barcelona en primavera. Nos regalaron un partido excelente en todas sus líneas, dos golazos de Álvaro y de Fran García, un festival de emociones y de sentimiento, una muestra admirable de intensidad inteligente. Una vez terminado el encuentro, con el estadio vaciándose, la electricidad recorría todavía los cuerpos y las mentes de la hinchada, sonriente y orgullosa.

—¡Qué pasada de partido! —me decía Marcos.

—¡Sí, qué pasada! —repetía yo.

Así estuvimos, intercambiando lugares comunes de felicidad, hasta llegar a casa. Me vi las ruedas de prensa. Xavi, deportivo, reconoció la superioridad rayista y no se refirió a los incidentes, quizá porque están a la orden del día en tantos estadios. Iraola, certificada la permanencia en Primera División, todo un logro, ya se podía permitir pensar en entrar «en el fregado por Europa». Eddy no subió un vídeo sobre el encuentro porque aquella noche estuvo trabajando en la fábrica, aunque me comentó que el modo de competir del Rayo Vallecano frente al Barça en los dos últimos años —tres partidos de cuatro ganados y el otro empatado— era digno de estudio. Miré mis mensajes de WhatsApp y me encontré con uno especial: «Hola Nicolás, soy Chema, nos conocimos el otro día en el entrenamiento del Rayo. Al final todo salió redondo, conseguí doce firmas, el regalo gustó mucho y luego el chimpún fue al artículo de Maite y ganar al Barcelona. Muchas gracias por haberme ayudado». Dormí sintiéndome útil.

EL FANTASMA DE ELCHE

Elche 4 - Rayo Vallecano 0
Sábado, 29 de abril de 2023

Tete Morente 45', Lucas Boyé 51', Fidel 52', Gumbau 71'

El viaje a Elche prometía. Marcos y yo íbamos con mi hermano Martín, Mayte, su mujer, y Miguel y Juan, sus hijos. Marcos y sus primos se llevan muy bien y entre el mayor —mi hijo— y el menor —Juan, dieciséis años—, no hay grandes diferencias de edad. Un viaje en familia es siempre un viaje en familia, más intenso que uno en solitario, pero lo habíamos organizado de modo que fuera lo más relajado posible. Como los horarios de los partidos no se conocen hasta un par de semanas antes, decidimos alquilar un apartamento con antelación y para tres noches, de viernes a lunes; el encuentro acabó por caer el sábado por la tarde. Entre trabajo y exámenes íbamos muy estresados y no era cuestión de forzar. Otro motivo para el optimismo —en el caso de quienes seguíamos al Rayo— era la impresionante victoria contra el Barcelona y la situación agónica del rival, el Elche. Prácticamente descendido, encadenaba seis derrotas consecutivas y ya no se jugaba más que el honor y dar alguna alegría a su público. Desde el cese de Francisco tras la victoria in extremis del Rayo en Vallecas, habían pasado otros cinco entrenadores por el banquillo ilicitano, algo que, si no era un récord de la Liga, estaría cerca. Si se cumplían los pronósticos con una victoria rayista, podíamos volver a soñar con Europa.

Mayte no pudo salir de viaje el viernes por trabajo y se iba a unir a nosotros el sábado a mediodía. Los demás íbamos en un solo coche, salimos de Madrid a las dos y media de la tarde y, pese a que era puente en la capital, calculamos que llegaríamos a Elche hacia las siete. Ignoro el momento exacto en el que todo comenzó a torcerse, pero probablemente lo hubo. Ese minuto en el que se pasa en una autovía de un tráfico denso a un atasco infernal. Me gustaría saber también el número exacto de idiotas que salimos de Madrid en dirección al Mediterráneo. Cuántos miles o cientos de miles de optimistas estresados pensábamos que íbamos a llegar en unas horas a Elche, Alicante, Valencia o Murcia para abrir la casa, hacer la compra, darnos un paseo y cenar un arroz. A las cinco y pico ya íbamos todos en el coche en silencio, sin ganas de hablar. Delante de nosotros había una serpiente interminable de vehículos parados. Mi sobrino Juan, osado él, hizo una pregunta fatídica:

—¿Cuánto llevamos?

Miré el navegador y casi me da un síncope.

—70 kilómetros.

—¿En más de dos horas? —preguntó Marcos.

—¿A alguien le apetece una empanadilla? —preguntó mi hermano, para cambiar de conversación y animar un poco al personal.

—¿Y si nos volvemos? —propuse—. En menos de una hora estamos en casa, no se lo decimos a nadie, vemos mañana el partido en la tele y estamos tres días de vacaciones en Madrid.

No fuimos sabios y continuamos viaje. El único modo que habíamos encontrado para soportar el atasco había sido discutir de fútbol. Marcos y yo éramos híbridos merengue-rayistas, Martín y Miguel, merengues, y Juan, atlético, como su madre. Todos aficionados más bien furibundos, así que discutimos a grito pelado. Daba igual que habláramos del Nápoles, de Simeone, de qué jugador considerábamos leyenda de nuestros equipos o de si el Rayo era capaz de ganar un partido o no al Brighton. Saltaban chispas. Al merendero de Cervera del Llano, donde habíamos previsto almorzar, llegamos a las siete de la tarde. Teníamos ya los nervios rotos. El lugar estaba vacío, la brisa corría y movía las copas de los árboles, bebimos unos refrescos y los jóvenes se comieron los bocadillos. Fue la única parada técnica del viaje y nos sentó muy bien. Miguel, agotado de tantos acelerones y parones, le dejó el puesto de piloto a Martín y regresamos a la carretera. El panorama era el mismo.

Cayó la noche y llegamos a Elche pasadas las once, tras más de ocho horas de carretera. Nunca en mi vida había hecho un viaje tan espantoso. Hubo todavía emoción, porque para entrar por el portal del edificio del apartamento debía usar una aplicación y recoger luego las llaves en una caja que se abría con un código. Sería todo muy sencillo, pero tardamos media hora en acceder al piso. Pedimos unas hamburguesas a domicilio y pensábamos ver una película, pero el mando del televisor no funcionaba. Los jóvenes fueron a un chino a comprar pilas, pero con las nuevas tampoco lográbamos manejar el aparato. A la una de la mañana, después de cenar, descubrimos que había que de desenchufar el televisor —el software se había quedado enganchado—, pero decidimos tirar la toalla y acostarnos. No habíamos hecho la compra, no habíamos dado un paseo, no habíamos cenado fuera, ni habíamos visto una película, pero un mal día lo tiene cualquiera. El sábado sería diferente. Seguro.

* * *

Me considero una persona razonablemente optimista. O, mejor dicho, un pesimista alegre. Sufro arrebatos de desesperación, pero no es fácil hundirme. Cuando me levanté, descubrí que en la casa no había cafetera sino un triste café instantáneo que tuve que tomar, encima, sin leche. No era un buen comienzo, pero teníamos un día fácil y muy apetecible por delante. El partido era a las cuatro y cuarto de la tarde y disponíamos de tiempo de sobra para hacer una compra, que alguien fuera a recoger a Mayte al mediodía a la estación de tren de Alicante, comer ya todos en el asador que había reservado a la una y media e ir al estadio para disfrutar de una previa relajada. El Martínez Valero estaba situado al otro lado de la ciudad —en el extremo este— y habíamos decidido, ya que no lo conocíamos ni sabíamos si era fácil aparcar cerca, ir en taxi.

Cuando viajas a una ciudad que no conoces en un grupo bifamiliar que no acostumbra a viajar junto y te alojas en una casa alquilada, jamás se cumplen los tiempos previstos. Lo que haces en tu ciudad con los ojos cerrados, fuera se complica. Mover un grupo formado por dos familias con sus usos, costumbres y ritmos particulares, no es fácil, requiere adaptarse y crear una organización medianamente eficiente. Cada acción en un nuevo apartamento obliga a un aprendizaje, y sólo dispones de un juego de llaves para seis personas; es inevitable que, pese a que planees las entradas y salidas, alguien la líe. También se tarda en establecer quién lidera el grupo cuando no hay un anfitrión determinado: los hay a quienes les gusta mandar o son capaces de decidir pero no quieren entrar en conflicto con la otra familia, y a quienes les encanta dejarse llevar o escaquearse una y otra vez. La suma de periodos de tiempos perdidos, algunos de segundos y otros de minutos, va aumentando hasta que se produce el colapso y el plan relajado se convierte en un estrés. Para llegar a ese extremo, lo inesperado ayuda.

Iba todo más o menos bien. Que alguno de los dos baños quedara libre y que cuando esto ocurría lo ocupara inmediatamente alguien para no demorarnos era un sueño, desayunar en una cafetería fue un logro, Miguel y Marcos salieron en coche algo tarde a buscar a Mayte, y la compra que hicimos mientras tanto Martín, Juan y yo hizo peligrar nuestras espaldas por el peso de las bolsas, pero dejó la nevera llena. Empecé a estresarme a la una y pico de la tarde, un rato después de que Mayte llegara. Estaba ya a punto de anular la reserva del restaurante de la una y media —mi cuñada se iba a duchar— cuando me extrañó, echando un vistazo alrededor, no ver a Marcos. ¿Estaría en el baño?

—Mayte, ¿sabes dónde anda Marcos?

—¿No lo sabes? —me preguntó, extrañada—. Le dejamos en el hospital.

A mi hijo le dolía el oído y estaba en Urgencias, en el hospital IMED, esperando a que le atendieran. Le dije que me llamara en cuanto viera al médico, anulé el restaurante y me dispuse a encargar un taxi de seis plazas para ir al estadio. Llamé a la central de taxis, pero tras unos minutos de una música insoportable, me colgaban. Después del tercer intento infructuoso, decidí bajarme la aplicación. Era malísima. No me dejaba pedir un taxi con un determinado número de plazas, así que quedaba descartado un vehículo grande. Me tuve que conformar con uno normal, y el que atendió mi petición tardaba quince minutos. Mientras su familia se preparaba para salir, bajé con Martín a la calle. Traté de pedir un segundo taxi, pero la aplicación no me dejaba. Marcos me llamó: tenía otitis y debía comprar antibióticos y alguna otra medicina. Le dije que buscara una farmacia y que mirara si a la salida del hospital había taxis. El que yo había solicitado llegó cerca de las tres.

—Hola, somos cinco personas, ¿puede pedir usted otro taxi?

—No, están todos cogidos —me informó el hombre—. En Elche tenemos problemas de licencias y los de Alicante no quieren darnos más para tener ellos más negocio en el aeropuerto común. Estamos siempre desbordados.

Bravo.

—¿Puede ir al Martínez Valero y volver para un segundo viaje?

Sabía la respuesta, él estaría encantado, nos iba a salir por un ojo de la cara. Llamé a Mayte para que ella y sus hijos fueran primero y pudieran comer algo antes del partido, y se marcharon. Marcos no había encontrado farmacia, pero sí taxi, y le dije que fuera directo al estadio. Busqué un bar o restaurante en las inmediaciones del Martínez Valero para que nos reuniéramos todos allí, y llamé a Mayte y a mi hijo para decírselo.

—Se me está poniendo cara de touroperador —le comenté a Martín—. No sé cuánto ganan, pero seguro que es un trabajo muy mal pagado.

—¿Pedimos un pedazo de pizza? —me dijo Martín, señalándome la pizzería que estaba enfrente del edificio de nuestro apartamento—. A ti y a mí no nos va a dar tiempo de comer.

Entramos, pero no vendían porciones, sólo pizzas enteras. Marcos me llamó para que le cogiera su camiseta del Rayo —ya la tenía en la mano, aunque había olvidado la mía— y unas gafas de sol.

—No puedo cogerte las gafas, no podemos entrar en la casa. Miguel se llevó las llaves.

Martín, mientras, había reservado la cena en un restaurante del centro con terraza, un premio dado cómo se iba desarrollando la jornada. A las tres y media mi hermano y yo íbamos en el taxi de camino al estadio, y a esas alturas ya tenía contracturados el cuello y los hombros. Lo primero fue discutir con el conductor cuáles eran los lugares o manifestaciones culturales de Elche con el título de Patrimonio de la Humanidad de la UNESCO. Él mantenía que el Palmeral, el Misteri —drama religioso protagonizado por la Virgen María— y la Dama de Elche. Martín mantenía que una escultura no podía ser Patrimonio de la Humanidad, y menos aún si era una copia, ya que el original estaba en el Museo Arqueológico Nacional. Finalmente, la discusión acabó cuando lo miramos en internet: sólo El Palmeral merecía tal distinción. Pudimos calmarnos y hablar de fútbol, que ya era hora.

—El Rayo tiene buenos elementos y lucha a tope —comentó el taxista—. ¡Vaya baño le dio al Barça!

Nos dejó junto al Joe Malone, el irlandés donde estaban tomando algo los demás, y me alegré de estar por fin en un ambiente futbolero. El bar de al lado, el Winners, estaba lleno de rayistas. Unos estaban cantando: «¡Isi es Zidane, Isi es Zidane!...». Me pregunté si habrían llegado en uno de los autobuses fletados por la Federación de Peñas, que habían salido de Madrid esa misma madrugada y regresaban después del encuentro. Vaya viaje más sencillo, barato, eficiente y agradable, pensé.

* * *

Nuestras localidades estaban en alto y más o menos centradas, y habían sido las más baratas de la temporada si exceptuamos las de Mollerussa. El Manuel Martínez Valero era un estadio de hormigón visto y de aspecto austero y antiguo, rodeado de palmeras. Tomaba el nombre del empresario, político y presidente del Elche que lo había construido en 1974 y era propiedad del club, ascendido a Primera la temporada anterior y que la siguiente iba a jugar en Segunda. El Elche había estado hasta entonces cinco temporadas más en Primera que el Rayo, y era otro de esos equipos ascensor. Las gradas, de color verde, se veían bastante vacías. Había un par de cientos de jóvenes ultras de Jove Elx en un fondo, pero el sector más lleno era el designado para los visitantes, en el graderío situado frente a nosotros, en alto y en esquina. Para el Rayo no iba a ser como jugar en casa, pero sí tendrían el ambiente más amigable de la temporada. En nuestra zona había también rayistas, algunas familias ilicitanas y bastantes turistas con la camiseta del Elche.

Hacía un bochorno horrible, pero la buena noticia era que seguía nublado y nos habíamos librado de asarnos. En los puestos de venta del interior del estadio regalaban botellas de agua para combatir una deshidratación que también iban a sufrir los jugadores.

—¿Ves a la mascota del Elche? ¡Pobrecilla! —comentó Mayte—. Va a palmar. ¿Qué es? ¿Un tejón?

Se llamaba Datigol —guiño al Palmeral, de palmeras datileras— y era un zorro común. Iraola había avisado de que, por la hora del encuentro y las dimensiones del terreno de juego —era el más grande de Primera—, el físico iba a ser fundamental. El Rayo no había podido descansar ni siquiera las 72 horas entre partido y partido exigidas por la Liga.

Curiosamente, tantos percances en el viaje no habían despertado mi superstición y no dudaba de la victoria de la Franja, un bálsamo para mis nervios y pensaba rematar con una magnífica cena en familia. No me gustó que Iraola dejara en el banquillo a Óscar Valentín y a Trejo, pero pensé que aquello no iba a tener mayor trascendencia. Tampoco le di importancia a que una niña rayista de unos diez años que se sentaba detrás con sus padres y era muy despierta y futbolera me estuviera dando continuamente patadas en los riñones.

—¡Cómo roba balones Isi! —comentaba, muy contenta, mientras me propinaba un par de pataditas.

El Rayo salió de negro y amarillo y mandón, y el Elche, pese a tener una oportunidad, me pareció un equipo entregado. Aun así, hubo otro aviso del desastre: en dos ocasiones del Rayo generadas por pérdidas torpes del rival en la salida de balón, Isi y Álvaro García quisieron la gloria del gol para ellos solos en lugar de pasar el balón a un compañero mejor colocado para marcar, síntoma de que se creían ya ganadores antes de adelantarse en el marcador. Entonces, hacia la media hora, Lejeune hizo una entrada muy dura en tierra de nadie y el árbitro lo expulsó. Entre expulsiones y un gol en propia puerta, el central estaba empañando una muy buena temporada. El partido con diez era otro, el Rayo se arrugó y el Elche despertó. Apenas un minuto después Marcos comentó:

—Huele fatal... ¿No oléis raro?

Me volví. Una niña morena y delgada que estaba cerca e iba con su padre, hinchas ambos del Elche, estaba vomitando. El calor había podido con ella. La pobre me recordó a la niña de *El exorcista*, parecía un surtidor de líquido y quedó completamente empapada. La familia rayista le dio una camiseta para que pudiera limpiarse y nosotros, agua y pañuelos. Los asientos junto a aquel donde se sentaba Martín estaban llenos de vómito y mi hermano se cambió a otra fila, más adelante. Marcos lo acompañó. Una cosa es evitar la superstición y otra estar ciego o sordo a los signos de los dioses. Aquel viaje familiar estaba gafado. Justo antes del descanso cayó el primer tanto del Elche y Camello falló después dos goles cantados. Además, los Bukaneros abandonaron las gradas tras anunciarse por megafonía que no se podía asistir al partido sin una camiseta puesta, y hubo algún altercado posterior con la policía. No éramos los únicos cuya jornada estaba siendo dura.

Tras hidratarnos, se reanudó el juego y fueron cayendo goles de los locales como fruta madura. 2-0. 3-0. 4-0... El bochorno había pasado del aire al césped. Los superhéroes del partido contra el Barcelona volvían a ser muy mortales. El maltratado público alicantino estaba en la gloria, asistiendo a la primera goleada de su equipo en la temporada y cantando «¡Volveremos, volveremos...!». Empezaron a sonar «olés» llenos de sorna mientras los jugadores franjiverdes se pasaban el balón y los rayistas estaban a punto de echar el bofe persiguiendo fantasmas. Datigol, el zorrito, no paraba de dar saltos y en breve alguien le iba a tener que poner una sonda con suero de la alegre sudada que se debía de estar pegando. Mis familiares nos miraban a Marcos y a mí con conmiseración, sin verter comentarios sarcásticos, ya que sabían que podíamos estallar. Era una pesadilla, pero yo estaba extrañamente sereno, no era cuestión de ponerse a gritar a nadie, sino de ir tragándose la decepción. Hubo un disparo a no sé dónde de RDT, que fue titular. Unido a su inexplicable desidia sobre el campo en un día que podía al menos habernos regalado su primer gol del año, ejemplificaba el pobre desempeño de los futbolistas madrileños.

—RDT es nuestro Hazard —dijo Marcos, melancólico.

Hubo palos, travesaños... Pudieron caer seis o más, así que con los cuatro podíamos dar las gracias. El Rayo había logrado un récord histórico: ganar al líder y perder con el colista por goleada en jornadas consecutivas. El encuentro finalizó y bajamos en silencio los tramos de escaleras en dirección a la salida. Decidimos sin demasiado tino, quizá ofuscados por efecto del calor, volver a pie al centro de la ciudad, y eso que el cielo se había abierto y el sol abrasaba. Nos costó salir del recinto porque una valla rodeaba el estadio. Para colmo no teníamos internet para ayudarnos de un navegador y un alma samaritana nos explicó que en el Martínez Valero había un inhibidor. Esa era la razón por la cual apenas había podido lloriquear enviando mensajes lastimeros a mis amigos durante la goleada.

—¿Para qué ponen un inhibidor? —pregunté—. ¿Para molestar?

Otra alma caritativa nos hizo una foto de grupo de recuerdo y nos pusimos en camino, todavía sin navegador. Cruzamos un descampado y para acceder a una avenida había dos posibilidades: dar un rodeo enorme o caminar sobre una acequia en malas condiciones que salvaba una depresión del terreno. Tras la consiguiente discusión, fuimos por la acequia. La foto que les hice, con Marcos en cabeza vestido con la camiseta roja del Rayo y el abismo a los lados, muestra a las claras lo que es ser un hincha en tierras ignotas.

Los aficionados del Elche o los simples ciudadanos a los que íbamos adelantando en nuestro peregrinaje al centro hacían comentarios del tipo: «Mira, los del Rayo, ya no van a Europa ni de casualidad». Unidos al calor y a la sed, no ayudaban a levantar nuestro ánimo. En una farmacia Marcos compró sus medicamentos y el farmacéutico, mientras pagaba, comentó:

—Vaya año... Nosotros a Segunda y vosotros sin Europa.

Hacia las siete y pico ya estábamos cerca del Palmeral. Vimos una terraza y nos sentamos a tomar algo. Martín y yo pedimos horchata —la primera del viaje, nos encanta— y los demás, granizados de limón. La dueña llegó con la bandeja, sirvió los granizados y me fijé en que le ponía a Martín una copa sin llenar del todo y que era puro hielo, sin apenas líquido. La mía encima estaba por la mitad.

—No me queda más, se me ha acabado —me informó la mujer—. Si quiere le pongo otra cosa.

Me abstuve de comentarle que lo normal hubiera sido echar lo mío en lo de Martín y no servir dos medias horchatas sin apenas horchata. Aspiré por la pajita y por no llegarme, no me llegó ni el sabor a chufa. Lo que me ocurría desde que había salido del Martínez Valero estaba relacionado con el arrastre de una emoción incidental. El inesperado batacazo del Rayo había provocado automáticamente un motivo en mí para culpar a cualquiera en otras situaciones, aunque los objetivos de dicha ira no tuvieran nada que ver con su origen. Me había enfadado mucho al descubrir que había un inhibidor en el estadio, me había vuelto a enfadar por el camino de vuelta al centro y ahora repetía con el asunto de la horchata, aunque lo que me dolía realmente era la goleada.

Mayte y sus hijos querían pasar por el apartamento a ducharse antes de la cena, y Martín, Marcos y yo preferimos quedarnos por el centro y dar un paseo, sin demasiadas ganas de caminar más kilómetros. Las calles estaban muy animadas y los ilicitanos llenaban las terrazas. Admiramos la torre almohade de Calahorra, nos asomamos a la basílica menor de Santa María, donde un cura keniata daba misa, y dimos un pequeño paseo por el Palmeral. Por fin, en la plaza de Baix, donde se encuentra la torre del ayuntamiento, entramos en un local a tomarnos unas horchatas en condiciones. Pedimos el tamaño más grande, nos lo merecíamos.

—Ya nada puede salir mal —dijo Martín, después de beberse media horchata—. Tengo un hambre horrible. Yo, aunque sea de noche, voy a cenar arroz. ¿Vosotros?

En ese momento sonó su teléfono.

—Qué raro, un número de Alicante —descolgó y su rostro se fue agriando—. ¡No me ha pasado en la vida! Pues yo estoy por el centro y no hay nada de viento… ¿Y no hay otra solución?… Ya, les llamo en un rato.

—¿Qué pasa, tío Martín? —le preguntó Marcos.

—Pasa que eran los del restaurante. Dicen que se está levantando viento y que es probable que no monten la terraza. Como tiene el comedor lleno, no hay mesa para nosotros. Todavía no cenamos.

—¡El fantasma de Elche nos persigue! —dijo Marcos.

Nos entró un ataque de risa floja. Marcos llamó al asador Ilicitano de la reserva anulada del mediodía y disponían de mesa. Sin terraza, pero era una suerte. Efectivamente, en el otro restaurante no abrieron la terraza y de camino al asador cayó una tormenta de gota gruesa, de estilo veraniego. Nos mojamos, pero ya todo daba igual: nos esperaba un arroz. Tampoco le gustó a mi hijo que en varias ocasiones, por llevar la camiseta del Rayo, se rieran de él algunos jóvenes según nos cruzábamos con ellos.

—Ya les vale —decía, indignado.

—Así es la vida, hijo. A mí tampoco me hace gracia que me recuerden una y otra vez lo de hoy.

—Pues no me pienso quitar la camiseta.

La cena fue rica y nos reímos de las desgracias de la jornada. Los jóvenes fueron a tomar una copa y los veteranos fuimos de camino al apartamento. De pronto un coche blanco y con la música a tope frenó junto a mí y un hombre, asomado a la ventanilla, me interpeló. Era calvo, de cerca de setenta años, e iba con tres mujeres vestidas de fiesta y más o menos de la misma edad, dos rubias y una morena.

—¿Limousin? —dijo, con acento ruso.

Yo ya no daba crédito. ¿Qué más nos podía pasar?

—No soy de aquí, no tengo ni idea de dónde se alquilan limusinas, lo siento.

El ruso se carcajeó.

—¡Limousin, la discoteca! ¿Dónde está?

—Ni idea.

El ruso aceleró y desaparecieron. Miré la localización de la discoteca. Era una *boite* y estaba a la vuelta de la esquina.

—¿Vamos a ver qué es y nos tomamos una copa? No veo mejor manera de rematar el día.

Martín y Mayte no tardaron ni un segundo en estar de acuerdo. Llegamos. En la entrada destacaba un gran luminoso amarillo con el nombre en grandes letras. Entramos y había un tipo trajeado de unos cuarenta años tras un mostrador, a un lado de unas amplias escaleras blancas con una luz roja en cada peldaño y que descendían a un sótano.

—Buenas noches —le saludé—, ¿qué tipo de discoteca es esta?

—Es una discoteca para mayores de cuarenta años —respondió—. A los jóvenes, cuando vienen, les decimos que no es su estilo. La entrada son 9 euros para las mujeres y 12 para los hombres. Da derecho a una copa y la participación en el sorteo de una cena para dos personas.

—Pago con tarjeta —le informé.

Bajamos las escaleras y accedimos a la sala. La decoración era setentera, había numerosos reservados alrededor de la pista de baile y los sillones eran de cuero color burdeos. Disponían de un buen juego de luces y había unas pantallas de televisión que emitían en bucle un vídeo digital estilo retro que me recordó a la primera versión de *TRON*, la película de ciencia ficción. La discoteca estaba casi llena. El público estaba entre los sesenta y los ochenta años y vestía clásico o de fiesta. Había jubilados extranjeros y españoles, en la pista había parejas bailando agarrados y en los reservados grupos, parejas u hombres solitarios. Fuimos a la barra y pedimos las copas. La música era variada y de todas las épocas, ya fueran sevillanas o música disco, y el público era animado. Algunas mujeres, realmente en forma y bailando con un ritmo y dedicación envidiables, eran las reinas de la pista y atraían muchas miradas. Por mucho que el estilo fuera muy diferente, era igual que una discoteca actual de jóvenes o de nuestra edad: allí se iba a bailar, a divertirse, a ligar o a enamorarse.

—¿Esto lo hay en Madrid? —preguntó Martín, fascinado.

—No sé —dijo Mayte, que no quitaba el ojo a la pista—. Por aquí hay mucho jubilado extranjero…

—Me encanta —comenté—. Como si a la gente mayor no le gustara pasárselo bien…

—En unos añitos estaremos aquí todos los sábados —bromeó Martín.

Echamos unos bailes y lo pasamos en grande. No nos tocaron las dos cenas del sorteo, una pena. Cuando nos íbamos a ir nos dimos cuenta de que no teníamos las llaves. El fantasma de Elche atacaba de nuevo. Por suerte, Marcos respondió a mi llamada y un rato después apareció con su camiseta roja, que destacaba entre tanta camisa de colores apagados y trajes de noche más alegres. El Rayito llega a lugares insospechados.

—Cómo os lo pasáis, ¿no? —dijo mi hijo mientras nos entregaba el juego de llaves y miraba a los lados, sorprendido.

Media hora más tarde, cerca de las dos de la mañana, Martín, Mayte y yo estábamos en el apartamento. Agotados, nos dimos las buenas noches.

—Qué suerte tienes, Nico —me dijo mi hermano—. Este capítulo se escribe solo.

POR FIN

Rayo Vallecano 2 - Valladolid 1
Jueves, 4 de mayo de 2023

RDT 47', Sergio Camello 79'

Sergio León 83'

La Liga no da descanso. Pocos días después de mi regreso de Elche había partido entre semana y a las diez de la noche, en Vallecas. Fallaban, como ya era costumbre, Bernardo y mi hermano Juan, y no pude encontrar a nadie que me acompañara, aunque esta vez no me esforcé demasiado. Me apetecía ver un partido a mi aire. A la salida del metro fui al puesto de chuches y compré unas pipas, algo que no me convertía directamente en lo que en el fútbol denominan un «pipero» o «comepipas». El término se refiere a los aficionados que devoran la prensa deportiva y recitan datos como papagayos, creen saber más de lo que saben, insultan sin ton ni son a los jugadores de su propio equipo, viven de tópicos con los que alimentan su amargura, y su interés por el fútbol no incluye quedarse hasta el final del partido si abandonar las gradas antes les evita un atasco o un vagón de metro a rebosar. Naturalmente, nadie se considera a sí mismo un pipero, es una epidemia que te rodea pero nunca crees haberte contagiado: estás por encima de ellos, sentir, por cierto, muy de pipero. Eso sí, confesaré que les —o nos— prefiero a los «fidelísimos», los que siguen aplaudiendo aunque sus jugadores les estén tomando el pelo sobre el césped y fuera de él, los que animan más cuando mete un gol el contrario que cuando marca su equipo, los que están deseando bajar a Tercera para demostrar que son sufridores empedernidos y acríticos, los que tienen complejo de conejitos de Duracel con pilas ilimitadas, la claque fundamentalista de pata negra, los que están más enamorados de su incondicionalidad que del propio juego. Con los piperos basta con no prestarles atención, los fidelísimos son un ejército aplaudido por los medios, te interpelan y te dan la brasa. Por lo que he visto, son también legión y no sólo ultras.

Tomé una cerveza en El Chispín y consulté cómo iban el Rayo Femenino y el filial. Había serio peligro de descenso para ambos equipos, lo que me preocupó. Me fui al estadio con tiempo y la esperanza de que el Rayo ganara al Valladolid y el sueño europeo no se acabara a falta de todavía cinco jornadas. El Valladolid había cambiado de entrenador y de jugadores y había mejorado con respecto a la primera vuelta, pero llevaba varias derrotas seguidas y afrontaba el fantasma del descenso. Aparte del partido en sí, lo que más me intrigaba era si acabaría por presenciar el primer gol de RDT, un suceso histórico en términos rayistas, dado lo decepcionante que era hasta el momento el fichaje más caro del club. El delantero madrileño de origen dominicano salía en el once inicial.

Había buena entrada en Vallecas, pero no estaba lleno y la cercanía de Valladolid hizo que hubiera bastantes blanquivioletas en las gradas, algunos cerca de mí. Aparte, llamaba la atención un seguidor de Falcao, envuelto en una colorida bandera colombiana en la que varios jugadores habían estampado ya su firma. Los días de descanso le habían sentado bien a RDT: tras su aspecto lastimoso en Elche, salió al césped con ganas. En el protocolario saludo entre los jugadores previo al inicio, los jugadores del Valladolid fueron saludando en fila a los del Rayo. Lo normal es que los locales, quienes reciben el saludo según van pasando los rivales, vayan chocando la mano tranquilamente, sin moverse demasiado. RDT fue el único que dio la mano mientras daba saltitos, todavía calentando, en un remedo tibio de los prepartidos de Rafa Nadal, que acostumbraba intimidar al contrario con un despliegue físico de carreras y saltos casi agobiante. Bien, pensé, está enchufado.

Dio comienzo el encuentro. El delantero pedía continuamente el balón, silbando a los centrales para que le pasaran en largo y levantando el brazo para llamar la atención de cualquier compañero en posesión de la pelota. Recibió de espaldas un par de balones con el defensor encima y fue capaz de aguantar, pararlo y distribuir con tino. Ganaba sin demasiado problema duelos por alto, una de sus virtudes. En un balón dividido en el centro del campo chocó con el contrario y quedó tendido en el suelo, muy dolorido. La jugada continuó y RDT no se levantaba. Ya estamos, pensé, se ha lesionado, este hombre no remonta. Acabaron por lanzar el balón fuera para que le atendieran y, tras ponerse en pie, se marchó cojeando a la banda y con gestos de dolor. ¿Sería sólo un susto? Regresó al partido renqueante, pero poco después corrió para presionar: la cosa pintaba bien. El Valladolid comenzó con acciones de peligro, pero había acabado por ceder el balón al Rayo, espoleado por la electricidad de Isi. Nuestro atacante fue perdiendo fuelle y volvieron sus gestos de frustración y esa sensación de cierta desgana que transmitía. Tuvo una oportunidad a pase de Isi en la que remató contra el defensa, y se iba acercando peligrosamente a la treintena de disparos sin lograr un solo tanto. El público, cuando tiraba, no se levantaba de sus asientos anticipando el gol, como ocurre con los goleadores en forma. Ya no confiaba en él y recibía el fallo en silencio o con un levísimo murmullo, acostumbrado a la desilusión. Era como si rematara el clásico tarugo, alguien que, si marca, es casi por equivocación. Los árbitros tampoco le respetaban. Le pitaban cualquier falta dudosa si disputaba la pelota en un forcejeo y, cuando él era la víctima, los colegiados le hacían gestos de que se levantara. Sufrió un agarrón clarísimo en el centro del campo, pero no hubo sanción y aquello, para un jugador poco equilibrado y temperamental, con facilidad para salirse del partido, es una calamidad. Hubo otra acción muy parecida a la anterior y casi tuvieron que quitarle la camiseta para que Medié Jiménez concediera falta. Álvaro García y Mumin remataron con peligro en jugadas casi consecutivas, el Rayo apretaba, pero lo más destacado de RDT fue en área vallecana: un balón dio en su mano y por suerte no hubo VAR ni penalti, algo que hubiera contribuido al hundimiento del ángel caído. Supuse que Iraola no iba a tardar demasiado en sacarle del campo y dar entrada a Camello.

El primer tiempo acabó con empate a cero y charlé con Jesús, mi compañero de asiento. Hablamos de RDT, que empezaba a ser como el hijo con problemas de un amigo de la familia, el clásico buen chico —tú sabes que lo es— que no se centra y les da quebraderos de cabeza a sus padres y al que tú llevas un día al cine para animarle un poco y que su vida no sea una triste sucesión de broncas. Jesús, como tantos rayistas, ya no confiaba en que hiciera nada, al menos aquella temporada. Por otra parte, supe que mi compañero de asiento era vallecano, había vivido cerca del estadio hasta que se casó, y él y su hermano habían formado parte de la cantera de la Franja. El hermano había sido muy buen jugador, compañero de Míchel desde chico, y había abandonado el fútbol como juvenil por lesiones en ambas rodillas. Podía intentar, ya tocado, llegar a ser profesional, o estudiar una carrera, y apostó por lo segundo. Jesús había sido un abonado intermitente, y de sus hijas la mayor era forofa y la menor, adolescente, aparte de una eficiente comedora de pipas, se había hecho rayista a tope esa misma temporada. Habían ido a menudo al Bernabéu por un amigo que los invitaba, pero ninguna de las dos quería oír hablar del Real Madrid.

Comenzó el segundo tiempo y apenas dos minutos después Álvaro García, quién si no, puso un centro medido desde su banda izquierda y RDT se metió entre los centrales y cabeceó picado a la izquierda del guardameta vallisoletano. Gol. Parece muy sencillo así contado y fue un gol bonito como tantos otros, pero no fue ni de lejos un gol cualquiera. Salté de mi asiento y comencé a gritar: «¡Gooooooooool!», volviéndome hacia todos lados para encontrarme con la mirada de algún otro hincha para compartir el momento, pero nadie me hizo ni caso. Unos abracitos tampoco hubieran estado mal, pero nada, estaba sentado con dos asientos vacíos a mis lados —entre Jesús y yo se interponía su cuñado— y la comunión futbolera no se dio. Me conformé con cantar con el estadio y dar palmas. Fue una sensación extraña, como si aquello no pudiera haber ocurrido, y creo que si la liberación para RDT debió de ser mayúscula, para el público, también. El niño quizá dejaba los porros y pasaba de curso. RDT hizo de todo para celebrarlo, lanzarse de rodillas para resbalar sobre el verde, abrazarse con pasión con algunos compañeros, hacer el gesto del torero para brindarle el tanto al respetable... Sólo le faltó pedirle el micrófono al *speaker* y darnos un discurso sentido, con lágrimas, muy actual.

Tras la algarabía con el 1-0, me senté aliviado. Mandé unos mensajes de WhatsApp con la noticia a mi hijo y a todo contacto que pudiera comprender la trascendencia del acontecimiento. Incluían la expresión: «¡Por fin!», y volví a comer pipas y a concentrarme en el juego. Fueron pasando los minutos y RDT, el resucitado, sufrió una falta y, cuando Hongla y otro rival trataron de levantarlo —para que no corriera el tiempo, no por caballerosidad, iban perdiendo—, se los quitó de encima con malos modos. Podía ponerse en pie solito. Bien hecho, pensé. Fue sustituido por Camello en el minuto 67 y recibió una ovación. No corearon su nombre, como hacen en Vallecas con Isi y con Trejo, porque ese es un honor que estaba todavía lejos de haberse ganado, pero los goles son amores y pensé que ya veríamos si, Europa mediante, todavía estaba a tiempo aquel año.

Álvaro García dio su segunda asistencia de la noche —yo corearía alguna vez su nombre, el de Fran García y el de Óscar Valentín— y Camello marcó un gol reivindicativo, para que no olvidáramos que el currante del área era él, y no el díscolo RDT. Llegó inmediatamente el susto del 2-1, de Sergio León, en un remate de cabeza en un córner que subrayó las dificultades por alto de un equipo de bajitos, y pasé unos minutos de nervios. Pero hubo final feliz. El Rayo no sólo era de Primera, sino que continuaba en la lucha por Europa.

En días de alegría me gusta darme un baño de declaraciones y ruedas de prensa al llegar a casa, y eso que esta vez era pasada la una de la madrugada. RDT agradeció en una entrevista el apoyo de Presa y de sus compañeros en tiempos difíciles, de inseguridades y posible depresión, y nos recordó que de pequeño era socio del Rayo y consideraba Vallecas su casa. Iraola, cuando le preguntaron por el tanto y el fin de su sequía goleadora, que duraba la friolera de 344 días, evitó ensalzarle. Elogió en su lugar a Álvaro García, ya fuera porque su relación con el ariete no era la mejor o porque prefería presionarle para que diera más de sí en las últimas jornadas. Yo, por mi parte, ya estaba fantaseando con un *hat-trick* de RDT en su siguiente partido, en el Benito Villamarín. A veces soy facilón.

ADIÓS CON EL CORAZÓN

Rayo Vallecano 1 - Espanyol 2
Domingo, 21 de mayo de 2023

Darder 22', Melamed 58'

RDT 41' (p)

Vi la derrota del Rayo por 3-1 frente al Betis en Córdoba, durante el segundo puente de mayo, en una casa de campo, con unos amigos. Los tres picotazos verdiblancos me dolieron, pero nada en comparación a los aproximadamente cien que cubrían mi cuerpo —desde el cuero cabelludo hasta los tobillos— a mi regreso a Madrid. No fueron mosquitos, sino otro tipo de dípteros, llamados ceratopogónidos, que aparecen durante la siega del cereal. Sólo los puedo catalogar de monstruos. Son enanos, casi transparentes, vuelan, muerden repetidamente y salen a masacrarte en nubes desde el alba hasta la noche. Leí una noticia en la web *Cordópolis* titulada «Una plaga de insectos causa multitud de picaduras y lleva a Urgencias a vecinos de Las Quemadillas» y supe que habían sido ellos. Los cordobeses hablaban de una «situación insostenible» y de la «imposibilidad de salir de las viviendas». Yo salí varias veces al exterior —cruzar un patio, llegar hasta el coche, ayudar a mi anfitrión—, protegido por un sombrero con red y repelente, pero su atracción por mi piel y mi sangre fue obsesiva, digna de estudio. No fui a Urgencias porque no se me ocurrió. Ya en Madrid, a punto de llorar de escozor mientras escribía, acudí a un médico y me atiborré de medicamentos. Drogado, una tarde fui a Getafe al dentista, por un implante. Consideraba aquella sencilla cirugía un descanso de tanto fútbol, porque, con o sin picaduras, no podía perder un minuto si quería llevar al día esta crónica. Pero el fútbol compite con Dios en su ubicuidad.

Estaba sentado en la silla de tortura, con la boca abierta, varios instrumentos y demás en su interior y mis manos agarrando con fuerza el reposabrazos, anticipando un dolor que no se produjo. Paula, la odontóloga —«una crack», según Luis, mi querido dentista—, me preguntó qué estaba escribiendo y logré explicarme en el idioma de Chewbacca:

—¡Ffffú... boool!

—Pues a Irene le encanta el fútbol —dijo la doctora, con esa capacidad de los dentistas para comprender cualquier rebuzno. Y añadió, señalando a su ayudante—: Es nieta de la famosa abuela del Getafe.

—¿Ziiiiiii? —mascullé—... Cu.... dio-zooooooo....

—En mi familia todos somos socios del Getafe. Ella ha salido en la tele y en todos sitios y les lleva magdalenas a los jugadores —comentó Irene.

Encarnación, la abuela del Getafe, tiene más de ochenta años y hasta la pandemia iba a pie a los partidos, acompañada de su nieta, siempre con camiseta, banderas, de todo. En un derbi contra el Leganés en el que se sentaron entre los hinchas locales, Irene la avisó de que debía tener cuidado y perfil bajo, así que llevaba la bandera escondida. Ganó el Getafe y Encarnación se quedó a celebrar, ondeando su bandera. Los aficionados azulones situados en la zona visitante no podían abandonar el estadio hasta que se vaciara el resto por completo, así que hubieron de esperar a que Encarnación abandonara el recinto. Pero eso a la abuela le daba igual, su Getafe del alma había vencido en el derbi y no había manera de sacarla de allí. Tuvieron que acercarse los de seguridad y explicárselo. En otra ocasión, tras el mítico 2-0 del Getafe frente al Ajax en la Europa League de 2020, la abuela y un grupo de jóvenes esperaban a los futbolistas a la salida para pedirles fotos o camisetas. Damián, lateral y leyenda de los madrileños, bajó la ventanilla de su coche y, en cuanto vio a Encarnación, dejó claro a todos que su zamarra era para ella.

—Es muy graciosa, lo pasamos muy bien —comentó Irene.

—¡Eeeeez... gual.... Lo... la... da-yooooooo!

—¿Estás bien, Nicolás? —intervino Paula—. No te pongas nervioso, va todo bien, acabamos pronto.

No logré decirles que Encarnación es un personaje semejante a Lola, la Mami de Vallecas. Quizá haya más en otros clubes. Sospecho que esas mujeres, las esforzadas protectoras de su equipo, las fanáticas del fútbol y de las magdalenas, sólo existen en el ámbito cultural hispanoamericano, aunque no descartemos otros países del Mediterráneo. Me vino a la mente, en música, otra abuela célebre, Ángeles

Rodríguez, la abuela rockera de la movida madrileña, que iba primero a los conciertos de rock duro a acompañar a su nieto, y luego ya voló sola. Tiene una estatua en el paseo vallecano de Peña Gorbea. No llevaba magdalenas a los músicos, que yo sepa, pero era futbolera y seguidora del Rayo.

* * *

Llegó el encuentro frente al Espanyol del domingo, aderezado por una muy buena noticia y dos malísimas. La buena fue la renovación de Isi Palazón hasta 2027, fundamental por mantener algunos elementos clave de la plantilla, dado que otros iban a salir en verano. Las malísimas fueron el descenso del Rayo Femenino y el del filial, el Rayo Vallecano B, dos golpes duros que no sorprendieron a nadie y confirmaron los temores de la afición con respecto a cualquier sección que no fuera la del primer equipo. Presa obtuvo un punto positivo por Isi y dos ceros en fútbol femenino y cantera. Los suspensos, además, con asterisco, ya que los descensos fueron a categorías en las que resulta muy difícil ascender.

Fui al partido con mi sobrina mayor, Juana, y con su novia, Irene. Juana trabaja en una agencia de publicidad y es futbolera: en una celebración de un título del Real Madrid en la plaza de Cibeles estuvimos a punto de recibir un balazo de goma de un antidisturbios durante una carga, sin comerlo ni beberlo. A Irene el fútbol no le gustaba demasiado, pero había ido con su padre a menudo a Riazor de pequeña, en la época del Superdépor, la de Bebeto, Fran y compañía. Su padre, Manuel Paredes Grosso, citado anteriormente en este libro, había fallecido unas semanas antes y era el urbanista que dirigió la gestora pública y vecinal encargada del realojo en Palomeras. Irene, tan ligada a Vallecas, iba por vez primera a ver al Rayo y estrenaba camiseta. Fueron las invitadas más previsoras de la temporada. Por si llovía —lo hizo—, traían chubasqueros puestos. El partido se disputaba a las dos de la tarde y nada más sentarnos sacaron de sus mochilas bocatas de lomo, queso y pimientos. Además, llevaban pipas, golosinas, pañuelos de papel y qué se yo cuántas cosas más, que me fueron ofreciendo con generosidad.

La semana anterior, ultras del Espanyol habían invadido el campo tras el encuentro que les enfrentó al Barcelona, que había celebrado sobre el césped de su rival catalán la consecución del título de Liga. Aparte de insultar, se encararon con jugadores culés, en otro incidente violento que probablemente apenas traería consecuencias. La rivalidad, parece ser, lo justifica casi todo.

El Espanyol eligió para jugar en Vallecas su equipación rosa eléctrico, que hacía daño a los ojos. Los comprendo. O ganaban o se iban a Segunda. Fue una táctica como otra cualquiera para desestabilizar al contrario y a su público, y funcionó. Se adelantaron en el marcador, pero al filo del descanso RDT empató de penalti por mano. Abracé a mis invitadas y pensé que el Rayo iba a ganar tras aquel golpe psicológico. Pero en el segundo tiempo se produjo otro golpe, esta vez a favor del Espanyol. Álvaro García le puso un caramelo a Isinho en el punto de penalti y la estrella vallecana envió el balón a las nubes, con todo a favor. En la siguiente jugada, probablemente afectado por el error —que se sumaba a otro en la jornada anterior, contra el Betis—, perdió el balón en el centro del campo y Darder realizó una jugada personal llena de clase. Su disparo, repelido por Dimi, lo remachó a la red Melamed. El canterano perico lo celebró besándose el escudo cerca del fondo de los Bukaneros y la reacción fue cantar: «¡A Segunda, a Segunda!». El 1-2 acabó por desquiciar al Rayo, que, en estado catatónico, persiguió elefantes rosas. Tuvimos nuestra ración de pérdidas de tiempo y se consumó la derrota. Los catalanes celebraron la victoria como la final que había sido para ellos, con gritos de alegría y sentidos abrazos: aguantaban una semana más en Primera, mientras las posibilidades de los nuestros de clasificarse para Europa se habían reducido drásticamente: tenían un 1 por ciento de probabilidades, según una predicción seudocientífica de las que están muy en boga. Acabaron la jornada en el 11° puesto, con 46 puntos y 4 puntos por debajo del Athletic de Bilbao, el club colocado provisionalmente en puesto de Conference League.

«Liverpul» volvía a estar al otro lado del canal de la Mancha, muy lejos, tras la bruma. Al Rayo apenas le quedaba el objetivo deportivo de acabar en una mejor posición y recibir así más dinero de LaLiga por ello. Al salir del estadio, había cierta relajación en el ambiente, como si todos fuéramos estudiantes y acabara de terminar la época de exámenes. Los tres partidos que restaban eran para los empollones, para los que van incluso a las clases de recuperación que no les atañen. Juana e Irene habían disfrutado el plan, pero les había tocado un día gris de la Franja. Se fueron y tomé una cerveza en un bar de la calle de los Soportales con Jesús Abono y Antonella. Estábamos los tres algo desorientados y mustios, como los demás aficionados que llenaban las terrazas. Las emociones se provocan rápidamente y pueden desencadenar una acción inmediata, pero, una vez activadas, algunas, como la tristeza, pueden provocar un pensamiento más sistemático que otras como, por ejemplo, la euforia. La tristeza no es deseada y es más difícil reducir su influencia sólo con esfuerzo.

—¿Y ahora qué? —me decía Jesús—. No me gusta nada esta sensación. Va a llegar el final de la Liga y a mí el fútbol me sirve para pasarlo bien, pero también para ordenar mi vida. Cada dos semanas, tengo un viaje desde Ávila, y así...

—Yo no sé si estoy triste por lo de Europa o contento porque queda poco para que acabe mi libro —le confesé—. Cuando termine, me compro una botella de ron y me la bebo a morro en la puerta de un hospital.

—¿En la puerta de un hospital? —me preguntó Antonella, extrañada.

—Claro, para que me atiendan enseguida. Hay otra posibilidad menos triste y solitaria: salir con mis amigos y contratar una ambulancia para que me vaya siguiendo y cuando sea me lleve a casa.

—Ja, ja —rio Jesús—. ¿Vas el miércoles al Bernabéu?

—Sí, me pasa su abono un amigo. Pero no voy a escribir capítulo, está todo el pescado vendido. Tengo que pensar en rematar.

Sin ser consciente, había replanteado el significado de los estímulos provocados por la tristeza de la derrota. Perder contra el Espanyol había sido desastroso, pero a cambio el adiós a Europa reducía el número de páginas que me faltaban para acabar el libro. La reevaluación ha surgido consistentemente como una estrategia superior para la respuesta emocional: intentar olvidar la derrota es menos efectivo. En contraste con la supresión, no sólo reduce los sentimientos negativos autoinformados en respuesta a eventos adversos, sino que también mitiga las respuestas fisiológicas y neuronales. Jesús debía encontrar una reevaluación efectiva para él, mientras que mi cerebro había llegado a un lugar más plácido, un lugar donde la cerveza que me estaba tomando no sabía tan amarga.

SPAIN IS RACIST

Real Madrid 2 - Rayo Vallecano 1
Miércoles, 24 de mayo de 2023

Benzema 30', Rodrygo 88'

RDT 83'

Nunca digas que no vas a volver a hacer una cola, ni a ir por ahí haciéndote el encontradizo, ni a comer en un restaurante en tu propio país en el no hay ni un solo cliente local, ni a gritar de alegría por un gol de un equipo que diez meses antes te daba casi igual. Y, sobre todo, si escribes una crónica de fútbol, ni se te ocurra decir que no vas a escribir un capítulo relacionado con un determinado partido.

Poco después de que el Espanyol ganara al Rayo Vallecano, ese mismo domingo, como consecuencia del enfrentamiento entre el Valencia y el Real Madrid en Mestalla, estalló el caso Vinícius. Ya no era «sólo» un caso nacional de racismo que llevaba agravándose meses, sino que en tiempo récord adquirió alcance global. Lula da Silva, el presidente brasileño, mencionó a su compatriota en la conferencia de prensa del cierre de la reunión del G-7 en Japón; multitud de celebridades del mundo del fútbol y del deporte en general se solidarizaron con el atacante carioca, y se hicieron eco medios extranjeros de prestigio como el *Times* o el *New York Times*. La pregunta que se hacía la comunidad internacional fue ¿es España un país racista? El miércoles, en medio de un vendaval mediático sin precedentes, el Rayo Vallecano se enfrentaba al Real Madrid en el Bernabéu.

Para tener una somera idea sobre un asunto con diversas ramificaciones, es necesario cierto contexto. Los graves problemas sociales con incidencia en el universo actual del balompié ya han ido asomándose a esta crónica, de modo natural. No hace falta buscar para encontrar. Hay xenofobia, pero también homofobia, machismo, extremismo político, violencia y corrupción. Que se haya avanzado en algunos frentes con el paso del tiempo no quiere decir que hayan dejado de ser cuestiones gravísimas ni que el fútbol no vaya siempre por detrás con respecto a otros espectáculos de masas.

El caso de los incidentes racistas con Vinícius es uno de tantos de los que han salpicado la Liga española desde hace decenios. Ya vimos, en los años noventa, los que sufrió Willy. En 2006, el delantero camerunés Samuel Eto'o, entonces en el Barcelona, amenazó con abandonar el campo tras las mofas sufridas y el árbitro y otros jugadores evitaron que se marchara. Con el madridista Roberto Carlos imitaban la postura y el ruido que presuntamente realiza un mono. A Daniel Alves le lanzaron plátanos. A Iñaki Williams, el delantero del Athletic, le hicieron en 2020 lo mismo que a Roberto Carlos y la suya fue la primera causa abierta por insultos racistas en la grada tras un partido de fútbol profesional en España. En el transcurso de los años se aprobaron leyes, protocolos y multas, pero nunca hubo contundencia para atajar desmanes que ocurrían en todos los estadios, aunque no siempre con la misma gravedad, amplitud y repercusión. Los grupos más proclives a corear insultos racistas, homófobos y de toda índole son los de los ultras.

El caso de Vinícius Júnior quizá sirva para analizar el fenómeno, entre otras cosas, por sus particularidades. El carioca fue fichado por el Real Madrid cuando era aún menor de edad, por 45 millones de euros. Llegó a España con dieciocho años y ante una gran expectación al ser el fichaje más caro de un adolescente. En su primer derbi madrileño, en el duelo entre los filiales merengue y colchonero, Tachi, capitán rojiblanco, le mordió en la cabeza. Ambos futbolistas fueron castigados con sendas tarjetas amarillas, la del delantero madridista, por protestar. Ya por entonces habló con directivos de su club para pedir ayuda. Incorporado después al primer equipo, fallaba goles cantados y la prensa y las aficiones rivales le convirtieron en un meme en las redes: se reían de él y le calificaban habitualmente de tonto. Pero mejoró rápido en sus prestaciones, así que el tonto se convirtió en un jugador peligroso. Había que buscarle las vueltas. Consagrado como estrella tras la final de la Liga de Campeones de 2022, en la que marcó el gol de la victoria del Real Madrid, en esta misma temporada parte de la prensa creó un debate ficticio: como regateaba mucho y encima bailaba en las celebraciones de sus goles, era irrespetuoso. El ambiente fue calentándose. Integrantes del Frente Atlético colgaron de un puente una muñeca hinchable ahorcada y vestida con la camiseta del 20 en la víspera de un derbi copero donde, durante el transcurso del encuentro, recibió insultos racistas por parte del público. La Fiscalía de Madrid archivó posteriormente la causa porque fueron, según el fallo de la jueza, realizados en un contexto de máxima rivalidad deportiva y, además, duraron sólo unos segundos. En *El Chiringuito de Jugones*, el programa de televisión más influyente, popular y polémico sobre fútbol, un tertuliano —agente de futbolistas— lo llamó mono y dijo que se fuera a bailar al sambódromo; pidió perdón ante el revuelo, pero continuó colaborando en el programa. El youtuber madridista Iñaki Angulo dio la exclusiva de que un intermediario del programa había presuntamente amenazado a Vinícius con destruir su carrera en los medios si se hacía eco del comentario del tertuliano, noticia poco recogida en prensa tradicional; el jugador, sin arredrarse, se refirió a dichos insultos racistas en un comunicado en el que no mencionó, eso sí, el nombre del tertuliano, ni el del show. Se le recibía con hostilidad manifiesta en todos los estadios. Era el jugador que más faltas recibía de Europa, pero se cargaba de amarillas por protestar cuando no las señalizaban o no eran castigadas con amonestaciones que pudieran parar el juego brusco de sus rivales. Comenzó a desquiciarse, en ocasiones se tiraba o se enzarzaba con sus contrincantes más de la cuenta. Seguido por cámaras durante los partidos, se destacaban todos sus gestos negativos. Rivales que se habían propasado en el césped sin ser expulsados, eran entrevistados y rompían un antiguo código del fútbol —que no comparto, primo hermano del que culpa al chivato— según el cual lo que se dice en el verde se queda en el verde. Ponían en boca de Vinícius frases despectivas presuntamente dichas por él, propagadas después por los medios. En las conversaciones sobre Vini —en todas las que mantuve aquella temporada, si sirve de humilde muestra— aparecían las oraciones adversativas. Es muy bueno, pero es un gilipollas. Tras el «pero» viene lo que se opina realmente sobre alguien o algo. El halago precedente no es más que la introducción del hachazo que lo desarticula. Él no se calló: emitió comunicados contundentes y convirtió su causa en una lucha. De las once denuncias por delitos de odio que llegaron a los juzgados a través de LaLiga durante la temporada que nos ocupa, en nueve la víctima fue el carioca. No hubo consecuencias reseñables, aparte de alguna multa de cuantía intrascendente. Para muchos, merecía tales insultos porque era un provocador.

Vinícius Júnior no fue defendido con rotundidad ni por el colectivo arbitral, ni por su club, ni por sus compañeros, ni por la mayoría de los medios de comunicación, ni por los organismos deportivos e instituciones, ni por el Gobierno, ni por la justicia. Con él había barra libre para la persecución, para el linchamiento. Los insultos racistas eran comunes en el balompié desde siempre y él los recibía porque se los merecía. Por no portarse bien. ¿Acaso no era cierto que a otros futbolistas negros no les insultaban tanto? No era un negro bueno. De un modo perverso, interesado y peligroso, se justificaban los ataques racistas por su manera de actuar. A él sí se le podía llamar «mono». Desde su llegada, el brasileño pasó para el público de pequeña atracción a meme, y de meme a estrella vilipendiada. Le quedaba el último salto: convertirse en un símbolo mundial. Persona nunca lo fue, y no lo va a ser.

En Mestalla no ocurrió nada que no hubiera ocurrido antes, salvo que Vinícius fue expulsado por primera vez y objeto de una manipulación y de una injusticia deportiva que quedó a la vista del mundo entero. Cuando llegó con el autobús de su equipo para disputar el encuentro del domingo anterior, ultras y aficionados ches le recibieron con cánticos de «tonto». En el campo, con el juego detenido, Vinícius se encaró con un aficionado de un fondo que estaba profiriendo insultos racistas. Tras unos minutos, el partido continuó. No lo suspendió el árbitro, De Burgos Bengoechea, que siguió el protocolo establecido, pero no llegó hasta el final. Tampoco se retiró del campo ninguno de los dos equipos, ya que se hubieran arriesgado a sufrir sanciones deportivas. Hubo más burlas e improperios. Gran parte del público, tras el incidente, le coreó: «Tooooonto, toooonto…». En un partido muy caliente, en un rifirrafe, el delantero Hugo Duro le hizo una llave de judo, agarrándole del cuello, y el portero Mamardashvili fue por él. Vinícius le pegó un manotazo a Duro. Sólo fue expulsado él, ya que desde la sala VOR hurtaron al árbitro principal toda la secuencia de la trifulca. No mostraron las agresiones de los jugadores valencianistas que antecedieron a la suya y que debieron ser, como él, expulsados. No era la primera vez que se manipulaban imágenes de Vinícius y sus interacciones con jugadores o con público en los medios de comunicación para dañar su ya deteriorada imagen. ¿Extraña a alguien que calificara en su último comunicado de racista a España? ¿Extraña que acabase diciendo: «Esto no es fútbol. Es inhumano»?

Ha habido y hay jugadores que reciben insultos homófobos. El caso más mediático es el de Cristiano Ronaldo. Nunca se persiguieron tales insultos, quizá porque para muchos, dada su personalidad egótica, el goleador portugués se los merecía. Ha habido, por otra parte, jugadores cuyo comportamiento en el campo dejaba mucho que desear y no sufrieron una persecución continuada por parte de las aficiones o de la prensa, como ocurrió con el uruguayo Luis Suárez. Unos y otros no son tratados del mismo modo. En Vinícius se combinan diversos factores. Es negro. Juega alegre, y eso, en términos del fútbol carpetovetónico, puede constituir una ofensa para los esforzados defensores a los que burla con la pelota, en lugar de considerarse algo de un valor incalculable para el espectáculo. Es una estrella madridista, el Real Madrid es el equipo más importante del mundo y que deja a menos gente indiferente y, dentro del antimadridismo, se incluyen comunicadores y aficionados que se saltan fronteras éticas sin pudor alguno. Hay, también, componentes políticos y de corrupción en los organismos e instituciones futbolísticas que le afectan: no es casualidad que algo tan sencillo como ver una secuencia de imágenes determinada desde el punto de vista de numerosas cámaras y mostrar dicha secuencia al árbitro principal se transforme en la manipulación de dichas imágenes para que aquel no vea lo que debe ver para poder actuar en consecuencia. Son tan torpes que lo hicieron precisamente el día que no tocaba. Vinícius vive también en medio de guerras de poder entre LaLiga de Javier Tebas y la RFEF de Luis Rubiales —enemigos que actúan como los Tom y Jerry del fútbol español—, las de los clubes… todas las guerras. De hecho, unos torpes tuits de Javier Tebas, que se enzarzó con el propio jugador tras el comunicado que lanzó el delantero en las redes, echaron más gasolina al caso, y el presidente de LaLiga se convirtió en un personaje célebre y no demasiado popular en varios países. El Real Madrid, en su segundo comunicado, aprovechó para atizar a Luis Rubiales en relación a la responsabilidad de los árbitros en el caso y en otros asuntos. Ligar el caso Vinícius al caso Negreira es un ejercicio especulativo al alcance de cualquier estudiante aplicado de retórica.

Vinícius no sufre el tipo de racismo más común, que se dirige hacia los desfavorecidos. Él es rico y envidiado por ser una estrella mundial del deporte más popular. Es un privilegiado en ese sentido, pero hay también quien cree que precisamente por eso merece, como sus compañeros de profesión, insultos. Como ocurre con los políticos en otro caso en el que no se avanza y se considera una tradición saludable —el pueblo es siempre soberano—, ser insultado «va en el sueldo».

Vinícius —y cualquiera que sea insultado por motivos de raza—, cada vez que se le llama «mono» sufre un acto racista, independientemente de los motivos del agresor o de su propia personalidad. Lo mismo ocurre con cualquier futbolista al que llaman «maricón»: sufre un acto homófobo. Si se lo dicen mil personas o una sola, únicamente es importante a efectos de la gravedad del problema, de las consecuencias y del modo de erradicarlo. Dónde ocurre y con quién es irrelevante. Pueden endurecerse las leyes o cambiarse los protocolos, pero con Vinícius se ha demostrado que han fallado todos los mecanismos legales y éticos existentes y quienes han de cumplirlos. Hemos fallado las personas y las comunidades, los organismos y los clubes, los aficionados y los propios futbolistas, los políticos y los medios de comunicación.

Xavi, en una rueda de prensa, dio en el clavo: ¿por qué tenemos que aguantar los profesionales del fútbol que se nos insulte impunemente en los estadios? Ya no es sólo cuestión de racismo, lo es también de respeto en general, algo que debería imperar también en las gradas. Aquella semana casi todo el mundo se llevó las manos a la cabeza. Por arte de magia, la policía detuvo a tres integrantes del Frente Atlético y a un simpatizante presuntamente implicados en el asunto de la muñeca ahorcada, ocurrido en enero. Fueron detenidos también varios aficionados del Valencia, cuando antes parecía imposible identificar a los agresores en otros incidentes pese a aparecer en tantas imágenes, tantas veces. Iglesias Villanueva —que dirigía el VAR durante el encuentro de marras— y otros cinco colegiados vieron cómo sus contratos no eran renovados, en la primera actuación de la RFEF y el CTA desde la eclosión de los escándalos que estaban marcando la campaña. La maquinaria, enferma y adormecida durante años, se había puesto en marcha con pereza y a regañadientes, pese al aparente ímpetu. Ante el oprobio internacional, ante la imagen lamentable de España y su fútbol, los políticos nacionales se preocuparon un poco y los periodistas, incluso aquellos que habían alimentado la caza, también. Algunos irredentos, todavía con voz, odiadores profesionales, insistían en programas deportivos o prensa que el delantero era quien provocaba el racismo. Se habló con indignación de los ultras y de otras lacras. Salieron a la palestra jugadores negros que fueron también víctimas de racismo en otros tiempos y recibieron su dosis de cariño. Se afirmó en tertulias que el caso Vinícius iba a ser una catarsis. Los había también que consideraban que pasaría la tormenta, y todo iba a seguir igual.

* * *

Fui el miércoles por la tarde al Bernabéu con la esperanza de asistir a un partido histórico. Esperaba un estadio lleno, con un ambiente cargado de emoción y una respuesta firme y común de las aficiones madrileñas contra el racismo. Vinícius no iba a jugar pese a que el Comité de Competición de la RFEF anuló la tarjeta roja que había recibido en Valencia. Lo hizo por considerar viciado *a radice* el procedimiento por la omisión de parte de las imágenes del lance. Algunos nos lanzamos a buscar en el diccionario el significado del latinajo «a radice» —de raíz—, y ahora la polémica estribaba en haber levantado el castigo al carioca en lugar de tener en cuenta la totalidad del lance y sancionar también a los dos futbolistas ches. No quedaba claro si el comité había actuado por miedo o por una aplicación de las normas fundamentada jurídicamente. Con respecto a las sanciones, el acta arbitral siempre manda: lo que no se consigna, no existe. Si algo ha sido recogido por los árbitros y es un error flagrante, el Comité puede valorar levantar la sanción. Ratificar la decisión del colegiado es lo más habitual, incluso en casos injustos y ridículos como aquella reciente tarjeta a Álvaro García. Pero hacerlo en medio del estallido del caso Vinícius hubiera incidido en la injusticia para con él a ojos de los medios internacionales: si el brasileño era el único sancionado tras aquella tarde bochornosa, ya fuera entre los jugadores o el público, España sería aún más racista. Por el contrario, quitarle la tarjeta roja sentaba un precedente que abría una grieta en el sistema: si antes no se rearbitraba jamás mediante imágenes grabadas por muchos errores que se hubieran cometido, ahora al menos se «desarbitraba» a partir de ellas: las agresiones de los jugadores ches fueron consideradas pese a que no aparecían en el acta. El debate jurídico no dio para mucho en los medios, aunque los departamentos legales de los clubes se pusieron manos a la obra para estudiar cómo se podía explotar aquella resolución en el futuro. Ya no sólo se ponían en tela de juicio las anteriormente inamovibles decisiones de los organismos deportivos españoles —el Barcelona había iniciado aquella temporada la inquietante vía de acudir a la justicia ordinaria—, sino que también se podía hurgar en nuevos precedentes con respecto al uso del VAR. Vinícius, la fiera del circo, volvía a esta en boca de todos. Muchos consideraban que era una vergüenza que pudiera jugar. Era un mimado. Su club decidió no convocarle frente el Rayo, aduciendo unas molestias en su rodilla izquierda, aunque quizá fuera un modo de calmar las aguas al cumplir el inexistente castigo de modo «voluntario».

En la previa del encuentro, fui a tomar algo para pulsar el ambiente a la terraza de la cervecería La Bodega, cerca de la puerta por la que iba a acceder a mi localidad, situada en el fondo norte. Había familias híbridas —con componentes del Rayo y del Madrid—, pero también aficionados con camisetas de selecciones y de otros equipos que poco tenían que ver con el encuentro que se disputaba aquella tarde: el Bernabéu mostraba su carácter global, subrayado por su nuevo aspecto, por esa fachada sinuosa de lamas metálicas que mostraba al mundo una imagen moderna, imponente e industrial. Metí antena en numerosas conversaciones entre aficionados y las palabras más repetidas fueron: «Vinícius», «tarjeta roja» y «provocación». No se habían informado con ninguna profundidad y sus opiniones no eran argumentadas, pero ¿quién le dedica horas a un asunto en particular?, ¿quién escucha diferentes puntos de vista?, ¿quién se para a analizar con la aspiración de ser objetivo? ¿Lo hago yo en relación a otras polémicas? Me di cuenta de inmediato de que mi esperanza de que fuera a asistir a un evento histórico era completamente absurda; allí la única persona obsesionada con el tema era yo. De pronto se produjo un revuelo entre los clientes del bar y me asomé a la calle del Padre Damián. Un dispositivo policial formado por numerosas furgonetas, antidisturbios a pie y a caballo escoltaba la llegada de los Bukaneros. Los ultras cantaron a voz en grito, dando palmas y subiendo los brazos: «¡¡Madridistas, hijos de puta, madridistas, hijos de puta!!». Luego animaron brevemente a su equipo y desaparecieron de mi vista. Los aficionados del Real Madrid —buena parte de ellos, familias— asistieron en silencio a aquella provocación innecesaria, a esa demostración de fuerza de unos tipos que no arriesgaban nada con sus insultos porque las fuerzas de seguridad del Estado, que en teoría los vigilaban, estaban también a su servicio. Otro teatrillo violento permitido, costoso y sin consecuencias. Era fácil imaginar lo que hubiera ocurrido si en lugar de «gente normal», gente que se traga los insultos recibidos sin rechistar, la terraza hubiera estado llena de ultras merengues o hubiera al menos un aficionado que no aguantara con estoicismo que le llamaran «hijo de puta» de buenas a primeras y al lado de su estadio.

Para quitarme el mal sabor de boca le pregunté a un rayista que andaba por ahí cómo veía el partido. En realidad, el encuentro en sí me importaba un bledo, pero todavía no quería reconocerlo. El seguidor, joven y con barba de chivo, al menos me sacó una sonrisa:

—A ver si les damos un sustito, ¿no?

Entré en el campo cuando los jugadores de ambos equipos estaban calentando, y me senté detrás de una portería. Había numerosas novedades desde la última vez que había estado en el coliseo blanco. Las obras de remodelación —una inversión cercana a los mil millones de euros— continuaban tras varios años a ritmo frenético, con el objetivo de terminarlas para las Navidades de 2023. Ya estaban colocadas las cerchas y las lonas que iban a permitir cerrar el techo. Habían avanzado en la construcción del restaurante panorámico y la pasarela que daba la vuelta al recinto, algunos nuevos palcos vip estaban ya en funcionamiento, cada vez había más gradas terminadas... El elemento que iba a permitir ingresar más dinero en el futuro al Madrid al convertir el edificio en un contenedor multiusos capaz de albergar todo tipo de eventos era el hipogeo, un sótano de gran profundidad donde se iban a guardar a conveniencia las planchas sobre las que crecía el césped. Estaba oculto a la vista, pero casi todos los detalles del proyecto se podían seguir a diario en canales de YouTube especializados que habían surgido desde el inicio de las obras.

Si en el Metropolitano asistí a la conversación de WhatsApp entre dos aficionadas para saber dónde se encontraba cada una, aquí un hincha madridista, de pie, hablaba por el móvil con otro que también se encontraba por allí mientras movía la mano que sujetaba una botella de agua de un lado al otro para llamar su atención. Era increíble la cantidad de fotografías que se hacía la gente con el césped a sus espaldas. El *speaker* nos recordaba que la tienda oficial iba a abrir hasta las diez y media de la noche y sonaba música pop, suave y fácil de digerir. Allí, en el centro de la capital, en el paseo de la Castellana, se encontraba el exponente máximo del Disney balompédico mundial, y en Disney es cierto que hay tragedias y puede hasta morir la madre de Bambi, pero tampoco es el lugar idóneo para que cuaje un movimiento social contundente, concienciado y enérgico contra el racismo o contra cualquier otro desmán endémico. Aquello era un partido amable, sin tensión deportiva, de torneo de verano, y por eso más de un cuarto de las gradas quedó vacío. Hubo homenajes a Vinícius organizados por el club y por la grada de animación. Los jugadores blancos salieron con una camiseta con el número 20 del carioca, que bajó al césped y luego saludó desde el palco y fue tímidamente ovacionado. Visto desde tan lejos y en ese ambiente desvaído, pensé que Vinícius Júnior parecía una estrella de Hollywood de paso por Madrid. Si hubiera sido Tom Cruise promocionando un megaproyecto cinematográfico, la cosa no habría sido muy diferente. Se desplegó en el fondo sur una pancarta donde se leía: «Vinícius somos todos, basta ya». El *speaker*, tras su anuncio comercial, mostró la solidaridad del club con el jugador y contra el racismo.

Comenzó el derbi y me atrapó el juego. Disfruté con el duelo entre Isi y Modrić. El uno le robaba el balón al otro en el centro del campo, se intercambiaban faltas; sabían quiénes eran y para ellos no hay torneos de verano. Luego, cada uno por su lado, hacían alguna diablura. Isi arrancaba, se paraba y giraba sobre sí mismo para desestabilizar a un defensa. Modrić daba un pase con el exterior perfecto al extremo como quien se despereza. Llegó el gol de Benzema, que estaba cojo y jugó de manera inexplicable casi todo el partido con una herida en el pie. Su gol fue delante de mis narices y me pareció muy bien. También me pareció muy bien y fue delante de mis narices el empate de RDT casi nada más saltar al campo, con un zapatazo tras controlar en el área que mostraba lo que es disponer de un delantero de verdad en la plantilla. Los movimientos, en este caso los del chut en un gol de este tipo, no deben pasar por la corteza cerebral, por lo consciente, ya que entonces se pierde tiempo y llegan las dudas y el posterior error. Cuanto menos piense el futbolista durante el proceso, mejor rematador será. Deben ser movimientos automatizados al máximo, como los de RDT. Marcó Rodrygo casi al final y al otro lado del campo el definitivo 2-1 en un arranque de clase muy suyo, y no tuve nada tampoco en contra. Rayo y Madrid eran aquella tarde superfluos para mí. Los triunfadores fueron los Bukaneros, ubicados a mi izquierda, arriba. Cantaron con brío y disciplina y fueron casi siempre capaces de imponerse a la afición blanca con sus cánticos. Pese a que el antirracismo es uno de sus leitmotivs principales, no mostraron compasión ninguna con Vinícius, ni solidaridad. La compasión cristiana, actualmente renombrada como «empatía», no sobra entre los grupos radicales. Un negro que juega en un equipo fascista no es igual a aquel que lo hace en un equipo obrero y antisistema. Vinícius no es Willy, es el enemigo. Un cántico suyo, «vallecanos, yonquis y gitanos», fue su modo de tocar de refilón el tema de moda. Con él se refieren a que para ellos los humildes y los marginados del barrio son los suyos. A los demás, ni agua. Al día siguiente unos periodistas cercanos al Valencia —cuya hinchada estaba siendo especialmente criticada— lanzaron el bulo de que aquel cántico lo había coreado el público madridista, insultando a vallecanos, yonquis y gitanos. Con ello se demostraba quiénes eran los verdaderos racistas. Por otra parte, la actuación de los Bukaneros fue loada en los medios.

Acabó el partido y fui a picar algo con Marcos y sus amigos Pol y Lucas. Su sentido del humor, su energía vital y su inteligencia me revitalizaron. Hablamos de Vinícius. Pol y Lucas estudian periodismo —Pol, de hecho, quiere convertirse en periodista deportivo y participa en el programa *El graderío* de Inforadio UCM— y a mi hijo le gusta, como a mí, darle vueltas a todo. Hablándoles del caso, me sentí como un cura trasnochado o un profesor pasado de rosca. ¿Cómo podía haber sido tan inocente, a estas alturas, como para creerme que iba a acudir a un evento histórico en relación con el racismo? En el Bernabéu ocurrieron muchas cosas, pero si hubo algo histórico, fue lo que le ocurrió a una adolescente, y lo fue para ella en particular. En el mismo sector donde me senté, supe después que estuvieron Jesús, mi compañero de asiento en Vallecas, y su hija pequeña. Iban con camisetas del Rayo. En determinado momento su padre la dejó sola y tres adolescentes madridistas mayores que ella, que se sentaban al lado, empezaron a insultar al Rayo y a decir que eran un equipo de desgraciados, para molestarla. A ella le dolió tanto que se puso a llorar. Su padre, cuando regresó, se la encontró con el rostro arrasado de lágrimas e incapaz de contarle lo ocurrido. Cuando Jesús lo supo, les dijo a los chavales que no tenían educación ni respeto, que eso no se hacía con ningún equipo ni con nadie y los animó a que, ahora que estaba él, continuaran con sus insultos, si se atrevían. No lo hicieron.

Estoy seguro de que ella se va a acordar toda su vida de ese encuentro, pero no por el caso Vinícius. No sé si España es racista o no, pero sí que el fútbol español en su conjunto está enfermo y me da cada vez más rabia y pereza.

LA CARAMBOLA

Rayo 2 - Villarreal 1
Domingo, 28 de mayo de 2023

RDT 55', Isi 62'

Lo Celso 82'

Hacía un día primaveral tras la llegada de unas inesperadas lluvias que ayudaban a paliar la sequía. Aquel domingo fue día de elecciones en numerosas comunidades y ayuntamientos españoles, entre ellos, Madrid. Fue la primera vez desde el inicio de la democracia en que el PP venció tanto en Puente como en Villa de Vallecas en las municipales y autonómicas, y Almeida fue reelegido alcalde. Quedé con Víctor Pablo Prado junto a la tienda del Rayo, una hora antes del encuentro. Víctor es el otro youtuber de la Franja. Si al comenzar la temporada sólo existía el canal de Lapi, desde hacía cuatro meses, había dos. Lapi crecía poco a poco, contaba con 742 suscriptores, iba ya por su episodio 182 y había incluido una nueva intro, más actual. Víctor superaba los mil y, pese a no ser tampoco periodista de formación, era más experimentado. Se hizo del Rayo con doce años, cuando cursaba primero de la ESO, tras asistir a un partido de pretemporada que enfrentó a los vallecanos con el Alcalá. Conoció a los futbolistas y su cercanía le ganó para la causa. Todavía adolescente, fundó Vip Deportivo y comenzó a trabajar de periodista como hobby. Ahora, con veinticuatro años, vivía en Alcalá de Henares, era ingeniero informático especializado en ciberseguridad, investigaba para la universidad alcalaína y estaba a las puertas de cursar un máster. Hombre orquesta, le costaba alimentar el nuevo canal por falta de tiempo, pero había subido previas de partidos y entrevistas con jugadores y otros personajes del mundo rayista.

—Día de despedidas —me dijo mientras nos saludábamos. Su aspecto serio, con barba y cierta apostura me hicieron pensar erróneamente que estaría en la treintena.

El Rayo se despedía de su afición por aquella temporada, pero no sólo eso. Había saltado la noticia de que Iraola no iba a seguir. A su sensible baja se iban a unir las firmes o probables de Comesaña, Fran García, Catena, Falcao, Lejeune, Camello, Ciss, Pozo y Mario Suárez. El Rayo del centenario iba a ser otro Rayo.

—¿Cómo lo ves hoy? —me preguntó Víctor mientras nos encaminábamos a El Chispín.

—El Villarreal es mejor, no sé... Nadie se juega nada.

—¡No te creas! —exclamó él, animado—. Ellos podrían meterse en Liga de Campeones y nosotros en Conference...

Me reí:

—¡Pero si el Rayo no para de perder partidos! ¿En serio hay opciones?

—Si se da una carambola...

Había opciones, por increíble que pareciera. Daba la sensación de que ninguno de los seis clubes implicados en la lucha deseaba realmente salir de España la temporada siguiente. Nadie metía la directa desde hacía jornadas. Si el Rayo, que iba 12° en la tabla, ganaba aquel día y casi todos los demás perdían, la emoción llegaría a Mallorca, al último encuentro. Una combinación de seis resultados en los que el único equipo victorioso debía ser el vallecano. Una carambola en toda regla.

En El Chispín se nos unieron Jesús Abono —que iba a sentarse con Víctor y conmigo—, su hermano Carlos y un amigo de este. Intercambiamos rumores sobre el sustituto de Iraola con Víctor, el mejor informado del grupo. Que si podía llegar el entrenador del Albacete, que era joven y sus equipos jugaban parecido; que si Íñigo Pérez —el actual segundo entrenador— se quedaba, podría ser una opción interesante... El amigo de Carlos miró en su móvil cómo estaban las cuotas de las apuestas: una victoria local se pagaba tres a uno. En cuanto a goleadores, lo alucinante fue que se pagaba igual un gol de Camello que uno de Isi o RDT. Yo no apostaba, pero aquella información me puso nervioso:

—Apostaría por RDT sin duda —les dije—. Lleva ya tres goles y el otro día en el Bernabéu clavó la oportunidad que tuvo. Llega a ponerse en forma un mes antes y ya estábamos en Europa.

No sé si alguno de mis compañeros apostó, pero estábamos tan entretenidos conversando que se nos pasó la hora y salimos del bar a diez minutos del inicio del partido. Justo en ese momento cayó una tromba de agua y llegué completamente empapado al estadio. Víctor y Jesús, más listos, iban con chubasqueros. El balón ya rodaba y las gradas mostraban un aspecto desangelado. La gente se había reubicado en las zonas cubiertas y en las otras había muchos asientos vacíos y brillantes por efecto de la lluvia. El césped estaba casi inundado por la violencia de la manta de agua que estaba cayendo, la primera de la temporada, y algunos jugadores resbalaban o se deslizaban unos metros cuando caían. Secamos nuestros asientos y nos sentamos. Franjirrojos y amarillos habían salido con ímpetu: iba a ser un partido bonito, más del norte que de la meseta. ¿Habría carambola?

* * *

Cuando comenzó el segundo tiempo iba 0-0 y el signo del partido, de la jornada y de las emociones en la grada estaban todavía por decantarse. Dejó de jarrear y algunos espectadores regresaron a las localidades de los abonos; el público se mantenía a la expectativa y entretenido, sin más. Llegó el minuto 55 y Chavarría, lateral izquierdo reconvertido en extremo, recibió un balón de Álvaro García y puso un centro medido a la cabeza de RDT. Golazo del Killer de Vallekas. Cuarto gol, y tercero en jornadas consecutivas. El madrileño estaba enchufado y eso no sólo se notaba en sus movimientos o en su capacidad para sumar remates, sino también en su lado oscuro, en su tendencia a encararse con los contrarios. Unos minutos después Comesaña, uno de los que se despedía de la afición esa tarde —iba a jugar precisamente en el Villareal—, condujo el balón en un contraataque como si fuera una locomotora a la que apenas le queda combustible. De planta imponente, esprintar no forma parte de su vocabulario. Perseguido y después atosigado y arrinconado por dos *groguets* al llegar a la línea de fondo, los regateó con un toque de clase sublime. Cayéndose, al límite, le dio tiempo a asistir a Isi, que marcó el 2-0 de un disparo raso. A esa hora de la tarde Vallecas ya sabía que tocaba fiesta y nada podía salir mal.

Aunque quedara media hora de partido, la comunión entre la afición y sus jugadores era completa, sin fisuras. La tribu ya sólo deseaba mostrar su agradecimiento a sus héroes, despedirles de su templo por aquella gran temporada con honores. Apenas inquietó el 2-1 de Lo Celso, que era un mero accidente y formaba parte ya de la tradición agónica del Rayo, de su incapacidad para cerrar los partidos. El Villarreal es un buen equipo, pero ese día era el convidado de piedra. El carrusel de goles en otros campos que iban acercando al Rayo a su sueño europeo, pese a ser un verdadero milagro, tampoco era lo más relevante. Era el momento de iniciar la ceremonia a partir de la primera fase, la de las sustituciones.

Los cambios en el fútbol en ocasiones como aquella son verdaderas coreografías, y de la performance de sus protagonistas depende hasta qué punto se alcanza el clímax. El coreógrafo es el entrenador, quien elige el momento adecuado para honrar a sus artistas y quien calibra los merecimientos de cada uno. Es el coreógrafo, pero también el estratega, y por mucho que el público estuviera más interesado ya en la simbología que en el puro juego, hasta el pitido final del colegiado el míster sigue viendo el verde como un tablero de ajedrez. Iraola ordenó dos cambios, uno táctico e intrascendente a efectos de la fiesta, y el otro con significado. Entró Camello, el esforzado, y salió RDT, el revoltoso. El madrileño recibió una ovación cerrada porque, por fin, la hinchada reconocía a ese futbolista moreno y corpulento, con el número 25 a la espalda: había vuelto su 9 goleador. El veterano saludó a la promesa y le dio pie a su entrada en escena sabiéndose por primera vez ganador del plebiscito entre los dos delanteros. Debió disfrutar aún más que en su primera época en el Rayo, cuando se convirtió en un ídolo. Abandonar las catacumbas sienta aún mejor que entrar en el palacio.

El elegido para el clímax de la ceremonia de las sustituciones fue, cómo no, Isinho. Iraola decidió que el hombre de los melocotones, los nueve goles y las siete asistencias, debía abandonar el terreno de juego solo, para así acaparar la mayor cantidad de protagonismo posible. Isi es una estrella tardía y se hizo de rogar para conquistar el cielo, pero nació para ello. No es casualidad que aquella tarde marcara. Sabía que iba a ser el sustituido y se aseguró de que el camino hasta la banda, donde le esperaba Salvi —un meritorio cuya incorporación al juego era una mera anécdota—, fuera lo más largo posible para dar tiempo al público a vitorearle a gusto, a desgañitarse con el «Isi selección» que le había acompañado durante meses. Caminó con decisión y energía, como lo hacen los ganadores, y se dio un baño de masas.

Los últimos cambios fueron los de Álvaro García y Comesaña. Álvaro es un gran jugador, pero no es una estrella ni nació para serlo. Es un extremo antiguo, a la vieja usanza, no un interior versátil y moderno, como Isi. Pertenece a una especie en extinción y que disfrutamos especialmente quienes hemos visto fútbol desde hace mucho. Tiene buen aspecto, pero no destaca. Y no sabe elegir los momentos. El suyo se lo robó Comesaña, pues el centrocampista se iba del equipo tras siete campañas y, además, había realizado una jugada memorable. También influyó que, mientras el gallego dio tiempo con su paso cansino a que le honrasen, el gaditano salió del campo en el último momento y tras un esprint que abortaba cualquier intento de ovación. Salió, tras una magnífica temporada, por la puerta de atrás.

El final del encuentro y la victoria franjirroja dieron inicio a la segunda fase de la ceremonia, la de grupo, la del cuerpo técnico y la plantilla. Nadie abandonó el estadio. En el centro del campo había un batiburrillo de jugadores, empleados del club y rivales que se saludaban con cordialidad o se abrazaban. ¿Qué va a pasar?, se preguntaba el respetable, ¿hay algún homenaje preparado? Iraola, el artífice de una época exitosa, fue el protagonista. Era la persona que todos buscábamos con la mirada. Hubo cánticos de «Andoooooni, Andoooooni», pero había cierta indecisión sobre el césped y un runrún creciente.

—¿No le dan un micrófono? —se preguntaba Jesús—. ¿A nadie del club se le ha ocurrido?

Hubo que acudir a la improvisación. Sus jugadores se decidieron a mantearlo, aunque fue un manteo corto que casi acabó con el guipuzcoano en el suelo. Se corearon más cánticos que incluían a todos, al Rayo en general. Me fijé en Alejandro Catena, el destacado central mostoleño, que también se marchaba, en su caso al Osasuna. También en Fran García, que regresaba al Real Madrid y se abrazaba con alguien, emocionado. Trejo, que no estuvo convocado por lesión, quizá estuviera por allí. Cuando oí que se cantó tímidamente «Rayo-Liverpuuuul», me di cuenta de que el milagro de los resultados se había producido:

—Han perdido Sevilla, Mallorca, Girona, Osasuna y Bilbao —me informó Víctor, exultante—. ¡Todos! ¡El Elche le ha ganado al Athletic en San Mamés en el último minuto!

Hubiera sido lógico que los creyentes entre el público se pusieran de rodillas y dieran gracias a Dios. Y los no creyentes, también, por si acaso. La Virgen había salido por el muro del fondo sin graderío, aquello no tenía explicación alguna. En un chispazo recordé las pinturas de aquella casa en Jarandilla de la Vera que descubrí en Navidades y la epifanía que anunciaba la clasificación del Rayo para Europa. Pensé que, para que se cumpliera, iba a ser muy complicado ir a recoger a Noche a Extremadura y luego subir con la gata y mi madre a cuestas en un avión con destino a la capital de las Baleares. Los jugadores tendrían que dar el do de pecho con el apoyo de quienes viajaran, pero sin mi madre ni la gata.

Pese a la fuerza del sueño europeo, todavía era la hora de las personas y de los adioses, del presente, de lo que estaba ocurriendo allí mismo. Faltaban los ultras, que se habían reservado el cierre de la ceremonia. Llevarían tiempo preparándolo y seguían un guion establecido: la improvisación les pone tan nerviosos como a los entrenadores. Me contaron que antes del encuentro, como inicio de los fastos, los Bukaneros habían colocado una placa en la plaza del Mercado, con esa ansia por invadirlo todo, desde los aseos de los bares hasta los espacios públicos. Tras no participar de la alegría general ni de los cánticos comunes, sabían que sólo debían esperar. Los jugadores e Iraola, por fin, fueron hasta el fondo y los Bukaneros, armados de banderas, bufandas, tambores y megáfono, se arrogaron el papel del tribunal. Habían juzgado y a ellos correspondía poner las medallas de la temporada. Hubo placas para Andoni Iraola, Catena, Comesaña y Mario Suárez, el veterano canterano colchonero. Se cantó *La vida pirata*, que esta vez coreó el estadio entero. Fran García, pese a sus tres excelentes temporadas y su comportamiento intachable, no tuvo placa, aunque sí algunas breves palabras de agradecimiento. Era canterano merengue e iba camino del Bernabéu. El club, por su parte, no preparó nada para homenajear a nadie; tampoco acostumbra a publicar comunicados en los que exprese su gratitud por los servicios prestados. Fueron, junto al escupitajo que recibió el árbitro Iglesias Villanueva al retirarse por el fondo a los vestuarios, los borrones de una tarde memorable de pasión y de fútbol.

* * *

Víctor, Jesús y yo, ahítos de emociones positivas, nos tomamos algo en una terraza de la calle de los Soportales. A diferencia del día del Espanyol, la alegría recorría las mesas. Los recientes homenajes se habían convertido en recuerdos lejanos a velocidad de vértigo, a la velocidad a la que marcha el fútbol. Apenas media hora después del final del encuentro el futuro próximo llamaba a las puertas de la afición.

—¿Vais a Mallorca? —les pregunté.

—No sé si puedo —decía Víctor, con cara de agobio.

—Yo lo voy a mirar —aseguraba Jesús, esperanzado.

Un hincha reconoció a Víctor y le dijo que en cuanto llegase a casa iba a comprarse un billete de avión. ¿Cuántos billetes se venderían esa misma noche, cuántos antes del siguiente domingo? ¿Cuántos rayistas iban a cambiar su plan de verano para poder permitirse ir a animar en un día quizá histórico para el club? Yo los escuchaba muy tranquilo. En un par de días viajaba a las islas Baleares. Tenía billetes comprados y casa alquilada hacía meses. Sólo me quedaba adquirir entradas en cuanto se pudiera en la tienda oficial online del Mallorca. Iba a ser uno de los privilegiados que iba a ver en vivo si el Rayo se metía en Europa.

—¿Otra cerveza? Invito yo —les dije.

No es que invitar a una cerveza sea gran cosa. Lo interesante es que está ampliamente estudiado que, si un partido ha acabado bien para tu equipo —y este había terminado de cine—, al salir tienes mayor tendencia a invitar a otra persona. Da igual, incluso, que pienses que quizá no vayas a verla nunca más, ya que no lo haces por cálculo. Lo haces porque desbordas bienestar.

LA CELEBRACIÓN

Mallorca 3 - Rayo Vallecano 0
Domingo, 4 de junio de 2023

Muriqi 50', Copete 70', Ángel 92'

El domingo 4 de junio, a las tres de la tarde, estaba en la casa que habíamos alquilado unos amigos y yo en Pollensa, preparándome para vivir una jornada histórica para el Rayo. Quedaban apenas unas horas para el partido que enfrentaba a vallecanos y mallorquines en el Estadio de Sont Moix, en la ciudad de Palma. Proliferan tanto las estadísticas en el mundo del deporte actual que los aficionados, intoxicados, tendemos a creernos que vivimos sucesos históricos un día sí y otro también. Los clubes y sus entrenadores y jugadores no paran de superar logros y fracasos nunca vistos a título individual o colectivo. Antes de ducharme, ilusionado ante la posibilidad de que la Franja lograra clasificarse para Europa y finalizara en su mejor posición de siempre en Primera División, coloqué cuidadosamente sobre la cama la ropa y los objetos que iba a llevar para asistir a tan magno acontecimiento. Para mí, lo era. Iba a llevar un chubasquero, la camiseta del Rayo, pantalones vaqueros, calcetines morados, zapatillas granates, la cartera, el móvil, una gorra, gafas de sol y crema protectora. Demasiadas cosas, pensé. Al fútbol hay que ir ligero. Llevaba varios días en Mallorca y los gurús del tiempo habían anunciado unas lluvias que habían quedado reducidas a una mera tormenta veraniega. Por otro lado, había comprado las entradas, para mí y para mis amigos, David y Carlos, en un lateral que pensaba estaría en sombra. Satisfecho de mi agudeza, prescindí de toda protección contra los impredecibles elementos: el chubasquero, la gorra, las gafas de sol y la crema solar. Iba a ver al Rayo a pelo, como debe ser. Media hora después salíamos en coche en dirección al estadio.

Un día más tarde no estaba en Mallorca, sino en Ibiza, en bañador, tirado sobre la arena de Playa d'en Bossa, frente al mar. No estaba de retirada en una preciosa, relajante y solitaria cala mallorquina, sino en otra isla, en un lugar donde el verano llega antes que a todos los demás destinos del mundo, independientemente del hemisferio donde se encuentren. El único lugar donde el día ya es noche antes de que se ponga el sol, el único sinónimo de fiesta, de diversión y de desenfreno, un canto al hedonismo profesional, un mito del desparrame plurilingüe y global. Por encima de mí surcaban el cielo los aviones que acababan de despegar del aeropuerto, llenos de turistas que regresaban a casa resacosos y con la cartera temblando. No oía el oleaje. La música de cada *beach club* —léase chiringuito ostentoso diseñado para el selfi— competía con la del vecino en una batalla por desterrar definitivamente el silencio del planeta. Detrás de mí se encontraba la mejor discoteca del mundo, la que traía a los mejores DJ y ofrecía la iluminación y el sonido más espectaculares. A un lado, el Ushuaïa, ese templo del vicio bailongo, ese hotel convertido en la discoteca total, cuya azotea estaba a esas horas a rebosar de *clubbers* insomnes. En el horizonte, entre la calima, las islas de Formentera y Espalmador, también trabajadas, herederas de un neohippismo difícil de clasificar, eran, por comparación, lugares ignotos y todavía vírgenes. Sobre una tumbona, cerca de mí, un esclavo de los gimnasios se besuqueaba con una adicta a los tatuajes y los piercings. A mi lado, una mujer madura, en topless y tumbada sobre un pareo fantasía, se mensajeaba con alguien a la velocidad de los verdaderos escritores actuales. Entre la arena y el agua, un sesentón con coleta hacía yoga muy concentrado, deseando probablemente que todos le miráramos. Oí cómo una adolescente les decía a sus amigas que le habían cobrado 4 putos euros por una puta botella de agua. Me sentía a mis anchas.

Que estuviera el lunes 5 de junio en Playa d'en Bossa no tiene nada que ver con la casualidad. Se dice que de un viaje lo que cuenta es el recorrido y no lo discuto, pero en mi opinión también cuenta, y mucho, la celebración. Mi aventura no había acabado cuando el colegiado Mateu Lahoz pitó el final del último partido y se despidió para siempre y entre lágrimas del arbitraje, sino un día después, cuando yo festejara el final de este peregrinaje. Creo en las celebraciones porque creo en la fugacidad de la vida. He estado muy cerca de morir ya en cuatro ocasiones y no necesito ver un cuadro del Barroco español con una calavera en el Museo del Prado ni comprarme un libro de autoayuda para abrazar el tópico de que hay que vivir cada día como si fuera el último. Pienso realmente que hay que tratar por todos los medios de vivir así la vida, aunque cueste. Hay que celebrar siempre todo, no dejar jamás pasar una oportunidad.

Tres meses antes pensé cómo quería hacerlo. Mi sensación era que aquella temporada del Rayo iba a ser apoteósica, y nada indicaba que no pudiera serlo. Acabar en Mallorca en el inicio de la época de las vacaciones era una maravilla, un regalo del azar propiciado por el calendario de la Liga. Pero, con todos mis respetos por la isla más grande de las Baleares, que me ha proporcionado tanto placer, «apoteosis» rima con «Ibiza». ¿En qué se relacionaba Ibiza con Vallecas? Vallecas es alegre, pero es la antítesis de lo artificial, del postureo. Derrocha autenticidad, esfuerzo, comunidad frente a individualismo. Le di vueltas al asunto y acabé por encontrar un puente al que agarrarme como a un clavo ardiendo: la música. En Vallecas el pasado reciente era rock duro, pero el presente, como el de Ibiza, tecno. Vallecas e Ibiza viven a tope, ya sea en Playa d'en Bossa o en la calle de la Cerámica. Además, con respecto al fútbol, aunque no haya apenas tradición en la isla Pitiusa, es el lugar al que, nada más acabar la temporada, acuden los futbolistas de todo el mundo para alquilar yates, derrochar en los garitos y mostrarnos con sus sesiones de fotos, rodeados de lujo, juventud y belleza, que son los triunfadores en la selva, los espejos en los que se miran aquellos a quienes el fulgor del dinero y los fastos les nublan la vista. Que un simple aficionado vestido con la camiseta del Rayo llegara al paraíso soñado por tantos justo antes que ellos, que se adelantara para luego desaparecer inmediatamente y dejar sitio a los peces gordos, tenía algo de justicia poética, de guiño travieso. ¿A quién podía embaucar para acompañarme, con tanta antelación? Para eso están los amigos. David, Carlos y Giuseppe no son futboleros, pero sí disfrutones. Giuseppe, además, no sólo vive en Ibiza, sino que estaba trabajando en la dirección de obra de un nuevo *beach club* que probablemente iba a estar ya abierto por esas fechas. La última parada de mi periplo balompédico podía ser un cañón. Unas llamadas después, estaba todo cerrado.

¿Qué iba a celebrar? Iba a festejar mi inmersión en el Rayo Vallecano y en Vallecas, acercarme a un club a las puertas de su centenario y ser menos extranjero en ese barrio que ya forma parte de mi vida. Iba a celebrar haber asistido a todos los partidos que jugó la

Franja en casa y a doce de los que disputó a domicilio. Haber completado la segunda maratón de mi vida, esta vez de más de 9.000 kilómetros, realizada a pie, en metro, autobús, tren, coche, tranvía y avión, por muchas de las comunidades españolas, visitando más de una decena de ciudades, conociendo sus estadios y a sus aficiones. Como diría un futbolista en una entrevista pospartido, acudiendo a un tópico, haberme dejado la piel, en un remedo futbolero de esos libros en los que un periodista sigue la gira de una banda de rock. Haberme emocionado en directo con 39 de los 48 goles que había marcado el equipo. Admirar detalles futbolísticos o gestos de jugadores irrepetibles, porque cada uno lo es. Poder colgar de las paredes de mi despacho entradas, facturas de comidas, una boina y un mechero, tarjetones de invitación al palco de Vallecas, una camiseta que no es mía, billetes de tren, la memoria de un periplo. Haberme convertido en un híbrido, en un aficionado incompleto, sospechoso y fronterizo, pero en constante evolución. Haber comenzado sufriendo por un equipo, y acabar haciéndolo por dos. Saber más de mí y, sobre todo, de los demás. Haber podido observar de primera mano cómo es el fútbol español actual, cuáles son sus luces y sus sombras. Vivir la vida del hincha total, que no sé si es vida. Asistir al estallido de dos de los escándalos futboleros de alcance internacional más relevantes de la historia. Hacer muchas cosas que pensaba que no iba a hacer jamás. Iba a festejar, tras una pandemia que nos ha aislado socialmente, el haber conocido a cientos de personas variopintas y generosas, haber hecho amigos inesperados, haber recibido el permiso de tantos para convertirlos en personajes, haber incorporado a mucha gente a mi proyecto, haber recibido la ayuda desinteresada y estimulante de todos a quienes se la he solicitado. E iba a celebrar haber sido capaz de contarlo mediante una crónica, a mi manera y con mis limitaciones, con la suerte, gracias a los editores, de verlo todo plasmado en el libro que estás leyendo.

* * *

Allí, en Playa d'en Bossa, el partido quedaba ya muy atrás. Sont Moix estaba tan lejos como Maracaná, y la derrota del Rayo por 3-0, por humilde que fuera en relación a la historia del balompié, formaba ya parte de las estadísticas de los resultados oficiales de fútbol igual que el mítico Maracanazo de 1950, un partido tan grande que tiene su propio nombre. Era puro pasado, material de consulta.

Las expectativas nunca se cumplen, y menos aún las de un aficionado. El único color que hubo en el estadio la tarde del 4 de junio en Palma, tanto en las gradas como en el césped, fue el bermellón. Entre el público hubo muchos menos rayistas de lo que esperaba, en parte porque el club mallorquín sólo facilitó 100 entradas a los vallecanos. Un chiste. En el césped, los nuestros ya estaban de vacaciones y los rivales hicieron su trabajo, quizá animados por la inauguración de la temporada alta del turismo en las islas. Fuimos los invitados incómodos en una fiesta ajena. Para más inri, resultó que nuestras localidades estaban al sol, y era abrasador. Para ver algo, tuve que usar una mano de visera, pero, aun así, me enteraba de la mitad. Deshidratados, asados y medio ciegos, en determinado momento mis amigos se fueron a comprar agua y unas gorras. Naturalmente, eran del Mallorca. Iba a acabar la temporada, bromas del destino, ataviado con símbolos del Rayo y del Mallorca a la vez. Como si fuera un turista extranjero, un inglés, digamos, de Mánchester, la ciudad más lluviosa de aquel país, feliz con el clima y con el plan, con ganas de agradar a todo el mundo, ávido de sonrisas y de buen rollo. La gorra me vino estupendamente, pero nada más ponérmela pude ver con impresionante nitidez, gracias a la sombra que proporcionó a mis gafas y a mis ojos, el 1-0 de Muriqi. Era un gol que cerraba el círculo, porque el albanokosovar había sido el primer goleador de la temporada en Vallecas. Llegaron dos más, y se acabó. El séptimo puesto, que daba acceso a la Conference League, fue para el Osasuna. La temporada del Rayo fue histórica, pero no tan histórica. Quizá, para el club y para los jugadores, Europa era un salto prematuro, un logro para el que no estaban todavía preparados y que podía traer tantas alegrías como disgustos, y mucho más trabajo e inversión. ¿Qué pretendía yo, exigir al Rayo como si fuera un equipo grande? ¿No había aprendido nada? Me vino a la cabeza lo que me dijo una amiga, dueña de un gran sentido del humor, tras otra derrota dolorosa: «¡Hay que animarse! ¡Este Rayo nos tiene que dar todavía muchos sinsabores!». También una frase de mi padre después de que el Oviedo recibiera una goleada de un grande: «Perdimos, pero menudo hueso nos hemos quitado de encima». Me quité la gorra, me levanté y aplaudí al cuerpo técnico y a los jugadores hasta que se retiraron a los vestuarios. Bravo. Los once tipos en calzones que me habían mostrado un barrio, una ciudad y un país, habían quedado 11os en la clasificación. Gracias.

* * *

El día antes de salir de viaje en dirección a las Baleares mantuve un diálogo con Marcos, en casa:

—La noche del 5, el día después del partido, la pasamos en Ibiza —le informé—. Debería ser una noche loca.

Marcos navegó unos segundos con su móvil.

—Lo va a ser —anunció— Hay una fiesta de Circoloco Ibiza. Con la actuación de Seth Troxler, Desiree, Folamour... Es tech house, os puede gustar.

Circoloco. Baile. Me encantó. Pero el final no había sido apoteósico y debía ajustar la celebración. Se quedó en un brindis con mis amigos en el Beachhouse, el chiringuito más cercano. Iba a pedirme un tinto de verano, nada sofisticado ni potente, pero lo mismo que había tomado el agosto pasado, en la terraza del bar Iberia, cuando había comenzado todo. Me gusta cerrar círculos que luego se suelen volver a abrir. Para cumplir el rito, sólo faltaba que llegara Giuseppe. Nos habíamos bañado varias veces, pero le esperábamos trabajando, cada uno con su móvil. Nos rodeaba el verano, pero nosotros seguíamos en primavera, cuando todavía hay tantas cosas que rematar. Mi amigo llegó casi tambaleándose, agotado tras una jornada febril, y propuso visitar las obras en las que trabajaba. No pude negarme.

—Vale, vamos —le dije—. Pero luego quiero brindar.

Caminamos por la orilla y de pronto una mujer joven y muy guapa, vestida de novia absurda, me abordó y me preguntó si podía leerme la mano. Era una de aquellas pruebas típicas de las despedidas de soltera. Una amiga, o su madre, no sé, lo grababa todo. Era argentina y se llamaba Antonella.

—¿Qué piensas de que me case? —me preguntó, sonriente.

—Me parece fantástico, vas a ser muy feliz —le respondí.

Comenzó a leerme la mano y, al observar su vestido, me di cuenta, alucinado, de que ahí delante estaba otra epifanía futbolera, relacionada esta vez con la renovación de la vida, con el futuro y el inicio de una nueva etapa. Llevaba un tocado de flores blancas coronado por innumerables antenas. Vestía una blusa con cuello de pico y un tutú por encima de los pantalones. Iba descalza. El detalle sorprendente, el que me volvió loco, es que una franja de papel cruzaba su torso. Una banda de miss de barrio. Antonella era la Novia del Rayo. Podríais pensar que yo estaba obsesionado con la Franja, y es absolutamente cierto, pero es también justo concederme que la casualidad se las traía. Pensé que si la vida me deparara casarme con una rayista, algo que no hay por qué descartar, podíamos copiar para la boda cada detalle de su atuendo.

—¿Ves esta línea? —me dijo Antonella, su dedo índice surcando la palma de mi mano—. Vas a tener una vida muy larga, Nicolás. ¿Y esta, con tantas ramificaciones? Tus vidas anteriores han sido muy interesantes...

Antonella, además de bella y rayista sin saberlo, era una mujer elegante, capaz de comprender lo que es un intercambio de parabienes. Nos despedimos tras hacernos unas fotos y continuamos caminando sobre la arena mojada hasta que entramos en la obra por el hueco de un portón provisional. El *beach club* de Giuseppe se iba a llamar Playa Soleil e incluía, además de restaurante y discoteca, una guardería y un hotel que se incorporaría en su momento al conjunto. Había palmeras, montañas de cajas de los equipos de sonido, toldos de lana marroquí, muebles amontonados y un altar de piedra para que el sumo sacerdote, el DJ, oficiara desde lo alto la misa pagana. Puedo afirmar que fui el primer rayista en acodarme en una de sus barras, eso sí, sin copa ni camareros. La inauguración estaba prevista para poco más de una semana más tarde. Por lo que vimos, se necesitaba un milagro para que llegaran a tiempo, algo que no nos atrevimos ninguno a decir a nuestro amigo.

Por fin, caminamos de vuelta hacia el Beachouse. Estaba impaciente por cumplir con el rito, quería despachar. Por desgracia o por suerte, siempre hay demoras. Al verme con la camiseta, una pareja de treintañeros muy bebidos que sujetaban sus copas con cierta dificultad se dirigieron a mí:

—*What team is your jersey?* —me preguntó el moreno, que llevaba barba. Su acento, macarrónico, podía deberse tanto a su origen como a su estado.

—Rayo Vallecano.

—*Oh, Raio?!*

—*Do you know it?*

Se bamboleó, parpadeó... Quizá le había hecho una pregunta demasiado compleja.

—*Good team, good team* —comentó, cuando se rehízo. Su compañero, alto, rubio y sonrosado, se mataba de la risa.

—*And you two, which team do you support?*

Risas convulsas, el desparrame.

—*You know* —dijo el de la barba—, *I am an Ajax fan, my friend likes Feyenoord...* —Más risas—. *Do you read me?*

Los dos grandes antagonistas holandeses. Dos grandes amigos, futboleros de equipos rivales, juntos de vacaciones.

—*Have a nice holiday!* —me despedí, y apresuré el paso, alejándome de ellos—. ¡Venga, vamos, que se hace tarde!

Mis amigos corretearon tras de mí y llegamos al Beachouse. No había nadie en las camas, ni en las mesas, ni en la barra, ni en ningún sitio. Estaba cerrado.

—¡Pero si son las nueve! —bramé—. ¿Esto es Ibiza, o qué?

Incluso allí, había horas de descanso. Apreté las mandíbulas, enfurruñado como un niño, y mis amigos se aguantaron la risa.

* * *

Un par de horas después estábamos en la terraza de un restaurante con DJ, decoración exótica y todas las mesas ocupadas. No había españoles y un juego interesantísimo fue elucubrar de dónde provenía cada grupo de comensales. Todos estaban muy excitados y decididos a pasarlo en grande como fuera, a mostrar a las claras que estaban en la isla más divertida del planeta, así que, a la mínima que se lo permitía una canción, posaban los cubiertos sobre el plato, se levantaban y se ponían a bailar frenéticamente unos segundos, entre vítores y aplausos.

Por fin tuve delante de mí el tinto de verano, y llegaron los brindis, uno detrás de otro. Por el Rayo, por el libro, por reformas de casas, por películas, por amores, por tantas cosas. Lo mejor fue aquel momento en el que Giuseppe propuso muy serio brindar por la apertura del Playa Soleil el próximo 16, y hubo un leve gesto de David, un fugaz arqueamiento de cejas que nos hizo explotar de risa a todos, porque el único que confiaba en aquella posibilidad era Giuseppe. En los ataques de risa, la emoción se desborda porque has sido incapaz de inhibirte, de modular tus respuestas físicas ante algo que, una vez tomas conciencia de ello, te produce una hilaridad que, por convención social o respeto, no te conviene mostrar. Había triunfado la desinhibición, como ante un gol de tu equipo si estás en un palco o rodeado de rivales y saltas de alegría, sin querer.

Tras los brindis me excusé, me levanté de la mesa y me alejé para fumarme un cigarrillo a solas, frente al mar y las luces de Dalt Vila, el casco histórico ibicenco. Según lo encendí, pensé, asqueado, que tenía que dejar de fumar de una vez por todas. ¿Y qué iba a hacer en verano? Todavía no tenía planes, pero necesitaba cortar con todo, aislarme, permitir que llegara una renovadora crisis existencial. Estaba exhausto, empachado de fútbol. Desde luego, no iba a estar atento a los fichajes, a nada. Sabía que me estaba mintiendo, pero la idea me relajó. ¿Y los abonos? ¿Renovarían Juan y Bernardo? ¿Iba a aguantar yo y seguir viendo fútbol a menudo si la impunidad en los organismos deportivos seguía campando a sus anchas? Por otro lado, me apetecía mucho seguir yendo a Vallecas. Preguntas sin respuesta, dudas.

En caso de continuar, tenía que ver la posibilidad de que Marcos tuviera también su propio abono, se le estaba poniendo cara de rayista y a varios de sus amigos Vallecas les atraía. Pensé también que iba a pedir a mi madre que me prestara por tiempo indefinido la camiseta. Me sentía legitimado ya para comprarme una propia, pero era esa la que quería enmarcar y colgar. La única cosa que me daba pena tras aquella aventura era que no había podido llevar a mi madre al estadio para que participara en la celebración de un gol a lo grande. Hubiera sido mítico. Con tantas escaleras, era un riesgo innecesario. Recordé que una semana atrás, cuando le dije que no iba a comer con ella porque me iba a quedar escribiendo en casa, me dijo: «El fútbol es muy importante». Había dado en el clavo, como tantas veces. Tampoco era el momento de ponerse sentimental, así que apagué el cigarrillo, tiré la colilla en un cenicero y volví a la cena. La vida sigue, claro que sí. ¡Vamos, Rayito!